Simon Widmann

Geschichtsel: Missverstandenes und Missverständliches aus der

Geschichte

Simon Widmann

Geschichtsel: Missverstandenes und Missverständliches aus der Geschichte

ISBN/EAN: 9783743652255

Hergestellt in Europa, USA, Kanada, Australien, Japan

Cover: Foto ©ninafisch / pixelio.de

Weitere Bücher finden Sie auf **www.hansebooks.com**

Geschichtsel.

Mißverstandenes und Mißverständliches aus der Geschichte,

gesammelt und erklärt

von

Dr. Simon Widmann.

Paderborn.

Druck und Verlag von Ferdinand Schöningh.

1891.

Münster i. W., Prinzipalmarkt 1. — Osnabrück.

Einleitung.

„Ein Titel muß kein Küchenzettel sein. Je weniger
er von dem Inhalte verrät, desto besser ist er". Dieser
Grundsatz G. E. Lessings, ausgesprochen in der Ham=
burgischen Dramaturgie Nr. XXI, leitete mich bei der
Wahl der Aufschrift für mein Büchlein. Unter „Geschichtsel"
verstand der Erfinder des Wortes, der Turnvater Friedrich
Ludwig Jahn, „Dichtgeschichten" und „Falschgeschichten".
Ich fasse darunter zusammen die in die Geschichte ge=
drungenen und noch dringenden Fabeln, die auf unrichtiger
Herleitung eines Wortes beruhenden Erdichtungen, die an
geschichtliche Begriffe und Namen sich knüpfenden Mißver=
ständnisse und Verwechselungen. Ein unverstandener Name,
ein merkwürdiger Ausdruck, ein auffallender Gebrauch reizt
zur Deutung und wird eine ergiebige Quelle für die
wunderlichsten Geschichten und die verkehrtesten Erklärungen.
„Einen bedeutungsvoll klingenden Namen, ein sonderbares
Wappen zu erklären", sagt G. G. Gervinus in seiner
Geschichte der deutschen Dichtung I 276 von jener Thätig=
keit der mittelalterlichen Chronikschreiber, „was konnte eine
größere Aufforderung sein zur Erfindung und zur Er=
dichtung? Die Etymologie gibt dem Otfried Stoff für
seine mystischen Betrachtungen, dem Cassiodor für seine Ge=
lehrsamkeit, den Scholastikern für ihre Spekulationen, und
sie sollte den Dichtern keinen Stoff für Erzählungen ge=
geben haben! Man ging von da einen Schritt weiter.

Es gab nationale Sitten, über deren Ursprung man nach=
sann, was dann zu manchen ernsten und schnurrigen Ge=
schichten den Fingerzeig gab. . . . . In Staat und Kirche
gab es Einrichtungen und Gewohnheiten, die ein dunkles
Herkommen gebildet hatte, die man sich also zu erklären
suchte; nichts ward nun gewöhnlicher, als daß man Geschichte,
Gebräuche, Sitten, Gesetze und alles zurückkonstruierte. In
allen Verhältnissen des ganzen Mittelalters wie im Alter=
tume zeigt sich diese Art der Erdichtung am unverschämtesten."
Er erinnert an die Erzählung der Kaiserchronik (Maß=
manns Ausg. I 327), wonach die Geburt einer Kröte durch
den Kaiser Nero und der Ausruf der „Walhen" „lata
rana" den Anlaß zum Namen „Lateran" gegeben habe,
während der sogenannte Sitz der Päpste auf dem cölischen
Hügel nach dem altrömischen Geschlechte der Laterani heißt,
welche dort einen prächtigen Palast besaßen.

Neben dieser mit der Papierrolle der Klio spielenden
Kokette der Halbweisheit plaudert, wackelnden Hauptes,
mit dem zahnlosen Munde unermüdlich die schwerhörige,
fleißig strickende Frau Schwatzbase Volkssage. Sie hört,
aber schlecht; sie weiß, aber nicht recht. Hier gilt, was
Göthe in seinem kleinen Aufsatz „Hör=, Schreib= und Druck=
fehler" bemerkt: „Niemand hört, als was er weiß, niemand
vernimmt, als was er empfinden, imaginieren und denken
kann. Wer keine Schulstudien hat, kommt in den Fall
alle lateinischen und griechischen Ausdrücke in bekannte
deutsche umzusetzen; dieses geschieht ebenmäßig mit Worten
aus fremden Sprachen, deren Aussprache Schreibenden un=
bekannt ist. Höchst merkwürdig bleibt in einem verwandten
Falle die Art, wie eine ungebildete Menge fremde, seltsam
klingende Worte in bekannte, sinngebende Ausdrücke ver=
wandelt, wovon ein kleines Wörterbuch wohl zu wünschen
wäre." Der Altmeister führt unter anderen Beispielen
von Hörfehlern und volksetymologischen Verwandlungen
z. B. „beritten" für „Pyriten", „schon hundert" für
„John Hunter", „Lehmgrube" für „Löwengrube" (Daniels),

„Imbuß (Einbuße)" für „Impoſt", „Rückruthen" für
„Rekruten", „reine führen" für „renovieren", „Inſpektrum"
für „Inſpektor", „verjus (unreifer Traubenſaft)" für
deutſches „Verruf" an. Seinen Wunſch haben W. Wacker=
nagel in ſeinen Abhandlungen zur Sprachkunde (Kl. Schr.
3. Bd.), und vornehmlich Karl Guſtav Andreſen in ſeinem
reichhaltigen Buche „Über deutſche Volksetymologie" erfüllt.
Es gibt wohl kaum eine Sprache, die ſoviel Fremdwörter
in ſich aufgenommen hat, als die deutſche, und, von den
Naturwiſſenſchaften abgeſehen, kaum ein Fach, welches ſo
reich an Kunſtausdrücken iſt, als die Geſchichte. So erklärt
es ſich leicht, daß hier ein Hauptfeld für Mißdeutung,
Umgeſtaltung und Zurechtlegung iſt. Was man nicht ver=
ſteht, macht man ſich denk= und mundgerecht. Der biderbe
Spießbürger ſagt ſtolz: errarium humanium est, o Cong=
troleer, Spitakel, Trittoir, Zündſticker, Kaktus (für Aktus)
u. a., ſetzt Konfeſſion für Profeſſion, ſpricht von Connexionen
nach dem Kopf, von Pfotagra in den Händen, behauptet Reiß=
matismus in den Beinen und Inflorentia (Fr. Reuter, Ut mine
Stromtid), Inſolventia oder Laurentia im Körper zu haben.
Sieht er doch auch andere an der Inſaulenzia, der Malaria,
Dichteritis, Klavieritis u. a. leiden. Oft läßt ſich hier
die Grenze zwiſchen Mißverſtändnis und Volkswitz
nicht ſcharf ziehen. Man fühlt die Unrichtigkeit, kennt aber
nicht das Richtige. Die Bildungen Kater aus Katarrh,
Kathrine aus Katarrhoia (die ſchnelle Kathrine findet ſich
ſchon im Simplicius Simpliciſſimus), Zotologie, Potsdamer
Schmierbüchſe für Botaniſirbüchſe, Salami und So la mi
für Somali (1889 in Frankfurt a. M. bei Gelegenheit
des Beſuchs der Somali erfunden), die Stumme von
Portoriko, Trappelbahn für Trambahn, Onkelbus für
Omnibus, Trammibus für die zur Trambahn in Frankfurt
gehörigen Omnibuſſe, Fleutenant und Fleutemann für Leute=
nant, Muskeltier, Fuſeltier, Poſámetier u. a. gehen zweifellos
auf abſichtliche Verunglimpfungen zurück. Es war Scherz,
wenn die Leute redeten vom Sieg bei Lehmans (Le Mans)

und aus Chislehurst, dem Schlosse Napoleons III. in
England, Schüsselwurst machten; es ist bewußter Spott,
wenn man verspricht, am Michaelis zu zahlen; es geschah
absichtlich, daß man die Inschrift auf einem kleinen Fort
in Kastel bei Mainz „Fort Großherzog von Hessen" im
Jahre 1848 las „Fort! Großherzog v. H." und daß man
in dem Satz der kurhessischen Verfassung „Die Person des
Kurfürsten ist heilig und unverletzlich" das Wort „Person"
auf die Gräfin Reichenbach bezog.

Zu den zahllosen komischen Wortverdrehungen,
Wortspielen und Deutungen kommen die durch die
Satiriker aller Zeiten aufgebrachten Schwänke und Spott=
namen, die von Mund zu Mund, später als bare Münze
von Hand zu Hand gingen und noch jetzt zum Teil in
Umlauf sind. Wer ist der Abbé Tise gewesen? Heute
wird man lang vergeblich nach diesem berühmten Mann
nachschlagen. Es ist ein Spitzname auf den Herzog von
Artois, der unzähligemal in Karikaturen verspottet wurde
als la bêtise. Die Franzosen sind fruchtbar in solchen
Wortspielen. Aber auch die Deutschen haben solche. Ich
erinnere daran, daß der Kaukasus für die Russen ein Kau=
Kasus wurde, daß man jüngst scherzweise citierte „Kartell
est mon plaisir" etc.

Wie viele mehr oder minder witzige Namensver=
ketzerungen hat die Polemik der Reformationszeit auf
dem Gewissen! Die Unsitte der Zeit, die guten deutschen
Namen zu latinisieren oder zu gräzisieren, förderte die
wunderlichsten Mißverständnisse und Mißbildungen zu Tage
und lieferte reichen Stoff zu Verschimpfierung. Ein Auszug
aus den Schmähschriften des 16. Jahrhunderts würde den
Umfang eines Handwörterbuchs überschreiten. Glücklicher=
weise sind nur einzelne Benennungen, besonders Partei=
namen, historisch geworden. Und deren Zahl wächst fort
und fort. Die Waffen, mit welchen Männer wie Fischart,
Nas, Nigrinus, Spangenberg, Jakob Andreae, Konrad
Vetter u. a. kämpften, die unwürdige Prädikantensprache,

können füglich in die Rüstkammer ihrer Zeit verwiesen bleiben.

Eine eigentümliche Erscheinung in der Sprache ist die Übertragung von Bezeichnungen für G e g e n s t ä n d e , z. B. Gebäude, Räume auf P e r s o n e n und Kollegien. Im Alltagsleben gebrauchen wir Frauenzimmer, altes Haus, Möbel, Balken, Besen u. a. von Personen. Dürfen wir uns wundern, wenn sich solche Übertragungen auch in der Geschichte finden? Allbekannt sind die Ausdrücke Kammer, Haus, Hof, Kabinett, Börse (lat. bursa), Pforte, Stuhl u. a. Die antifortschrittliche Hofpartei des spanischen Königs Ferdinand VIII. erhielt ihren Namen „Camarilla" von dem Kämmerlein, dem Sälchen, in welchem sie ihre Sitzungen hielt. Der Ausdruck wurde allmählich appellativ für Hof= partei überhaupt. Das erste „Casino" war ein politischer Klub, den der ungarische Graf Stephan Szechenyi in den zwanziger Jahren in Pesth gründete (s. W. Menzel, Ge= schichte der letzten 40 Jahre von 1816—1856. I, 377). Welche Bedeutungen hat das Wort „Orden" angenommen! Auch das Umgekehrte läßt sich beobachten. P e r s o n e n leihen der S a c h e ihren Namen. Der billige Schoppen Wein heißt „Kutscher", der Schaum auf dem Bier „Feld= webel". „Tambour" ist der Trommler, bezeichnete aber einst auch Trommel und Verpallisadierung (s. Ökonomisch= physikalisches Wörterbuch von Chomel 1750 s. v.). „Mönch", „Nonne" sind bergmännische Ausdrücke, ebenso wie das in vielfacher Bedeutung gebrauchte Kapelle. Heißt dies doch kleines Gotteshaus, Kanzlei, Musikchor, Probiernapf bei der Chemie, und scherzhaft wurde es im Volksmund an= gewandt als Euphemismus für Folterkammer. So heißt es in einem Volkslied: „darinn do stet ain capellelein, do man die rauber in wigt" (R. von Liliencron, Deutsches Leben im Volkslied um 1530. Berlin. Nr. 21). „Tol= patschen" bezeichnet „ungarische Fußknechte" (O. Schreger, kl. Wörter=Lexikon. 1768 s. v.) und zugleich Filz=Über= schuhe. Heutzutage bringt das Volk es mit den deutschen

Wörtern „toll" und „Patsche" zusammen und bezeichnet damit ungeschickte Menschen. Friesische oder spanische Reiter waren eine Stachelwehr. Ein „Lombard" ist ein Leih= haus (mont-de-piété), sogenannt nach den Erfindern dieser Anstalt. Mit „Ketzer" bezeichnete man 1. einen Schlauch, 2. bei den Tuchmachern das Garn, „so auf den großen Wollrädern gesponnen und wenn die Spindel voll ist ab= gezogen wird". (Chomel s. v.) „Räuber" waren die ver= kohlten Dochtstücke an Talglichtern. Massenhaft findet die Übertragung von Personennamen auf Tiere und Werk= zeuge statt, so im Französischen bei Martin, Jacques (Jacke), im Englischen bei Jack, Jacob, Bob (für Robert abgekürzt und mit bob = Hohn, Schilling identifiziert = policeman), im Deutschen ebenfalls bei Jakob, Johann, Michel u. s. w. Auch Völkernamen werden entlehnt zur Bezeichnung von politischen Parteien, Berufsklassen und Gegenständen, so z. B. Russen, alter Schwed, Amerikaner. Der französische Schimpfname bougre bedeutet Bulgare. Im Mittelalter nannte man treulose Menschen „Burgunder" (Giesebrecht, Gesch. d. d. Kaiserzeit I 434). „Türken" hieß eine fatalistisch gesinnte Partei der Schweizer (Jos. Müller, Gesch. schweiz. Eidgenossenschaft IV 6, Anm. 176b). Unter „Böhmen" verstand man Zigeuner, aber auch blasierte Bummler (s. Wurzbach, historische Wörter S. 392), die man jetzt als „Gigrl" verspottet. Die Servilen in Spanien wurden im J. 1820 „Perser" getauft, weil der Marquis von Mataflorida eine an den König gerichtete Denkschrift mit diesem Worte begonnen hatte (W. Menzel a. a. O. S. 86). „Schwaben" sind nicht bloß Ungeziefer, sondern auch eine Gattung von Weißgerbern. „Römer" bezeichnet die bekannten Trinkgläser und das Frankfurter Rathaus. „Prussien" ist jetzt ein Schimpfwort der Franzosen. Be= sondere Bezeichnungen oder Namen werden verallgemeinert, so Judas, Don Juan, Jeremiade, Rosinante. „Ducdalben" werden die in Häfen angebrachten Wehrpfähle genannt nach ihrem Erfinder, dem Herzog von Alba. Als Turlupins bezeichnete man im vierzehnten Jahrhundert die flandrischen Waldenser. Es bedeutet soviel als Witzling, Possenreißer und war ursprünglich der Name eines altfranzösischen Komikers. Über Pasquill, Pasquino und Marforio hat schon Gräße in seinem Lehrbuch einer allgemeinen Literär= geschichte III 1 das Nötige mitgeteilt. Wenn der Härings= salat, ein Überbleibselgericht, den Namen seiner angeblichen Erfinderin, einer Gräfin Salmagondi tragen soll, so ist dies ebenso geistreich, als wenn das Volk aus olla potrida ein Olobatrie, Olypodrie (s. Chomel), eine „olle Batterie" oder „Alle (allez) Batterie" macht. Woher kommt der Ausdruck „Omnibus"? „Omnibus heißt auf den Rath= Häusern gewisser vornehmer Städte, wenn das ganze Kollegium der Raths=Herren zugegen seyn muß". So Chomel a. a. O. Die Übertragung ist naheliegend. „Fibibus" wird wohl von fil de bois stammen.

Andererseits werden allgemeine Benennungen auf einzelne Gegenstände beschränkt und erhalten die Bedeutung von Eigennamen, so Bastille (Zwinger), Tower, Pforte u. a., ebenso bei Bezeichnungen für Personen Nepoten, Nepotismus, Pretenders. Tuileries bedeutet ursprünglich Ziegeleien. Der Louvre trägt seinen Namen von l'ouvre, einem Türmchen über dem Rauchloch. Wahrscheinlich hatte das alte Pariser Königsschloß einen besonders auffälligen l'ouvre (H. Klinghardt, Realien zur Macaulaylektüre, Progr. der König Wilhelms=Schule zu Reichenbach in Schlesien 1890). Mit „Totalismus" wollte man die totale Aufgabe des Genusses geistiger Getränke in England bezeichnen. Statt dessen bezeichnet man dieses System als „Teetotalismus" oder unrichtig in falscher Anlehnung an tea = Thee als „Teatotalismus". An der wunderbaren Form des Wortes ist das Stottern seines Erfinders Turner schuld (s. W. Hohoff, Die Revolution seit dem 16. Jahrh. 1887. S. 440).

Wenn Herder in dem Gedichte „Coalition" seinen Spott ergießt über diesen und verwandte Begriffe wie

Allianz, Union, Konföderation, Inkorporation und den In=
formator sich klug aus der Klemme helfen läßt mit der
Wendung: „Woher es stamme —? fremd ist es und
taugnet nicht", und wenn Jahn loszieht gegen die Ein=
führung der „fremden Schleichwaren", der Kunstworte, in
unsere Muttersprache, so haben sie gewiß recht und sprechen
allen aus der Seele, welchen die Reinheit der Mutter=
sprache am Herzen liegt. Aber man darf nicht vergessen,
daß auch gut deutsche Worte nicht oder falsch verstanden
worden sind und werden. Galten doch Marschall, Ordalia,
Feudal, Biwak, Karfreitag, semperfrei u. a. als ausländische
Gewächse. Bezeichnungen für entschwundene Begriffe gleichen
den abgegriffenen Münzen. So ist im allgemeinen der sonst
häufige Ausdruck „Gottestracht" vom feierlichen Umgang
mit dem Allerheiligsten nicht mehr verstanden. Unser
deutsches Wort werra für Zwietracht ist vergessen, aber
im französischen guerre erhalten. „Bursch", welches so
echt deutsch klingt, kommt vom mittellateinischen „bursa".
„Bandit" dagegen, von ital. bandire abgeleitet und schon
im Ausgange des Mittelalters gebraucht, geht doch auf
das deutsche „Bann" zurück und bedeutet ursprünglich „Ver=
wiesener" (Diez, Etym. Wtb. hrsg. Scheler, S. 40);
ebenso stammt das frz. félonie (vgl. engl. fellow) wohl
von dem ahd. fillo = Schinder. Auch „Banner, Panier"
ist echt deutsch. Das frz. fauteuil kommt vom ital. faldi-
storio, dies aber von ahd. faltstuol. Das ital. „Lotto"
und das davon abgeleitete „Lotterie" ist das deutsche hlut,
laut, Los. (S. auch O. Schrader, Sprachvergleichung u.
Urgeschichte. 2. Aufl. S. 404.) Auch „Lakai" ist wohl
deutschen Ursprungs; nach Körting, Latein.=roman. Wtb.
s. v. ist sein Stammwort das ahd. lekkon = lecken.
Magdeburg ist echt deutsch; Brandenburg dagegen ist ver=
deutschtes Brennibor, slav. = Schutzwald, wie Mägdeborn
aus slav. Medebor = Honigwald (Thietmari chronicon
II 37). Das Volk verfährt wie die Kinder. Es modelt
die Wörter nach seinen Vorstellungen um, mögen jene nun

fremden Ursprungs sein oder der eigenen Sprache angehören.
Aus den „Sendboten" des Herrn, den Aposteln, machte
ein Junge „Sandbuben", die ihm mit ihrem stereotypen
Ruf „Kaufe' Se weiße Sand"? bekannte Gestalten waren.
Ein anderer machte „Eiderdänen" zu „Eiderdunen".
„St. Agathentag" wird im Volksmund zu „Aktentag", der
„krumme Landsknecht" zum „frommen Lanzknecht", Friedrich
der „Freidige" von Meißen zum „Freudigen", der „Freit=
hof" zum „Friedhof"; die „Hansestädte" werden als „An=
see=städte" erklärt (Chomel s. v.); das „Hießhorn" (Hieß =
Hornsignal für den Beginn des Treibens) wird zum „Hüft=
horn"; Holippen (von Holippen, Hüppelchen = Waffeln,
die im Holippeneisen gebacken werden) = durchziehen macht
man zu Hohnübeln u. a., Kelhof (Hofgut) zu Kölnhof,
Kupfer=Nickel (unecht) zu cuprum Nicolai, die Münze
mit dem Freiburger Wappen, dem Raben, zum Rappen,
das „Petermännchen" zum „Fettmännchen" und „Fett=
mönchen"; das Wergeld (Mann=) zum Wehrgeld (Joh.
v. Müller a. a. O. I. S. 156). Die „Osterflotte",
welche aus Holland nach dem Osten, in die Ostsee fuhr,
um aus Danzig und Königsberg Korn zu holen, sollte
mit Ostern zusammenhängen, und doch hat das Wort damit
so wenig zu thun wie „Osterluzei", welches eine Ver=
deutschung von Aristolochia ist. Beiläufig mag daran er=
innert werden, daß vielfach die naturgeschichtlichen
Namen Verstümmlungen fremder, aber auch deutscher Be=
nennungen zeigen und zu allerhand irrtümlichen Anschauungen
verführen. Abrus precatorius (Glycyrrhiza indica),
Paternosterabrus heißt im Holländischen Weegboontjes,
weil der Samen anstatt kleiner Gewichtchen gebraucht wurde;
da dieselben zufällig mit der hochroten, schwarz eingefaßten
Kleidung der Waisenkinder in niederländischen Städten
Ähnlichkeit hatten, nannte man sie irrtümlich Weesbontjes
(Ph. Andr. Nemnich, Allg. Polyglotten=Lexikon der Natur=
geschichte. Hamburg. 1793). „Bertram" wird aus ptarmica
und pyrethrum; Odermennig, Ottermennig, Adlermennig,

Ackermennig u. ä. aus Agrimonia; Allermannsharnisch
klingt an Allium (victorialis) an, so bezeichnet von dem
damit getriebenen abergläubischen Unfug; aus Chamoe-
melum (Kamille) machte man in fränkischer Mundart
Kühmelle; Agley ist aquilegia; die Aronswurzel, welche
das Volk in der Nacht von Christi Himmelfahrt in dem
Walde sucht, hat trotz der sich daran knüpfenden Sage,
mit Aaron gar nichts zu schaffen, sondern kommt von
arum maculatum; im Französischen heißt die Pflanze vit
de prêtre, im Englischen lords and ladies, im Deutschen
auch Pfaffenblut, Pfefferpint u. s. w.; Schöllkraut, Schel-
wurz, Schielkraut ist chelidonium; die taube Nessel (the
common dead nettle) wird zur Taubennessel wie die
taube Gerste zur Taubengerste (Raygras). Die Esparsette
wurde im Französischen zunächst als sain foin, dann erst
als saint und cinq foin bezeichnet (foenum sanctum ist
erst nachträglich gebildet). Die Aberesche == unächte Esche
(sorbus aucuparia) wird zu Eberesche und Eberesche.
Maatjeshäringe sind einfach Jungfernhäringe. Aus dem
holländischen topslak (helix perversa), Linksschnecke, bildete
man ein „Topfschnecke", wiewohl top Spitze, nicht Topf
bedeutet. Ribes rubrum, die rote Johannisbeere, wird
entstellt zu Riebesel, Schildpad (holl.) zu Schildplatt und
Schildblatt. Die „saule Griethe" ist Chrithmum quartum.
Pfennig= oder Panikgras ist panicum italicum. Andere
Verunstaltungen findet man bei Andresen, Volksetymologie
244 ff. Vergeblich hat man sich an der Erklärung des
Wortes Maßliebchen versucht. In der älteren Form heißt
das bekannte Blümchen stets Maslieben, auch Marien-
blümlein und Margaretenblümlein (margueriete), daneben
findet sich auch „Magdlieben", so bei Nemnich a. a. O.
S. 589 und „Magdlieblen", so im Ökonomisch=physikalischen
Lexikon v. 1756 s. v. Damit ist klar, daß Maslieben nur
durch Unverstand aus Magdlieben umgebildet ist; „lieben"
ist angehängt wie in den scheinbar nur jüdischen Bildungen
„Vaterleben" (s. später S. 111 f.). Mißbrauch hat den

Namen auch auf Masholder (Maßalter) übertragen. Als
„faule Magd" gilt colchicum, die Herbstzeitlose. Glo-
bularia vulgaris heißt auch blaue Maslieben oder Margen-
röschen.

Nach dieser Abschweifung kehre ich zu geschichtlichen
Ausdrücken zurück. Zu den vielen mit fremden Lappen
verhüllten gut deutschen Wörtern gehört „Austrägalgericht"
= Austraggericht. In der Zeit des Konstanzer Konzils
bildete sich erst aus Kostenz, Konstanz die slavisierte Form
„Kostnitz". „Morganatisch" hängt mit „Morgengabe",
„Morgengnabe" zusammen. Ältere Ausdrücke werden eben
vielfach nicht mehr verstanden. So änderte ein Gymnasiast
„Ganerbe" in „Gauerbe", „Buteil" in „Gutteil" und
freute sich noch seiner Vermutung. Aber die Gelehrsamkeit
macht es nicht klüger, wenn sie den deutschen „Bitel" von
„bitten" zum „Pedell" befördert, den „Schultheize" zum
„scultetus" (schout) verändert. Hält man doch „Gespan"
für ein ungarisches Wort!

Viele Worte erhalten mit der Zeit eine engere Bedeutung und werden dann nicht mehr verstanden, so z. B.
Gesinde, Geselle u. a. „Ehe", êwa, bedeutet nicht nur
die Verbindung von Mann und Weib, sondern allgemein
die Ordnung, das Gesetz; ehehaft war soviel als gesetz-
mäßig; „Freiheit" begriff in der Schweiz die „Freiwilligen", aber auch das Gesindel, „die rechten Fryheiten
(les enfans de la liberté), die da ohne Hosen (sansculottes) und ohne Messer gond" (Joh. v. Müller, Gesch.
schweiz. Eidgen. IV. Buch, 5. Kap. Anm. 1167). Trostung
war soviel als Bürgschaft, Verständnis gleich Geheimbund;
Unzuchter hießen die schweizerischen Rügerichter. Unter
„Anstandsbrief" ist ein Schutzbrief für Schuldner zu verstehen, der auch als „eiserner Brief" bezeichnet wird. „Eisen-
knechte" oder „gehäurete" (== geheuerte, gemietete) „Stübles-
Bader" sind Bader gewesen, die als nicht zünftig nicht
wandern durften und weiter kommen konnten. „Eisern"
wird von solchen Personen oder Gegenständen gebraucht,

welche an einen bestimmten Fleck gebunden sind; so redet
man von eisernem Vieh (Gotteskuh), eisernem Bestand,
eiserner Hand (daneben von Gütern in toter und in leben=
diger, in fester Hand). Ähnlich verachtet wie die eisernen
Knechte waren die sogenannten Böhnhasen, Handwerker,
welche, ohne zur Zunft zu gehören, Arbeit ausführten;
zuerst sollen die Schneider so geheißen haben, weil sie
heimlich auf dem Boden des Hauses arbeiteten. Die Er=
rungenschaft in der Ehe war von „rauher Wurzel" er=
worben. „Fahrnis" war die „fahrende Habe" d. i. die
bewegliche Habe. Mit „Hand, Halm und Mund" trat
ein Vasall sein Lehensgut dem neuen Lehensmann ab. An
„Haut und Haar" wurde die körperliche Strafe vollzogen.
„Hand und Halfter" bedeutet die gefängliche Haft des
Schuldners. „Muthung" bezeichnet beim Bergbau eine
Fundstelle (vgl. Vermuthung); „muthen" im Lehnrecht das
Ansuchen um ein anheimgefallenes Lehen. Die „Neun"
sind nicht „alle neun Kegel", sondern das aus 9 Teilen
bestehende Heergewette oder Heergeräte: 1. das beste Pferd
des Stalles, 2. Harnisch, 3. Schwert, 4. Kleider, 5. Heer=
pfühl d. i. Bett, Küssen, 2 Leilachen, 6. Tischtuch, 7. zwei
zinnerne Schüsseln, 8. 1 Fischtiegel, 9. Handquele (Hand=
tuch); zuweilen kam als zehntes Stück der Hollring d. i.
Schlüsselring dazu. „Fünfe" war das Gericht zu Nürn=
berg, welches die Beleidigungsklagen zu erledigen hatte;
vielleicht stammt daher die Redensart „kurze Fünfe machen".
Das französische Gesetzbuch hieß „les cinq codes". Der
königliche Gerichtshof in England, kings-bench, war ge=
bildet von den 12, twelve judges. Der Ausdruck „aus
dem ff" stammt von der Bezeichnung der Pandekten und
soll ein verstümmeltes griechisches Π sein ($\pi\alpha\nu\delta\acute{\epsilon}\kappa\tau\eta\varsigma$).
Siehe darüber Drümmels lateinisch=deutsches Wörterbuch II,
Anhang. „Sächsische Frist" hieß soviel als „nach Ablauf
von 14 Nächten". Die Bezeichnung „Strohmann" leitete
jüngst H. Klinghardt (Realien zur Macaulaylektüre, Progr.
der König Wilhelmsschule zu Reichenbach i. Schl. 1890.

S. 30) von den englischen men of straw ab, welche für Geld jedem als Zeuge dienten und zum Abzeichen ihres Geschäftes Stroh in den Schuhen trugen. Die Sitte herrschte im 15. Jahrhundert. Aber Strohmänner wurden längst in Deutschland den liederlichen Weibsleuten zur Strafe auf den Rücken gebunden, wenn sie des Landes verwiesen wurden. Auch der Ausdruck „Strohwitwen" für Frauen, deren Männer zeitweise abwesend sind, ist alt. (Ökon.= phyf. Wörterbuch.) Genug davon!

Eine Menge von Bezeichnungen in der Geschichte sind vieldeutig und darum nicht ohne weiteres verständlich. Oft sind die gewählten Benennungen auch höchst sonderbar. So weiß ich mich recht wohl aus meiner Schulzeit zu entsinnen, daß ich mit den Ausdrücken „Großdeutsche" und „Kleindeutsche" gar nicht ins Reine kam. Da ich einmal gelesen hatte, daß das Ordensland Preußen als Klein= deutschland bezeichnet war, so faßte ich den Ausdruck stets in diesem Sinne. „Großgriechenland" war mir klar. Bei „Ordonnanzen" mußte ich immer an die Soldaten mit den großen Ledermappen denken, die über die Straße gingen, um Befehle zu überbringen. Später las ich bei Hack= länder den Ausdruck „Kibitze" für Ordonnanzoffiziere. Da war meine Auffassung noch bestätigt. Klarheit über das vieldeutige Wort gewann ich erst durch ein ausführliches französisches Lexikon. Wie es mir damit ging, so wird es anderen mit anderen Ausdrücken gegangen sein. Meine Beschämung über meinen Unverstand fand Trost, als ich schon früh in Büchern auf Verwechslungen und Irrtümer der Verfasser stieß.

Die auf sachlicher Unkenntnis beruhenden Miß= verständnisse sind leider zahllos. Nichts aber ist irrigen Auffassungen mehr ausgesetzt als die katholische Kirche mit ihren für Andersgläubige vielfach ganz unverständlichen und unbegreiflichen Gebräuchen von so tiefem Sinne als er= habener Schönheit. Leider bleibt sie auch vielen ihrer eigenen Kinder unerkannt. Am schwersten sündigt in der

Verbreitung falscher Ansichten die Belletristik. Wenn ein
Katholik von Geburt, Viktor von Scheffel, in seinem „Ekke=
hard“ Kap. 14 am Karfreitag den Abt von Reichenau,
das schwarze Pallium mit weißem Kreuz übergeworfen,
ein Hochamt" celebrieren läßt, dann kann man es schon
entschuldigen, wenn beispielsweise in dem Roman „Ein
Wort" von Georg Ebers Kap. 25 die Glocke zur „Abend=
messe“ läutet und im Kap. 28 erzählt wird: „Der Bischof
erweigert den Katafalk und das große Requiem, welches
du forderst. Deine Mutter sei in Sünden, ohne Sakra=
ment gestorben. Seelenmessen will er ihr gönnen, soviel
u begehrst: aber so hohe Ehren . . . ." Da darf man
den über die Tagesschreiber milde urteilen, welche die Ein=
weihung einer Kapelle „mit dem üblichen Gebete pro
mia et saecula et saeculorum" vollziehen lassen. (So
in der Berl. Börsenzeitg. i. Köln. Volksztg. 1889. Nr. 348.
9. Dez. \

Bedauerlich im höchsten Grade aber ist es, wenn das
Heidischtiel in den Schulbüchern und der Gelehrten=
literatur fort und fort wuchert. Wenn ein Herr Th.
Tebe uns von dem „Heidentum in der römischen Kirche“
Gotha, Perthes 1889) unterrichtet, so versöhnt uns mit
den nur das Gefühl des innigsten Dankes für die Er=
gätzung, die er uns durch Erläuterungen wie die folgende
en gibt: Cappa sei die Mütze des hl. Martinus gewesen,
die in den Kreuzzügen als Palladium getragen wurde;
ron komme cappella die Hutschachtel, und cappellani
fien also eigentlich die Hutschachtelbewahrer. Solche
Herren haben eben eine „Tarnkappe" an und merken nicht,
aß es ein „Mantel" ist, der ihre Sinne verhüllt. In
em weitverbreiteten Lesebuch von Herri und Paulsiek I 2,
ir Quinta 17. April. 1876. S. 281 steht zur Erklärung
en Bürgerbau: „eine hohe, oben zugespitzte und offene
eine Mütze". Auf S. 282 ist der „Erzdekan" als „einer
er 7 vornehmen deutschen Reichsbeamten oder Erz=
eamten", in I 3. S. 316 der „Orient" als „Hundsstern"

erklärt. In Tschackerts „evangelischer Polemik gegen die römische Kirche" wird noch von der „Anbetung" der Heiligen durch das Volk (S. 156) und von sonstiger „Abgötterei" berichtet, auch die Meinung noch aufrecht erhalten, daß das sardinische Volk unter St. Lucifer, Bischof von Cagliari, eine böse Gottheit, den „heiligen Satan" verehre. In wieviel Werken, selbst bei W. Wackernagel, steht noch die alte Mär von dem Mangel deutscher Predigt im Mittelalter. C. Schmidt, J. Geffken und R. Cruel, drei Protestanten, haben schlagend nachgewiesen, daß „die Sprache der öffentlichen Predigt in Deutschland von Anfang und alle Zeit deutsch gewesen" (Gesch. d. d. Predigt im MA. Detmold 1879. S. 217). Unter den ganz verkehrten Übersetzungen einer Menge von Wendungen eines Ablaßbriefes von 1455, welche sich in Stackes deutscher Geschichte II S. 60 f. finden, verdienen die „dem apostolischen Stuhle vorbehaltenen Unfälle (casibus sedi apostolicae reservatis)" statt Fälle und die „weltlichen Beichtväter" (seculares Weltgeistliche) besondere Beachtung. Karl Biedermann läßt in seiner deutschen Volks- und Kulturgeschichte für Schule und Haus III. Tl. S. 42 die Katholiken vor einem Heiligenbilde „sich bekreuzen" und die „Kügelchen am Rosenkranze" „gedankenlos abzählen", im I. Tl. S. 77 die Kirche durch „sinnberaubenden Weihrauch", „durch Erzählungen von angeblichen Wundern, die sie verbreitete, durch zahlreiche Heiligsprechungen" (nach Tschackert wären das also „Apotheosen") und andere Mittel auf die Gemüter der Gläubigen wirken. In der Anmerkung zu dieser Mitteilung gibt er nach Rückerts deutscher Kulturgeschichte 2. Bd. an, daß „auf einer Synode zu Orleans im J. 538 unter 19 anwesenden Bischöfen 12" das „Prädikat heilig führten". Und doch konnte er selbst bei dem gewiß der Freundschaft für die Kirche nicht verdächtigen Demokritos-Weber in seinem dreibändigen Pamphlet „Das Papsttum und die Päpste" (Stuttgart 1834 S. 248 sich belehren: „Sanctus sollte nichts weiter sagen, als

Ehrwürdig"; er konnte im Römerbrief 1, 7 und Eph. 1, 1 die Gläubigen als „Heilige" bezeichnet finden. (S. auch) Joh. v. Müller, Gesch. schw. Eidg. 1786. I 117.) In den jüngst erschienenen „Geschichtstabellen für den Religions= unterricht an höh. Lehranstalten" von Jul. Vogel (Berlin, Spamer 1889) ist „Klerus" - - wie der Recensent H. Kratz in der Zeitschr. f. Gymnasialwesen XXXXIV Juni 1890, S. 370 rügt — wieder gedeutet als „die durch Los Er= wählten", während schon Hieronymus (Epist. ad Nepotian. c. 5, C XII, q. 1) richtig erklärt: propterea vocantur clerici, vel quia de sorte sunt Domini, vel quia ipse Dominus sors i. e. pars clericorum est. Dr. H. Grote= send berichtet in seinem Handbuch der hist. Chronologie (Hannover 1872) S. 44 über das Mittelalter, daß die Klostergeistlichen von den Hauptmahlzeiten „fast allein das Frühstück" erwähnen. Prandium, etwa um 11 Uhr in den Klöstern eingenommen, ist eben die Hauptmahlzeit, das Mittagessen, bis zu welchem die Mönche nüchtern bleiben. Das Märchen von der „geweihten Hostie", die Tilly auf der Brust getragen haben soll, wird trotz aller Wider= legung stets aufs neue in den Lehrbüchern der Geschichte erzählt, so noch in der neuesten Auflage der Preußischen Geschichte von W. Pierson I 120 und in einer Menge der den Büchermarkt überschwemmenden kleineren Bilder und Erzählungen aus der Geschichte. Der Ausdruck „Kreuz= erfindung" hat oft genug Mißverständnis veranlaßt und wird noch heute oft falsch verstanden. Das Fest wird zur Erinnerung der Auffindung (erfinden bedeutete soviel als finden, auffinden, gewahr werden) des Kreuzes begangen.

Oft haben auch Lesefehler die merkwürdigsten Irr= tümer ins Leben gerufen. So rügt es Johannes von Müller in seiner Geschichte der schweizerischen Eidgenossen= schaft IV. Tl. S. 264, daß Joh. Jakob Hottinger durch Verlesen das „bi dem gütigen röm. König Fried- richen" (III.) der Tschudischen Chronik in „bey dem geitzigen" verwandelte. Ihm selbst aber ist das Mißgeschick

zugestoßen zu lesen: der Papst ist eine „Eidechse" statt
der „Endchrist" (J. v. Görres, Kirche und Staat nach
Ablauf der Kölner Irrung 1842 S. 130). Der „Kris=
nitag" verdankte sein Dasein dem Verlesen für „Kerz=
witag" (Kerzweihtag, s. Pilgram Calendarium 1781,
S. 176). Nach Scherrs deutscher Kulturgeschichte (neueste
Aufl. S. 78) „verschwindet vom 9. Januar (statt Jahr=
hundert) an die nationale Heldensage aus unserer Litteratur=
geschichte". Hier hat offenbar nur der Setzerkobold sein
tückisches Spiel getrieben. Den „Booksbüdel" d. i. den
Buchbeutel, in welchem die Frauen ihr Gesangbuch in die
Kirche trugen, machte man in sprichwörtlichen Redensarten
zum Bocksbeutel, einer demselben ähnlichen Weinflasche.
Aber so wenig das Hamburger Wahrzeichen, die Jungfer
in der St. Petrikirche, einen Bocksbeutel an der Seite
hängen hat, ebensowenig hält der schwarze Mönch ein
Münchener Stadtwappen, das Münchener „Kindl", ein
Bierseidel in der Hand, sondern ein Buch. Der Name
„Bock" für Bier hat „nichts mit der stößigen Race zu
thun", sondern ist Abkürzung für „Eimbeck, Eimbock"
(Daniel, Handbuch der Geogr. IV 669 Anm. u. Andresen,
Volksetym. S. 297). Nach dem Knabenmärchen Göthes
„Der neue Paris" führte eine Gegend in Frankfurt a. M.
„mit Recht den Namen schlimme Mauer; denn es ist
dort niemals ganz geheuer". In Wahrheit hieß dieselbe
nach einem Manne Namens „Schlimm". In derselben
Stadt machte man den „Grünbrunnen" zum „Grind=
brunnen", das „Galgenthor" zum „Gallusthor" und in
Sachsenhausen die „Löhergasse" zur „Löhrgasse", in der
Aussprache gar zur „Leergasse". Vielleicht geht auch der
Ausdruck „Pfarreisen" (im Volksmund „Parreise") für den
freien Platz vor dem Frankfurter zurück auf das lat. parvisium, woraus die Bezeichnung „Paradies" für Vorhof
der Kirche sich bildete (vgl. S. 12).

Affinius Vandenende, der Lehrer Spinozas, der 1674
wegen Hochverrats in Paris hingerichtet ward, verdankt

seinen sonderbaren Vornamen nur der lateinischen Übersetzung
seines Zunamens (von den Enden = a finibus). (Linguets
Denkw. über die Bastille, deutsch v. Habs S. 358.) Ein
bekanntes Mißverständnis ist die Bezeichnung „Iphigenie
auf Tauris", wie Göthe aus „Iphigenia in Tauris"
d. i. „unter den Tauriern" übersetzte. Ein Land oder eine
Insel „Tauris" hat es nie gegeben. Friedrich der Große
verwechselt in dem Brief an Finkenstein vom 12. Aug. 1759
die Judenberge bei Frankfurt a. d. Oder mit dem Juden=
kirchhof (s. Varnhagen v. Ense, Biogr. Denkmäler II 239 ff.).
Die allgemeine Bezeichnung der Holländer in Süd=
afrika als „Boers" beruht auf irrtümlicher Bildung und
wird von den „boeren" (Bauern) oder „Afrikaandern"
als Beleidigung empfunden. Schwerlich entlehnte man
das Schimpfwort „Kaffer" dem gleichnamigen Volksstamme.
Es ist wohl Verstümmlung des französischen caffard. An=
dresen, der es lieber mit dem arabischen Kafir (Ungläubiger)
zusammenbringt, erwähnt im Anschluß an dieses Wort
den „lächerlichen Mißgriff", „der einem Herausgeber der
Statuten des deutschen Ordens in Betreff der Benennung
„caphe spile" widerfahren ist: er hat diese Spiele nicht
als Schauspiele, wie er hätte thun sollen, sondern als
„K a f f e e spiele" genommen und gefolgert, daß schon zur
Zeit des Ordens Kaffee im Gebrauch gewesen sei; s.
Weseler Schulprogr. 1841. S. 18" (Volksetym. S. 239).
Was Franz Rutte in seinem hist.=geogr. Wörterbuch (Wien
1885. S. 30) passiert ist, Fouqué bei Landshut in Bayern
gefangen nehmen zu lassen, kann sich bei ähnlichen Namen
in der Schule, wie in der Unterhaltung der gebildeten
Kreise täglich wiederholen. M. Geistbeck schreibt in seinem
Leitfaden der Geographie 4. Tl. 1889. S. 15 „Mount
everest" und erklärt „höchster Berg", während derselbe
Mount Everest nach dem Ingenieur Sir George Everest heißt.
Vielleicht einzig steht das Mißverständnis da, welches
die alte Reichsmatrikel schändete. „Sie führet nämlich" —

also zu lesen bei A. Fr. Büsching (N. Erdbeschreibung
III 3, 3660). — „unter den niedersächsischen Kreisständen
das Herzogtum Maaß mit einem Reichsmatrikular=An=
schlag von 12 zu Roß und 135 zu Fuß oder 684 fl. an
und meldet, der Herzog von der Maaß oder das Herzogtum
Maaß sey ausgestorben, und der ißige Inhaber desselben
solle der König in Polen seyn. Hier wird das Herzogtum
an der Maaß oder das Herzogtum Bouillon, welches durch
einen groben Fehler in der Reichsmatrikel zum nieder=
sächsischen Kreise gerechnet worden, mit Masovien in Polen
verwechselt. Anfangs wußte man nicht, wo das Herzog=
tum Maaß liege. Als man es aber in Masovien zu
finden vermeynte, trug man kein Bedenken, von dem König
in Polen wegen desselben einen Beytrag zur Türkensteuer
zu fordern."

Aus der neueren Geschichte führt Adolf Schmidt in
seinem Werke „Das Perikleische Zeitalter" I 195 folgendes
Beispiel eines „argen" Irrtums an, wie wir „es tagtäglich
vor Augen" sehen und „in Hülle und Fülle selbst" er=
leben können. Professor Zimmermann, der Verfasser des
„geschätzten Werkes über die Geschichte des Bauernkrieges",
erzählt in seiner Geschichte der „deutschen Revolution" 1851
S. 252, daß bei dem Kampfe in Berlin am 18. März
1848 in der Breitenstraße „eine Kanonenkugel einschlug
und stecken blieb mit der Umschrift: „An meine lieben
Berliner!" „Er meinte wirklich" — sagt Schmidt —,
„wie zum Überfluß durch S. 264 bestätigt wird, daß die
Kugel selbst die Umschrift trug, und daß es sich um
eine unmenschliche Thatsache handelte; daher setzt er,
um sie glaublich zu machen, in einer Note hinzu: „Dieser
Thatsache wurde, soviel uns bekannt, nirgends wider=
sprochen", und im Texte selbst: „Viele Tausende haben
am andern Tage diese Kugel gesehen und die Umschrift
gelesen". Auf S. 264 ließ der Historiker doch „der Ver=
mutung Raum, daß „der Volkswitz über die gesprungene
Granate die Überschrift der königlichen Proklamation („An

meine lieben Berliner") gelebt habe" mit dem Zusatz:
„Das ist das Menschlichere und darum auch Glaub=
lichere". In Wahrheit nun war die Kugel keine ge=
sprungene, die Proklamation auch nicht daran oder
darüber „geklebt", sondern der Volkswitz hatte die
Überschrift der Proklamation mit Kreide um die Kugel
geschrieben, wie das freche Wort „Nationaleigentum"
an das Palais des damaligen Prinzen von Preußen, den
man mit Unrecht für den Feind des Volkes hielt, so gut
wie den milden Kronprinzen Johann von Sachsen, der
als „Kartätschenprinz" verunglimpft wurde. Meding in
dem unter der Revision Sr. Majestät des Kaisers Wilhelm 1.
verfaßten Werk „91 Jahre in Glaube, Kampf und Sieg"
hat S. 39 die richtige Erzählung von dem Ursprung jener
Wandschrift „Nationaleigentum". Aber in der vielgelesenen
Biographie des Kaisers, verfaßt von Ferd. Schmidt und
Franz Otto, verlegt von O. Spamer steht Bd. 1. S. 321
noch deutlich zu lesen: „Um das Palais des Prinzen
zu sichern, ward an demselben eine Tafel mit der Auf=
schrift „Nationaleigentum" angebracht".

Steigt man von den oberen Regionen der Wissen=
schaft hinab in die Niederungen, da gerät man erst recht
in das Gebiet des litterarischen Sumpfes, den zu durch=
waten hier kein Zwang vorliegt. Manche Irrtümer werden
wie das Geröll des Gebirges in die Tiefe gerissen und
verdicken sich dort zum bleibenden Schlamm, in welchem
nur Sumpfpflanzen üppig emporschießen. Das sind die
gefährlichen Geschichtslügen, gegen welche sich besonders
L. Hertslet in seinem „Treppenwitz der Weltgeschichte" und
die „drei Freunde der Wahrheit" (Paderborn, Schöningh)
wenden.

Derartiges Unkraut muß man mit Stumpf und Stiel
ausrotten und die Bildung von neuem Gewächs möglichst
zu verhüten suchen. Diesem Zweck soll auch das vor=
liegende Buch dienen. Der Freund der Wahrheit wird
es wohlwollend entgegennehmen und die ihm anhaftenden

Mängel milder beurteilen, wenn er berücksichtigt, daß Tomi nicht Roms Hilfsmittel hat.

„Si qua meis fuerint, ut erunt, vitiosa libellis,
Excusata suo tempore, lector, habe". (Ov. tr. IV 1.)

Bei der Anordnung des kunterbunten Stoffes war der Grundsatz maßgebend, chronologisch zu verfahren, aber Gleiches möglichst zu Gleichem zu gesellen. „Εἰ δέ τις ἄλλο ὁρᾳ βέλτιον, λεξάτω". (Xen. Anab. III 2, 38.) Für jeden Wink, jede Berichtigung, jeden Beitrag werde ich dankbar sein. „Munera qui mittit, sperat maiora remitti" (Owen 88).

Oberlahnstein.

Dr. **Widmann.**

Inhalt.

		Seite
Einleitung	. . . .	I
1. Ägypten	. . . .	1
2. Palästina	. . . .	10
3. Griechen	. . . .	18
4. Römer	. . . .	45
5. Kirche	. . . .	82
6. Deutsche	. . . .	122
7. Franzosen	. . . .	205
8. Engländer	. . . .	253
9. Wörterverzeichnis	. . . .	271

1. Ägypten.

Wenn die „ägyptische Finsternis" durch 2. Mosis 10, 22 und die „Fleischtöpfe Ägyptens" nach 2. Mosis 16, 3 als geflügelte Worte noch heute Kopf und Mund der Leute erfüllen, so darf man sich nicht darüber wundern, daß fast jeder ein oder das anderemal sich in dem oder jenem „Labyrinth" nicht zurechtfindet und aus „Hiero= glyphen" nicht klug wird. Wer denkt bei „Papier" und „Bibel", bei „pyramidal" jedesmal an das Pharaonen= land? Und doch weilt schon das Kind in seiner Phantasie am Gestade des Nils im „Wunderlande" Ägypten und hört so gern die schönen Geschichten vom kleinen Moses im Binsenkörbchen, vom bösen Pharao, vom ägyptischen Josef.

Aber auch das Volk ist ein Kind, und so bleibt ihm die kindliche Vorstellung vom „Wunderland".

„Der naive Glaube der griechisch = römischen Welt", — sagt Adolf Erman in seinem Werke „Ägypten und ägyptisches Leben im Altertum" S. 3 — „der in Ägypten das Land der geheimen Weisheit sah, hat siebzehn Jahrhunderte überdauert. Es ist nicht lange her, daß wer von Pyramiden und Obelisken reden hörte, alle Schauer der tiefsinnigsten Mysterien in sich aufsteigen fühlte, daß man die ägyptischen Leichenkasten mit ihren albernen Dämonenbildern mit ungeheuchelter Ehrfurcht betrachtete und daß die Rosenkreuzer und Freimaurer sich mit Hieroglyphen und ägyptischen „Symbolen" umgaben. Heute, wo wir die Denkmäler Ägyptens selbst kennen gelernt haben, wo wir seine Inschriften lesen und seine Litteratur studieren, ist jeder Nimbus dahin; an die Stelle der „heiligen Dämmerung", in der noch Göthe Ägypten erblickte, ist das volle unbarmherzige Licht der Geschichte getreten und die alten Ägypter sind uns ein Volk geworden, das um nichts besser war und um nichts schlechter als andere Völker."

Auch der „Historiker" Schiller sah in den Hiero=
glyphen geheimnisvolle Symbole und träumte von „ver=
borgenen Wahrheiten", welche „in diesen versteckt lagen"
(Sendung Moses). Wenn man sie für eine Schrift hielt,
„in der jedes Zeichen rebusartig einen ganzen Begriff
darstelle", [1]), so war daran Unverstand und Mißverstand
schuld. Man riet auf gut Glück hin und her, und jeder
fand dann, was er wollte, Athanasius Kircher „metaphysische
und theosophische Spekulationen", der Abbé Pluche „me=
teorologische Beobachtungen", ein Anonymus sogar „davi=
dische Psalmen".

Seit der Auffindung des Steines von Rosette (1799),
welcher ein Dekret der ägyptischen Priester zu Ehren des
Königs Ptolemäus Epiphanes in dreifacher Schrift, in der
heiligen, der demotischen (Volksschrift) und der griechischen
Schrift enthält, ist durch die gleichzeitige Entdeckung des
Engländers Thomas Young und des Franzosen François
Champollion le jeune das rätselhafte Dunkel, in welches
die Hieroglyphen gehüllt waren, gelichtet, und diese sind als
eine ziemlich ebenso gute phonetische Schrift wie „alle
anderen" erwiesen.

Das Volk aber nimmt von der Lösung des Rätsels
keine Notiz. Ihm bleiben die Hieroglyphen und vieles
andere — Hieroglyphen, eben eine Geheimschrift.

Anders ist es mit dem Worte „Runen". Das ur=
sprünglich sicher gemeingermanische Wort rûna wird als
μυστήριον, als Geheimnis, Zauberschrift erklärt. Der Name
der magischen notae des Tacitus Germ. 10 ist dann erst
auf die Schriftzeichen übertragen. [2])

Die Türme des Kölner Domes und der Eiffelturm
in Paris übertreffen die Pyramiden an Höhe. Und
dennoch bleiben diese die gigantischen Denkmäler. Denn

---

[1]) Erman S. 11.
[2]) „Runenblätter" nannte der Turnvater Jahn einige s.
Schriften zur deutschen Sprache s. Eulers Ausg. v. Jahns
Werken.

an Maſſe und Schwere des verwendeten Materials hält
kein Bauwerk der Welt mit ihnen den Vergleich aus. [1]
Aber der Schüler denkt in der Stereometrie und bei der
Kryſtallographie, wenn von der Pyramide geſprochen wird,
gewiß nicht an jene gleichnamigen Wahrzeichen Ägyptens.
Und die Pyramide der Turner erinnert kaum mehr an die
Geſtalt jener uralten Königsgräber oder Sonnenſymbole.
Wir verbinden mit dem Begriff nur die Vorſtellung eines
„dreieckigen“ Gebäudes. Daher trägt ſelbſt der künſtliche
Weihnachtsbaum den Namen „Pyramide“. Das Wort
ſelbſt hat weder Verwandtſchaft mit πῦρ noch einem anderen
griechiſchen Ausdruck, ſondern kommt vom ägyptiſchen
pi-rama Berg.

Bei dem Worte „Labyrinth“ denkt man jetzt ſtets
an Irrgang. Man legt auch in Gärten Hecken-Labyrinthe
an. Denſelben Namen haben die auf den Fußböden von
Kirchen moſaikartig verſchlungenen Wege, auf welchen der
Fromme ſeinen Bittgang thun konnte. [2] Gewöhnlich ſagt
man jetzt „das“ Labyrinth; aber im vorigen Jahrhundert
hieß es auch „der“, ſo in Wielands komiſcher Epopöe
„Der neue Amadis“: „ein kleiner Labyrinth“ und „der
finſtere Labyrinth“. Das griechiſche ὁ(ἡ) λαβύρινϑος
kommt von dem ägyptiſchen Lope-ro-hunt, [3] einem Wort,
in welchem nicht eine Spur des jetzt damit verbundenen
Begriffs liegt. Es bedeutet weiter nichts als „Tempel am
Eingang zum See“ und iſt alſo nicht einmal Eigenname,
ſondern nur nähere Bezeichnung des von König Amenemhat III. am Eingang zu dem als „Möris“ bekannten
See angelegten Tempels, der allerdings ein Gewirre von
Gemächern enthielt. Das kretiſche Labyrinth iſt ganz
ſagenhaft.

Das Wort zeigt die ſich oft wiederholende Erſcheinung,
daß Bezeichnungen für einen einzelnen Gegenſtand, ſpeziell

---

[1] G. Ebers, Ägypten I S. 147.
[2] Müller-Mothes, Archäol. Wtb. I 202.
[3] Brugſch: Erpa-ro-hunt.

für ein Bauwerk Gattungsnamen werden, dann auch in übertragenem Sinne stehen.

Labyrinth hieß nach Lucian salt. 49 ein Tanz, ferner eine Schnecke, ja ein Gedicht des Lykophron und überhaupt verschlungene Untersuchungen (Plato Euthyd. 291 b).

Unter einem Mausoleum versteht man jetzt ein Prachtgrabmal, und doch liegt diese Bedeutung so wenig in diesem Worte, wie etwa der Begriff von Schule, Er= ziehungsanstalt oder Hospital od. a. in Benennungen für Stiftungen zu gemeinnützigen Zwecken wie Fridericianum, Carolinum, Theresianum, Maximilianeum, Josefinum, An= dreanum, Senckenbergianum u. dgl. Μαυσώλειον ist das Grabmal, welches der karische Dynast Mausolus für sich und seine Gemahlin Artemisia im 4. Jahrhundert v. Chr. von den bedeutendsten Künstlern seiner Zeit in der Stadt Halykarnaß errichten ließ. [1] Nach dem König hieß später sogar das Volk der Karer „Mausoler". Bereits die Römer gebrauchten das Wort Mausoleum als Gattungsbegriff für das Prachtgrabmal Augusts, jetzt ein Zirkus, [2] das der Kleopatra und Hadrians.

Der großartige Thorbau der Propyläen, welcher zur Burg von Athen führte, von dem Architekten Mnesikles 436—431 erbaut, gab nicht nur anderen Thorbauten den vergrößernden Fremdnamen, sondern lieferte auch für Bücher= titel einen nicht sehr bescheidenen Tropus ähnlich, wie der Leuchtturm auf der Insel Pharus bei Alexandria. [3]

So gibt es jetzt auch außerhalb von Versailles [4] Trianons, auch außerhalb von Paris Trocaderos. [5] Kein

---

[1] Baumeister, Denkmäler des kl. Altertums. s. v.
[2] Fr. Elliot, Bilder aus dem alten Rom. S. 207.
[3] G. Ebers, Ägypten I 2, 3, 7.
[4] Das sächsische Versailles ist die berüchtigte Moritzburg.
[5] Ursprünglich der Name eines Forts der spanischen Festung Cadix, das von den Franzosen 1823 gen. wurde, dann der Name einer Anhöhe in Paris, worauf jetzt das Palais du Trocadero seit 1867.

Wirt, der heute sein Tivoli eröffnet, denkt dabei an den Bestatempel und die hadrianische Villa.

Belvederes aber gibt es nicht bloß in Rom, sondern auch in Wien, Prag und in anderen Städten. In dem Wort liegt der Begriff einer Kunstgallerie so wenig, wie in dem Worte Bellevue die Bedeutung „Schloß" oder „Hotel", in der Bezeichnung „grünes Gewölbe" [1] der Begriff „Schatzkammer".

Der eben genannte See Möris hat einem nie existierenden „König Möris" das Dasein verliehen. (Herodot. II 101.) Amenemhat III., der so viel für die Stromregulierung des Nil that, legte auch ein Reservoir an, welches bei der Überschwemmung das überflüssige Wasser aufnahm. Aus meri = Überschwemmung machten die Griechen mißverständlich den See des Möris. [2]

Die dem Sonnengotte Phra heiligen Spitzsäulen sind mit dem griechischen Wort ὀβελίσκος genannt. Obelisci = kritische Spieße nannte Johannes Eck die von ihm zu einer Anzahl Lutherischer Streitsätze verfaßten Bemerkungen, welche schon vor ihrer Veröffentlichung in Luthers Hände kamen und dessen Asterisken = kritische Sterne (1518) veranlaßten. Der kritische Strich, noch heute das in den Schulen übliche Zeichen für einen Fehler, heißt übrigens ursprünglich ὀβελός. [3]

Der berühmteste aller Obelisken, die sog. „Nadel der Kleopatra", „welche die Stadt Triest für sich in Anspruch nimmt", [4] hat ebensowenig wie ihr nunmehr in London aufgestellter Zwillingsbruder etwas mit der schönen Buhlerin zu thun. Sie ist bereits im 16. Jahrhundert v. Chr. vom König Thutmes III. gestiftet.

Mit dem Begriff „Mumie" verbindet man sofort die Vorstellung des Vermummtseins, der Einwickelung. „Du

---

[1] v. August dem Starken v. Sachsen in Dresden angelegt.
[2] G. Ebers, Ägypten. II 174.
[3] Gardthausen, Griech. Paläographie. 288 ff.
[4] G. Ebers, Ägypten. I 22.

Mumie" hört man noch häufig. Und doch heißt das persische, nicht ägyptische Wort mûm nur Wachs, Naphtha, Bergöl. Die „Momgötzen" (Luther) sind genannt von Momus (μῶμος = Spott).

Die Krüge mit Tierköpfen, in welche die Eingeweide der Toten beigesetzt wurden, heißen „nach einem alten Mißverständnis" „Kanopen".¹) Sie standen unter dem Schutz von 4 Dämonen, den Söhnen des Osiris.²)

Das Herz wurde in dem Leichnam durch einen steinernen Skarabaeus, ein geheimnisvolles, heiliges Tier, ersetzt, einen großen Mistkäfer.

Ehedem faselte man viel von den ägyptischen Kasten, und noch heute sind diese aus dem Mobiliar der Weltgeschichten für Volk und Jugend nicht geschwunden. Wenn man von Kastengeist redet, so denkt man — wenn man sich überhaupt des Ursprungs dabei erinnert — immer an Ägypten. In Wirklichkeit hat es Kasten in dem Sinne von streng abgeschlossenen Ständen nicht in Ägypten gegeben. Ihre Heimat ist Indien. Das Wort aber ist trotz seines deutschen Klanges nicht deutsch, sondern spanisch casta = Rasse, was von dem lateinischen castus = keusch, rein stammt.

Für eine in der Geschichte sich oft wiederholende Erscheinung, daß Titel als Eigennamen aufgefaßt werden, findet sich das erste Beispiel in der ägyptischen Terminologie.

Weil den Hebräern und Assyrern der Titel Pharao als Eigenname der ägyptischen Könige galt, nannten auch die späteren Kulturvölker den und jenen König der Ägypter Pharao. Der kleine Abc-schütze lernte einst „den König Pharao" in der Geschichte von Moses und vom keuschen Josef kennen. Ich erinnere mich noch recht wohl, daß ich als Knabe den einen Pharao als den Ersten, den anderen als den Zweiten bezeichnete. Wieviele hätte ich wohl zählen müssen, hätte ich damals gewußt, daß alle Könige von

---

¹) Erman, Ägypten. 427.
²) Serapis hatte auch den Namen Κάνωβος od. Κάνωπος.

Ägypten Pharaonen waren. Mit unserem „Kaiser" ging
es meinem ältesten Jungen ebenso. Er fragte nach dessen
Vornamen und nannte den Kronprinzen „den kleinen
Kaiser". Aber Pharao heißt nicht Herrscher, so wenig wie
Kaiser und Caesar. Pe-ra(o) heißt „das große Haus".
Mit Vorliebe bezeichnete der Ägypter seinen Herrscher als
„den Palast, das Haus des Königs, die große doppelte
Vorhalle". Welches biedere „alte Haus" fühlt sich bei
dieser Erkenntnis nicht mindestens gleichberechtigt mit dem
alten Pe-ra(o)? Analog spricht der Türke von der „hohen
Pforte". Wir reden von „Unter den Linden" oder „von
der Wilhelmsstraße", die Franzosen von dem „Elysée".
Auch der „Vatikan", der „Quirinal", ja selbst das römische
und amerikanische Kapitol oder das „weiße Haus" von
Washington, die Wiener „Hofburg", der persische „Divan"
gehören hierher mit allen ihren „Höfen", „Kammern", „Ka=
binetten", „Konclavia". „Harem" und „Serail" sind
nicht zu vergessen. „Frauenhäuser" und „Bordelle" (agf.
borda Häuschen) haben seit dem Mittelalter eine obscöne
Bedeutung wie die lateinischen Columbaria, worauf mehrere
fränkische Ortsnamen wie Colmar, Colombe zurückgehen
mögen. Die Ober= und Unterhäuser der jetzigen Kultur=
staaten haben ihr Vorbild in den Verwaltungs=„Häusern"
der alten Ägypter.

Merkwürdig ist, daß der Pharao (frz. Pharaon) dem
Hazardspiel seinen Namen leihen mußte. Das Pharo
und Lambique in Belgien wird wohl auf einen Orts=
namen zurückgehen.

Keinenfalls ist der gute, alte Ramses beim „Ramsch"
der Studenten beteiligt, selbst wenn sie das Wort ägypti=
sieren.

Wie der Pharao beim Übergang über das rote Meer
den kürzeren zog, so ging es dem gallischen „Brennus"
bei der sagenhaften Befreiung Roms durch Kamillus.
„Brennus" ist wie „Vergobret" Titel eines Häuptlings.
Der „Brenner" ist eben auch ein „Haupt"paß.

Die avarischen Worte Chakan, Jugurr, Tudun sind keine Namen, wie die Quellen meinen, sondern Titel für Ober= und Unterfürsten. Kapkan ist ein unerklärter Amts= name für einen christlichen Teilfürsten, vielleicht mißver= ständlich für capitanus.[1])

Der König von Kilikien bei Xenophon Anabasis I 2, 12 heißt nicht Σύέννεσις, sondern ist ein Syennesis, ebenso wie ein Häuptling von Afghanen nicht „Kahn" heißt, sondern ein „Khan" ist.

Der Tarquinier, welcher nach Liv. I 34, 2 aus Etrurien nach Rom wanderte, hieß nicht Lukumo, sondern war ein Lukumo (Lauchme), ein tuskischer Abliger. Ebenso gut könnte Marquis, Lord, Magnat, Wojwode, Graf u. s. w. als Eigenname gelten.

Ruy Diaz de Vivar, der Held der spanischen National= sage, der 1094 Valencia eroberte und gegen die Mauren verteidigte, war ein „Kämpfer und ein Held", Cid Cam= peador (von arab. Said == Herr).[2])

Mit einzelnen Titeln verbindet man zuerst bestimmte Würden ausschließlich, dann erhalten diese die Geltung von Eigennamen. In gewissem Sinne sind auch heute Papst, Seine Heiligkeit, Czar, Sultan, Schach, Vezier u. a. fast Eigennamen. Der Chedive erinnert in seinem Titel am meisten an die alten Pharaonen. Diadochen und Chalifen sind beide nur „Succedenten", Nachfolger.

Anders ist es mit den Titeln „Cäsar" und „Arsaces" gegangen. Ursprünglich Eigennamen, wurden sie zu Bei= namen, jener von den römischen Kaisern, dieser von den Partherkönigen. Auch Decebalus soll nicht der Name, sondern der Titel der dacischen Könige gewesen sein.

Die Hyksos, welche um 2000 v. Chr. Ägypten er= oberten, haben ihren Namen von Hak-Schasu == Häupt= linge der Hirten, Räuberhauptleute. Schasu (Sôs) ist der

---

1) F. Dahn, Deutsche Gesch. I 2, 340.
2) Joh. v. Müller, Sämtl. Werke. 25. Bd. S. 100.

Gesamtname für die nomadisierenden Nachbarn im Osten
Ägyptens. Es ist ein völliger Irrtum, sie mit den Israe=
liten zu verwechseln. Aber nicht die neueren Historiker
sind schuld an diesem Irrtum, sondern Josephus und
Manetho. Jakobs Familie zog nur mit Erlaubnis eines
Hykjos in das Land Gosen. Das semitische Hirtenvolk
selbst hieß mentui = Hirten ob. situi = Bogenschützen,
shashu = Plünderer. Hiq aber ist gleich Häuptling. [1]

---

[1] Maspero, Histoire d'Egypte. 4. ed. p. 164.

2. Paläſtina.

Wer nicht an die Offenbarung glaubt, hat es
leicht, in der ganzen Überlieferung Legenden, Sagen, Miß=
verſtändniſſe zu finden. Aber er entgeht nicht der Gefahr,
ſelbſt mißzuverſtehen. Vor allem iſt zu beachten, daß in
der heiligen Schrift eine eigentliche Zeitrechnung nicht beſteht,
und zweitens zu bedenken, daß in den hl. Büchern eine
e i n f a c h e , k i n d l i c h e S p r a c h e gebraucht iſt. Meine Auf=
gabe iſt es nicht, die Tradition zu verteidigen. Das iſt
oft genug von berufenerer Seite geſchehen. Um nur eins
anzuführen, ſei darauf hingewieſen, daß z. B. bei ver=
n ü n f t i g e r Auslegung des H e x a e m e r o n s die Über=
lieferung und die Reſultate der Naturwiſſenſchaften ſich
recht wohl vereinigen. Wenn man deshalb das „Sechs=
tagewerk" leugnet, weil die Ergebniſſe der Forſchung die
Unmöglichkeit der Schöpfung in ſechs „Tagen" darthun,
ſo iſt i r r i g eben der Ausdruck „Tag" in u n ſ e r e m , nicht
im bibliſchen Sinne „Abſchnitt" oder „Periode" gefaßt.
Der ſiebente für die Ruhe Gottes angeſetzte „Tag" dauert
ja auch ſchon Jahrtauſende!

Es iſt ein Mißverſtändnis, wenn man behauptet, in
der hl. Schrift ſtehe etwas von Erſchaffung der Sonne
und der Himmelsfeſte. Von der Sonne heißt es: ſie
wurde g e m a c h t (asah) d. h. — wie Gutberlet in ſeinem
kurzen, aber hübſchen Aufſatz „das Sechstagewerk" ſich
ausdrückt — „f ü r d i e E r d e w u r d e d i e Sonne erſt am

vierten Tage, was sie ist". Geschaffen war sie mit den
Sternen am ersten Tage. Sie hatte mit diesen also
Zeit genug, ihr Licht auf die Erde zu senden, und wenn
dazu Jahrtausende nötig wären. Gott schuf keine Feste,
sondern die raqia = Decke, Gewölbe machte er, er
bildete die Atmosphäre.

Es ist verkehrt, die mosaische Schöpfungsgeschichte mit
den kosmogonischen Sagen der Heiden auf eine Stufe zu
stellen. Die Darstellung der Bibel ist überhaupt eine
Geogonie, welche trotz mancher Übereinstimmungen mit jenen
Mythen und Märchen einzelner Völker den Charakter
einer universellen Geschichte deutlich an sich trägt. Die
Abweichungen der heidnischen Sagen beweisen eben weiter
nichts, als daß dort die Uroffenbarung entstellt ist; die
Ähnlichkeiten aber lehren nur, daß noch ein Rest von Er=
kenntnis in aller Unwahrheit sich erhalten hatte.

Ich verweise hierüber auf Lükens „Traditionen des
Menschengeschlechts".

Einen bedeutenden Widerspruch glaubte man gefunden
zu haben zwischen dem Berichte im ersten Kapitel der
Genesis und demjenigen im zweiten Kapitel, weil in dem
letzteren angeblich erst die Schöpfung der doch schon am
dritten Tage erschaffenen „Pflanzen" erwähnt werde. Ja,
man unterschied schon zwei Urkunden, eine Jehova= und
eine Elohim=Urkunde, weil hier „Gott", im zweiten Kapitel
und den folgenden dagegen „Jehova" genannt wäre.

„Aber das Ganze ist ein bloßes Mißverständnis,
welches leider! durch die mißverstandene Übersetzung in der
Vulgata noch größer geworden ist." [1]

Es steht in jener Stelle nicht „alles Gesträuch" war
noch nicht und alles Kraut sproßte noch nicht", sondern,
„alles Gesträuch des Ackers und alles Kraut des Ackers
sproßte noch nicht".

---

[1] Lüken, Die Stiftungsurkunde des Menschengeschlechts. Frei=
burg. Herder 1876. S. 86 ff.

Das hebr. sade heißt „bebautes Ackerfeld". Es wird also nur gesagt, daß die Kulturpflanzen, die Feld= früchte noch fehlten, weil der Wechsel der Jahres= zeiten noch nicht stattfand, der erst nach der Sündflut eintrat (Gen. 8, 22).

Eden ist der Name des vorsündflutlichen Landes, in welchem der Garten Gottes, das Paradies lag. Eden heißt Wonne, Lust. Statt des richtigen Ausdrucks der „Garten Edens" wird dieser selbst „Eden" oder „Lust= garten" (Luther) genannt.

Das Wort Paradies enthält nicht den Begriff eines herrlichen Landes, sondern bedeutet nur „umwallter Garten". Es ist ein altpersisches Wort pairidaêza. Das hebr. pardes bedeutet Baumgarten, Park. In dieser Bedeutung hat es der Grieche aufgenommen. Der Ausdruck wird häufig auch für die Vorhalle von Kirchen gebraucht. Es liegt aber hier eine Verwechselung vor, vielleicht mit dem griech. παράδυσις = Hinzukriechen, sicher mit lat. parvisium, perevisus, frz. parvis. So heißt der Platz vor der Notre-Dame in Paris noch Parvis Notre - Dame, und „Paradies des hl. Petrus" hieß im Mittelalter der ehe= malige Vorhof der St. Peterskirche in Rom, in welchem Otto II. seine Ruhestätte fand.

Den Sündenfall symbolisch zu erklären, vermag nur Unverstand; denn da die ersten Menschen Kinder waren an Unschuld, so konnte ihnen auch Gott nur ein einfaches Verbot geben. Die Übertretung dieses Verbotes ist der Sündenfall. Aber die „Sündflut" hat als Wort mit Sünde nichts gemein. Es ist nach Frauenlobs richtiger Erklärung der „Sünden Sintflut" d. h. Sinflut, be= ständige, große Flut. So bedeutet „Singrün" (nicht Sinn= grün) = Immergrün. [1])

Wenn man gegen die Einheit des Menschengeschlechts als Haupteinwand gerne die Vielheit der Sprachen

---

[1]) Andresen, Volksetymol. S. 267.

betonte, so muß doch darauf hingewiesen werden, daß gerade
das Wort, welches man dazu benutzte, die „Sage" von
der Sprachverwirrung aus mißverständlicher Worterklärung
herzuleiten, ein Beweis für die Thatsache der einstigen
Spracheinheit ist. Der hebr. Name Babel, aus der Re=
duplikation der Wurzel bal = verwirren (vgl. arab.
balbala) entstanden, ist dasselbe Wort wie pers. Babiru,
griech. βάρβαρος und lat. balbus. Auf den ägyptischen Inschriften
heißt es Belbel.[1]) Die semitische Form bal und die
indogermanische bar ist identisch. Auch im Deutschen
„ver=wirr=en" liegt dieselbe Wurzel. Unser „Wirr=warr"
entspricht vollständig dem semitischen Babel.

„Diese Etymologie wird dadurch nicht hinfällig, daß
Babylonier und Assyrer den Namen später als Bab-Ilu
„Thor oder Tempel Gottes" aufgefaßt haben;[2]) denn solche
Umdeutungen sind im Volksleben gewöhnlich, und
die Inschriften zeigen Ba-bi-lu ebenso häufig wie Bab-ilu."

So Kaulen in Wetzer=Weltes Kirchenlexikon. I 1796.
und „Assyrien und Babylonien" S. 194.[3])

Man bezeichnet jetzt mit dem Namen Palästina ge=
wöhnlich das ganze von Israeliten bewohnte Land westlich
des Jordans; das hebr. Peléschet aber begreift eigentlich
nur das Philisterland. Kanaan heißt der „flache Küsten=
saum". Die Beziehung zur Bedeutung des hebr. Wortes
kana ('nikhna' = unterworfen sein) ist eine künstliche.[4])
Wenn das „heilige Land" bei uns das „gelobte" heißt, so
soll das nicht eine terra laudata, sondern promissa „das
verheißene" bedeuten.

---

[1]) Lauth, Aus Ägyptens Vorzeit. 97.
[2]) Schrader, Keilinschr. u. A. T. 41.
[3]) Der Name des Schlosses Babelsberg, des Lieblingsauf=
enthalts Kaiser Wilhelms I. hat mit Babel nichts zu thun. Es
hat s. Namen vom Baberts= od. Babelsberg, auf dem es liegt.
[4]) „Den Hellenen heißt Chanaan das „Purpurland" od. auch
das „Land der roten Männer", Phoenike u. s. w. Mommsen
R. G. I 483.

Die aus Caphthor (Kreta) stammenden Bewohner von Peléschet, die Philister, Pelischtim, Plethi, sind identisch mit den Crethi. Der Doppelname wird aus Mißverstand in zwei Appellativnamen zerlegt und gedeutet als „Scharfrichter und Läufer", „Leibwache und Troß=knechte". Luther behielt die ihm unverständlichen Worte 2. Sam. 8, 18 u. öft. bei, und „so sind sie um ihrer Unverständlichkeit willen bei uns zu einer volkstümlichen Bezeichnung eines wüsten Durcheinander, namentlich von allerlei Menschen geworden".[1] Ähnlich ist der Ausdruck Gog und Magog. Gog umfaßt wohl das ganze Heidentum, der Name Magog ist wahrscheinlich daraus frei gebildet.[2] Auch die Zusammenstellung von Hengist und Horsa, beides = Roß, entweder die Kriegszeichen der angelsächsischen Stämme oder das Wappen der Grafschaft Kent, verdient hier erwähnt zu werden. Bereits Beda der Ehrwürdige hat die Erzählung von den beiden Heroen als Sage behandelt.

Das „tote Meer" bedeutet nicht etwa „Meer des Todes", weil es die Stätte der Vernichtung ist, sondern weil alles tierische Leben fehlt. So nennt es schon Pausanias „ϑάλασσα ἡ νεκρά", Justinus „mare mortuum". Sein ursprünglicher Name ist jâm-ham-melach = „Meer des Salzes"; doch wird es auch „Meer der Wüste" = jâm-ha' arabâ, und im Gegensatz zum westlichen Meer, dem Mittelmeer, „das östliche Meer" jâm-haq-qedem (jâm-quadmôni) genannt. Josephus bezeichnet es als Asphaltitis. Bachr Lût „Meer Lots" ist der bei den Arabern gebräuchliche Name, welchen Sörensen als gleich=bedeutend mit Asphaltmeer erklärt, indem er zugleich daraus die Gestalt Lots ableiten will. Aber mit Lût bezeichnet der Araber eben den Namen „Lot", wie in Bint Sheich Lût die Felsensäule am Ostufer des Meeres.

---

[1] Riehm, Hdwtb. des bibl. Altertums I 240.
[2] Riehm 939. Sonst wird Magog als = Mongolen erklärt. Es sei erinnert an Cl. Brentanos Scherz „Gog, Magog, Demagog". S. auch Ges. Schr. 5, S. 80.

In der Bedeutung unseres „toten", stagnierenden Wassers ist der Name „totes Meer" gebraucht von dem flachen Golf an der Westseite der Halbinsel Krim. Die „tote Bai" (Mertwyi Kultuk) ist die Nordostbucht des kaspischen Meeres. Das „tote Gebirge" liegt im Osten der Traun in den oberöstreichischen Alpen bei Aussee.

Das „eherne Meer" war das im inneren Vorhof des salomonischen Tempels stehende kolossale Wasserbecken, welches auf zwölf ehernen Rindern ruhte.

Einen „Götzen Baal", dem der israelitische König Achab einen Tempel baute, gab es genau genommen nicht. Das semitische Baal, Bel, Bil bedeutet „Herr" (so ist Hannibal = Gnade des Herrn, Hasdrubal = Hilfe des Herrn), dann den höchsten Gott der Kanaaniter, Phönizier, Karthager. Als Sonnengott hieß er Baalsemes, als Feuer-gott Moloch (König), der phönizische Melkarth, Baal-Hamon, bei den Moabitern Chamos; in der Philisterstadt Akkaron war er der Beelzebub, den unsere Schuljugend selbstverständlich mit „Bub" zusammenbringt. Beelzebub ist gleich Ζεὺς ἀπόμυιος, μυίαγρος, Myiodes (Plin. h. n. 29, 6. 10, 28), der Fliegen abwehrende Gott. Als solcher lieh er zur Zeit Christi seinen Namen dem Satan, vielleicht deshalb weil zebub = Fliege in der aramäischen Sprache = debaba ist, was „Feind" bedeutet. So wird der Fliegengott zum „bösen Feind". Die Form Beel-zebul = Herr der Wohnung wird als witzige Umformung des Namens gedeutet = Beelzebel „Herr des Mistes", weil die Juden damit ihren Abscheu vor dem Götzendienst bekunden wollten. Wahrscheinlich ist es jedoch nur eine „rein lautliche, der griechischen Zunge leichter auszu-sprechende Umformung von Beelzebub, wie Ambakum st. Ambakuk (Habakuk) oder Beliar st. Belial, und wie statt Bab-el-mandeb vulgär Bab-el-mandel ausgesprochen wird".[1] Die Griechen liebten übrigens auch l nicht am

---

[1] Riehm I 159.

Ende eines Wortes, sondern verwandelten dies gerne in s, wie bei Hannibal in Ἀννίβας.

Das hebräische Sekel (Schékel = Gewicht), griech. σίγλος ist ein Ausdruck für ein Geldstück und Geldwert (vgl. τάλαντον, talentum, Wage, Gewicht, Geldsumme, erst später metaph. = Anlage, roman. lira, frz. livre aus libra = Pfund, auch im Englischen, und unser deutsches „Mark"). Das Volk bringt es aus Unverstand mit Säckel zusammen. Im N. T. ist dafür ἀργύριον = Silberling gebraucht.

Das „heilige Zelt", die Wohnstätte Jehovas, welche Moses errichtete, bezeichnete Luther in irriger Vorstellung von einem „gewissen Ort oder Stätte, wie eine Pfarr= kirche oder Stift, dahin das Volk Israel kommen und Gottes Wort hören sollte"[1]) (2. Mos. 20, 24) mit dem gar nicht passenden Namen der „Stiftshütte".

Ganz unrichtig schreiben wir der „Aussätzige" statt der „Aussetzige"; denn so hießen die mit dem Aussatz behafteten Kranken deshalb, weil sie an einem besonderen Orte ausgesetzt sind; daher auch der Name „Sonder= sieche". Im A. T. heißt die Krankheit sarà'ath Schlag; denn der Kranke galt als von Gott geschlagen, im N. T. Septuag. lepra von der Unebenheit der Haut. Miß= verständlich ist der Name Elephantiasis angewandt von der Ähnlichkeit mit der Elefantenhaut. Die Leprosen hießen im Mittelalter „Miselsüchtige"[2]) oder die „guten Leute". Daher stammen die Ausdrücke „Gutleuthof, Gut= leutacker" u. ä.

Die Magischen Künste kommen schon im Buche der Weisheit 17, 7 vor. Ursprünglich heißen Mager, nicht Magier, die chaldäischen Stern= und Traumdeuter.

Den Namen der Stadt Jeruschalajim = Friedens= wohnung haben die Griechen in ein ihnen mundgerechtes

---

[1]) Riehm 1553.
[2]) Masel = Blutschwären.

Ἱεροσόλυμα umgewandelt, als ob es aus ἱερός = heilig und dem Volksnamen Solymer zusammengesetzt wäre.

Der Kidron ist kein Zedernbach.

Das Sanhedrin, die oberste Behörde der Juden nach dem babylonischen Exil, der hohe Rat, ist umgebildet aus dem griech. συνέδριον = Versammlung und kommt erst vor in der Mischnah und der Gemara, den beiden Tal= muden.

„Der biblische Bericht (1 Kön. 9, 18) über die Erbauung der Stadt Thamar in Idumaea durch König Salomo ist nur durch ein freilich altes Mißverständnis auf Thadmor übertragen worden", das spätere Palmyra. Doch ist auch der Irrtum ein Beweis für das hohe Alter jener Stadt.[1])

---

[1]) Mommsen RG. V, 423 Anm. Hitzig, Ztschr. der deutschen morgenländ. Gesellsch. 8, 222

3. Griechen.

Die Mißverständnisse in den Göttermythen sind zahllos, meistens beruhend auf falscher Etymologie.

Der Apollo *Μαλόεις*, welcher nach Thukydides 3, 3, 3 in Mitylene auf der Insel Lesbos verehrt wurde, soll nach einer von Hellanikos erzählten Sage den Namen daher haben, weil Manto, die Tochter des Teiresias, wegen der Wiederauffindung eines A p f e l s, den sie aus ihrer Halskette verloren, dem Apollo einen Tempel gelobt und geweiht habe. Aber der Beiname ist nicht von τὸ μῆλον = Apfel, sondern von τὸ μῆλον = Schaf abzuleiten. Apollo wurde also hier wie anderwärts als Beschützer von Hirt und Herde gefeiert. [1]

Die gleiche Verwechslung liegt vor bei Herkules *Μήλων*, der in Theben und im athenischen Gau *Μελίτη* (= phönic. Malath, Malta, Zufluchtsort) eine Kultstätte hatte. Nach Pollux I, 30 wurden demselben μῆλα ὡραῖα, nach Hesychios Äpfel geopfert. [2]

Der Kult des lykischen Apollo war ursprünglich ein Lichtkult, (lux, λύκη prima lux, das erste Morgenlicht). Da λύκος Wolf heißt, erscheint schon sehr früh dies Tier als Symbol des Kultus, [3] ja es wird selbst zum Heros.

---

[1] s. meine Ausgabe des Thukydides. Teubner. 1885. a. a. O.

[2] Preller, Gr. Mythologie. II 184. Wachsmuth, Stadt Athen. I 364.

[3] auch als Symbol des flüchtigen Mörders. Schömann, Gr. A. II 242.

Eine andere Bedeutung hat der Wolf in dem römischen
Kultwesen. Die Luperci, die Wolfsgilde, feierten dem
Faunus Lupercus dem Wolfabwehrer, dem Beschützer der
Herden zu Ehren in jedem Jahre zwei Feste (die Luper-
calia).[1] Die lupa wurde schon im Altertum in zwei=
deutigem Sinne verstanden.[2]

Aber das ganze Altertum, auch die deutsche Mytho=
logie, maß dem Wolfe eine heilige Bedeutung bei. Er
war dem Gotte Odin heilig.[3]

Auch die Fabel von den weissagenden Tauben in Dodona
ist nur aus der Homonymie des Wortes πέλειαι entstanden,
was allerdings „Tauben" von grauer Farbe bedeuten kann,
in diesem Falle aber die zweite Bedeutung von „Greisinnen",
weissagenden Frauen hat. In geschichtlicher Zeit bestand
sicher kein Taubenorakel in Dodona.[4] Stein zu Herod.
II 57 erklärt den Namen als symbolische Bezeichnung für
Priesterinnen, wie anderswo μέλισσαι = Bienen und
Nymphen oder Priesterinnen.[5] Die deutsche Sage hat
Schwanenjungfrauen, d. h. Walküren, die sich in Schwäne
verwandeln können und zu weissagen verstehen.[6]

Erichthonios, ein Genius des fruchtbaren Erdbodens,
„Gutland" nach der Erklärung von G. Curtius, darf nicht
identificiert werden mit Erechtheus, dem Poseidon ἐρέχθων
od. σεισίχθων, dem Erderschütterer. Die obscöne Sage
bei Apollodor III 14, 6 ist ein schlechter Versuch, die
Etymologie des Namens zu erklären.

Die Mädchen, welche bei dem Feste der Brauronien
der Göttin Artemis die Procession bildeten, hießen zwar

---

[1] Mommsen, RG. I 167.
[2] f. Gellius noct. Att. 7 (6), 7, 5. Livius I 4, 7
u. a. Schr.
[3] Dahn, Walhall. 43.
[4] Schömann, Gr. Alt. II 313. Preller, Gr. Myth. I 99.
B. Lorentz, Die Taube im Altertume, S. 8. 40. Progr. v.
Wurzen. 1886.
[5] Preller, Gr. Myth. I 105.
[6] Dahn, Walhall. 120 f.

ἄρκτοι; das kann Bärinnen bedeuten. Seit wann bezeichnet man aber kleine 5 bis 10 jährige Mädchen als Bären? Die Erklärung Lobecks[1]) „eingeweihte" wird wohl die richtige sein.

Über einzelne falsch gedeutete Beinamen der Artemis s. Preller Gr. Myth. I 227 Anm.

Die kriegerischen Gefährtinnen der Artemis, die Ama=zonen, werden durch volksetymologische Deutung zu „brust=losen". Aber Sage und Kunst widersprechen sich hier, und letztere hat recht. Die griechischen Walküren sind eben die Begleiterinnen der Ἀμαζώ = Am-aza, der starken Mutter, der persischen und skythischen Artemis. Der Ama=zonenstrom in Südamerika ist wohl eine Gelehrtenbildung aus dem Wort Amassanas.[2]) Der Amazonenberg in Vorarlberg ist eine willkürliche Änderung der Kartographen aus Matzanaberg.

Geographen und Geometer haben in Namengebung manche Sünde auf dem Gewissen. Ich erinnere an die Verstümmlung „Sonderbund" aus „Sanderban", 100 Mün=dungen, dem Mündungsland des Ganges. Aus dem alten „Hammelsburg" bei Biebrich ist in den vierziger Jahren unseres Jahrhunderts das poetischere „Amöneburg" geworden. Der hessische Ort gleichen Namens hieß nach der Ohm, Ame „Omeneburg". Der „Armadahof" bei Wiesbaden ist der ehemalige „Arme Ruhhof". In der Nähe von Oberlahnstein liegt die „Ahler" Hütte und Schleuße. Auf der Generalstabskarte ist sie zur „Adler" Hütte und Schleuße geworden. Solcher Irrtümer ließen sich bei genauer Nach=forschung durch lokalkundige Leute vielleicht Hunderte nach=weisen.

Aus der Geographie mögen noch folgende Mißver=ständnisse kurz berührt werden: Der Berg Pilatus ist ent=weder der pileatus (behütete) oder der Berg voll Wasser (pil·lat kelt.); der „St." Bernhard hat auf den Zusatz

¹) Vgl. 74. Schömann, Gr. A. II 458.
²) Andresen, Deutsche Volksetym. 169.

keinen Anspruch), er hat ihn nur nach Analogie des St. Gott=
hardt erhalten; das „Wormser" Joch ist das Joch von
„Bormio"; der schöne „Ölberg" im Siebengebirge heißt
„Auelsberg", der „Herzberg" im Taunus ist der „Hirsch=
berg" (wie im Siebengebirge), der „Neroberg" bei Wiesbaden
ist der alte „Ersberg" (Hinterberg); die „False Bai" in Süd=
afrika wird zur „Falschen Bai", das Cap „Dschard Hafun"
zum Cap „Guardafui" u. s. w. Die Römer veränderten
den Namen Malventum in Beneventum, als ob er Male-
ventum geheißen habe. Aus dem gleichen Aberglauben
soll die Änderung des Namens Epidamnos, weil derselbe
an damnum Schaden anklang, in Dyrrhachium geflossen
sein. Grasberger aber macht ziemlich wahrscheinlich, daß
dieser Neuname mit ῥάχις == felsiger Grat zusammenhänge.[1]

    Kaum ein Name hat so viele und so viel verkehrte
Deutungen erfahren als der der Pelasger.[2] Keinenfalls
waren sie „Störche", obwohl sie selbst die Griechen damit
zusammenstellten. Vielleicht ist der Name doch semitisch.

    Der Name der „Hellenen" wurde von der byzan=
tinischen Kirche als gleichbedeutend mit Heiden aufgefaßt.
Im neuen Testament heißen bereits alle Nichtjuden so. Den
byzantinischen Schriftstellern waren die Griechen „Römer".[3]
„Athener" nannte man die heidnischen Philosophen.[4] So
waren den katholischen Römern Goten und Arianer identisch.
Und selbst Chlodwig sagte bekanntlich in diesem Sinne:
„Schwer lastet es mir auf der Seele, daß diese Arianer
(d. i. die Westgoten) ein Stück von Gallien haben."
„Römlinge" hat erst die neueste Zeit erdichtet.

    „Paganismus", „Heidentum" bedeutet nur „Bauern=
religion".

---

[1] Studien zu den griech. Ortsnamen. 160 ff.
[2] S. Lexikon von Pape s. v. u. O. Crusius, Beitr. zur
griech. Mythologie S. 26 f. Anm. die Zusammenstellung Leipzig.
Progr. d. Thomasschule 1886.
[3] Gregorovius a. a. O. I 177.
[4] Gregorovius, Gesch. d. Stadt Athen im M. A. I 92.

Mit dem Worte „Barbar" verbinden wir mißbräuchlich den Begriff des Rohen, Ungebildeten, Grausamen, während die Hellenen damit nur die „Nichthellenen", vornehmlich die Perſer, bezeichneten, „wie ſanft auch ihr Charakter ſein, und auf welcher Stufe der Civiliſation ſie auch ſtehen mochten". Urſprünglich wurde nur die unverſtändliche Sprache damit verſpottet, denn βάρβαρος iſt ein onomato=poetiſches Wort wie Tartaros, Marmaros u. a. Es iſt dasſelbe Wort wie Babel und unſer Wirrwarr (Wurzel warr, bar) = Verwirrung. Man vergleiche unſer „kauder=welſchen" (churwelſch) = βαττολογεῖν, βαρβαρίζειν, παφλάζειν. Wälſch (Walaha) iſt der Fremde. In dieſem Sinne allein gebraucht auch Homer Iliad. II 867 βαρβαρόφωνοι (ἀλλόθροοι, Nitzſch zur Od. I S. 35).

„Später erſt entſtand bei den Griechen ein teilweiſe wohl=berechtigtes Gefühl eigener Verſtandes=Superiorität, und der Aus=druck Barbar wurde zur Bezeichnung niedriger Verſtandeskräfte und roher Gemütsart angewendet, in welchem Sinne er bei den halb=hellaniſierten Römern beibehalten wurde."[1]

In der Folge galt der Hellene nicht bloß als der Feind, ſondern als der geborene Herr der Barbaren, denn „barbariſch" und „ſklaviſch" ſind identiſch nach Ariſtoteles Polit. 1 1, 5, wie „Slaven" und „Sklaven". So ſind die theſſaliſchen „Peneſten" = Sklaven, die lakedämoniſchen Heloten = Gefangene (εἵλωτες), nicht Bewohner der eroberten Stadt Helos. Die römiſchen Clienten ſind Hörige (κλύειν).

„Homer" iſt teils als „Zuſammenfüger" (ὁμοῦ εἴρω od. ἀραρίσκω) oder als der „Blinde" (ὁ μὴ ὁρῶν, ὅμηρος ſoll in Kyme dieſe Bedeutung gehabt haben), teils als Heros eponymos der Sängerklaſſe der Homeriden erklärt worden.[2] In ähnlicher Weiſe nahm man den Geſetzgeber Lykurgos als Titel einer in Sparta beſtehenden

---

[1] Joh. Jacoby, Geiſt der griech Geſch. Berlin 1884. S. 59.
[2] Genaueres ſ. Sengebuſch, Dissert. Homerica posterior in der Ausg. der Odyss. v. Dindorf. S. 89 ff.

Priesterschaft des Apollo.[1]) Den Spartanern selbst war er freilich mehr ein göttliches Wesen als eine historische Persönlichkeit. Daher gaben sie ihm zum Vater den Eunomos d. h. den mit guten Gesetzen begabten, zum Sohn den Eukosmos d. h. den „Wohlgeordneten" und machten ihn zum Vormund des unmündigen Charilaos d. i. Volksfreude.

„Nach der Anschauungsweise der Griechen, welche für jedes große Werk einen Urheber sich zu denken das Bedürfnis hatten, ohne darauf bedacht zu sein, das früher Vorhandene oder später Gewordene zu unterscheiden, wurde die ganze Staatsordnung als die Gesetzgebung Lykurgs betrachtet."[2])

Wie mit dem Worte „Barbar", so ist es mit dem Ausdruck „Tyrann" gegangen. Dasselbe ist nicht einmal ein griechisches Wort, sondern stammt aus dem Lydischen oder Phrygischen[3]) und ist erst von dem Dichter Archilochos aus Paros (c. 600) in die griechische Litteratur eingebürgert. Die gehässige Bedeutung, welche jetzt in das Wort gelegt wird, haben ihm wohl erst die späteren Willkürherrschaften eingetragen. Nach Cornelius Nepos hat man selbst in römischer Zeit den schlimmen Sinn mit dem Worte nicht verbunden, denn Milt. 8 sagt er: Omnes autem et habentur et dicuntur tyranni, qui potestate sunt perpetua in ea civitate, quae libertate usa est. Vgl. auch Cic. de rep. II, 27. Die sogenannten „dreißig Tyrannen" von Athen hießen nur „die Dreißig", auch dann noch als es nur 25 mehr waren.[4]) Sie hatten den Behördentitel nach den „30" Ratgebern des spartanischen Königs. Daß die Cäsaren der kaiserreichen Zeit des römischen Imperiums (253—268) den Namen der „dreißig Tyrannen"[5]) erhielten,

---

[1]) Gelzer. N. Rhein. Mus. XXVIII, 1.

[2]) E. Curtius, Gr. G. I 171.

[3]) Boeckh, Corp. Inscr. Gr. II 808. E. Zeller, Übe den Begriff der Tyrannis bei d. Griechen. Sitzgsber. d. pr. Ak. d. W. 53/54.

[4]) Curtius, Gr. G. III 752.

[5]) Als Tyrannen bezeichnete schon Kato den Cäsar.

hat Trebellius Pollio durch seinen schlechten Vergleich auf dem Gewissen.

Voltaire definiert in seinem Dictionnaire philosophique den Tyrannen also: „Einen Tyrannen nennt man den Fürsten, der kein anderes Gesetz kennt als seine Laune; der das Eigentum seiner .Unterthanen wegnimmt und sie dann noch zu Soldaten macht, um auch das Eigentum seiner Nachbarn wegzunehmen. Solche Tyrannen gibt es in Europa nicht." Diese wunderbare Definition und der noch wunderbarere Zusatz, bei welchem der Schreiber gar nicht an den großen Despoten Ludwig XIV. gedacht zu haben scheint, bestätigt wieder einmal das ironische Urteil Lessings über den geistreichen Franzosen: B. ist eben „ein profonder (!) Historiker" gewesen (Dramaturgie).

„Despot" = Herr hat übrigens auch seinen Begriff verengert. Die größten Despoten waren die Freiheits= männer der Revolution von 1789. Und dies hat Voltaire in dem angeführten Artikel vorausgesagt, wenn er sich aus= drückt: „Wenn ich wählen müßte, so würde ich die Tyrannei eines einzigen weniger fürchten als die mehrerer. Ein Despot hat doch immer einige Anwandelungen von Güte, eine Versammlung von Despoten niemals."

Den Begriff „Prytane" urspr. = Fürst, Herrscher, gebraucht Schiller in der Ballade „die Kraniche des Ibykus" in dem engeren Sinne von „Richter". In Athen hatten seit Kleisthenes (510) zusammen je 50 Mitglieder des Rates während eines Zehntels des Jahres die Staatsleitung (πρυτανεία), ihr Vorsitzender aber war der ἐπιστάτης.

Wie die Person des Lykurg in ein mythisches Dunkel gehüllt ist, so sind seine einzelnen Satzungen voller Spinn= gewebe von Mißverständnissen. Ohne die Schlagwörter Eisengeld, Syssitien, Blutsuppe wird kaum eine Weltgeschichte für Schule und Haus die lykurgische Verfassung darstellen.

Was zunächst das Eisengeld betrifft, so bediente man sich im Altertume mehr oder weniger sämtlicher Metalle als Tauschmittel und zwar in der Form von Barren.

Wenn nun Plutarch in seiner Parallele Aristides und Kato 3 berichtet, daß Lykurg Silber und Gold aus Sparta ver=
bannt[1]) und durch Feuer verdorbenes Eisen seinen Mit=
bürgern zur Münze gegeben habe, so erklärt das R. Pähler[2])
mit Recht in der Weise, daß das nach der ersten Schmelzung
als zu Schwertern, Messern, Meißeln u. a. Geräten sich
unbrauchbar erweisende Eisen als Geld verwandt wurde,
aber nur im Kleinverkehr, wie wir sagen, als Scheide=
münze, anfangs in der Form von Barren, dann von
„Fladen" (πέλανοι). Man vergleiche die Gestalt der
bekannten „Regenbogenschüsselchen".[3]) Die rohen Eisen=
luppen wurden auch bei anderen Völkern als Geld ver=
wandt; Schweden hatte noch lange im Mittelalter Eisengeld.[4])

Die gemeinsamen Männermahle hießen „nur miß=
bräuchlich" ουσσίτια.[5]) Der Name φιδίτια wird durch
Volksetymologie als φειδίτια aufgefaßt, als ob sie so genannt
seien wegen ihrer Kargheit (φείδομαι spare) oder deshalb,
weil alle sich den nämlichen Gesetzen der Sparsamkeit unter=
warfen; aber die gemeinsamen Essen waren keine Hungermahle.
Auf Spielerei beruht der Name φιλίτια[6]) = Freundesmahl=
zeiten. ουσκήνια „Zusammenlager" nennt sie nur Xenophon.
Das Wort gehört nach der Erklärung Schömanns[7]) zum
Stamme ἕζομαι = sitzen und hieß bei den Spartanern
Fιδίτια = Sitzungen. Daraus machten die übrigen
Griechen φιδίτια.

---

[1]) Umgekehrt wird erzählt, der franz. Minister Colbert habe
die Ausfuhr des Geldes verboten. Über das Mißverständnis
Schmidt, Gesch. von Frankr. IV 232.

[2]) Die Löschung des Stahls bei den Alten. Progr. d. Gymn.
zu Wiesb. 1885.

[3]) Ein pelop. „Schildkröte" = χελώνη, Symbol der Aphrodite
Urania (Himmelswölbung). Gerhard, Mythol. § 375.

[4]) Beck, Gesch. d. Eisens 805. Wenkel, Über die Geldgier
d. Spart. Progr. v. Sondershausen. 1885. S. 15.

[5]) G. Curtius, Gr. G. I 637.

[6]) Plat. Symp. probl. VII 9.

[7]) Gr. A. I 272.

Die berüchtigte „Blutsuppe", bei deren Namen dem verwöhnten Magen schon schaudert, die αἱματία oder βαφά, war eine Art „Schweineschwarzsauer" [1]) und als solche gar nicht schlecht. Da sie ordentlich Durst machte, gab es Wein in hinreichendem Maße, zum Nachtisch Käse, Oliven, Feigen und auch wohl ein oder das andere Extragericht (ἔπαιχλον), das ein Tischgenosse spendete oder als Buße für ein kleines Vergehen liefern mußte, z. B. Wildbret, Geflügel.

Die „lakonische" Redeweise ist freilich als kurz und bündig sprichwörtlich geworden. Aber die „lakonische Weise" oder „Sitte" ist ein Euphemismos für die größte Unsitte des Altertums, die Päderastie. Es wird also zu empfehlen sein, eher jemanden mit Lessing als „Wortsparer" denn als „Lakonier" anzureden.

Wenden wir uns nach Athen, so begegnen uns auch dort zahlreiche Mißverständnisse.

Die drakontischen „Blutgesetze" erregten einst in den Köpfen der Schriftsteller ebenso falsche Vorstellungen wie etwa die Ausdrücke „Blutgericht, Blutfahne, Blutbann" u. a. in den Herzen der Kinder. Drakon hat lediglich das zu seiner Zeit geltende strenge Recht fixiert. Das Gleiche beobachten wir bei der römischen Decemviralgesetzgebung.

Der „Areopag" ist nicht, wie die Alten meinten, der „Bluthügel" oder „Areshügel" (Kriegshügel), sondern der „Fluch" = oder „Sühnehügel". Nicht Ares, sondern die Athene ἀρεία (eine Fluch= und Sühnegöttin) hatte einen Kult auf dem Hügel. [2])

So wenig Ares mit dem Areopag zu thun hat, so wenig ist die Aphrodite Pandemos eine alles Volk (alle Demen) einigende Göttin, sondern sie ist die Gottheit der Prostitution, die „Astarte", deren Name allerdings die „Vereinigung" bedeutet, aber zunächst nur die körperliche, nicht die geistige. Dieselbe Venus ist die Schutzgöttin des

---

[1]) Schömann, Gr. A. I 273.
[2]) Wachsmuth, Stadt Athen. I S. 428 u. 490.

latinischen Bundes.[1]) Wir werden gleich auf diese Astarte zurückkommen.

Der höchste attische Staatsbeamte heißt nicht, wie fast in allen Handbüchern der Geschichte zu lesen ist, ἄρχων βασιλεύς, sondern einfach βασιλεύς.[2])

Auch der Gesetzgeber der Athener, Solon, ist der Mittelpunkt eines mythischen Spinnengewebes.

Auf Mißverständnis beruht die Erzählung, daß der Weise in verstelltem Wahnsinn trotz des bestehenden Verbotes den Athenern den Rat gegeben habe, den Kampf gegen Salamis aufzunehmen. Die ursprüngliche Version ist bei Demosthenes[3]) erhalten. Die Sage entstand aus dem Motiv, zu erklären, wie Solon zur Umgehung des Verbotes kam. Ein Antrag mag verboten gewesen sein; ein Gedicht war es nicht. Solon brachte seine Forderung wie alle seine politischen Ideen in poetischer Form vor. Ganz falsch ist die Chronologie. Die Eroberung von Salamis fällt n a c h der gesetzgeberischen Thätigkeit Solons. Aber man setzt sie v o r dieselbe, damit dieser von Anfang an als Retter des Vaterlandes erscheint.

Ganz dasselbe Verhältnis waltet ob bei Pittakos, dem Gesetzgeber von Mitylene und Eroberer von Sigeion.

Daß Solon in Soloi auf Cypern stirbt, ist ein etymologischer Mythus, so wertvoll, wie wenn die Nachwelt Kaiser Wilhelm auf Schloß Wilhelmshöhe bei Kassel sterben lassen oder überhaupt die Namen auf jenen zurückführen wollte.

Die irrigen Ansichten über die Vertreibung der Peisistratiden hat bereits Thukydides in seiner Geschichte des peloponnesischen Krieges[4]) richtig gestellt. Sie sind der beste Beweis, wie rasch sich Sagen bilden. Die Menschen

---

[1]) Preller, Gr. M. I 382. 384. 623. Riehm, Bibl. Handwörterbuch I 112.
[2]) Hauvette-Besnault, de archonte rege. Paris 1884. I.
[3]) π. παραπρεσβείας 252.
[4]) 1, 20. 6, 54 ff.

aber — urteilt der Geschichtschreiber treffend — „nehmen
die Gerüchte über die Vergangenheit, auch wenn es ihre
vaterländische ist, in gleicher Weise ohne Prüfung von
einander an“. Trotz der Kritik des Thukydides ist auch
später noch die Sage von Harmodios und Aristogeiton aus=
geschmückt worden.

„Aber auch in vielen anderen Dingen, die noch der
Gegenwart angehören und nicht durch die Länge der Zeit
vergessen sind, haben auch die übrigen Hellenen falsche
Ansichten, z. B. daß die Lakedämonischen Könige jeder nicht
mit einem, sondern mit zwei Steinen abstimmen, und daß
es in Sparta eine Pitanatische Abteilung gebe, die gar
nie existiert hat. So wenig Kummer macht den
meisten die Erforschung der Wahrheit, und sie
greifen lieber zu dem, was gäng und gebe ist.“
So Thukydides ἐς ἀεί!

Ein ätiologischer Mythos ist die Erzählung von der
Standhaftigkeit der Mitverschworenen und Geliebten des
„Befreiers“ Harmodios, Leaina (Löwin). Das Bild der
Löwin, welches sich auf dem angeblichen Grab derselben
befand, hatte irgend eine symbolische Bedeutung so gut wie
z. B. der bei dem Tempel der Athene Ergane stehende
Erzstier, ein Symbol der nach den Perserkriegen wieder=
gewonnenen Freiheit des Bodens.[1]) Die Erzählung ver=
dankt jedenfalls der Erfindungsgabe der athenischen Fremden=
führer, richtiger vielleicht Fremdenanführer, ihre Entstehung.
Ob die dabei von Kallias errichtete Venusstatue zur
Löwin in Beziehung steht, bleibt fraglich. Die Astarte
wird häufig mit einer Löwin, dem Symbol der wilden
gebändigten Naturmächte, dargestellt. In der Zeit der Ent=
artung wurden den Geliebten des Demetrius Poliorketes
Leaina und Lamia Kultstätten errichtet. Diese Leaina ist
nicht zu verwechseln.[2]) Die aus Athen und dem Pyräus

---

[1]) Wachsmuth, St. Athen I 543.
[2]) Wachsmuth a. a. O. 614.

nach Venedig entführten Löwen stammen aus dem Mittel=
alter.[1] Es standen nie zwei Löwen am Eingang zum
Hafen Pyräus oder gar einander gegenüber. Spon,
voyage d'Italie etc. 1678 II, S. 176 gibt Zahl und
Lage richtig an: Le Pirée est appelé Porto Leone
à cause d'un beau liou de marbre de dix pieds de
haut, trois fois plus grand que nature, qui est sur
le rivage au fond du port. Der zweite Löwe war
überhaupt in Athen.[2]

Der von Heinrich dem Löwen[3] im J. 1166 in
Braunschweig als Zeichen der Tapferkeit und fürstlichen
Oberhoheit errichtete eherne Löwe gab die Veranlassung zur
Sage von der Besiegung eines Löwen. Auch von Richard
Löwenherz wird die gleiche Sage erzählt. Sie entstand
aus seinem Beinamen, den er wegen seiner Unversöhnlichkeit
erhielt.

Bildwerke sind oft nicht zum Gedächtnis eines beson=
deren Ereignisses aufgestellt; sondern die Phantasie hat das
letztere an das erstere angeknüpft, indem sie entweder ganz
frei erfindet oder Thatsächliches, aber damit nicht Zusammen=
hängendes zweckentsprechend umgestaltet. Besonders gerne
setzt das Volk solche Bildwerke in Beziehung zu ereignis=
vollen Zeiten.

So bringen auch in Athen „volkstümliche Legenden
und Fabeleien" die Werke der Perikleischen Zeit in Ver=
bindung mit den Perserkriegen.

Das Goldelfenbeinbild der Parthenos soll aus der
Salaminischen Siegesbeute hergestellt sein. Diese aus den
Scholien zu Demosthenes (XXII, 13) stammende Nachricht
entsprang, wie die auch nur dort zu findende Notiz „von

---

[1] a. a. O. 747. 751.
[2] a. a. O. 751.
[3] Auch Heinrich der Stolze wird schon leo genannt, der
Familienname war „Welf, Welp" = Junge eines Raubtiers
(catulus). Heinemann, Albrecht der Bär.

der Bezeichnung des Broncekolosses als "Promachos" dem Gehirn eines Fremdenführers.[1]

Das von Perikles für die musikalischen Aufführungen erbaute Odeion war der besseren Akustik halber mit einem hölzernen Kuppeldach versehen. Das Volk deutete den fremdartigen Bau auf seine Weise: Die Dachform sollte eine Nachahmung des Zeltes des Perserkönigs sein;[2] Kratinos nimmt den „Zwiebelkopf" des Perikles als Original;[3] zur Dachkonstruktion sollten Maste und Raaen der persischen Schiffe genommen sein. Natürlich mußte der Bau nun auch zeitlich hinaufgerückt werden, Themistokles wurde der Gründer.[4]

Nach Pausanias I 33, 2 soll Pheidias die rhamnusische Nemesis aus jenem parischen Marmorblock gearbeitet haben, der für ein persisches Siegesdenkmal bestimmt war, Rache für —!

Selbst den Bau der Propyläen, später als Pallation megiston (größte Burg) bezeichnet, leitete man aus der Perserbente her.[5] „Historischen Wert" — sagt Wachsmuth S. 544 — „den man hier wie dort diesen Erzählungen vielfach beigelegt hat, können sie freilich nicht beanspruchen. Man sieht aber, wie die Erinnerung an die Perserzeit auch später noch den Vordergrund der volkstümlichen Anschauungen und Phantasie einnahm und allerhand wunderliche Blasen trieb".

Demnach hat auch die Beziehung des Standbildes der Athene Promachos auf die Schlacht bei Marathon keine Berechtigung. Nach einer Notiz bei Pausanias I 28, 2 soll die Lanzenspitze und der Helm der Göttin von Sunion aus sichtbar gewesen sein. Die Stelle ist aber mißverstanden. Es heißt dort nur „für die aus der Richtung von Sunion her Kommenden".

---

[1] Wachsmuth a. a. O. 554.
[2] Plut. Perikl. 13.
[3] Wachsmuth 554 Anm.
[4] Vitruv. 9, 1.
[5] Schol. Dem. III 25.

Bezüglich der „hölzernen Mauer", hinter welche
das Orakel den Athenern sich zu flüchten riet, hat schon
Herodot VII 142 sich geirrt; dieselbe bestand nicht „seit
alter Zeit", sondern die Verpallisadierung wurde e r st v o r
der Belagerung am Westabhang von den Verteidigern an=
gelegt. [1]

Dem noch erhaltenen choragischen Denkmal des Lysi=
krates in Athen verschaffte die Form den Namen „Lampe
des Demosthenes". Die Erinnerung an das Dictum, daß
die Reden des Demosthenes nach der Lampe gerochen haben,
veranlaßte die weitere Tradition, daß in die marmorne
Lampe, welche sich auf dem Dache befindet, bei den Festen
zu Ehren des Demosthenes Öl eingegossen und angezündet
worden sei.

In derselben Dreifußstraße, wie diese Lampe, stand
noch im 17. Jahrhundert die „Laterne des Diogenes", ein
weiteres choragisches Monument.

Wer hat nicht die alte „Reichslaterne" des deutschen
Bundes gekannt, die dereinst den Turm des ehrwürdigen
Kaiserdomes in Frankfurt am Main krönte? Hier wie
dort der gleiche Volkswitz! Die berühmteste „Laterne" ist
wohl der Aufsatz auf der Kuppel von St. Peter in Rom.

Auch die sogenannten „Häuser" des Thukydides und
des Solon in Athen waren Denkmale wie die vorerwähnten.
Halbgelehrte Kreise erfanden für alte Bauwerke die be=
rühmten Namen: Palast des Miltiades, Themistokles,
Perikles. [2]

Der Marmorbau, welchen der reiche Syrer Andronikus
errichtete als Sonnenuhr, der sogenannte „Turm der Winde",
hieß die „Schule", das „Heiligtum", das „Grab des So=
krates". Als sein Gefängnis galten die Felskammern am
Museionhügel. So gab es auch eine „Schule des Sophokles",
eine des „Aristoteles" u. a. „Real"schulen, ebenso unhistorisch

---

[1] Wachsmuth, St. Athen. 505.
[2] Gregorovius, G. d. Stadt Athen im MA. II 356.

wie die Idealjchulen der jchlejijchen und jchwäbijchen Dichter.[1] Es ist nur zu verwundern, daß nicht auch das Faß des Eurystheus und das des Diogenes gezeigt wurde.

Der Name „Karyatiden" für die weiblichen Gestalten, welche als freistehende Gebälfstützen am Erechtheion verwandt sind, in den Bauinschriften κόραι genannt, wird durch ein Histörchen vom Bund des peloponnesischen Städtchens Karyai mit den Perjern und von jeiner Bestrafung durch die Griechen erklärt.[2] Eher mögen diese Gebälfträger daher ihren Namen haben, weil die Bewohner von Karyai, Jüng= linge und Mädchen, wegen der Anmut ihrer Bewegungen bei dem Tanz berühmt waren.[3] Das dorijche, aber reich gezierte Kapitäl, welches sie tragen, wurde für einen Korb angesehen; daher erhielten sie den Namen „Kanephoren" = Korbträgerinnen, der jomit ganz verkehrt ist.

Zu den eben erwähnten Gebäulichkeiten, denen Un= verstand oder Witz die Namen berühmter Männer beigelegt hat, muß auch das „Ohr des Dionysios" gezählt werden, eine merkwürdige Feljenhöhle bei Syrakus. Keinenfalls konnte der Tyrann hier seine Gefangenen belauschen.

In übertragenem Sinne hießen die Diener oder Räte des perjijchen Königs „Augen" und „Ohren". Das be= rüchtigte Oeil de Boeuf ist ein Gemach im Schlosse zu Verjailles, das ehemalige Wartezimmer der Hofleute, welche dem König ihre Morgenaujwartung machen wollten, einst der Hauptsitz aller Hofklatjchereien und Jntriguen. Ein rundes Lugfenster (un vasistas) gab diejem Vorzimmer den Namen.

Wenden wir uns wieder den großen Männern der Griechen zu, jo finden wir fast bei jedem eine oder die andre Fabel, die auf mißverständlicher Auffassung der Tra= dition beruht.

---

[1] Wachsmuth, St. Athen 57 f. Gregorovius a. a. O. 356 ff. u. „Mirabilien der St. Athen". (Kl. Schriften I.)
[2] Vitruv. I 1, 5.
[3] Lucian, über den mim. Tanz 10.

Der berühmte Elegiendichter Tyrtaios, welchen die Spar=
taner sich im zweiten messenischen Krieg von den Athenern
erbaten, war weder lahm noch ein Schulmeister. Die
erste Eigenschaft übertrug man von dem ungleichen Vers=
maß, das er anwandte, Hexameter und Pentameter[1]) wech=
selnd (Distichon), auf den Dichter selbst; die Bemerkung
γραμμάτων διδάσκαλος wird falsch durch „Schulmeister"
übersetzt.

Ebenso wenig war Dionysius der Jüngere in Korinth
„Schulmeister".

Der gerechte Aristides soll so arm gestorben sein, daß
er auf Staatskosten beerdigt, seine Töchter auf Staatskosten
ausgestattet wurden.[2]) Es wird wohl weniger die Dürftig=
keit Ursache dieser Fürsorge des Staates gewesen sein;
sondern man wollte den verdienten Mann ehren. Die
späteren Schriftsteller legten sich die Sache nach ihrer
Ansicht zurecht.

Wenn der kleine Quartaner bei der Neposlektüre zuerst
bei Aristides den Ostrakismos kennen lernt, wird ihm noch
häufig durch die Übersetzung „Scherbengericht" die ganz
falsche Vorstellung von dieser Volksabstimmung eingeimpft.
Der Ostrakismos war kein Gericht, denn hier war weder
Anklage, noch Prozeß, noch Verurteilung.

Die von Thukydides bestrittene Nachricht von dem
Selbstmord des Themistokles durch „Stierblut" oder ein
schnell wirkendes Gift beruht sicher auch auf irgend einem
Mißverständnis.[3])

„Pericles in Morea" ist nur eine Verstümmlung aus
periculum in mora. Der Name Morea, ὁ Μωρέας,
ist dem Peloponnes nicht von der Ähnlichkeit mit einem
Maulbeerblatt gegeben, ist auch keine Umkehrung aus

---

[1]) Letzteren bezeichnet auch Ovid als holprig.
[2]) Damit stimmt die Nachricht bei Diog. Laert. „Sokrates"
nicht, die besagt, daß der Weise Myrto, eine Tochter des Aristides,
„ohne Aussteuer" geheiratet habe.
[3]) A. Schmidt, Das perikleische Zeitalter. I 244.

'Ρωμαία, wie Wimmer [1]) meinte, sondern ursprünglich der Name für das elische Küstenland. [2])

Anaxagoras soll im Sterben liegend die Frage, ob er in Klazomenä beerdigt werden wolle, so beantwortet haben: „Das ist gar nicht nötig, denn der Weg in die Unterwelt ist von allen Orten gleich weit." So Cicero in den Tuskulanen I, 43. Weder die Frage noch die Antwort war notwendig, da der Freund des Perikles, in Athen wegen Atheismus und seiner medischen Gesinnung belangt, sich in seine Vaterstadt Klazomenä begab und dort auch starb. Die Anekdote ist, wie bei dem Cyniker Diogenes, wieder auf die Person angewandt, von welcher sie herrührt. „Als einer" — so erzählt Diogenes Laertius — „sich für unglücklich hielt, daß er in einem fremden Lande sterbe, sagte Anaxagoras: „Man findet an allen Orten einen Hinabweg zum Hades." Das ist also nicht das letzte Wort des Philosophen, und ebenso wenig folgendes, welches gleichfalls Diogenes von Laerte überliefert: „Als ihn die Obrigkeit von Lampsakus fragen ließ, was sie noch für ihn thun könnte, sagte er: „Laßt alle Jahre in meinem Sterbe= monate die Kinder zusammen spielen." Dieser Gebrauch wird noch jetzt beobachtet." Die Erzählung ist also ein ätiologischer Mythos wie der von Walthers von der Vogel= weide letztwilliger Verordnung.

Wie der Olympier Perikles selbst, vornehmlich durch die Witzworte der Komiker und die Umtriebe der Gegner verunglimpft wurde als Tyrann, ungerechter Verwalter, [3]) ja als Wüstling, so wurde auch das Bild seiner ebenso edelgesinnten, als edelgeborenen Gattin Aspasia teils in böswilliger teils in leichtfertiger Weise entstellt. Weil nach athenischem Rechte eine Ehe mit einer Fremden nicht möglich war, stellte man auch diese Verbindung dem

---

[1]) Histor. Landschaftskunde. 1885. S. 263.
[2]) Egli, Gesch. der geogr. Namenkunde. S. 297.
[3]) Schmidt, Perikl. Zeitalter I 167.

Concubinate gleich, denn Aspasia war eine Milesierin.
Staatsrechtlich war diese Heirat ein Concubinat, aber nicht
in sittlicher Beziehung. Aber Aspasia wurde nun einmal
als Concubine bezeichnet. Niemals wagte man es trotzdem
weder bei ihren Lebzeiten noch in den nächsten vier Jahr=
hunderten nach ihrem Tode sie als „Hetäre" zu bezeichnen.
Dazu machte sie erst das erste Jahrhundert der christlichen
Zeitrechnung, welches an der chronique scandaleuse be=
sonderes Gefallen fand. Aus der „Hetäre" wird sie dann
zur „Kupplerin". Die Nachricht, „Aspasia sei eine Hetäre
aus Megara" gewesen, beruht auf einer Verwechselung mit
der megarischen Hetäre Simätha. Durch das gleiche Miß=
verständnis wird sie zur „Megarischen Mänade"; zur παλ-
λαχίς durch die gleichnamige Mätresse des jüngeren Cyrus.
    „Wie der trojanische Krieg aus dem Raube der Helena,
so soll der peloponnesische aus einem Hetärenraub hervor=
gegangen sein. Die Athener hätten jene Simätha von
Megara geraubt, und dagegen die Bewohner Megaras zur
Vergeltung jene: Ἀσπασίας πόρνας δύο." [1]) Bei Suidas
wurden daraus „zwei Dirnen Aspasia". Es wird Ἀσπασίας
als Akkusativ Pluralis gefaßt statt als Genitiv Sing.
Es kann nun heißen: 1. 2 Freudenmädchen der Aspasia
oder 2 anmutige Freudenmädchen; aber es heißt 2. ent=
weder zwei Sklavinnen der Aspasia oder 2 anmutige
Sklavinnen. Auf dieses zweideutige Witzwort geht die ganze
Lügerei von dem Hetäreninstitut zurück, welches die Aspasia
gehalten haben soll.
    Es ist hauptsächlich das Verdienst Adolf Schmidts, [2])
die Genesis dieser langen Kette von Verleumdungen nach=
gewiesen und die Ehre der Aspasia glänzend wiederhergestellt
haben.
    Sie war in Wahrheit eine „Sophistria, Lehrerin der
Redekunst und Ehefrau des Perikles", zugleich auch die

---

1) Schol. Arist. Ach. 527.
2) Das perikl. Zeitalter I 288.

Erfinderin der dialogiſchen, nachher mit Unrecht ſokra=
tiſch genannten Lehrmethode.

Der Demarkationsvertrag, welcher im J. 449 durch
Kallias mit den Perſern geſchloſſen wurde, iſt zum „Kimo=
niſchen Frieden" geworden. Ad. Schmidt a. a. O. 279 ff.
hat auch hier das Richtige feſtgeſtellt und nachgewieſen, daß
„die Hyperkritik bei dieſer Frage das Kind mit dem Bade
ausgeſchüttet hat". (S. 73.) [1]

Phidias wurde bekanntlich der Unterſchlagung von
Gold und Elfenbein, welches er für die Atheneſtatue ver=
wenden ſollte, beſchuldigt. [2] Obwohl die Wage ſeine Unſchuld
bewies, blieb der Makel an dem Künſtler haften. Die
neueſte Unterſuchung über dieſen Fall gipfelt in dem
Schlußſatz:

„Den Elfenbeindiebſtahl des Phidias ernſthaft zu er=
örtern oder den Künſtler gegen die Beſchuldigung zu ver=
teidigen verlohnt ſich ebenſo wenig als eine Unterſuchung,
ob Dante ſich der Betrügereien, Fälſchungen und gewinn=
ſüchtigen Erpreſſungen ſchuldig gemacht hat, wegen deren
ihn die Strafe der Verbannung traf. Gleich dem großen
Florentiner hat Phidias, der, wie kein anderer, den Glanz
ſeiner Vaterſtadt in idealen Schöpfungen offenbarte, als
politiſcher Flüchtling in der Fremde geendet; und gleich
jenen hat er an der Heimat, die ihn verkannte und verſtieß,
ſich großartig gerächt, indem er ihre geiſtige Suprematie
im Kreiſe der Gegner zu unbedingter, neidloſer Anerkennung
erhob." [3]

Der Prozeß des Jophon gegen ſeinen Vater, den
Tragödiendichter Sophokles, iſt aus einem Spott gegen den
erſteren entſtanden. [4]

---

[1] S. auch Duncker, Sitzgsber. d. K. pr. Af. d. W. 1884
XXXIV. u. XXXV. 785 ff.
[2] Vgl. die Sage vom Tancho, dem Glockengießer Karls d. Gr.
[3] Schöll in Sitzungsber. d. philoſ.=philol. u. hiſt. Kl. d.
Kgl. b. Af. d. Wiſſ. zu München. 1888, 1.
[4] Schneidewins Ausg. d. Soph., Ajax. ed. Nauck. Einl. 13 f.

Sokrates rettete den Alkibiades in der Schlacht bei Potidaea 429.[1] Strabo IX 2, 7 und Diogenes Laertius II 22 irren sich, wenn sie den Xenophon durch ihn gerettet werden lassen. Der Irrtum aber hat sich bis jetzt durch viele Bücher hindurchgeschleppt. Übertreibung ist es, wenn die Nachricht bei Plato Symp. 221 a, daß Alkibiades in der Schlacht bei Delion sich zu seinem Lehrer gesellt, um ihm nötigenfalls beizustehen, verändert wird in eine wirkliche Vergeltung für das Verhalten des Sokrates bei Potidaea.

Von einer bösen Ehehälfte als „Xanthippe" (Zanktippe) zu reden, ist bitteres Unrecht, da die Frau des Sokrates trotz der ihr nachgesagten Zanksucht eine ordentliche Hausfrau und Gattin war.[2] So wenig diese ein weiblicher Satan war, ebenso wenig ist das „Daimonion" des Sokrates ein Dämon.

Unter Sophisterei versteht man jetzt Spitzfindigkeit.[3] Ursprünglich aber waren die σοφισταί σοφοί Weise. Erst seit den Tagen des Sokrates werden mit diesem Namen die Scheinweisen gemeint. Es wurde allmählich Partei= name im Gegensatz zu dem Ausdruck „Philosophen" (s. S. 21). Die Anekdote über den Ursprung des Ausdrucks „Philo= sophie", wie sie sich bei Diogenes Laertius findet, ist längst in ihrer Unhaltbarkeit erkannt.[4]

Die Erzählung, daß von den drei großen Tragödien= dichtern Äschylos in der Schlacht bei Salamis als Kämpfer, Sophokles bei der Siegesfeier als Reigenführer mitgewirkt und Euripides — zu Ehren des Tages! — an dem Schlachttage das Licht der Welt erblickt habe, läuft wohl auf einen alten Schulwitz hinaus, durch welchen den griechischen Knaben der Altersunterschied der drei Dichter klar gemacht werden sollte.

---

[1] Plat. Symp. 220 E. 221. A.
[2] E. Zeller, Vorträge u. Abh. Leipzig 1875. S 57
[3] Das τὸν ἥττω λόγον κρείττω ποιεῖν des Protagoras entstellte Aristophanes absichtlich in ἄδικον.
[4] Zeller, Gesch. d. Philos. I. S. 1.

Die Geschichte von einem denkwürdigen Sieg des
Sophokles über Äschylos, wie sie Plut. Cim. 8 berichtet,
und von der dadurch veranlaßten Abreise des letzteren nach
Sicilien, gehört gleichfalls „in das Reich der vielen Fabeln,
welche von späteren Skribenten in Ermangelung sicherer
Nachrichten über die großen Tragiker verbreitet worden
sind." [1]

Dazu sind auch die Berichte von den wunderbaren
Todesarten derselben zu rechnen. [2]

Wenn dem armen Äschylos ein Adler eine Schild=
kröte auf den Kopf fallen läßt, daß er stirbt, so ist dies
ein ätiologischer Mythos. Aus einer bildlichen Darstellung
der Apotheose des Dichters wird durch mißverstandene
Auffassung das Märchen. Der Adler schwebt, eine Schild=
kröte d. i. das Symbol für die Leier, [3] himmelwärts über
dem Dichter, das ist die Vorlage für den Fabulanten, wie
sie sich noch auf einem Karneol befindet, der im Stoschischen
Kabinett zu Berlin aufbewahrt wird. [4]

Als Quelle der Sophokleischen Todesfabel hat schon
Lessing ein .Epigramm des jüngeren Simonides erkannt
(Anth. Pal. 7, 20). Der Ausdruck: „Du wurdest uns
entrissen, Blüte der Sänger, da du eine Weintraube des
Bacchus verzehrtest" ist bildlich zu nehmen. [5] Vielleicht
geht auch dieses Epigramm auf eine symbolische Darstellung
zurück. In einem Epigramm des Thebaners Simmias
werden Epheu, Rosen und Reben aufgefordert, das Grab
des „honigsüßen" Dichters [6] zu umschlingen, denn ihm
waren Musen und Grazien hold. [7] Die Traube, bei deren

---

[1] s. a. a. O. S. 7.
[2] Lehrs, Popul. Auff. S. 207.
[3] χέλυς ist Schildkröte u. Schallboden der Lyra, die Hermes
erfand. Paus. 8, 17, 4.
[4] Kinkel, Mosaik zur Kunstgesch. S. 166.
[5] Schneidewin=Nauck a. a. O. S. 18.
[6] Er wurde auch μέλιττα = Biene genannt.
[7] Das Grabmal besingt Dioscorides in einem Epigr. s. Joh.
G. v. Herders Gr. Anthol. f. Schulen Nr. 66.

Genuß der Dichter starb, ist der Ödipus Koloneus. Zu
verwundern ist nur, daß das Symbol der bezaubernden
Gesangkunst, welches in der Gestalt einer Sirene auf seinem
Grabmal stand, nicht auch etliche Liebesgeschichten für den
Dichter hervorrief, der γέρων ὤν (Ath. XIII p. 592 A)
die Theoris geliebt haben soll. Bei Hermesianax von
Kolophon heißt es von ihm, daß er den Bacchos und die
Liebe zur Theoris in Chorgesängen gefeiert habe. Diese
„Geliebte" Theoris ist weiter nichts als eine Allegorie,
so gut wie die Theoria (Festfreude) des Aristophanes. Wie
viele Geliebten müßte sonst der Dichter gehabt haben, wenn
ihm ein Ausspruch wie φίλη γὰρ ἡ Θεωρίς schon zu
einer solchen verhilft. Hatte Schiller vielleicht auch eine
„Freude" oder eine „heilige Ordnung" als Geliebte?

Euripides ist insofern von Mänaden oder „makedo=
nischen Jagdhunden" zerrissen worden, als die Bacchen
sein letztes, gerade für Makedonien bestimmtes Stück sind.
In demselben aber ist der Mythos von Pentheus und zwar
abweichend von der sonstigen Art des Euripides in paräne=
tischer Weise behandelt. Und dieser wird von den Mä=
naden, den Makedonischen Hündinnen zerrissen. Das
griechische Wort κύων = Hund wird gerade sehr oft für
freche, schamlose Weiber gebraucht. Odysseus nennt seine
Mägde so. Auch die Erinnyen und die Sphinx werden als
κύνες bezeichnet. Über den sonst häufigen metaphorischen
Gebrauch s. die griech. Lexika.

Beiläufig mag hier bemerkt werden, daß Euripides,
der Rationalist, den Mythos von der Geburt des Bacchos
aus dem Schenkel (μηρός) des Zeus durch ein Miß=
verständnis des Wortes ὄμηρος = Gattin, Gatte zu deuten
versucht.

Denselben Tod, wie Euripides, soll auch der Spötter
Lukian erlitten haben. Zu dieser Nachricht hat wohl
die Äußerung des Schriftstellers selbst in seiner Schrift
π. τ. Περεγρίνου τελευτῆς 2: „Es fehlte wenig, so
wären wir von den Cynikern (d. i. Hundephilosophen,

)on Antiſthenes geſtiftet) zerriſſen worden, wie Aktäon von
einen Hunden, oder ſein Vetter Pentheus von den Mä=
naden", die Veranlaſſung gegeben.

Die ganze Fülle von Anekdoten, welche ſich um die
Perſon des Alkibiades gruppieren, hat Hertzberg in ſeiner
Biographie zuſammengeſtellt, aber nicht genügend gewürdigt.
Ohne Zweifel iſt eine Maſſe bare Erfindung. Hoyer hat
n einem Progr. des Gymn. von Kreuznach v. 1887
„Alkibiades Vater und Sohn in der Rhetorenſchule" den
Nachweis erbracht, daß viele Stückchen von Rhetorenſchülern
ingiert ſind, und ſagt mit Recht: „Seine Lebenszeit hätte
Alkibiades verdreifachen müſſen, um hinreichend Gelegenheit
u finden, alle die Streiche auszuführen, welche ihm die
Erfindungsgabe der Rhetoren und Anekdotenkrämer zuge=
ſchrieben hat." Sie verwechſeln Namen z. B. in der Rede
sokr. XVI. § 45 Tiſias mit Diomedes, werfen geſchicht=
iche Thatſachen durcheinander (Andokides IV 13, 33;
,ys. XIV 38) und haben nicht einmal die Perſerſchlachten
m Kopf (Andok. I 107).[1] Derſelbe Gelehrte, der dieſen
Iegendennebel etwas lichtet, erweiſt auch mit ziemlicher
Wahrſcheinlichkeit, daß der „junge Alkibiades" d. h. der
Sohn überhaupt eine Erfindung der Komödie iſt, „von
»er Bühne in die Rhetorenſchule" überging und dort nun
eichen Übungsſtoff bot.

„Proſit Kritias!" oder „Es kommt Dir was!" würde
»eute ein Studio ſeinem Zechbruder zurufen. Theramenes,
»on Kritias gezwungen den Giftbecher zu leeren, ſoll den
etzten Reſt zur Erde geſchüttet und dabei geſagt haben:
,Das ſoll dem lieben Kritias gelten!" So ungefähr
rzählt Xenophon in ſeinen Hellenika II 3, 56 und ähnlich
uch Cicero in den Tuſkulanen I 40 § 96. Erſterer
veiß noch eine andere Äußerung. Als er über den Markt
jeführt wurde, ſchrie er mit lauter Stimme über das
Inrecht, das ihm widerfahre. Da ſagte der, welcher ihn

[1] Hoyer S. 16.

zum Tode führte: „Wenn Du nicht schweigst, geht es Dir
schlimm." „Und wenn ich schweige" — lautete die Antwort
— „geht mir's da nicht schlimm?" Zu beiden Bonmots
setzt Xenophon schon ein „es soll!" und bemerkt dabei:
„Ich weiß recht gut, daß Aussprüche wie diese nicht der
Erwähnung wert sind, aber ich halte das für bewunderns=
wert an dem Manne, daß er angesichts des Todes seine
Geistesgegenwart und seinen Humor nicht verlor." Das
ist des Pudels Kern.

Durch einen lapsus linguae wurde Alexander d. Gr.
von dem Priester des Zeus Ammon zum „Sohn des Zeus"
gemacht. Dieser redete den König ὦ παιδίος (= παῖ
Διός) statt ὦ παιδίον an. Alexander und seine Schmeichler
hörten das gerne. Seitdem glaubte man, der Gott selbst
habe durch den Mund des Priesters die göttliche Abkunft
bekundet.[1]

Der Weltherrscher soll auf die Frage, wer sein Nach=
folger werden solle, sterbend geantwortet haben: „Der
Würdigste." Am sechsten Tage seiner Krankheit habe er,
sprachlos geworden, dem Perdikkas den Ring gereicht. So
lautet die Erzählung recht abgeschmackt bei Justinus. Curtius
Rufus hat für „der Würdigste" Optimus, Diodor und
Arrian haben τῷ κρατίστῳ = „dem Kräftigsten" d. i.
dem, der die Macht hat. Aber sowohl dieses Wort als
der bei allen Dreien sich findende Zusatz, Alexander habe
beigefügt, er sehe, daß seinetwegen ein großer Leichenkampf
stattfinden werde, ist eine auf den faktischen oder ver=
mutlich eintretenden Verhältnissen beruhende Erfindung.
Arrian bezeichnet selbst den Bericht als unzuverlässig, wenn
er denselben zu guter Letzt mit den Worten einleitet:
„Einige erzählen auch noch Folgendes" und „Anderen
zufolge fügte er dieser Äußerung noch bei". Einzig glaub=
würdig sind die königlichen Tagebücher, welche Arrian als
seine Hauptquelle angibt. Danach hat der König trotz

---

[1] Plut. Alex. 27.

anhaltenden Fiebers noch am vierten Tage so wenig an
das Sterben gedacht, daß er den Generalen die vorher
schon erteilten Marschbefehle wiederholte. Auch am fünften
Tage brachte er noch die üblichen Opfer dar, ließ sich
aber, da es „ganz schlimm mit ihm stand", aus dem
Parke, in welchem er seit der Erkrankung sich befand, in
den Königspalast tragen. Als seine Befehlshaber eintraten,
erkannte er sie zwar noch, gab aber keinen Laut von
sich, da er schon sprachlos war. Er fand auch die
Sprache nicht wieder. Seine Krieger, welche den Einlaß
zu dem geliebten Führer erzwangen, sah er an, indem er
„das Haupt mühsam aufrichtete und mit den Augen zu=
winkte", reichte auch jedem die Hand. Auch Plutarch weiß
von letzten Worten des Königs nichts.

Fraglich bleibt es, ob derselbe testamentarisch die
Verteilung der Provinzen angeordnet hat; jedenfalls hat
er eine solche Verfügung nicht in den Tagen der Krankheit
getroffen. Sie muß, wenn sie historisch ist, bereits früher
von Alexander für den Todesfall gegeben worden sein. Bei
dieser Annahme ließe sich die Nachricht bei Curtius 10, 10
mit der im ersten Buche der Machabäer vereinbaren.

Gegen fast alle „letzten Worte" muß man sich
skeptisch verhalten. Sie werden meist den „berühmten
Männern" in den Mund gelegt gleichsam als Résumé
ihrer ganzen Denk= und Handlungsweise. „In diesen
Äußerungen, von gefeierten Berühmtheiten in der Sterbe=
stunde gethan", — so drückt sich R. Schmidt=Cabanis[1])
aus — „soll sich — wie die Strahlen eines weiten Licht=
kreises durch die Linse des Brennglases zum engeren, aber
um so helleren Fokus gesammelt werden — gleichsam die
Quintessenz des ganzen geistigen Lebens= und Entwickelungs=
ganges der betreffenden „Größe" konzentriert finden."

Griechenland erhielt die im J. 338 durch die Schlacht
bei Chäronea verlorene Freiheit dreimal wieder, zuerst

---

[1]) Pessimistbeet=Blüten jüngstdeutscher Lyrik. Berlin, Pfeil=
stücker 1887. S. 97.

durch den Beschluß des römischen Senats im J. 197, dann durch Nero im J. 66 n. Chr.,[1]) endlich in unserem Jahrhundert durch eigene Kraft und Einheit und darum dauernder.

Eine Menge von Mißverständnissen haben die griechischen Handelsleute verschuldet. Die jetzt noch übliche Bezeichnung von Südarabien als „glückliches" ist durch eine falsche Erklärung des Wortes Jaman (Jemen) = Süden entstanden; genau genommen heißt es „rechte Seite", was die Griechen als „glückliche Seite" deuten; ägyptisch heißt das Land im Osten punt. Hiebei fällt manchem wohl auch die Verstümmelung von „Süderland" zu „Sauerland" ein. Die „Zuydersee" ist die „Südersee" im Gegensatz zur Nordsee.

Auch das „steinige" Arabien existiert erst, seit die Griechen Arabia Petraea d. i. ἡ κατὰ Πέτραν Ἀραβία, welches seinen Namen von der Hauptstadt Reqem (hebr. Sela) = Fels (Petra) hat, fälschlich so übersetzten. Die Ruinen der Stadt werden jetzt von den arabischen Anwohnern Wadi-Mûsa = Mosesthal genannt.

Asia und Europa gelten seit den Griechen nur als Eigennamen, und doch bedeutet jenes nur Aufgang, Osten, Morgenland (assyrisch aṣu), jenes Untergang, Westen, Abendland (ereb). Arabisch heißt der Westen gharb. Daher heißt die südlichste Provinz Portugals Algarve.

„Völlig gleichbedeutend mit Asia im engeren Sinne der westlichen Halbinsel, des sog. Kleinasiens, ist die für dieses Land im Mittelalter aufgekommene griechische Bezeichnung als ἀνατολή, ital. Natolia, türkisch Anadoli",[2]) und wiederum die Namen Levante, Orient, Morgenland. Unrichtig aber macht man das Morgenland zum „Mohrenland".

Den alten Namen für Karthago, Bosra, Bazra (Luther übersetzt „Feste"), wie mehrere semitische Städte

---

[1]) Suet. Nero 24.
[2]) Kiepert, Alte Geogr. S. 26.

hießen, deuteten die Griechen als Byrsa = Fell. Das ist die Quelle der Sage von der Kuhhaut, mit welcher Dido ihr Gebiet gewinnt. Dieselbe Anekdote wiederholt sich bei der Sage von der Einwanderung des Hengist und Horsa in Britannien. Es ist also eine Wanderanekdote. Ob Athen als phönicische Kolonie den Namen Βύρσα hatte, ist zweifelhaft. Es ist wohl Scherz der Komiker, die sie damit als „Lederstadt" bezeichneten.[1] Von diesem Wort kommt übrigens das romanische bursa und von diesem unser „Börse" in seiner doppelten Bedeutung her.

Die Griechen haben den Namen Turscoi (umbrisch etrus = fremd) mit dem ihnen geläufigen Τυρσηνοί vertauscht. Da diese in Kleinasien wohnen,[2] lassen die Fabulatoren die Etrusker nun aus Lydien nach Italien wandern, und andere bringen damit gar das Wort τύραννος in Verbindung.[3]

Der Geograph Ptolemäus machte aus den Worten „ad sua tutanda" bei Tacitus (Ann. IV 73) = „um ihr eigenes Land zu schützen" eine im Gebiete der Friesen gelegene Stadt Σιατουτάνδα.

---

[1] Grasberger, die griech. Stichnamen.
[2] Her. I 94.
[3] Suid. s. v. τύραννος.

4. Römer.

Kein Volk fast scheint so reich an erklärenden
Mythen als das römische; bei keinem aber ist man diesen
Phantasiegebilden so auf den Leib gerückt als hier. Rück=
sichtslos hat man alle die schönen Histörchen, welche dereinst
ein Genuß für jung und alt waren, erklärt und ihres
Zaubers beraubt. Es wäre ein Unrecht, das Volk allein
für die Entstehung all des „Geschichtsels" verantwortlich
zu machen, die Herren Gelehrten, die Nationalhistoriker
haben auch ihren Anteil an den Sünden und nicht den
geringsten. Man sucht für den Ursprung einer Sitte einen
historischen Anlaß, so entstehen die prototypischen Mythen;
man will den Namen von Personen oder Sachen deuten,
— hier hat die Volksetymologie ein weites Arbeitsfeld.
Wo die eigne Einbildungskraft nicht ausreicht, hilft fremde
Erfindungsgabe. Warum soll man so unterhaltenden „Fah=
renden", wie die Wanderanekdoten sind, nicht auch ein
freundlich Willkomm bieten?

Aber die frivolen modernen Gelehrten haben schonungs=
los alles zerstört, was der dichtende Geist des Volkes er=
sonnen, der klügelnde Sinn der alten Forscher erdacht.
Wenn sie selbst bei dieser Thätigkeit geirrt haben, wer
möchte ihnen dies hoch anrechnen? Was Niebuhr,
Mommsen, Lange oder andere Historiker geleistet, das
hat im wesentlichen Hertslet in seinem „Treppenwitz der
Weltgeschichte" hübsch zusammengestellt. Die enthüllten
Geheimnisse der römischen Sagenwelt hier nochmals bloß=
zulegen, wäre crambe repetita, ist auch nicht unsere

Aufgabe. Aber das Mißverstandene und Mißverständliche mag hier verzeichnet und, wo möglich, gedeutet werden.

Nur Mißverstand konnte den Namen Roma mit dem griechischen ῥώμη zusammenbringen.[1]) Nach einer Ver=mutung heißt Roma = Strömende, Stromstadt, wie der Tiber Rumon = Στρύμων. Vielleicht hängt aber der Name auch mit der Bezeichnung des ältesten Bestandteils der Bewohner zusammen, den Ramnes. Romulus hat seinen Namen von Roma als Oikistes, nicht dieses von ihm die Benennung. Ebenso wenig heißt der Tiber nach dem Tiberinus (Liv. I 4, 8). Ganz verkehrt brachte man[2]) nun gar Romularis mit Ruminalis zusammen; die ficus Ruminalis aber war in Wahrheit der diva Rumina, „der nährenden Göttin" geweiht; ruma, rumen heißt „Euter".

Eine weitere falsche Etymologie veranlaßt die Fabel von den Unglücksvögeln des Remus; aves remores sind nämlich die Vögel, welche die Ausführung einer Sache hindern.

Mag die Zweiheit der Gründer dem auch sonst im römischen Staate sich wiederholenden Dualismus entsprechend einen „ächt sagenhaften Zug der Gründungssage"[3]) bilden, Remus war unbequem für die Sage und wird daher rasch beseitigt, indem man ihn das pomoerium verletzen läßt.

Ungläubige Annalisten haben wohl die Wölfin (lupa) als „feile Dirne" (S. 19) gedeutet; durch gelehrte Finder erhält der Sühngott Veiovis[4]) „inter duos lucos" ein ihm ganz unheimliches Asyl aus Griechenland, in welches sich bald „turba omnis"[5]) zusammenfindet — L. Jahn würde über=setzen „Zusammenfluß von allerhand Unrat, Allemannen".[6])

---

[1]) Später deckte sich Urbs u. Roma, aber nicht juristisch, denn erstere war durch die Mauer eingeschlossen, letztere umfaßte auch die außerhalb derselben stehenden Gebäude.

[2]) Liv. I 4, 5. Andere Stellen s. Jordan, Topographie der Stadt Rom im Altertum I 2, 358 Anm.

[3]) L. Lange, Röm. Altert. I 2 Aufl. S. 71.

[4]) Ve-diovis der arge Gott. Mommsen RG. I 107.

[5]) Liv. I 8, 5.

[6]) Sämtl. Werke ed. Euler II 2, 516.

Der bei den älteren Topographen für die Einsattlung des kapitolinischen Hügels gebräuchliche Name „intermontium" ist nur eine falsche Übersetzung des mißverstandenen μεϑόριον. [1]

Hellenisch wie das Asyl ist auch die Apotheose des Romulus.

Vorbildliche Sagen sind die Kriege mit Veji und Fidenä, zum Teil bis auf die Einzelheiten aus den späteren Kriegen in die graue Vorzeit hinaufgeschoben. Andere sind erdichtet nach fremden Vorbildern, wie die Schlacht am See Regillus nach einem Kampf zwischen den Krotoniaten und Lokrern, die von Marcius Coriolanus nach der Flucht des Themistokles. Auch die Schulmeisteranekdote bei Camillus wandert.

Die „Siebenhügelstadt" verdankt dem Mißverständnis von Skribenten ihre Gründung. „Einige Gaugenossenschaften des Stadtgebietes scheinen wegen des bergigen Terrains montes geheißen zu haben". Sie umfaßten „nur das Gebiet des Palatinus und Esquilinus mit der dazwischen liegenden Niederung". [2] Ihr Gaufest „septimontium" wird fälschlich als allgemeines Stadtfest behandelt, und zu dem Namen wurden dann die „sieben „Hügel" gesucht. „Den Ansatz zu diesem Mißverständnis findet man bereits in den griechischen Rätselreden Ciceros ad Att. 6, 5, 2 und bei Plutarch qu. Rom. 69 (vgl. Tibullus 2, 5, 55; Martialis 4, 64, 11; Tertullian Apolog. 35); aber die älteste Quelle, welche in der That sieben Berge (montes) Roms aufzählt, ist die Stadtbeschreibung aus der Zeit Constantins des Großen. Sie nennt als solche Palatin, Aventin, Caelius, Esquilin, Tarpeius, Vaticanus und Janiculum, — wo also der Quirinal und Viminal, offenbar als colles, fehlen und dafür zwei „montes" vom rechten Tiberufer mit hineingezogen sind." [3]

---

[1] Dionys. 2, 15.
[2] Lange a. a. O. I 73.
[3] Mommsen RG. I 48 u. 108 Anm.

Die einst von unsern Schülern verlangten Hügel: Palatin,
Aventin, Caelius, Esquilin, Viminal, Quirinal, Capitol
kennt kein alter Schriftsteller.

Auch am rechten Tiberufer hatte Rom „sieben Weiler".[1]

Seine 7 Könige sind bekannt. Titus Tatius ist der
Heros Eponymos der sabinischen Titier, wie Latinus derjenige der Latiner, Quirinus derjenige der Quiriten, der
Lanzenmänner, Wehrmänner; denn diese heißen nach quiris
die Lanze, nicht nach der Stadt Cures (Liv. I 13). Der
verdienstvolle Jordan hat kurz vor seinem Tode noch über
die Namen der Könige Numa Pompilius, Tullus Hostilius,
Ancus Marcius und Servius Tullius eine geistreiche Hypothese aufgestellt,[2] wonach Pompilius, Hostilius, Marcius
und Tullius geschichtliche Wahlkönige aus plebejischen
Geschlechtern waren. Einst wollte man in Numa „den
Begründer des heiligen νόμος" erkennen; Hostilius gilt
manchen noch jetzt als der „Feindliche", soll heißen „Krie-
gerische", Servius[3] aber — wobei denn der Gentilname
leer ausgeht — als das „Sklavenkind". Ancus Marcius
zeigte sich leider „allen solchen Versuchen gegenüber wider-
spenstig". Das Geschlecht der Tarquinier ist historisch.

Die Siebenzahl ist bekanntlich eine heilige. Daher
finden wir sie allenthalben in Beziehung gesetzt zu Orten,
Bauten, Personen. Ihre Bedeutung verdankt sie der ursprünglichen Siebenzahl der Planetengottheiten, welchen
z. B. die 7 Stockwerke des Belusturms in Babylon geweiht
waren: Saturn = Adar, Venus = Istar, Jupiter =
Merodach, Nebo = Merkur, Mars = Nergal, Sonne
und Mond. An dieses alte chaldäische Planetensystem denkt
Schiller, wenn er im „Graf von Habsburg" die übrigens
für die damalige Zeit nicht richtig erwähnten sieben Kurfürsten um den König stehen läßt, wie der Sterne Chor.

---

[1] Mommsen RG. I 45. Lange RA. I 75.
[2] „Die Könige im alten Italien." Berlin, Weidmann. 1887.
S. 15 ff.
[3] wohl von Servus = Mars.

Dieser Sternbienst fand seinen Ausbruck ferner in den sieben Ringmauern von Ekbatana, in den sieben Thoren Thebens (Hom. Od. 11, 263), in dem siebenmetalligen Gebäude, dem Heptachalkon des Gaues Melite in Athen. Denn den 7 Sternen waren auch 7 Metalle (und Farben) heilig: Gold der Sonne, Silber dem Monde, Eisen dem Mars, Mischmetall (später Quecksilber) dem Mercur, Zinn dem Jupiter, Kupfer der Venus, Blei dem Saturn. [1]) Ein ähnliches Gebäude war wohl auch das Septizonium in Rom. [2])

Eine Anzahl griechischer und deutscher Ortsnamen, welche mit „Sieben" zusammengesetzt sind, führt Lor. Gras= berger in seinen „Studien zu den griechischen Ortsnamen" [3]) an, darunter auch die Ἑπτὰ πάγοι, dem unser „Sieben= gebirge" entspricht. Siebenbürgen aber ist weder das Land der 7 Berge, die im Märchen vom Schneewittchen vorkommen als Heimat der 7 Zwerge, noch beruht es „auf einem etymologischen Mißverständnis", da es bedeutet „Burg am Cibin", [4]) sondern es bedeutet Land der 7 Burgen, castrorum, sedium, in dem Sinne von Stühlen, Verwaltungsbezirken. [5]) „Siebentod" ist nur volksetymologische Entstellung aus Cividale in Friaul. [6])

Sieben Städte stritten sich um die Ehre, Homers Geburtsort zu sein. Sieben waren die Repräsentanten der griechisch=nationalen Ethik.

Die Perser hatten sieben Fürsten, die Ameshaçpentes, auch eine „böse Sieben", die Daevas.

Dem Sonnengotte in Kreta, dem Minotaurus wurden Knaben und Mädchen in der Siebenzahl zum Opfer gesandt.

---

[1]) Brandis in Hermes II 259 ff. Wachsmuth, Stadt Athen I 415.
[2]) Hülsen, d. Septizonium des Septimius Severus. Berlin. Reimer 1886. Berl. Wochenschr. f. klass. Philol. 1887. S. 1521.
[3]) Würzburg. 1888. S. 271 f.
[4]) Kiepert, Handbuch der alten Geogr. S. 334. A. 3.
[5]) J. Wolff. Progr. von Mühlbach 1886.
[6]) Liliencron, Deutsch. Leben im Volkslied. S. 332.

Es gibt 7 Augen Gottes,[1]) 7 Geister Gottes,[2]) 7 Erzengel,[3]) 7 Himmel, den siebenarmigen Leuchter u. s. w.

Die böse Sieben bei Johannes wird vielfach auf die Siebenhügelstadt und die sieben Imperatoren bezogen.[4])

Aber woher die Bezeichnung „böse Sieben" für eine Xanthippe,[5]) die wie gesagt ungerechterweise in übeln Leumund gekommen ist, stammt, das ist noch immer nicht entschieden. Die sieben haben den bösen Ruf auch bei Julius Capitolinus Verus 5: „septem convivium, novem vero convicium" und bei Ausonius Ephemeris. Ein Bach bei Annarode in der Provinz Sachsen soll die „böse Sieben" heißen. Der Bach kann aber nicht auf die böse Frau übertragen sein. Am einfachsten scheint es, diesen Ausdruck als Verstimmlung aus dem bei Philander von Sittewald[6]) und sonst vorkommenden Worte „Sie=mann" zu sein, d. h. eine Sie, welche der Mann ist, wie wir sagen, welche die Hosen anhat, resp. ein Er, der unter dem Pantoffel steht. So heißt es bei Mittler, Deutsche Volkslieder S. 225: „'S Simanl hat e Häusel kafft." Auch Fr. L. Jahn gebraucht das Wort „Siemann" (Denk= nisse S. 260)[7]) und „Siemannschaft",[8]) erklärt es aber wie Philander (Gesicht 4) falsch als gleichbedeutend mit dem homerischen γυναιμανής = in Weiber verrückt, weibstoll. Dem „S i e m a n n" entspricht das „E r w e i b".

Den Anteil der hellenischen „Geschichtschreibung oder was so genannt wird" an den Rom mit Troja verbindenden Sagen hat Mommsen[9]) mit trefflichem Humor in das rechte Licht gestellt. Manches ist aber nicht verzeihlicher Irrtum, sondern „nichtsnützige Erfindung der alten S a m m e l = v e t t e l".

---

[1]) Sach. 4, 10. 3, 9.   [2]) Offb. 1, 4. 4. 5.
[3]) Tob. 12, 15. Offb. 8, 2 u. a.
[4]) Offb. 12, 3. 13, 1. 17, 7—9. Riehm a. a. O. II S. 1778 ff.
[5]) Schubart, Der Lebenssatte.   [6]) Gesichte 1.
[7]) Sämtl. Wke I 539.   [8]) II 2, 826.   [9]) RG. I 466 ff.

Die Äneassage ist eine durch einzelne Geschlechter
importierte Kultsage. Äneas wandert mit dem Kult der
Aphrodite Aineiás (Erucīna) über Sicilien nach Italien.
Namenspielerei weist die Gründung von Kapua dem Vater
des Anchises, Kapys, zu.

Wie erklärlich, legte Julius Cäsar und seine Nachfolger
keinen geringen Wert darauf, ihr Geschlecht auf den Asca=
nius zurückzuführen, der übrigens ein nachhomerischer
Sohn des Äneas ist, und dessen Nachkommen von Livius
Silvier, nicht Julier genannt werden. Über den Namen
Silvius hilft wieder die Etymologie hinweg; der Sohn des
Ascanius ist „casu quodam in silvis natus", durch einen
in der That höchst sonderbaren Zufall in den Wäldern
geboren. Die Silvii sind = Ἰδαῖοι,[1] denn ἴδα ist
= silva.

Euander ist der hellenisierte Faunus = der Holde.
Das Fest der Lupercalia (15. Febr.) wird, wie die Laren=
talien und Consualien, historisiert und mit den griechischen
λύκαια, der von der Wurzel pa (in pasco weiden, pater
Vater) stammende Name Palatium mit dem griechischen
Städtenamen Palanteum in Beziehung gebracht. Die den
„späteren Generationen unverständlich gewordenen Kapellen
und Opfer der Argei", das sind die „als Weiße, d. i.
Greise, gedachten Laren städtischer Bezirke" haben die Sage
von den argivischen Begleitern des Herkules veranlaßt;[2]
dieser selbst wird mit dem latinischen Dius fidius ver=
schmolzen, der identisch ist mit dem sabinischen Semo Sancus.
Ein armer pastor wird, weil er Cācus heißt, ungeachtet aller
Einsprache seitens der Quantität zum bösen κακός.[3] Und
zu dem Bösewicht hat einzig und allein die ganz unschuldige
Cacusstiege (Scalae Caci) geführt; das ganze forum
Boarium hieß später Cacum.

---

[1] Lange RA. I 69.
[2] Lange RA. I 72. Weißenborn, Livius I Anm. zu cap. 6 ff.
Preller RM. 643.
[3] Jordan Topogr. I 2, S. 482. I 1, 122. Preller II 287 ff.

Die intelligenten Etymologen erfinden auch die Anekdote zum Namen Brutus, der nicht bloß den Dummen,[1] sondern auch den Ehrwürdigen, Strengen bedeutet. Letzteres aber war der historische Brutus viel mehr als ersteres.

Aus dem Namen Egerius[2] wird natürlich das Märchen von seiner Armut gedichtet.

Das Kapitolium hieß früher mons Tarpejus. Der Fels liefert die mythische Verräterin, wie der rheinische Lorelei die ganz moderne Lorelei, über welche der Wies=badener Gymnasial=Oberlehrer Seiberth schon vor Jahren zwei treffliche Programme veröffentlicht hat. Euhemerismus hat später die schmucksüchtige Tarpeja zur Göttin um=geschaffen.[3] Aus dem volkstümlichen Namen pons lapi-deus (Steinbrücke) für p. Aemilius wird ein p. Lepidi.

Auf der sacra via stand ein Reiterstandbild der Venus Cluilia,[4] der im Wasser waltenden Göttin. Das Roß ist, wie in der nordischen Sage, das Symbol der Wogen. Aus diesem Standbild ist die Geschichte von der Cloelia herzuleiten. Der Abzugsgraben (fossa Cluilia, von cluere reinigen, cloaca) aber soll nach einem Albanischen Könige heißen, wie ein altes Brunnenhaus (Tullianum) nach dem König Tullius.[5] Ebenso falsch sind die Etymo=logieen für die curia Hostilia, den lacus Curtius (Brunnen mit Bassin),[6] die celeres, die Valerius Antias auf einen Anführer Celer zurückführen wollte, und dergl.

Das erweiterte römische Staatsgefängnis waren nicht Steinbrüche, sondern hatte seinen Namen nur von den berühmten syrakusanischen λατομίαι entlehnt (lautumiae).[7]

So gab die Pariser Morgue allen Leichenschaustätten den Namen und[8] den Vorzimmern in den Ge ängnissen.

---

[1] Mommsen RG. I 246.   [2] Liv. I 34, 3.
[3] Jordan Top. I 2, 129. Anders Lange RA. I 78.
[4] Schon Plin. n. h. 34, 13 hat eine Version.
[5] a. a. O. I 2, 323. Lange RA. I 373.
[6] Jordan Top. I 1, 519 u. a.
[7] Mommsen RG. I 156.
[8] Über die sonst. Bedeutungen s. die Lexika.

Umgekehrt ist das lateinische Wort χάϱχαϱον in das Griechische durch den Verkehr mit Sicilien aufgenommen worden. [1])

Ätiologisch ist die Erklärung des Namens vicus sceleratus (Liv. I 48, 7), des Unglücksplatzes, bei welchem auch der Glücksplatz liegt, der vicus Cyprius, denn sabinisch heißt cuprum soviel als Glück (bonum). [2]) Von der zum Namen erfundenen Schauerballade (Livius würde vielleicht sagen horrendum carmen) gilt das Wort des Dichters Chr. Fr. Dan. Schubart:

„Die Muse der Geschichte spricht:
In Cassel gilt die ganze Fabel nicht.“ [3])

Das Denkmal des Attus Navius wird zur Glori=zifierung des Augurenschwindels mißbraucht. Noch jetzt dichtet das Volk zu Denkmälern, deren Entstehung es nicht kennt oder deren Symbole es nicht versteht, seine Erzählchen. Hat nicht der kleine Karl der Große auf der alten Main=brücke zu Frankfurt den „Äpfelwein“ erfunden, weil er — ungeschichtlicherweise — den Reichsapfel in der Hand hält?

Der Tempel des Jupiter Stator — Jahn würde trefflich übersetzen „Steller“ [4]) —, erst von Marcus Atilius 294 gelobt, wird bereits in die Romuluslegende verwoben und wie der des Pavor und des Pallor durch besondere Vorkommnisse erklärt. So findet das Volk zu jedem Töpfchen ein Deckelchen. Ich erinnere nur an die Sage vom Hoch=kreuz bei Bonn und an die „Spinnerin am Kreuz“ bei Wien, wecke aber damit hoffentlich recht viele Analoga. Die Tempel= und Heiligtums=Legenden sind eben im Alter=tum wie im Mittelalter und der Neuzeit unzählig.

---

[1]) Mommsen a. a. O.   [2]) Varro L. L. 5, 32.
[3]) „Der Hahn und der Adler.“
[4]) So nennt er Wilhelm I. Friedrich der Niederlande. Sämtl. Wke II 2, 573.

Die Juno Moneta[1]) besaß einen Tempel auf der Burg. Ob sie als „Raterin" den Tempel erhielt, ist zweifelhaft; gewiß aber, daß er ihr nicht als „Münzerin" geweiht wurde. Er soll erbaut worden sein auf der Stelle des Hauses, welches Lucius Manlius Capitolinus besessen hatte. Und aus dessen Beinamen hat dann die Legende auch viel Kapital geschlagen.

Die Reiterstatue Mark Aurels, welche einst auf dem Platz vor dem Lateran stand, hieß b. Volk b. „Konstan= tinische Pferd" (caballus Constantini) wohl, weil alles auf diesem Platz an Constantin erinnerte.[2])

Die Erscheinung, daß zu den Beinamen der vor= nehmen Römer „historische Glossen" entstanden, wieder= holt sich häufig. Publius Valerius der „Volksdiener" (Poplicola) hat „einen ganzen Kreis derartiger Anekdoten um sich gesammelt."[3]) Mucius Scävola, dessen Bei= name, Deminutiv von scaeva „Linkhand", ursprünglich Spottname war,[4]), wohl weil er wie Tausende sich mehr der Linken als der Rechten bediente, wird durch denselben ein berühmter Mann.[5])

Auch die Erzählungen von Valerius „Corvus",[6]) T. Manlius „Torquatus",[7]) Papirius „Praetextatus"[8]) u. s. w. sind nur Beinamen=Erklärungen.

Appius Claudius hieß bereits 312 vor seinem Alter Caecus. Er war so wenig blind, als Belisar geblendet. Leider ist auch die Geschichte von dem Musikantenstrike, die einen famosen Komödienstoff bietet, nur Legende.[9])

---

[1]) Jordan. Topogr. I 2, 108 ff Liv. 4, 7, 12. 7, 28. Cic. de div. 1, 45; 2, 32.
[2]) Giesebr. I 494.   [3]) Mommsen RG. I 463.
[4]) Im 15.--17. Jahrh. war die „linke Hand" eine zum Parieren dienende Duellwaffe.
[5]) Liv. II 13.   [6]) Liv. 7, 26 u. 32.   [7]) Liv. 7, 10.
[8]) Anl. Gell. N. A. I 23. Macrob. Lat. I 6.
[9]) Zeller, Arbeitseinstellung in Rom. 1865. Heidelberger Festschrift.

Servilius Ahala soll seinen Namen daher haben,
weil er den Spurius Maelius durch einen Stich unter die
Achsel tötete (ala).

Der Prozeß um die Freiheit der Verginia hat eine
ganze Litteratur für sich hervorgerufen, aber die ganze
Geschichte ist wohl aus dem Namen erdichtet. Die Revolu=
tionen von 510 und 449 haben zwei Züge gemeinsam:
1. die Verbindung der Patrizier und Plebejer gegen das
Regiment, 2. einen Frevel gegen die Sittlichkeit.

Die Dezemviralgesetzgebung wird oft in der
Weise aufgefaßt, als ob die römischen Gesandten in Griechen=
land erst die Gesetze sammeln sollten, zumal es bei Livius
III 31 heißt: „Die Gesandten wurden angewiesen, die be=
rühmten Solonischen Gesetze abzuschreiben und die politischen
Einrichtungen, Gewohnheiten und Rechte anderer griechischer
Staaten kennen zu lernen.‟ In Wahrheit aber hatte diese
Gesandtschaft „nicht sowohl den Zweck, die materiellen Be=
stimmungen anderer schriftlicher Gesetzgebungen in Rom ein=
zubürgern, als das Formelle der Codification kennen
zu lernen. . . . Denn den Kern der Gesetze der Decemvirn
bildete das naturwüchsige römische Gewohnheitsrecht und
die eben daher stammenden Leges regiae; nur das kann
zugestanden werden, daß einzelne Bestimmungen fremder
Gesetzgebungen, die dem Geiste des römischen Rechts nicht
widersprachen, in die Decemviralgesetzgebung aufgenommen
worden sind‟.[1]) Die sogenannten „königlichen Gesetze‟,
wenngleich sie dem Numa zugeschrieben werden, stammen
doch erst aus jener Zeit der Aufzeichnung des Stadtrechts.
Ihre Verfasser und Redaktoren sind die Pontifices; sie
enthielten auch nur sakrale, auf dem Herkommen beruhende
Vorschriften, die „unter der Form königlicher Verordnungen
zu allgemeiner Kunde gebracht wurden‟.[2]) Der Name
ius Papirianum für diese Bestimmungen hat wohl weiter

---

[1]) Lange RA. I 538.
[2]) Lange RA. I 539 ff. S. 24. Mommsen RG. I 468.

keinen Grund, als „weil die Papirier in der Tradition des Pontificalcollegiums eine hervorragende Rolle spielten".[1] Keinenfalls darf der unbekannte Papirius mit dem bekannten großen Rechtsgelehrten Papinianus († 212) verwechselt werden.

Der Römer nannte seine Hausgenossenschaft familia, aber nicht von „fames" der Hunger, also Hunger= leidenschaft, wie der Turnvater Jahn meint,[2] sondern „von der Wurzel des im Oskischen erhaltenen Verbs fama-um, (wohnen)".[3] Ebenso unrichtig ist, was er dichtselt: „Die Römer nannten ihr Stadt=Latein = Gesinde= sprache (lingua vernacula),[4] weil Romulus' Wikinge keine Gemeinsprache haben konnten, auch zu allererst den Silber= blick der schönen Häuslichkeit nicht kannten, was noch späterhin ihre dreierlei Ehe und dreierlei Scheidung be= weiset."[5] Dies beweist nämlich gar nichts gegen die Häuslichkeit, denn es sind nur verschiedene Formen der= selben Sache. Wie bei uns die Eheschließung zwischen fürstlichen Gatten unter feierlicheren Gebräuchen stattfindet, als bei Bürgersleuten, so war die sogenannte confarreatio die feierliche, streng religiöse, den Patriziern eigene Ver= mählung, die coemptio, der Scheinkauf, die ursprünglich plebejische Form; der usus aber, die Civilehe, galt für beide Stände gemeinsam; die confarreatio wurde immer seltener und kam schließlich nur noch bei den patrizischen Priestern in Anwendung.

„Die Erzählung vom Jungfrauenraube ist weiter nichts als die mythische Formulierung der nationalen Gedanken über die Entstehung des Raubes als eines Hochzeitsge= brauches: ein prototypischer Mythus, wie so viele andere Erzählungen aus Roms Urgeschichte."[6] Der Name der Curie Rapta eignet sich vortrefflich

---

[1] Lange RA. I 24. [2] Sämtl. Werke. II 2, 769.
[3] L. Lange RA. I 95. [4] Verna war der Haussklave.
[5] Sämtl. Werke. II 2, 768. [6] Lange RA. I 76.

dazu, in diesen Mythus verflochten zu werden, wenn er auch gar nichts damit zu thun hat.

Der Mädchenräuber Talassius[1]) hat sich nie des menschlichen Daseins erfreut. Name und Sage sind aus dem Zuruf entstanden, mit welchem man die Braut beim Einzug in ihr neues Heim empfing. Vielleicht war es der Name eines Ehegottes.[2]) Etymologisch kann man es zusammenbringen mit τᾶλις Braut, ταλασία Spinnen, las = lar Hausgott, tag (tagax räuberisch).

Die Patrizier sind nicht die, qui patrem ciere possent,[3]) sondern einfach die Nachkommen der patres, der Häupter der alten Geschlechter. Der Name Patrizier wurde von den vornehmen „Geschlechtern" der deutschen Städte des Mittelalters adoptiert; doch nannten sich diese Altbürger (Burgenses) oft auch Stadtjunker oder Glevener von der Lanze (Gleve), also wie die römischen Quiriten; die zinspflichtigen Schutzbürger, die außerhalb der Um= wallung wohnenden Pfahlbürger, hießen vom Spieß (Pike) die Spießbürger.[4]) Den an deutsche Heerfürsten über= tragenen Titel „patricius" nennt Giesebrecht[5]) „dunkel und vieldeutig". Otto III. nahm bei seiner Krönung selbst diesen Titel an und setzte noch einen von sich abhängigen Patricius ein, der später überhaupt als Stellvertreter der Kaiser galt.[6]) Crescentius maßte sich den Titel an. Bultzu, der ungarische Feldherr (Karchan), welcher in der Schlacht auf dem Lechfelde zugegen war, hatte den Titel Patricius vom griechischen Kaiser erhalten; er war Christ.

Die patres conscripti sind in ihrem Titel von den Römern selbst nicht mehr verstanden worden. Daher erklärte man den Ausdruck als stehend für patres et conscripti[7]) d. i. patricische und „beigeschriebene" plebejische Senatoren. Aber conscripti heißt „Zusammengeschriebene", nämlich in

---

[1]) Liv. I 9.   [2]) Preller RM. 584.

[3]) Liv. 10, 8, 10 nach Festus p. 241. Lange RA. I, 197 ff.

[4]) Scherr, D. Kulturgesch. 212.   [5]) I 105.

[6]) I 745 u. Anhang.   [7]) L. Lange RA. I 499.

den Senatslisten, ein et ist nicht zu ergänzen. Der Ausdruck bedeutet also „versammelte" oder „auserlesene" Väter d. i. Patrizier.

Neben der berechtigten, in Curien gegliederten Bürger= schaft der Quiriten stand die ungegliederte Volksmasse, die plebs (plebes), von pleo, plenus, aus den anfangs recht= losen Fremden entstanden, aber nicht identisch mit den wohl älteren Clienten oder Hörigen.[1]) Mißbräuchlich ist die Plebs jetzt als „der Plebs" zum gemeinen Haufen geworden.

Im Gegensatz zu den servi, den Sklaven, hießen die Kinder $\varkappa\alpha\tau'\ \dot\epsilon\xi o\chi\acute\eta\nu$ liberi = Freie.

Die servi aber sind nicht, wie man falsch erklärte, die im Krieg Geretteten (bello servati), sondern entweder die Kriegsgefangenen (Wurzel serv in $\dot\epsilon\varrho\acute\nu\epsilon\sigma\vartheta\alpha\iota$) oder die Gefesselten (von sero).[2]) Famulus heißt der Sklave als Hausgenosse, Mitglied des Hausstandes; ancus (ancilla) = gebeugt, bezieht sich auf die Dienstbarkeit; verna ist nicht der im Frühling Geborene (vere natus), sondern im Haus des Herrn Geborene, der Haussklave,[3]) der mit den Kindern (liberi) aufwächst und menschlicher behandelt wird als neu erworbene Sklaven.

Der Ausdruck „Proletarier" ist ein moderner für die besitzlose Masse des niederen Volkes und schließt etwas Verächtliches in sich. Die proletarii der Römer aber waren, wenngleich sie das Minimum von Grundeigentum nicht hatten, welches sie berechtigte zu den Klassen zu zählen, durchaus nicht verachtet. Sie waren strenggenommen „nur diejenigen capite censi, welche Kinder, proles,[4]) hatten" und hatten gerade deshalb sogar einen gewissen Anspruch darauf, „eine bevorzugte Stellung unter den capite censi einzunehmen".[5]) Fr. L. Jahn hat eine neue Übersetzung für proletarii in dem Wort „Kinderer" gebildet,

---

[1]) a. a. O. I 357 u. 214. 218. [2]) Vgl. $\epsilon\check\iota\lambda\omega\tau\epsilon\varsigma$ v. $\dot\epsilon\lambda\epsilon\check\iota\nu$.
[3]) Lange RA. I 169. Vgl. Ves-ta. [4]) Cic. de leg. 3, 3, 7.
[5]) Lange RA. I 405.

faßt aber auch schon den Begriff in schlimmem Sinne, indem er von ihnen sagt: „Kein Staat darf Drohnen anziehen, nichtsnutzige Kinderer, so dereinst die Hände über dem Kopf zusammenschlagen und über den Staat Zeter schreien."[1]

Das in der That altertümliche Interregnum wird in die älteste Zeit zurückgeführt. Ludw. Lange[2] weist genauer nach, wie „Irrtum und Mißverständnis" diese Institution prototypisch gemacht hat. Die Auspicien, wie die aktive und passive Wahlfähigkeit zum Interrex ruhte beim Eintreten eines Interregnums bei dem Stand der Patrizier, nicht beim Senat. Plutarch gebraucht für diese Einrichtung den Ausdruck ὀλιγαρχία. Aber interregnum „könnte ursprünglich ebensowohl ein Wechselkönigtum, wie ein Zwischenkönigtum bezeichnen".[3] Was heißt es aber im Mittelalter? Eigentlich nichts. Denn Könige waren damals ja vorhanden, sogar zwei!

Das Provokationsrecht wird historisiert bei dem Duell der doppelten Drillinge; die Erzählung vom Schwester= mörder aber knüpft sich an Grabmäler, an die pila Horatia und das Sororium tigillum. Ähnlich entstand die Sage von den Philaenen im Anschluß an die arae Philaenorum zwischen den Gebieten von Cyrene und Karthago. Der „Grenzlauf" wurde Wanderanekdote.

Die Erzählung vom Tode des Titus Tatius[4] ist gleichfalls nur „eine Historisierung der Abschaffung der Blutrache".[5]

Die Erzählung von dem wider den Befehl des Vaters handelnden T. Manlius Torquatus ist nur erfunden, um den alten Familienbeinamen Imperiosus zu erklären. Der Opfertod des P. Decius Mus ist eine Kopie des wirklichen vom J. 295. Den lahmen Titus Quinctius, den gezwungenen Anführer des Militäraufstandes vom

---

[1] Sämtl. Werke. II 2, 690.   [2] RA. I 253.
[3] a. a. O. I 260.   [4] Plutarch Rom. 2 3. 24.
[5] Mommsen RG. I 148.

J. 342, nennt Mommsen mit Recht den „römischen Götz von Berlichingen". Die Anekdoten, detaillierten Schlachten= schilderungen, Wiederholungen sind so bedenklicher Art, daß der genannte Geschichtschreiber urteilt: „Vielleicht kein Abschnitt der römischen Annalen ist ärger entstellt als die Erzählung des ersten samnitisch = latinischen Krieges." [1] Aber ebenso sehr ist die Wahrheit planmäßig verdunkelt in dem zweiten Samniterkrieg, dem Krieg gegen Pyrrhos und in den punischen Kriegen. Hertslet [2] hat die Lügen und Wahrheiten aus jener großen Periode des Kampfes um die Herrschaft in Italien und um die Welt hübsch zusammengestellt.

Aber einzelner Mißverständnisse ist hier noch zu gedenken.

Ein beliebtes Thema der Glorificierung war die Schöpfung einer römischen Flotte (261). Aber „die aus den Rhetorenschulen stammende Darstellung, die da glauben machen möchte, als hätten damals zuerst die Römer die Ruder ins Wasser getaucht, ist eine kindische Phrase". [3] Selbst die Nachricht, daß erst eine gestrandete karthagische Pentēre (Fünfruderer, Linienschiff) das Modell geboten hätte, ist schwerlich buchstäblich zu nehmen. [4] Denn die Römer konnten ein solches bequem von den Syrakusanern haben, die eher als die Karthager die Schiffe mit vier und fünf Ruderreihen in Gebrauch hatten. Die ersten solcher Kriegsschiffe ließ Dionys I., der Tyrann von Syrakus, zum Kriege gegen die Karthager schon 399 bauen. [5] Für die Erfindung des C. Duilius werden wohl auch die griechischen κόρακες (corvi) Vorbild gewesen sein. [6] Die harpagones und manus ferreae sollen sogar, wenn der Tradition bei Plin. n. h. 7, 205 zu glauben wäre, von Perikles erfunden worden sein. Jedenfalls hat

---

[1] RG. I 354 Anm.   [2] S. 119 ff.
[3] Mommsen RG. I 515.   [4] Polyb. I 20.
[5] K. H. Hermann, Griech. Antiquitäten. II 2, bearb. von H. Droysen. 2. Hälfte. S. 272 ff.   [6] a. a. O. S. 230. 306.

Duilius das Verdienst, die Enterbrücken eingeführt zu haben. Die den Sieg verherrlichende Columna rostrata trug eine Inschrift, die auch erhalten ist.[1]) Aber sie ist erst· unter Kaiser Claudius angefertigt, und die archaisierende Redeweise nur Nachbildung.

Mit ihr ist nicht zu verwechseln die nach den Schiffs= schnäbeln der Antiaten genannte Rednerbühne, rostra, die von Julius Cäsar verlegt wurde als rostra Julia.[2]) Die Entstehung der ersteren wurde, wie der Name von dem Kriege des C. Maenius über die Latiner hergeleitet (338). Diesem aber war zuerst eine Ehrensäule (die columna Maenia) errichtet worden. Der Volkswitz wies diese aber einem Verschwender Maenius zu, der sein Haus am Forum den Censoren Cato und Flaccus verkauft und sich nur jene Säule ausbedungen habe, um von derselben den Gladia= torenspielen zuschauen zu können.[3]) Maeniana nannte man gedeckte hölzerne Loggien über den Tabernen in Rom und sonst z. B. in Pompeji; sie sollten zur Aufnahme der Zuschauer bei den auf dem Forum stattfindenden Gladia= torenspielen dienen. Daher die Deutung der columna Maenia in dem gleichen Sinne! Das scheinbare Appella= tivum maenianum ist indes wohl auf den genannten be= rühmten Censor als den Erfinder dieser Einrichtung zurück= zuführen.[4]) Eigentümlicherweise wurde die columna Maenia zugleich als Schandsäule benutzt, wohl nur deshalb, weil sie in der Nähe des Staatsgefängnisses lag. Nach der columna hießen die Verbrecher auch columnarii;[5]) denn dort erhielten sie unter Leitung der triumviri nocturni oder capitales die ihnen zudiktierten Peitschenhiebe.[6])

---

[1]) Ritschl prisc. lat. mon. XCV u. CJL I p. 37.
[2]) Lange RA. II 242 f. Jordan, Topogr. I 2, 354 f. 407.
[3]) Cic. divin. 16. Sest. 58. Jordan, Topogr. I 2, 345 Anm.
[4]) Im J. 368 n. Chr. hob sie der Präfekt der Stadt Prätex= tatus wohl wegen ihrer Feuergefährlichkeit auf. Friedländer, Sitten= geschichte Roms I 9 Anm. 1.   [5]) Cic. fam. 8, 9, 5.
[6]) Lange RA. I 759. Osann, commentatio de columna Maenia. Gießen 1844.

Seitdem diesen triumviri die criminalrichterlichen Be=
fugnisse der Quästoren übertragen waren (289), · unter=
schob ·man dem Namen der letzteren die falsche Etymologie
a quaerenda pecunia,[1]) während sie ihren Namen er=
halten hatten, weil sie den Criminalverbrechen nachzuspüren
hatten, maleficia conquirebant.[2]) Die Übersetzung „Unter=
suchungsrichter" aber würde falsch sein.

Die Entstehung des Beinamens Asina für Gnaeus
Cornelius Scipio, der 260 gefangen genommen wurde,
wird von der Legende wieder in verschiedenen Versionen
dargestellt. Der Mann hieß schon io, ehe er seinen Esels=
streich bei Lipara machte. Die Anekdote aber, welche
Macrobius[3]) von dem goldbeladenen Esel erzählt, hat nicht
mehr Wert, als die Erzählungen von der Entstehung des
Beinamens Scropha für Tremellius und Prätextatus für
Papirius, mit welchen sie verbunden ist.[4])

Über das unhistorische Schicksal des Regulus hat
Oskar Jäger[5]) das historische gegeben, die Geschichten vom
Retter Xanthippos[5]) hat Mommsen als „Echo der griechischen
Wachtstubengespräche" bezeichnet.

Es wäre zu verwundern, wenn eine so mächtige,
dämonische Gestalt wie die Persönlichkeit Hannibals nicht
von allen möglichen und unmöglichen Legenden umwoben
wäre. Der Knabe, der gewaltige Feldherr, der Greis[7]) wird
Mittelpunkt der Mythen. Aber wie überall, so trägt auch
hier oft nur Mißverstand die Schuld an der Verdunkelung
der Wahrheit. Hannibal war ein fanatischer Misorromaios;
er war aber weder grausamer noch treuloser als seine Gegner.
Wenn die Punica fraus oder fides so arg gewesen wäre,
so würden schwerlich die italischen Städte von den Römern
abgefallen sein. Auch die punische Nationaluntugend der
Habsucht besaß Hannibal nicht.[8])

---

[1]) Lange RA. I 737. [2]) a. a. O. S. 332. [3]) Saturn. I 6.
[4]) f. auch Hertslet. S. 128. [5]) Gymnasialprogr. Köln 1878.
[6]) RG. I 521 Anm. [7]) Mommsen RG. I 747.
[8]) Plut. Marc. 10, 13.

Ein pures Mißverständnis ist die Erzählung, daß
beim Übergang über die Rhone ein von seinem Führer
verwundeter Elefant diesem in der Wut in den Fluß nach=
setzend die ganze Herde mit sich gezogen habe.[1]) Der
Berichterstatter, Coelius Antipater, und seine Nachbeter,
selbst Polybius und der Naturforscher Plinius[2]), meinten
eben, die Elefanten könnten nicht schwimmen.

Auf dem Joch des kl. St. Bernhard soll Hannibal nach
Livius,[3]) Appian[4]) und Ammian[5]) einen gewaltigen Felsen
durch Feuer und Essig gesprengt haben. Das sogenannte
Feuersetzen zum Sprengen ist zwar noch bis in die neuere Zeit
beim Bergbau angewandt worden, aber höchstens wurde nach
dem Erhitzen des Gesteins Wasser, nicht Essig auf dasselbe
gegossen. Und wie soll Hannibal auf die Höhe, die ganz
baumlos war, Holz und vor allem Essig bekommen haben.
Aus den Feldflaschen der Soldaten, wie Wölfflin (zu Liv.)
meint? Polybius[6]) weiß von der ganzen Geschichte nichts.
So wird sie wohl auch aus der Phantasie des Coelius
stammen, der das übliche Verfahren der Bergleute auch
den Hannibal auf dem Gipfel der Alpen anwenden läßt.
Bähler hat in dem bereits erwähnten Programme über
„die Löschung des Stahles bei den Alten" S. 30 f.[7])
die Lächerlichkeit des Märchens erwiesen.

In der Stelle bei Juvenal, in welcher nur Essig
erwähnt ist, könnte indes acetum auch in bildlichem Sinne
gemeint sein = Scharfsinn, wie bei Persius 5, 86:
Stoicus hic, aurem mordaci lotus aceto und Plautus
Bacch. 3, 3, 1. Pseud. 2, 4, 29.

Ein Gegenstück zu der übermäßigen Verunglimpfung
des populären Gaius Flaminius durch die Annalisten
ist die übertriebene Erhebung des adligen Q. Fabius
Maximus. Das gleiche Verhältnis wiederholt sich bei

---

[1]) Frontin 1, 7, 2.   [2]) n. hist. 8, 28.   [3]) XXI, 37.
[4]) de bello Hann. 4.   [5]) 15, 10, 11. cf. auch Juven. 10, 153.
[6]) III 55.   [7]) Wiesbaden 1885.

L. Ämilius Paullus und Terentius Varro, die Begünstigung des einen zu Gunsten des anderen. Die Erzählung,[1]) daß Maharbal nach der Schlacht bei Cannä den Sieger getadelt habe, daß er nicht nach Rom zöge, hat zwar das geflügelte Wort geliefert: „Vincere scis, Hannibal, victoria uti nescis." Aber diese Worte haben gar keinen historischen Anstrich, zumal da die vorausgehenden: „Non omnia nimirum eidem di dedēre" Citat aus der Iliade[2]) sind. So wird wohl auch die aus Cato Major stammende Nachricht,[3]) daß Hannibal am 5ten Tag im Kapitol zu Mittag essen könnte, aus römischer Garküche stammen. Man muß sich nur wundern, daß sich selbst ein Napoleon I. über das Verhalten Hannibals erstaunte. Man hat eben in alter wie in neuer Zeit die ganze Lage Hannibals nicht verstanden. Als er einige Jahre später wirklich „vor die Thore Roms" zog, erregte er zwar den beabsichtigten Schrecken, erreichte aber nicht den beabsichtigten Zweck, die Stadt Capua von der Belagerung zu befreien. Wenn man glauben wollte, Hannibal hätte damals Rom belagern wollen, so ist das ein späteres Mißverständnis; die Belagerer Capuas merkten die Absicht und wurden — nicht verstimmt. Eine ganz unbegründete Metapher für die nach der Schlacht bei Cannä eintretende lässige Kriegs= führung ist es, wenn es heißt, die Soldaten Hannibals seien im Winterlager zu Capua verweichlicht worden.

Ein Mißverständnis ist es, wenn die Tradition be= hauptet, daß Hannibal nach dem unglücklichen Kriege des Antiochus auch den König Prusias von Bithynien zum Kriege gegen Rom habe reizen wollen. Und die Über= lieferung, welche meldet, daß der römische Senat den Greis aus seinem letzten Asyl habe aufjagen lassen, macht eine unschuldige Behörde verantwortlich für eine eigen= mächtige Handlung von Schergen. Mit demselben Rechte könnte man Cäsar die Ermordung des Pompejus in die

---

[1]) Liv. XXII, 51.   [2]) N 729.   [3]) Gell. Noct. Att. X 24.

Schuhe schieben und diesem den Tod des Mithridates auf=
bürden. Unwillkürlich denkt man hiebei auch an den Rastadter
Gesandtenmord von 1789, dessen Rätsel trotz der reichen
Litteratur noch nicht als gelöst gelten kann. Wie es scheint,
hat hier ein mißverstandener Befehl das Unglück herbei=
geführt.[1]) Die Erschießung des Herzogs von Enghien,
welche Napoleon I allem Rechte hohnsprechend am 21. März
1803 in Vincennes vollziehen ließ, ist einer der schwärzesten
Flecken in dem Leben des Tyrannen.

Sulla, der sich selbst Felix nannte, begrüßte den ehr=
geizigen Pompejus bei der Rückkehr aus Afrika 79 als
„Magnus" in Abweichung von dem sonstigen Usus einem
„Großen" den Ehrennamen „Maximus"[2]) zu geben; jener
aber verstand die Ironie nicht.

Wenn man vielfach Napoleon I. mit Cäsar verglichen
hat, einen Zug hat er nicht mit diesem, sondern mit dessen
Gegner gemein, die systematische Ausschmückung der „Groß=
thaten". Dahin gehört das in einigen Verzeichnissen der
von Pompejus besiegten Landschaften figurierende Medien
mit seinem König Darius; „und daraus weiter heraus=
gesponnen ist Pompejus' Krieg mit den Medern und nun
gar der Zug desselben nach Ekbatana. Eine Verwechselung
mit der fabelhaften gleichnamigen Stadt auf dem Karmel
hat hier schwerlich stattgefunden; es ist einfach jene un=
leidliche, wie es scheint, aus Pompejus großwortigen und
absichtlich zweideutigen Bülletins sich herleitende Über=
treibung, die aus seiner Razzia gegen die Gätuler einen
Zug an die afrikanische Westküste, aus seiner fehlgeschlagenen
Expedition gegen die Nabataeer eine Eroberung der Stadt
Petra, aus seinem Schiedsspruch hinsichtlich der Grenzen

---

[1]) G. Müller, der R. Gesandtenmord. 1873. Helfert, der
R. Gesandtenmord 1874. v. Sybel, Gesch. der Revolutionszeit.
V. 1874. u. Hist. Ztschr. 1874 u. 1878.

[2]) Umgekehrt nannte Nero die Zirkusspiele statt magni-
Maximi, Suet. Nero 11.

Armeniens eine Feststellung der römischen Reichsgrenze jenseits Nisibis gemacht hat".[1]

Sulla starb wahrscheinlich an einem Blutsturz, nicht an der Phtheiriasis, der Lausekrankheit, weil „eine solche Krankheit nur in der Phantasie existiert".[2] Die waltende Nemesis war mit dem Alltagsende nicht zufrieden.

Pompejus besiegte den Mithridates nicht bei Niko = polis, sondern am oberen Lykos, j. Jeschil=Jrmak, in einer Gegend, wo er später diese Stadt gründete. Das gleiche gilt vom Siege der Römer über Pyrrhos bei Benevent; was aus Malventum, nicht Male-ventum erst gebessert ist.

Es siegte ja auch nicht Augustus bei Nikopolis, sondern Oktavian bei Aktium an dem denkwürdigen 2. Sep= tember. Dagegen hieß der Ort, wo Wellington den letzten Sieg auf spanischem Boden über die Franzosen erfocht, in der That Vittoria.

Der Geheimbund, welchen Cäsar, Pompejus und Crassus aus Privatinteressen mit einander eingingen, wird gewöhnlich der erste Triumvirat genannt, eine Bezeich= nung, die nach römischer Auffassung ganz unzutreffend ist, da der Bund kein Dreimänner=Collegium war.[3]

Der zweite Triumvirat wurde wenigstens in die Form einer gesetzlichen Einrichtung gebracht. Oktavianus, Crassus und Lepidus nannten sich tres viri rei publicae constituendae consulari imperio.

Wie schließlich aus dieser Triarchie die Monarchie hervorging, so geschah es bei dem französischen dreifachen Konsulat vom J. 1799.

Der Titel consul (in der älteren Zeit praetor Feldherr genannt), ist so wenig von consulere[4] sorgen, um Rat fragen abzuleiten, wie lucus „a non lucendo". Nach Mommsens[5] wohl zutreffender Deutung sind consules

---

[1] Mommsen RG. II 149 Anm.   [2] a. a. O. II 375.
[3] Über die verschiedenen tresviri f. Lange RA. I.
[4] Cicero de rep. II 31.   [5] RG. 1 246.

die Kollegen, die zusammen Springenden, wie praesul der
Vorspringer, exul (ὁ ἐκπεσών) der Ausspringer, wie
unser Ausreißer, insula der Einsprung. Ein consul sine
collega ist sprachlich und gesetzlich ein Unding. Als man
Pompejus dazu ernannte, wollte man nur den Namen
Diktator vermeiden. [1]) Cäsar wurde es, als er schon
das letztere war.

Die jetzige Bedeutung „Geschäftsträger" (πρόξενος),
Vertreter der Interessen von Unterthanen des einen Staates
in einem anderen, liegt nicht in dem Wort. Der Ausdruck
furor consularis ist ein Diktum des Fürsten-Reichskanzlers,
bei Gelegenheit des Streites um Samoa geäußert.

Das Konsulat Napoleons I. war der republikanische
Name für faktische Monarchie.

Die pontifices sind nicht so sehr Brückenbauer, als
Wegebauer. [2]) Die Etymologie, welche der Pontifex maximus
Q. Mucius Scävola aufstellte, poti-fex von posse und
facere, ist sprachlich ganz unhaltbar. [3])

Der terminus technicus für die Intercession der
Auguren und Volkstribunen, veto = ich verbiete, erhebe
Einspruch, findet sich nur bei Livius 6, 35, 9. Aus dem
Verb ist allmählich ein Substantiv mit dem Sinne „Ein-
spruchrecht" geworden. Der polnische Reichstag machte das
liberum veto (1725) sprichwörtlich. Ein suspensives Veto
wie beim Tribunat wurde Ludwig XVI. zugestanden, daher
galt das unglückliche Paar als „Ehepaar Veto", wie Maria
Antoinette allein als „Madame Deficit". Es ist durchaus
unrichtig, daß die Volkstribunen, wenn sie gegen einen
Senatsbeschluß nichts einzuwenden hatten, i. n. = inter-
cessit nemo zugefügt hätten; es ist das ein Lesefehler für
i. u., was vielleicht ita uti est e republica etc. bedeuten
sollte, eine häufige Schlußformel. Hatten die Tribunen einem

---

[1]) Lange RA. I 617. III 357. 449.
[2]) G. Curtius, Sprachwissenschaft I 34. IV 73. Kuhns
Ztschr. f. vgl. Sprachf. Bd. 4. Berlin 1855. S. 73.
[3]) Lange RA. I 319.

Beschluß zugestimmt, so wurde c zugefügt = censuēre.[1]
„Das Tribunat vermittelte nicht bloß mittelbar durch die
Anarchie, in die es den Staat stürzte, sondern auch un=
mittelbar durch direkte Unterstützung die Alleinherrschaft des
Cäsar und dann die des Augustus".[2] Cäsar wie Augustus
ließen sich die tribunicia potestas übertragen „als Schluß=
stein" der monarchischen Gewalt.

Als Imperator wurde der Feldherr zunächst vom sieg=
reichen Heere begrüßt. Aber mit dem Ende des Feldzuges
wurde der Titel wieder abgelegt. Erst Cäsar behält ihn
dauernd. Er führte ihn ohne Iterationsziffer hinter dem
Namen an erster Stelle.[3] Das kaiserliche Imperatorenamt
ist nicht nur die lebenslängliche Reichsfeldherrnwürde, sondern
umfaßt zugleich die höchste richterliche und administrative
Gewalt. Es ist also imperator eben gar nichts als ein
Synonym für rex.[4] Die Erzählung, daß es Cäsars
Absicht gewesen sei, „die Römer als Imperator, die Nicht=
römer als Rex zu beherrschen", sowie diejenige, daß dieser
Titel in der letzten Senatssitzung zur Befriegung der Parther
in Anwendung kommen sollte, ist aus bloßem Gerücht ent=
standen, welches freilich unmittelbar nach dem Tode Cäsars
in Umlauf kam.[5] Seit Vespasian wurde Imperator
stehender Eigenname.

Den Ehrenbeinamen Augustus[6] erteilte der Senat
dem Octavianus am 16. Jan. 27 deshalb, weil er am
13. dem Senate und dem Volke seine außerordentliche
Amtsgewalt zurückgegeben hatte. Der neue Name erweiterte
nicht die materielle Gewalt, sondern hatte einen sakralen
Charakter. Vererbt wurde er nicht, aber immer den Nach=
folgern verliehen, ward er zur Amtsbezeichnung. Der Name
Cäsar, anfänglich Zuname der Herrscher und Prinzen aus

---

[1]) Cic. ad fam. 8, 8.   [2]) Lange RA. I 713.
[3]) Mommsen, Röm. Staatsrecht. II 726 A. 3.
[4]) Mommsen RG. III 482.   [5]) a. a. O. III 485.
[6]) Über die Anrede des Kaisers s. Friedländer, Sittengesch.
Roms. II 411.

dem julischen Hause, wurde auch von den folgenden Dynastieen
angenommen, bis seit Hadrian der Unterschied gemacht wurde
zwischen dem Cäsar Augustus, dem regierenden Kaiser,
und dem Thronfolger, Cäsar. Aber Commodus war schon
neben seinem Vater Augustus. Später gab es gleichzeitig
mehrere Cäsaren. So unterschied man bekanntlich in der
deutschen Geschichte zwischen dem römischen Kaiser und
dem römischen Könige. Übrigens liebten es Augustus und
ganz besonders Tiberius sich als den Ersten des Staates
zu bezeichnen durch den Titel Princeps, der nicht zu
verwechseln ist mit der allerdings vom Kaiser auch getra=
genen Würde des princeps senatus.

Daß sich Augustus die konsularische Gewalt für Lebens=
zeit übertragen lassen wollte, die Censur zweimal auf je
fünf Jahre übernahm, im Jahre 18 den Senat nochmals
„geläutert" habe, sind alles Mißverständnisse späterer Zeit,
aus Cassius Dio stammend.

Die von Augustus abgeleiteten Adjektive Augustales
und Augustani sind scharf zu scheiden. Denn während
mit ersterem Ausdruck die besonders von Tiberius dem
Augustus zu Ehren eingerichteten sakralen Kollegien hießen,
waren letztere weiter nichts als Claqueurs aus dem
Ritterstande für Neros künstlerische Vorstellungen.

Diokletian führte den Absolutismus systematisch
durch und mit dem Wesen der orientalischen Despotie die
ganze Form, die titelreiche Bureaukratie, von welcher sich
Reste bis auf unsere Tage weitergeschleppt haben.

Unter amici sind in der Kaiserzeit die kaiserlichen
Räte zu verstehen, deren es 1., 2., 3. Klasse gab. Ursprünglich
waren es nur politische Parteigenossen, und bereits C. Gracchus
und Livius Drusus hat solche Klubgenossen in drei Klassen.[1]
Später bezeichnete man sie geradezu als „Begleiter" und
cohors.

Wer für die Formen einer abgelebten Zeit vergeblich
den Kampf gegen das Neue führt, wird von den Zeitgenossen

---

[1] Friedländer, Sittengesch. Roms. I 119 ff.

und von der Nachwelt als „Letzter" der alten Zeit bezeichnet.
Der erste der letzten ist Philopömen als „letzter Grieche",[1]
Cato von Utica (auch ein unberechtigter Beiname!) gilt
als „letzter Römer", Maximilian I. als „letzter Ritter".[2]
„Der letzte der Abencerragen" und „der letzte Mohikaner"[3]
haben keinen geschichtlichen Wert. Wenn Josef von Eichen=
dorff „der letzte Ritter der Romantik" genannt wurde, so
stimmt dies der Zeit nach), aber nicht dem Dichterrang nach.[4]
Wenn Fr. L. Jahn in seinem Buch „Deutsches Volks=
tum" III 10 glaubt, daß Drusus „unter dem Namen
Drüs noch in den Flüchen des Altmärkers als mitholender
Teufel spukt", so macht er einen argen etymologischen
Schnitzer. „Drüs" kann von drôs, druos = Drüse oder
von Druse, einer Seuche unter den Pferden, herkommen;
aber es ist auch „Dros" ein Name für den Teufel im
Niedersächsischen und Westfälischen.[5] Der Name „Germanicus", von Drusus verdient, ist von Späteren usurpiert
worden. Nannte sich doch Valerianus im J. 256 sogar
Germanicus maximus, vielleicht sogar ter.[6]

Daß ein Weib von übermenschlicher Gestalt dem kühnen
Eroberer Germaniens auf seinem letzten Feldzug an der
Elbe ein „Zurück"! zugerufen habe, ist ein altes Märchen.
Das Wort „ist nicht gesprochen worden, aber es hat sich
erfüllt".[7]

Das von Eutropius 7, 13 erwähnte monumentum
des Drusus in Mainz ist der sog. Eigelstein, ein Denkmal,
aber kein Grabmal, welches mit Eicheln nichts zu thun hat.[8]

Während Tacitus über die letzten Stunden des
Augustus nichts Genaueres mitteilt, weiß Suetonius

---

[1] ἔσχατος Ἑλλήνων. Plut. Phil. 1—4. Pol. X 24 f.
[2] Allzusehr poetisiert von Anastasius Grün.
[3] Scherzweise auch für den letzten Pfennig gebraucht.
[4] Litt. Rundschau 1888. Nr. 8. (Rudloff.)
[5] Schaible, Deutsche Stich= und Hieb=Worte. S. 63.
[6] Mommsen RG. V 149. Anm.
[7] Mommsen a. a. O. 54.   [8] a. a. O. S. 27 Anm.

ganz ausführlich zu berichten, daß er sich noch einen Spiegel
habe reichen lassen und sein Äußeres in Ordnung gebracht
habe; dann habe er seine Freunde gefragt, ob er ihnen
das Schauspiel seines Lebens ordentlich zu Ende
geführt zu haben scheine und dann mit dem Citat

εἰ δέ τι

ἔχοι καλῶς τὸ παίγνιον, κρότον δότε,

καὶ πάντες ἡμᾶς μετὰ χαρᾶς προπέμψατε

zum Beifallklatschen aufgefordert.

Auch Dio Cassius weiß dasselbe zu erzählen, weil er
es wohl aus der gleichen trüben Quelle hat, wie Sueton.
Ersterer erwähnt vor diesem gut erfundenen Witz noch
folgendes Diktum: „Ich erhielt von euch ein irdenes
Rom und hinterlasse euch nun ein steinernes.“
„Damit wollte er nicht sowohl die Gediegenheit seiner
Gebäude, als vielmehr die Festigkeit des ganzen Reiches
bezeichnen“, setzt der weise Senator dazu. Hat jene erste
Schnurre einen Witzbold zum Urheber, der es trefflich verstand, den Kaiser zu charakterisieren, so klingt der zweite
Satz, als ob ein Leichenprediger — schwerlich aber Tiberius
— sich an Stelle des hingeschiedenen großen Toten gedacht
und dessen Verdienste um Rom so dargelegt hätte.

In den Armen seiner Gattin Livia, welche übrigens
nicht ganz frei von dem Verdachte ist, daß sie dem Gatten
Gift beigebracht hat, soll der Kaiser dann mit den Worten:
„Livia, leb eingedenk unserer Ehe, und leb wohl“ sanft
aus der Welt geschieden sein, ganz entsprechend seinem oft
geäußerten Wunsche nach εὐθανασία.

Wahrscheinlich ist, daß Tiberius seinen Vater noch lebend
antraf und von ihm auch wohl Mahnungen empfing. (Vell.
Paterc. II, 123 und Tac. Ann. I, 5.)

Dem Obersten der Leibwache, Macro, welcher in der
letzten Krankheit des Tiberius dem Thronfolger Gaius
Caligula bereits den Hof machte, soll der alte Löwe bemerkt
haben: „Du thust klug daran, daß du die untergehende
Sonne verlässest, und dich an die aufgehende wendest.“

Als Tiberius den Erben zu lang machte mit dem Sterben, sorgten diese — wie es wenig glaublich heißt — für rascheren Tod (Dio Cass. 58, 28). So konnte er nicht den sonst oft geäußerten Wunsch repetieren:

„Nach meinem Tod geh' die Erd' in Flammen auf!" Sonst wäre dieser Vers vielleicht sein letztes Wort gewesen oder der nicht minder eble, daß er, wie Priamus, sterbend das Ende von Vaterland und Herrschaft sähe. Das erzählt wieder Dio. Sueton weiß Ähnliches. (cap. 62.) Den edlen Wunsch Après nous le déluge, welchen Cicero (de fin. X, 64) mit Recht einen unmenschlichen, ruchlosen nennt, hat nach Sueton Nero (c. 38) aus ἐμοῦ θανόντος γαῖα μιχθήτω πυρί in ἐμοῦ ζῶντος geändert. Über die Anwendung des Spruches in späterer Zeit s. Büchmann „Geflügelte Worte".

Über das Ende des Ungeheuers Nero verbreitet sich Sueton und wohl auf seiner Darstellung fußend auch Dio Cassius 63, 26 ff.

Eins scheint sicher: Er endete ebenso feig, wie Messalina. Beide hatten gleich züchtig gelebt. Wie jene sich in fruchtlosen Klagen ergeht und mit dem Selbstmord zögert, bis sie mit Hilfe des zur Vollziehung der Hinrichtung beauftragten Tribuns endlich die richtige Stelle findet, so erbärmlich benimmt sich Nero in der Todesangst, ebenso verschiebt er die „entscheidende Stunde", ebenso durchbohrt er erst beim Eintreten des zur Verhaftung abgesandten Centurio seine Kehle, aber nur mit Unterstützung des Epaphroditus, des Decernenten für Bittschriften und Beschwerden. Als der Centurio die Wunde bedeckte und that, als ob er zur Hilfe gekommen wäre, sagte der Elende: „Zu spät!" und „Das ist Treue!" Dies Wort ist möglicherweise von Nero gesprochen. Auch ist es bei dem unstreitig halb verrückten „kaiserlichen Schauspieler" nicht undenkbar, daß er, gewohnt mit Citaten wohlfeile Witze zu machen und schlechte Verse selbst zu versuchen, im Anfange vom Ende noch das Zähneklappern der Angst mit solchen galgen-

humoristischen Expektorationen, wie sie überliefert sind, zu
verdecken suchte. Solch wirres Durcheinander, wie es die
lauten Gedanken: „Vivo deformiter, turpiter — οὐ πρέπει
Νέρωνι, οὐ πρέπει (das paßt sich nicht für den Nero)
— νήφειν δεῖ ἐν τοῖς τοιούτοις (in dem Fall heißt's
besonnen sein) — ἄγε ἔγειρε σεαυτόν (wohlan, wecke dich
selbst!) aufweisen, dies stimmt ganz zu dem Charakter des
in Lastern verkommenen Schwächlings. Die zwei Dolche
mögen „echt" sein, sie entsprechen der Sitte (s. z. B.
Suet. Otho). Aber barer Unsinn ist die Angabe Suetons
(cap. 49), er habe den Phaon, bei welchem er sich ver-
borgen hielt, gefragt, worin denn die ihm vom Senat bestimmte „Hinrichtung in althergebrachter Weise" bestände,
als ob er, Nero, diese nicht gekannt, als ob er nicht gewußt
hätte, daß er selbst gar nicht damit zufrieden war, als der
Senat auf den Antrag des Pätus Thrasea diese Strafe
für Antistius abgelehnt hatte (Tac Ann. 48 f.). Diese
Frage, das Citat aus der Iliade X, 535, das charakteristische
„Qualis artifex pereo"! (Was für ein Künstler geht mit
mir zu Grunde!), das wehmütige „Haec est Neronis
decocta" (das ist Neros Zuckerwasser!), das „Vivus sub
terram non ibo" (Lebendig werde ich nicht in den Boden
gehen!) (Suet. 48) mit allen Koulissen, das alles ist eine
Zusammenstellung von Witzen, welche über den „Künstler"
gemacht sind, von Witzen, die so recht den Hohn der Römer
über diese und jene frühere Handlung oder Äußerung Neros
verraten. Auch das so naheliegende „Ergo ego nec amicum
habeo nec inimicum" (Also ich habe weder einen Freund
noch einen Feind) ist nur aus dem Mund des Volkes in
den Mund des Elenden gelegt. Den Tod des Tyrannen
konnte das Volk sich nicht jammervoll genug denken, und
aus manchem: „Da wird er wohl auch gesagt haben" ist
manches: „Das hat er gesagt" geworden. Volkssage ist
es, wenn erzählt wurde, der Leibwachenoberst Burrus
habe gemerkt, daß Nero ihn vergiftet habe, und ihm auf
seine Frage nach seinem Befinden nur erwidert: „Ego me

bene babeo" (Ich befinde mich wohl). Tac. Ann. XIV, 51.
Wer war dabei, als Burrus das sagte?

Der Erzieher Neros, Annäus Seneka, als Teilnehmer
an der Verschwörung des Piso angeklagt und im Begriff,
sich den Tod zu geben, stirbt, wie er gelebt, mit vielen
weisen Reden und ist so edel, seiner Gattin den „ruhm-
reichen Vortritt im Sterben" lassen zu wollen. Tacitus
erwähnt wohl die hierauf bezüglichen Worte (Ann. XV, 63),
läßt aber die übrigen vielen „letzten Worte" des charakter-
losen Philosophen als allgemein bekannt unerwähnt. Der
Verlust ist keinenfalls groß.

Jedenfalls sind sowohl die Ausdrücke, welche zu des
Tribunen Flavus Verhaftung führten, als seine kühne
Sprache dem Tyrannen gegenüber und seine Ruhe angesichts
des Todes weit wertvoller, als jene seichten Moralpredigten,
die wir nicht kennen.

Subrius Flavus hatte über die Verschwörung des
Piso gesagt: „Die Schande wäre die nämliche, wenn der
Citharöde abgethan, und ein Tragöde Nachfolger würde."
Wie Nero nämlich mit der Cithar auftrat, so hatte Piso
als Sänger in einem tragischen Chor mitgewirkt. Von
Nero gefragt, was ihn dazu gebracht hätte, seinen Fahneneid
zu vergessen, antwortete er: „Der Haß gegen dich. Du
hast bei dem Heere keinen treueren Diener gehabt, so lange
du verdientest geliebt zu werden; mein Haß begann, seitdem
du zum Mutter- und Gattenmörder, zum Wagenlenker,
Schauspieler und Mordbrenner geworden bist." Mit Recht
bemerkt der Historiker, das sei jedenfalls das Härteste gewesen, was Nero sich hätte sagen lassen müssen. Mit
Vollziehung der Hinrichtung wurde der Tribun Vejanius
Niger beauftragt. Dieser ließ auf dem nächsten Felde eine
Grube machen. Flavus aber tadelte sie als nicht tief und
weit genug, indem er zu den umstehenden Soldaten sagte:
„Auch das ist nicht ordnungsmäßig." Vom Henker auf-
gefordert, kräftig den Hals auszustrecken, bemerkte er diesem:
„Hau du nur kräftig!" Der aber zitterte so, daß er kaum

beim zweiten Hieb den Kopf herunterbrachte und rühmte
sich dann bei Nero, er habe jenen mit anderthalb Hieben
umgebracht.

Sämtliche der Teilnahme an der Verschwörung be=
schuldigten Centurionen zeigten sich gleich todesmutig, wie
Flavus. So erklärte Sulpicius Aser dem Nero auf seine
Frage, warum er sich gegen ihn verschworen, kurz, anders
hätte man seinen zahllosen Schandthaten nicht Einhalt thun
können.

Der Dichter der Pharsalia citierte, schon am unteren
Körper abgestorben, noch die letzten Verse dieses Gedichtes,
weil er darin einen Soldaten eines ähnlichen Todes sterben
läßt. (Tac. Ann. XV 70.)

Agrippina soll nach Dio Cassius dem von ihrem
Sohne gesandten Mörder zugerufen haben: „Hieher in
diesen Leib stoße, Anicetus, weil er den Nero geboren hat.‟
Der Zusatz ist zweifellos nicht von Agrippina gesagt, sondern
nur in deren Sinne erdacht worden. Nicht Anicet, sondern
der Marine=Centurio Obaritus führte den Todesstoß mit
dem Schwerte. Ersterer schlug die Unglückliche vielmehr
mit einem Knüttel auf den Kopf. So stellt Tacitus den
schaurigen Mord dar und führt nur die Worte: „Ventrem
feri‟ an. Daß der Bericht authentisch ist, versichert der
Geschichtschreiber durch den Zusatz: „Dies wird einstimmig
erzählt.‟ (Ann. XIV 8; 9.)

So entmenscht Nero war, die cynische Äußerung, welche
er beim Anblick der entseelten Mutter gethan haben soll:
„Ich habe nicht gewußt, daß ich eine so schöne Mutter
hatte‟, wird erstens bereits von Tacitus als zweifelhaft
bezeichnet, zweitens durch das Gerücht widerlegt, er habe
mit der Mutter blutschänderischen Umgang getrieben, endlich
als kaum möglich dadurch bewiesen, daß die Ermordete noch
in derselben Nacht verbrannt wurde, während Nero von
Gewissensbissen gepeinigt oft vom Lager aufstand und voll
Aufregung den Tagesanbruch erwartete. Die Geistesver=
wirrung, welche der That folgte, stimmt schlecht zu der

beispiellos frivolen Bemerkung über die Schönheit der
Mutter. Diese Worte scheinen eher eine Nachäffung der
glaublichen Bemerkung Neros über Plautus zu sein. Als
man ihm dessen Kopf brachte, sagte er: „Ich wußte nicht,
daß er eine so große Nase hatte." (Dio Cass. 62, 14.)
Auch daß er über die vor der Zeit grauen Haare des Sulla
seinen Spott los ließ, als ihm dessen Haupt gebracht wurde
(Tac. Ann. XIV 57), sieht ihm ähnlich. S. über die Incest=
frage u. a. Raffey, die Memoiren der Kaiserin Agrippina.
1884. Tacitus neigt der Tradition des Cluvius und anderer
Quellen mehr als der Version des Fabius Rusticus zu.
Ersterer läßt Agrippina als diejenige erscheinen, welche zur
Blutschande gereizt habe, letzterer meldet von Nero, er habe
diese scheußliche Absicht gehegt. Von der offenbar nur
gemutmaßten oder böswillig zugeschriebenen Schuld der
Begierde ist noch ein großer Schritt zur That. Und
diese wird im schlimmsten Falle als „von der Freigelassenen
Akte vereitelt" bezeichnet, als „geschehen" behauptet sie
keine von beiden Parteien.

Zu erwähnen ist übrigens, daß ein Atellanenspieler
deshalb von Nero verbannt wurde, weil er auf die Ver=
giftung des Claudius und die Ertränkung der Agrippina
durch Gebärden anspielte.[1]

Bei dem Bericht von der elenden Ermordung des
Kaisers Galba macht Tacitus die allgemein giltige Be=
merkung: „Über sein letztes Wort hat man je nach Ein=
gebung des Hasses oder der Bewunderung verschiedentlich
berichtet. Teils läßt man ihn in flehendem Tone fragen,
was er denn Böses gethan? mit der Bitte nur um wenige
Tage, um die Geldspende auszuzahlen." (Der richtige
schnöde Witz über den Geiz des gewissenhaften Alten!)
„Nach der Mehrzahl hätte er selbst den Mördern den Hals
dargeboten mit der Aufforderung, nur zuzufassen und zu
hauen, wenn es für das Gemeinwohl nötig wäre. Die

---

[1] Suet. Nero 39.

ihn umbrachten, kümmerten sich nicht um das,
was er sagte." (Hist. I, 41.) (Suet. Galba 20.)

Der Gegenkaiser Otho sühnte ein Leben voll Schande
durch einen nach antiker Anschauung ehrenvollen Tod, und
dem entsprechend läßt ihn der Historiker auch würdige
Abschiedsworte reden (Tac. Hist. II, 47 f.). Sueton gibt
an, er sei in den Vorbereitungen zum Selbstmorde gestört
worden und habe gesagt: „So wollen wir dem Leben auch
diese Nacht zugeben!" Er deutete damit an, daß er noch
für jeden zu sprechen sei.

Unwürdiger endete der Schlemmer Vitellius. „Nur
ein einziges nicht unedles Wort von ihm vernahm man;
auf die höhnischen Reden des Tribuns gab er die Antwort:
und doch sei er sein Kaiser gewesen." (Tac. Hist. III 87.)
In ähnlicher Weise soll ja auch Herodes Agrippa ange=
sichts des Todes auf sein beneidenswertes Leben hingewiesen
haben.

Als zwei ausgezeichnete Männer aus der Zeit Ha=
drians werden Turbo und Similis genannt. Ersterer
war von rastloser Thätigkeit. Zu Hause war er, selbst
wenn er krank war, nicht zu sehen. Als Hadrian ihm
zuredete, sich Ruhe zu gönnen, soll er gesagt haben: „Der
Leibwachenobrist muß stehend sterben." (Dio Cass. 69, 18.)
Nur schade, daß der wackere Turbo dies nicht zuerst und
nicht zuletzt gesagt hat, sondern Kaiser Vespasian in
Thätigkeit verschied mit dem Ausspruch: „Der Kaiser muß
stehend sterben." (Dio Cass. 66, 17. Suet. Vesp. 24.)

So stirbt auch Ernst von Mansfeld zu Urakowicz in
Bosnien „aufrecht stehend im Harnisch"!?

Vespasian hat mehrere „letzte Worte" verbrochen. Als
er merkte, daß es mit ihm zu Ende ging, sagte er: „Au!
ich glaube, ich werde jetzt Gott." Ein beißender Spott
über die übliche Vergötterung der gestorbenen Kaiser (Suet.
Vesp. 23). Nicht schlecht hat derselbe die böse Vorbedeutung
eines Kometen von sich abgelehnt, indem er zu einigen
bemerkte: „Mich geht der Haarstern nichts an, sondern den

Partherkönig; der hat einen Lockenkopf, ich habe einen Kahlkopf." (Dio Cass. 66, 17.)

Der obengenannte Similis legte seine Ämter nieder und verlebte die letzten sieben Jahre in Ruhe auf seinem Landgut. Auf sein Grabmal befahl er zu schreiben: „Hier liegt Similis, so und so alt geworden, gelebt hat er sieben Jahre." (Dio Cass. 69, 19.)

Von Hadrian berichtet Dio Cassius etwa Folgendes: Da Hadrian kränkelte, ernannte er den Lucius Commodus zum Cäsar. Ersterer litt an Nasenbluten, letzterer spie Blut. Darüber scheinen sich der neunzigjährige Servianus und sein Enkel Fuscus aufgehalten zu haben und wurden daher hingerichtet. Vor der Hinrichtung ließ sich Servianus Feuer kommen und streute Weihrauch darauf mit den Worten: „Ihr seid meine Zeugen, Götter, daß ich unschuldig bin; was aber Hadrian betrifft, so flehe ich bloß, daß er zu sterben wünsche und nicht sterben könne." Hadrian kränkelte auch wirklich noch sehr lange und wünschte oft sein Ende herbei, ja er wollte sich selbst oft das Leben nehmen. Man hat auch noch jetzt einen Brief von ihm, worin er selbst sagt, daß es so traurig sei, wenn man zu sterben wünsche und doch nicht könne.

Ähnlich wird die Sache in einem Fragment erzählt. Hier ist aber die briefliche Bemerkung zu dem Ausruf geworden: „Jupiter, was für ein Unglück ist es, wenn man sterben will und nicht kann."

Für sicher erzählt Dio es, daß er sogar einen Jazygen Mastor endlich dazu vermochte, ihn zu töten, dieser aber die That nicht ausführen konnte und der Kaiser nun in laute Klagen über seine Krankheit und das Unvermögen ausgebrochen sei, sich selbst das Leben zu nehmen, da er es doch andern noch könnte nehmen lassen. Absichtlich verletzte er die Diät, die ihm vorgeschrieben war, indem er das Sprichwort laut ausrief: „Viel Ärzte sind des Königs Tod."

Das Wort des Servianus gebrauchte der Senator
Quintillus, welchen der Kaiser Severus ohne Grund
hinrichten ließ. Als Quintillus sterben sollte und das
Leichengeräte, welches er schon früher hatte herrichten lassen,
durch die Länge der Zeit verdorben fand, sagte er: „Was
haben wir auch so lange gezögert?" Dann opferte er
Weihrauch und sagte: „Ich habe denselben Wunsch, wie
einst Servianus für Hadrian." So Dio 76, 7.

Der Pseudo-Agrippa, welcher unter Tiberius sich erhob,
wurde gefangen, auf die Folter gebracht, bekannte aber
keine Mitschuldige. Als ihn der Kaiser fragte: „Wie
wurdest du Agrippa?", erhielt er zur Antwort: „gerade
wie du Cäsar." (Dio Cass. 57, 16.)

Die Anekdote wandert, je nach Personen und Lokal-
bedürfnissen etwas modificiert.

Unter Antoninus Severus trieb ein Räuber, Namens
Bulla oder Felix, sein Unwesen in Italien. Als er endlich
durch den Verrat eines Weibes den Soldaten in die Hände
fiel, fragte ihn der Leibwachenoberst: „Warum treibst du
das Räuberhandwerk?" Er aber entgegnete ihm: „Warum
bist du Leibwachenoberst?" Darauf wurde er hingerichtet.
(Dio Cass. 76, 10.)

Auch Johann von Leyden, der Wiedertäuferkönig, soll
auf die Frage des Bischofs: „Wer hat dir Macht gegeben
über das Volk?" die Gegenfrage gethan haben: „Und wer
gab sie dir?" Als dann der Bischof sagte: „Die Wahl
des Domkapitels", erwiderte der schöne Schneider: „Mir
gab sie Gott." Vielleicht stammt von Jan Bockelson der
Ausdruck „Bock" für die Schneider.

Eine erbärmliche Kreatur des Kaisers Karakalla war
Theokrit, ein ehemaliger Tänzer, der in Syrien sich die
größten Gewaltthätigkeiten erlaubte. Als ein Obersteuer-
einnehmer in Alexandria, Namens Flavius Titianus, ihn
beleidigte, sprang er von seinem Sitze auf und zuckte das
Schwert. Titianus bemerkte darauf mit Gleichmut: „Auch
hier hast du wieder den Tänzer gespielt", mußte aber diese

Wahrheit mit dem Tode büßen. (Dio Cass. 77, 21.) Wer
denkt nicht an des Papstes Pius „Commediante" bei
Napoleon I.?

Karakalla soll seinen eigenen Tod selbst unwissentlich
prophezeit haben, als er an den Senat schrieb: „Wünscht
mir nicht mehr, hundert Jahre zu herrschen." Dio Cassius,
Senator unter seiner Regierung, erzählt folgendes dabei:
„So hatte man ihm immer von Anfang seiner Herrschaft
an zugerufen; und dies war das erste und das letzte Mal,
daß er sich dagegen aufhielt, wie es schien, weil man Un=
mögliches wünschte, in Wirklichkeit aber gab er dadurch zu
erkennen, daß er nicht lange mehr Kaiser sei. Als man
einmal hierin eine Vorbedeutung finden wollte, fiel mir
auch gleich wieder ein, daß er in Nikomedia bei einem
Gastmahl, welches er uns an den Saturnalien gab, unter
anderem, was bei solcher Gelegenheit gewöhnlich geredet
wird, beim Aufstehen vom Tische mich heranrief und sprach:
Sehr schön und wahr hat Euripides gesagt:

„Viel ordnet und schafft im Olympos Zeus,
Auch vieles verhängt unerwartet sein Rat,
Und was du gehofft, vollendet sich nicht;
Zum Unmöglichen findet die Bahn ein Gott.
So endete dieses Begegnis." (Donners Übers.)

Damals glaubte ich, daß er die Worte nur um etwas
zu sprechen angeführt habe. Als er aber bald darauf seinen
Tod fand und dies das Letzte war, das er mit mir sprach,
glaubte man wirklich, daß er sein Schicksal vorausgesagt
habe." (Dio Cass. 78, 8.)

Als Didius Julianus ermordet wurde, rief er aus:
„Was hab' ich denn verbrochen? Wen habe ich ums Leben
gebracht." (Dio Cass. 73, 17.) Ein ähnlicher Vorwurf
soll von Galba erhoben worden sein. (S. oben!)

Doch lassen wir diese Fälschungen der späteren[1]
Kaisergeschichte!

---

[1] Mommsen RG. V 149 Anm.

Als der letzte römische Kaiser wird in den Geschichts=
büchern gewöhnlich Romulus Augustulus genannt. Der
Sohn des deutschen Heerführers Orestes aber, welchen
Odoaker im J. 476 absetzte, hieß nur Romulus und hatte
wie alle römischen Kaiser den Titel Augustus, welchen
man aus Ironie ins Deminutio verwandelte.

Schließen wir unsere Betrachtung über die Mißver=
ständnisse in der römischen Geschichte mit dem, womit die
Sextaner beginnen, den Casus! Der Casus belli ist bald
der, bald jener. Was aber ein richtiger Vocativus ist,
weiß noch niemand;[1]) ein Dativus aber ist weiter nichts
als ein Schöffe, und die Einführung der Dativi be=
zeichnet nichts anderes, als „den Punkt, wo in Rom das
germanische Prozeßverfahren vollständig durchbrang".[2])

---

[1]) Andresen S. 238.   [2]) Giesebrecht I 867.

5. Kirche.

Da mit dem Christentum auch die lateinische Kirchen=
sprache zu den germanischen Völkern kam, wurde deren Sprache
mit einer Masse neuer Begriffe bereichert, die freilich zum
großen Teil schon aus dem Griechischen in das Lateinische
getragen waren, so κυριακή = Kirche, κλῆρος = Klerus,
λαικός von λαός Volk = Laie, Priester πρεσβύτερος,
Mönch μόναχος u. s. w. Andere, schon vorhandene deutsche
Wörter, erhielten eine spezielle, tiefere Bedeutung, wie „Gott",
dessen Etymologie noch nicht feststeht, „Gnade", „Glaube",
„Heiland", „Geist", „Sünde", „Buße", „Beicht" u. s. w.[1])
Wie erklärlich hat aber bei solchem Reichtum Mißverstand
und Unverstand die beste Gelegenheit zu wirtschaften. Und so
kommt es denn gerade auf dem Gebiete der kirchlichen Ter=
minologie tagtäglich vor, daß einzelne Ausdrücke falsch ver=
standen oder mißdeutet werden. Oft genug hat auch böser
Wille gegen bessere Einsicht gefehlt, namentlich wo man im
Kampf gegen die Kirche stand.

Wie das Wort „Jude" in der verkürzten Form „Jüd"
zum Schimpfwort verstümmelt ist, so drückt man bei dem
Wort „Pfaff" durch die bloße Accentuation schon seine Ver=
achtung gegen die Geistlichkeit aus. Und doch liegt in dem
Wort selbst absolut nichts Verächtliches. Es stammt aus dem
Griechischen. In der griechischen Kirche aber unterschied man
πάπας, woraus Papst (urspr. jeder Bischof), und παπᾶς
= clericus minor, woraus das deutsche Pfaffe (russ. Pope)

---

[1]) R. v. Raumer, Die Einwirkung des Christentums auf
die althochdeutsche Sprache.

sich bildete mit der besonderen Bedeutung „Weltgeistlicher",
dann „Gelehrter". In dem letzteren Sinne wurden sogar
Plato und Aristoteles „Pfaffen" genannt. So ist „Abt"
aus abbas = Vater geworden. Allmählich erhält dann
das Wort mit der Anfeindung gegen den Stand die ver=
ächtliche Bedeutung von „scheinheiligem Betrüger". Dieser
Sinn wird sich bereits neben dem ursprünglichen in der
Zeit des Kampfes zwischen sacerdotium und imperium
festgestellt haben. Denn die ghibellinische Partei griff die
„Pfaffen" schonungslos an. So sagt Ottokar von Horneck
in seiner Reimchronik:

> „Ein volk heizet pfaffen,
> die selber trügenaer
> unsern göttern sint unmaer."

Bei Marner findet sich schon der Ausdruck „Pfaffen=
fürsten". Heinrich Raspe und Karl IV. wurden als „Pfaffen=
könige" verachtet, ebenso wie anfänglich Friedrich II. Als
„Pfaffenstraße" wurden besonders die geistlichen Kurfürsten=
tümer bezeichnet. Jetzt hat die Redensart „die Pfaffen=
straße ziehen" den allgemeinen Sinn „auf der Reise bei
den Geistlichen einkehren".

Die Pasquille der Reformationszeit spotteten gleicher=
weise gegen „Pfaff und Münich" und stellten sie als Per=
sonifikation alles Lugs und Trugs, aller Unzucht hin.

„Heuerpfaffen" (= Mietpfaffen, heuern = mieten)
heißen die armen Vikare, welche den Dienst für andere
Kleriker versahen, die nur die Pfründe genossen. Daß diese
vagierenden Geistlichen zum Teil verkommen waren, wie
meistens die „fahrenden Leute" als Studenten und Spiel=
leute, liegt auf der Hand. Aber sehr richtig ist das Urteil
Wolfgang Menzels:[1])

„Um ihn (den Klerus) nach so langer Zeit nicht unbillig zu
beurteilen, muß man erwägen, daß die Schilderungen desselben in
den von der neuen Reformationspartei ausgegangenen zahlreichen

---

[1]) Gesch. d. Deutschen in 5 Bden. 3, 4 f.

Schriften parteiisch und übertrieben sind. Ein berüchtigtes geistliches Subjekt wurde hingezeichnet, und dann gerufen: Seht, so sind sie. Eine skandalöse Anekdote machte die Runde durch ganz Deutschland, während von einer Menge guter, frommer, stiller Geistlichen nicht die Rede war."

Zu bemerken ist, daß die im Mittelalter erwähnten Clerici oft gar keine Geistlichen waren, sondern Schreiber und Notare. „Klerisei" hat einen spöttischen Beigeschmack. „Prädikant" heißt eigentlich nur „Prediger", wurde aber in der Reformationszeit in engerem Sinne für die protestantischen Prediger gebraucht. Spielerei erklärte das Wort pfaff (pfaf) aus Pastor Fidelis Animarum Fidelium = der treue Hirte treuer (gläubiger) Seelen.

Eine „Päpstin" hat es nie gegeben. Das unsaubere Märchen ist längst in seiner Unwahrheit nachgewiesen von Döllinger, Papstfabeln des Mittelalters. 1863.

Nur die Genesis dieser Fabel ist für uns lehrreich. Denn sie entstand 1. durch den Gebrauch alter durchbrochener Sessel, nämlich altrömischer Badestühle, bei der Einsetzung eines neugewählten Papstes, 2. durch einen Stein mit einer Inschrift, 3. durch eine an demselben Orte gefundene scheinbar weibliche Statue, 4. durch die Sitte, bei Prozessionen einen Umweg zu machen. — Da der Stein von einem Mithraspriester gestiftet war, stand darauf Pap. oder Parc. Pater Patrum und P. P. P. Das wurde falsch gedeutet: teils Parce Pater Patrum papissae prodere partum, teils Papa Pater Patrum papissae pandito partum, teils Papa Pater Patrum peperit papissa papellum. Es heißt aber Papirius Pater Patrum propria pecunia posuit = der Pater patrum d. i. der Mithraspriester Papirius hat es auf seine Kosten gesetzt. So deutete man auch eine andere Inschrift R. R. R. F. F. F. falsch als Sibyllinische Weissagung: Roma ruet Romuli ferro flammaque fameque, während sie zu lesen ist: Ruderibus rejectis Rufus Festus fieri fecit.[1]

---

[1] Döllinger a. a. O. 29.

Gregor VII. soll dem König Rudolf eine goldene
Krone mit der Umschrift gesandt haben:
Petra dedit Petro, Petrus diadema Rudolpho oder
Roma etc. oder Petra dedit Romam Petro, tibi Papa
coronam.
Die Mehrzahl der Quellen weiß davon nichts. Otto
von Freising erwähnt die Sache nur als Sage. Ebenso
sagt Guilielm. Appul. l. IV: Esse putabatur con-
cessa corona Rudolpho. Und Voigt, Hildebrand als Papst
Gregorius VII. 1. Aufl. S. 561 macht dazu die Bemerkung: „Vielleicht Zeugnisse genug, die Sendung dieser
Krone für ein Märchen zu halten". Der Vers hat schon
darum nicht seine Richtigkeit, weil König Rudolf auch bildlich
nicht seine Krone vom Papste erhalten hatte. Gregor ent-
schied sich sogar anfangs nicht einmal für den Gegenkönig,
sondern verlangte sicheres Geleite nach Deutschland, um
„mit dem Rate des Klerus und frommer Laien die Sache
der Könige zu entscheiden und zu richten, auf wessen Seite
zur Verwaltung des Reiches das Recht sei".[1] Erst 1080
wurde Rudolf anerkannt. — Die Parteiname der letzten
Jahrhunderte gegen Gregor VII. und für Heinrich IV. ist
teilweise auf Huttens Schrift gegen den Papst zurückzuführen, teilweise auch auf die von dem fanatischen Flacius
Illyricus begründeten „Magdeburger Centurien",[2] dem
Lügenschreine antikatholischer Polemik. Von hier sind meistens die Mißverständnisse, Märchen und Fabeln zur Verunglimpfung von Papsttum und katholischer Kirche entnommen, die wie Schwaben oder anderes Ungeziefer trotz
alles Insektenpulvers der Wahrheit und der Beweise sich
aus einer ganzen Litteratur nicht vertreiben lassen.
Ein Mißverständnis ist, wenn man den Ausdruck culter
Flacianus oder manus Flaciana bildlich in dem Sinne

---

[1] Voigt a. a. O. S. 510.
[2] Magdeburg galt als Ausgangspunkt der polemischen Schriften
als „Kanzlei" oder „Kanzel" Gottes.

auffaßt, als ob Flacius etwa mit scharfem Messer die Wahr=
heit von der Lüge gesondert habe. Mag auch der Vorwurf
von protestantischen Zeitgenossen unberechtigt gewesen sein,
daß Flacius Gelder unterschlagen habe, sein Nachlaß be=
stätigt die Beschuldigung, daß er als „litterarischer Frei=
beuter" beim Besuche der Bibliotheken herausschnitt, was
er gebrauchte.[1]) Von dem harten Vorwurf der Fälschung
ist weder er, noch Marcus Wagner, noch Aventin freizu=
sprechen.[2]) Siehe über die Schuld der Centurien vor allem
Janssen, Gesch. d. d. V. V. 312 ff.

„In derselben Lügenschmiede" — so bemerkt Wolf=
gang Menzel[3]) —, „aus der die Fabel von der Päpstin
Johanna hervorgegangen war, wurden wieder allerlei Fabeln
von Erzbischof Hatto ausgeheckt, Satiren, durch Volks=
lieder verbreitet". Der sagenumrankte Mäuseturm, den
die reisenden John Bulls immer noch mit gewissen Schauder
betrachten, war ein Wartturm (müsen = spähen).[4]).

Der geschmähte Hatto war klug und festentschlossen, die
Macht des Königtums aufrecht zu erhalten, treulos — wie
ihn der Volksglaube schildert — war er nicht.[5])

Es heißt nicht „das", sondern der „Cälibat = Ehelosig=
keit der Geistlichen. Nicht Gregor VII. hat ihn als Mittel
für die kirchliche Herrschsucht eingeführt, sondern er hat den=
selben nur von neuem eingeschärft.[6]) Die Institution ist
alt, ursprünglich Observanz, später heilsames Gesetz.[7]) Gregor
wollte die Freiheit der Kirche und deshalb, weil er sie rein
wissen wollte von unsauberen Elementen, wie sie durch einen

---

[1]) Archiv d. Gesellsch. f. ält. deutsche Gesch. 6, 2. Janssen,
G. d. d. V. V 314.

[2]) Schulte, Beitr. z. Entstehungsgesch. d. Magdebgr. Cen=
turien in Jahresber. d. Philomathie. Neisse 1877. Nürnberger in
N. Archiv f. ält. deutsche Gesch. XI 29 ff. 35.

[3]) Gesch. d. D. I 242.

[4]) Will, Mon. f. rh.=westfäl. Gesch. 1875. I.

[5]) s. über ihn Giesebrecht, G. d. d. Kaiserzeit I 181.

[6]) Kurtz, Kirchengesch. I 1. 118.

[7]) s. Wetzer=Welte K. L. s. v.

von der weltlichen Macht nach Gunst, nicht nach Würde ein=
gesetzten Klerus in die Kirche einbringen mußten und ein=
gedrungen waren. Daher kämpfte er für den Cälibat und
die freie kirchliche Einsetzung in kirchliche Ämter. Sein
Charakterbild ist längst durch Protestanten vom Schmutze,
mit dem Verleumder es besudelten, gereinigt.

Häufig werden „Investitur" und „Simonie" mit ein=
ander verwechselt.[1]) Unter „Simonie" versteht man den
Verkauf geistlicher Stellen. Genannt ist diese Sünde nach
dem Magier Simon (Act. Apost. 8, 18). Mit „Sodomie"
— wie das Volk zuweilen meint — hat das Wort gar
nichts zu thun.

„Investitur" ist die Belehnung eines geistlichen Würden=
trägers mit den weltlichen Gütern durch Ring und Stab,
die Zeichen geistlicher Würde. Den Investiturstreit beendete
das Wormser „Konkordat" (auch Calixtinisches genannt von
Papst Calixtus II.) von 1122. „Konkordate" aber sind
weiter nichts als Verträge zwischen der päpstlichen Regierung
und den Staaten, abgeschlossen zur Feststellung der Rechte
der katholischen Kirche in denselben.

„Bullen" von bulla = Wasserblase,[2]) dann Siegel=
kapsel, sind päpstliche Urkunden, die unter besonderen
Förmlichkeiten ausgestellt werden. Das Bleisiegel in der
Kapsel zeigt den Kopf des hl. Petrus mit den Buchstaben
SPE (Sanctus Petrus) und den Kopf des hl. Paulus
mit SPA. Zu Bulle ist Deminutiv „bullettins" = Zettel.
Auch „billet" ist gleichen Stammes.

Die Breven (von brĕvis kurz, daher Brief, Ur=
kunde) sind ursprünglich minder feierlich ausgestellte Schrift=
stücke, welche mit dem Fischerring gesiegelt waren; jetzt sind

---

[1]) Joh. Voigt, Hildebrand als Papst Gregor VII. Weimar
1815. S. 206. Petrus Damiani gibt 3 Arten der Simonie an:
Tria dicuntur esse munerum genera, sc. munus a manu (i. e.
pecunia), munus ab obsequio (i. e. obedientia subjectionis),
et munus a lingua (i. e. favor adulationis).

[2]) Bullae aureae = goldene Amulettkapseln trugen die
Kinder der römischen Nobilität.

sie nicht viel mehr von den Bullen verschieden.[1] Aus=
drücke, wie „die Bulle Unigenitus", werden oft nicht ver=
standen. Es sind einfach Anfangsworte des betreffenden
Erlasses. Am meisten besprochen ist wohl die „Abendmahls=
bulle", gerne „Nachtmahlsbulle" genannt, die Bulle „In
coena Domini", so bezeichnet, weil sie einst am Grünen
Donnerstage verlesen wurde. Die Anfangsworte lauten
„Pastoralis rom. Pont. vigilantia". Die Entstehung dieser
Zusammenstellung von Exkommunikationssentenzen datiert
schon aus dem frühen Mittelalter. Ursprünglich enthielt
sie 7, zuletzt seit 1627 10 Censuren gegen Häresie, See=
räuberei, Strandrecht, Verfälschung päpstlicher Schreiben u. s. w.
Da die Verkündigung der Bulle großen Widerspruch erfuhr,
hob schließlich der friedliebende Papst Klemens XIV. 1770
die Verlesung derselben auf. Übrigens hatte diese Zusammen=
stellung der dem Papste vorbehaltenen Censuren durchaus
nicht die Geltung einer dogmatischen Lehrentscheidung. Die
gegen die Bulle gerichteten Schmähschriften von Le Brets
„Pragmatischer Geschichte der so verrufenen Bulle in Coena
Domini und ihrer fürchterlichen Folgen für Staat und
Kirche" von 1769 an bis zu den unsterblichen Auffrischungen
der Tagesskribenten der Jetztzeit enthalten zum größten Teile
Mißverständnisse und absichtliche Entstellungen und werden
am besten durch die Bulle selbst widerlegt. S. dieselbe
bei M. Hausmann, Gesch. der päpstl. Reservatfälle, Regens=
burg 1868. So ist es z. B. unwahr, daß die Bulle die
Auflegung neuer Steuern ohne päpstliche Erlaubnis unter=
sage. „In Wahrheit wird", nach dem ehemals geltenden
Kirchenrecht, „die päpstliche Erlaubnis nur für die der kirch=
lichen Immunität zuwiderlaufenden Auflagen gefordert. Sonst
aber werden nur diejenigen mit der Exkommunikation be=
legt, welche Wegegelder und Zölle fordern, ohne de jure
dazu befugt zu sein, welche also in der Auflage gegen
die Staatsgesetze handeln. Souveräne Fürsten wurden

---

[1] Wetzer=Welte K. L. II 1482.

daher höchstens insofern betroffen, als sie in der Auflegung
neuer Steuern wissentlich und freventlich die Staatsgrund=
gesetze oder die natürliche Gerechtigkeit verletzten." [1] Vor=
nehmlich wurden diejenigen nicht souveränen Wegelagerer
bedroht, welche mit ihren Schlagbäumen das Handwerk der
Raubritter unter dem Scheine des Rechtes ausübten.

Was die Exkommunikation der Häretiker betrifft, so
sind darunter nur die formellen Häretiker und Schismatiker
d. h. diejenigen welche es aus eigener Schuld sind,
verstanden.[2] Wer ohne seine Schuld irrgläubig ist, dabei
aufrichtig die Wahrheit sucht und den Willen Gottes nach
bestem Wissen thut, ist dem Geiste nach mit der Kirche ver=
einigt, wenngleich er äußerlich von ihr getrennt ist.[3]

„Verflucht" steht überhaupt nicht in dieser Bulle
noch in anderen. Das Wort anáthema ($\dot{\alpha}\nu\dot{\alpha}\vartheta\varepsilon\mu\alpha$[4]) (anathema sit = a. s.) bedeutet die Scheidung von Christus
und der Gemeinschaft der Gläubigen, den Kirchenbann
($\dot{\alpha}\varphi o\varrho\iota\sigma\mu\acute{o}\varsigma$, excommunicatio), eine Strafe, die sich auch
bei den Heiden z. B. den Galliern[5]) und den Germanen[6]),
und den Juden findet. Man unterscheidet jetzt excommunicatio (minor, maior) und anathema, die an sich gleich=
wertig, aber rituell verschieden sind. Die Entbindung der
Unterthanen vom Eid der Treue gegen gebannte Fürsten,
wie gegen Heinrich IV. und Friedrich II. war keine Folge
des Bannes, sondern eine Verschärfung der Strafe. Im
Mittelalter zog der Bann allerdings nach Gewohnheits=
recht die staatliche Strafe der Acht nach sich, und um=
gekehrt. — Das Wort „Bann" ist deutsch = Gebot unter
Strafandrohung, Verbot; Gerichtsbarkeit und deren Gebiet; [7])

---

[1] Wetzer=Welte K. L. II 1478.
[2] Brück, Lehrbuch der Kirchengesch. 675.
[3] Siehe die kath. Katechism.
[4] Nicht mit $\dot{\alpha}\nu\dot{\alpha}\vartheta\eta\mu\alpha$ bibl. = Weihegeschenk zu verwechseln.
[5] Caes. b. g. 6, 13.
[6] Tac. Germ. 6. Dion. Hal. Ant. 2. 10.
[7] Kluge, Etym. Wtb. 18.

von pannan festsetzen. Der „Blutbann" ist das Recht
über Leben und Tod; der „Königsbann" die Gerichtsbar=
keit des Königs; „Bannmeile" der Bezirk der städtischen
Gerichtsbarkeit über das sog. „Weichbild".

Durch das „Interdikt" wurde die Spendung der Sakra=
mente, die Abhaltung des öffentlichen Gottesdienstes und der
kirchlichen Begräbnisse in einem Lande verboten z. B. unter
Ludwig d. Baier, 1326 über Berlin=Cölln a. d. Spree
und Frankfurt a. d. O. In Berlin war der Propst
Nikolaus von Bernau erschlagen worden. Die Angabe,
derselbe habe Nikolaus Cyriacus geheißen, beruht auf
einem Lesefehler. Sein Bruder Heinrich war Curatus
d. i. Pfarrer in Eberswalde. Daraus machte man den
Familiennamen Cyriacus. Kehren wir nach dieser Ab=
schweifung wieder zu den „Bullen" zurück!

Die Bulle „Unam sanctam" von Bonifaz VIII. 1302
ist gleichfalls vielfach mißverstanden und zu Ungunsten dieses
vielverleumbeten Papstes ausgelegt worden. Sie war nicht
mehr opportun, aber Herrschsucht hatte sie nicht diktiert.[1]
Die von den Gegnern ausgesprengte Fabel, er habe im
Wahnsinn und Verzweiflung sich vor dem Sterben selbst
zerfleischt, ist widerlegt durch die Öffnung seines Grabes
im J. 1605. Der gänzlich unversehrte Leichnam zeigte
keine Spur von Verletzung.

Auch kaiserliche Erlasse wurden als Bullen be=
zeichnet. So gibt es zwei „goldene" Bullen: 1. den
ungarischen Freiheitsbrief von 1222, welche unter anderem
bei Verletzung der Freiheiten durch den König das ius
insurrectionis bewilligt, 2. das Reichsgrundgesetz für die
Kaiserwahl von 1356.

„Encyclica" ist ein Rundschreiben an sämtliche Bischöfe.
Die vielberufene Encyclica vom 8. Dezember 1864 war
verbunden mit einem kurzen Schreiben des Kardinal=

---

[1] S. Litteratur und die Frage beh. Wetzer=Welte K. L. II
1038 ff.

Staatssekretärs Antonelli an die Bischöfe, mit welchem den=
selben ein Verzeichnis von 80 durch Papst Pius früher
verworfenen Irrtümern übergeben wurde. Das ist der ent=
setzliche Syllabus, in den man alles Mögliche hinein
gelesen hat, was nicht darin steht. Man lese ihn mit
Ruhe — und die Mißverständnisse verschwinden.[1]

Daß man auch Bullen, Breves, Encyclicen gefälscht
hat, ist bekannt. So hat Friedrich d. Gr. sich den Spaß
gemacht, wie er selbst in seinen Briefen an den Marquis
D'Argens schreibt, eine Breve Klemens XIII. für Daun
zu erfinden.

In einem Briefe vom 5. Mai 1759 schreibt der Marquis
d'Argens an den König: „J'avais déjà vu dans tous les papiers
publics cette toque et cette epée que le Pape a envoyées au
Maréchal Daun; je voulais engager le gazetier de Berlin à
mettre dans sa gazette que le Prince Ferdinand attendait de
Londres un chapeau et une épeé bénits par l' archevêque
de Cantorbery, et qu 'on ne doutait point chez tous les prote-
stans que la bénédiction de Cantorbery ne fût plus efficace
que la romaine".[2] Und am 17. Mai desselben Jahres fügt er
hinzu: „Je n' ai jamais rien lu d 'aussi plaisant que votre
bref du Pape et votre lettre du Prince de Soubise:
je suis persuadé que les ennemis mêmes de V. M. seront
forcés d 'avouer qu 'on ne peut rien voir de plus ingénieux . . .
Le bref du Pape m 'a paru si plaisant, que je le traduirai
en latin, et je le ferai imprimer en deux colonnes, le latin
d 'un côté et le français de l'autre: ce qui lui donnera
encore un plus grand air de vraisemblance, parce-
que tous le brefs du Pape sont toujours en latin, lorsqu'ils
sont adressés à la cour impériale, ou aux ministres de cette
cour".[3] Am 18. Juni 1759 schickt D' Argens das Versprochene und
bemerkt dazu: „Il y a plus de sel et plus d' imagination dans

---

[1] W. Menzel, d. deutsche Krieg v. J. 1866. I 296. Der
Bischof Dupanloup zählte in der vom Journal des Debats ge=
brachten Übersetzung des Syllabus und der Encycl. mehr als
70 Entstellungen. S. dessen Schrift: Die Convention v. 15. Sept.
und die Encycl. v. 8. Dez. übers. v. Molzberger, Würzburg,
Stahel. 1865. Hergenröther, Kath. Kirche und christl. Staat. 1872.

[2] Oeuvres posth. de Frédéric II. Berlin. Voß. 1788.
t. XIII. S. 67. [3] a. a. O. 71.

cette pièce que dans tout ce qu 'on a publié et qu 'on publiera pendant le cours de cette guerre".[1])

Das angebliche Breve Hadrians VI. an den Kur=fürsten Friedrich von Brandenburg v. J. 1522 ist eine Privatarbeit des Theologen Johannes Cochlaeus.[2])

Die vielbesprochene Bulle Johannes XXII. „Quia in futurum eventibus" undatiert, wäre an sich ein ge=waltiger Übergriff des Papsttums in das weltliche Gebiet. Aber auch sie ist gefälscht.[3])

Auch in der neuesten Zeit ist das geschehen. Die Bulle vom 28. Mai 1873, welche die Kölnische Zeitung veröffentlichte, ist im Anschlusse an die von Pius VI. ge=gebene Bulle „Cum Nos superiori" v. 13. Nov. 1798 gefälscht.[4])

Alle diese Machwerke tragen das Gepräge der Fälschung an sich.

Der Ausdruck „Ketzer", dessen Gebrauch den Katho=liken mit Unrecht in den Mund gelegt wird, ist eine Erfindung der Sekte der Novatianer, die sich selbst als καϑαροί = Reine bezeichneten. Danach hießen sich auch die im südlichen Frankreich im 11. Jahrhundert entstehenden manichäischen Gemeinden, ursprünglich aber auch nur „die Mitglieder der höheren Klasse der Gemeinde, die Voll=kommenen oder Auserwählten, allein im weiteren Sinne wurden auch die niederen so genannt, die Benennung boni homines ist ohne Zweifel nur Übersetzung des Wortes „Katharer".[5]) Durch Mißdeutung entstand unter dem Volke der Glaube, die Stedinger, eine ostfriesische Sekte des 13. Jahrh., hätten eine „Katze" angebetet.[6]) Die sich

---

[1]) a. a. O. 73.   [2]) Katholik 53, 237 ff.

[3]) W. Felten, Die Bulle Ne pretereat u. b. Reconciliations=Verhandlungen Ludwigs b. B. mit dem Papste Johann XXII. Trier 1885—87. I 44.

[4]) Geschichtslügen. Paderborn, Schöningh.

[5]) E. A. Schmidt, Gesch. v. Frankreich I 452.

[6]) W. Menzel, Gesch. d. D. 2, S. 16. Andresen, D. Volks=etym. S. 97 erinnert an Bruder Bertholds Predigt. In der

öfters im Mittelalter findende Form Tartari ist entweder
Mißverständnis oder Spott, um sie als Höllenkinder zu
bezeichnen. Die Mongolen, als Tartari, wurden Tartarei
in demselben Sinne genannt.

Die „Albigenser" erhielten diesen Namen, weil sie
vorwiegend in der Landschaft Albigeois Anhänger hatten.[1])
So sprechen wir von besonders frommen Gemeinden als
„Herrenhutern", „Neuwiedern", „Wupperthalern", woraus
der Volkswitz „Muckerthaler" gemacht hat.

Über den Namen der Hugenotten ist man noch nicht
im Klaren. Die Ableitung von ahd. hugi = Sinn,
Gesinnung und ganoz = socius, so daß es als Eid=
genossen zu fassen wäre, hat wenig Wahrscheinlichkeit. Eher
ist es als ursprünglicher Spottnamen zu erklären. Die
Protestanten sollen ihn von ihren nächtlichen Zusammen=
künften erhalten haben nach einem Gespenst, Hugo Capet,
welches nach dem Volksglauben die Straßen von Tours
durchzog. So hießen die Aufständischen v. 1793 in der
Bretagne Chouans = Nachteulen. Die „Waldenser" heißen
nicht nach dem „Wald", sondern nach „Petrus Waldus",
ihrem Stifter.

Die „Inquisition" ist eigentlich kein „Glaubens=" oder
„Ketzergericht" mit obligatem Scheiterhaufen, sondern eine
„Untersuchungskommission",[2]) welche die Kirche einrichtete
(Conc. Lat. III. 1179. Lat. IV. 1215), um tumul=
tuarisches Verfahren zu hindern. Mit der Synode von
Toulouse 1229 nahm sie ihren Anfang. In Deutschland
war sie bereits 1233 zu Ende. Das Urteil wurde stets
durch das weltliche Gericht gesprochen und nach dem strengen

Reformationszeit schrieb man eine „Ketzerkatz" von kath. Seite.
Janssen V 452. Vgl. auch Hurter, Innocenz III. 2, 198.

[1]) Schmidt a. a. O. 455.

[2]) Die Leitung der Inquisition wurde 1232 den Dominikanern
übertragen, die dann den Spottnamen domini canes (Spürhunde
des Herrn) erhielten, wie die Jesuiten seit Fischart „Jesuwider"
genannt wurden. Von dem Kloster St. Jakob in Paris hießen
die Dominikaner auch „Jakobiner".

Zeitgeist ausgeführt. Merkwürdigerweise war der aufgeklärte Kaiser Friedrich II. ein Förderer der Inquisition. Mit den „Hexenprozessen" hat sie gar nichts zu thun. Selbst die sog. „Hexenbulle" Innocenz VIII. v. 9. Dez. 1484 hat zunächst die Häretiker im Auge und berührt nur das Hexenwesen. Der „Hexenhammer" aber, verfaßt 1487, zuerst gedruckt 1489, ist allerdings mit päpstlicher und kaiserlicher Approbation versehen. Damit wird aber nicht mehr bewiesen, als daß der „Hexenglaube" eben eine Geistes= krankheit der Zeit war.[1]

Die spanische Inquisition, eröffnet 1481, die zu Venedig und an anderen Orten, sind keine kirchlichen, sondern weltliche Gerichte, die oft von den Machthabern zu ihren Sonderinteressen gegen mißliebige Leute (Templer) benutzt worden sind.[2] Pombal war ein eifriger Verteidiger der Inquisition. Leo X. exkommunizierte dagegen die In= quisitoren von Toledo 1519.[3] Daß Philipp II. die Ein= führung der spanischen Inquisition in den Niederlanden beabsichtigt habe, ist eine Phantasie Schillers.[4]

In dem Worte Auto da fé liegt nichts von feu und Feuer. Es ist gleich Actus fidei. Von 100 Opfern wurden 99 Prozent nur zu einmaliger Tragung des San= benito == Saco bendito == gesegnetes Bußkleid ver= urteilt.[5] Auch die Banquerotierer hatten das „Schand= hütlein" zu tragen.[6]

Der durch Kaulbachs Bild so arg verunglimpfte Peter Arbues war 1. kein Jesuit, 2. starb er schon 1485 nach nur einjähriger Führung des Amtes als Inquisitor,

---

[1] Soldan, Gesch. der Hexenproz. 1843. Diefenbach, Der Hexen= wahn vor und nach der Glaubensspaltung in Deutschland. Mainz. 1886.
[2] Ranke, Röm. Päpste I 242 ff. S. übrigens die Zusammen= stellung d. Litt in „Geschichtslügen" 268 ff.
[3] Hefele, Kard. Ximenes, S. 257—370. Gams, K. Gesch. v. Spanien. V.
[4] J. Janssen, Schiller als Historiker. 1. Aufl. S. 24.
[5] Hefele a. a. O. S. 350.
[6] Oek.=phys. Wtb. Leipz. 1756. VIII.

3. war er kein blutdürstiger Greis, sondern bei seinem
Tode 43 Jahre alt, ein frommer, edler Mann, 4. hat er
wahrscheinlich nicht ein Todesurteil gefällt.[1])

Apostaten jeder Art sind immer unzuverlässige Leute,
wie die Spione, so auch Llorente, der Verfasser des Lügen=
werks „Histoire critique de l'inquisition d'Espagne".
Paris 1818. Das ist die unsaubere Quelle aller Ent=
stellungen und Mißverständnisse. Denn die meisten reden
nur in gutem Glauben nach, was hier gelogen ist.

Eine „inquisition contre tels hérétiques afin d'ex-
tirper telle race de la terre" forderte Johann Calvin.[2])
Sein „Rat der Alten", der nicht zu verwechseln ist mit
der spartanischen Gerusie und dem „Rate der Alten" unter
dem französischen Direktorium v. 1795, war ein Tribunal,
welches „Häretiker" mit grausamer Strenge bestrafte. Theodor
Beza verteidigte Calvins Standpunkt bezüglich der Be=
strafung der „Häretiker" vollständig.

Die englische „Sternkammer" war die Inquisition
der Hochkirche ohne die Rechtsformen der spanischen.

„Das ganze sechzehnte Jahrhundert" — lautet das Urteil
Janssens[3]) — „trug den Charakter der Grausamkeit, und der
confessionelle Absolutismus, der damals in Genf und London, wie
in Madrid vorherrschte, forderte überall blutige Opfer".

Die schlimmste Inquisition aber hat unser Jahrhundert
gesehen, hat das Land gesehen, welches „unter irriger Vor=
aussetzung eigener humanster Liberalität Spanien immer
am übermütigsten seine religiöse Inquisition und Rom seinen
Index vorgeworfen",[4]) hat Deutschland erlebt unter der
„Mainzer Centraluntersuchungskommission" von 1819.

Kein Begriff hat wohl mehr Staub aufgewirbelt als
das Wort „Ablaß" (Indulgenz). Es hat eine doppelte

---

[1]) Paramo, de origine et progressu officii sanctae inqui-
sitionis. Madrid. 1598.
[2]) Galiffe, Nouvelles pages d'Histoire exacte. Genf.
1862. S. 109.
[3]) Schiller als Historiker. 1. Aufl. S. 26.
[4]) Galland, Görres. S. 227.

Bedeutung, und darum ist es so oft mißverstanden worden.
Es heißt: 1. „Nachlaß der Sünden" aber nur mit diesem
Attribut, so in der deutschen Fassung des apostolischen
Glaubensbekenntnisses in den Worten „Ablaß der Sünden".[1]
2. „Nachlaß der zeitlichen Strafen". In dieser Be=
deutung ist es zu fassen, wenn es allein steht, wie in
den Ausdrücken „es wird ein Ablaß verkündigt", „voll=
kommener Ablaß", „Ablaß von 100 Tagen ꝛc.", „Jubiläums=
ablaß". Dieser Ablaß kann nur im Stande der heilig=
machenden Gnade d. h. also nach vorausgegangener
Beichte gewonnen werden, niemals gegen Erlegung einer
Geldsumme. Doch kann er an bestimmte Gebete, Feste,
Kirchenbesuche, Almosen für bestimmte gute Werke z. B. Er=
richtung von Universitäten, Brückenbau ꝛc., auch bei dem
der Reformation vorausgehenden Jubiläum, auch an ge=
weihte Gegenstände geknüpft werden, alles nur, wenn die
bezeichnete Vorbedingung erfüllt ist. In der Reformations=
zeit hatte das Ablaßwesen unleugbar zu Mißverständnissen
und Mißbräuchen Anlaß gegeben.[2] Aber der Dominikaner
Tetzel war an den von seinen Untergebenen begangenen
Fehlern nicht schuld. Luther selbst macht ihn nicht dafür
verantwortlich.[3] Auf den armen Tetzel wurden viele alte
Schwänke übertragen, Anekdoten, die ursprünglich gegen die
Geistlichen im allgemeinen gerichtet waren und dann für
bare Münze von neuem in Umlauf kamen.[4] Das völlig
objektive Urteil über den ganzen Ablaßstreit s. Janssen,
Gesch. d. deutschen Volkes I. und II., über Tetzel, Gröne,
„Tetzel und Luther". Soest 1853. Körner, Tezel, der
Ablaßprediger. Frankenberg i. S. 1880. W. Hermann,
Tetzel. Frankfurt. „Ablaß" bedeutet auch Volksfest.[5]

---

[1] Über Ablaßtag s. Gründonnerstag.
[2] Seb. Brant, Narrenschiff 103:
    „Der Ablaß ist so ganz unwärt,
    Das nieman darnach fragt noch gärt".
[3] de Wette-Seidemann, Luthers Briefe ꝛc. 6, 18.
[4] Pfeiffer, Germania XIV. 386, 400 f.
[5] Ökon.=phys. Wtb. Leipzig. 1756. I 64.

Die „Sündentaxen" sind erst eine Erfindung des 18. Jahrhunderts.

Gegen die Mißbräuche erließ die Kirche stets heilsame Verordnungen, besonders in dem Tridentiner Konzil.

„Konfessionen", Kirchenparteien, gibt es genau ge= nommen erst seit der Glaubensspaltung des 16. Jahr= hunderts. Confessio heißt nur „Bekenntnis". Die am 25. Juni 1530 zu Augsburg dem Kaiser überreichte con= fessio Augustana, im wesentlichen von Melanchthon ver= faßt, war der Entstehung nach eine theologische Gelegenheits= schrift, dem Zwecke nach mehr ein Einigungsversuch als eine Urkunde der Trennung.

Die „Antwort" der 20 katholischen Theologen ist e r s t s p ä t e r als confutatio = Widerlegung bezeichnet worden. Übergeben wurden sie den Protestanten nicht.

Gegen die „Antwort" verfaßte Melanchthon die „Apo= logie".[1]) Ebenso nannte Wilhelm von Oranien seine Ant= wort auf das wider ihn erlassene Ächtungsdekret.

Neben der confessio Augustana gibt es noch eine conf. Belgica von 1562, eine Gallicana oder Hugenotica v. 1559, eine Scotica von 1560 und mehrere Helveticae.

Die sogenannte „Wiederholung" der Augsburger Kon= fession, von Melanchthon 1551 auf Befehl des Kurfürsten von Sachsen abgefaßt, um dem Tridentiner Konzil vor= gelegt zu werden, ist eine ganz neue, im Sinne der Polemik gehaltene Schrift. Während in der ersten conf. bei der Rechtfertigungslehre das Wort sola fehlt, heißt es hier: „Wir werden gerecht durch den Glauben allein".

Confessio hat noch eine zweite kirchliche Bedeutung, nämlich = memoria, martyrion, die Begräbnisstätte der Heiligen, der Altar über deren Körper, später auch die Kirche. Ferner ist es = Beichte (von bijehen = gestehen). In der Litteratur sind endlich die Confessiones berühmter Männer bekannt.

---

[1]) Siehe hierüber Döllinger, Reform. III 277 ff. Wetzer= Welte. K. L. I 1648.

Confessor aber ist 1. = Bekenner des Glaubens, Heiliger, dafür in älterem Deutsch „Beichtiger" gebraucht, 2. die Sänger und Psalmisten, 3. mißbräuchlich, wie „Beichtiger" für „Beichtvater" = confessarius. Der englische König „Eduard der Bekenner" (1042—1066), wegen seines Glaubens so genannt, ist nicht mit dem im Alter von 15 Jahren ermordeten Eduard dem Märtyrer (975—78) zu verwechseln. Mit dem entsprechenden französischen Wort macht der Philosoph d' Alembert in einem Briefe an Friedrich II., den Großen, über das Beichten Voltaires seinen Witz: „J' ignore comment Voltaire sera avec le nouveau vicaire de Dieu en terre; il était, à ce qu' il prétend, vivement menacé d 'excommuni-cation par son prédécesseur. Il m'écrit qu' il a eu grand' peur d 'être martyr, et que c'est pour cela qu' il s' est confessé; afin de rester tout au plus confesseur."[1])

Das Augsburger „Interim" = Inzwischen, Einstweilen, ist der Vermittelungsversuch protestantischer und katholischer Theologen v. J. 1548.[2]) Fürsten und Stände, Geistliche und Weltliche, sprachen ihr Bedenken „uff das verfast Interim" aus. Das Volk spottete:

„Huetet euch vor dem Interim,

Es hat den Schalk hinter im" (= sich), und die Pfaffen nannten es „interitum" = Untergang.[3])

In einem gleichzeitigen Pamphlete[4]) heißt es:

„Unter der Zeit auf deutsch bin ich genannt, Von meinem Vater Lucifer abgesandt".

---

[1]) 7. Aug. 1769 in Oeuvres posthumes de Fréd. II., roi de Prusse. Berlin. Voss. 1788. t. XIV. 91.

[2]) Das erste Interim war die auf dem Reichstag zu Regensburg 1542 getroffene Anordnung. Das Cellenser Interim ist vom 19. Nov. 1548. Pastor, Kirchl. Reunionsbestrebungen. S. 404.

[3]) So schreibt der Frankfurter Gesandte 27. April 1548. S. Pastor, Kirchl. Reunionsbestrebungen. S. 383.

[4]) N. Mitteilungen des Thür.-Sächs. Vereins X. 2. S. 101.

Durch ein Anagramm machte man interim zu mentiri (lügen), oder man verwandelte es in interimo (ich töte). In Magdeburg belegte man Hunde und Katzen mit diesem Namen, wie später in der Pfalz mit dem Namen Melac und Montelas. Ja, es wurden sogar „Interimsthaler" mit der Umschrift geprägt: „Interim, hebe dich von mir, Satan". Ein Pasquill faßte die Deutungen also zu= sammen:

„Eins Theils, die nennen's Hinter=ihm,
Eins Theils, die deuten's auch also,
Daß ich des Deutens nit werde froh,
Denn sie sagen: ich geh zu Grund
Mit meinem Herrn und der mich fund.
Auch sagen etzliche: es ertödte
All', die ihm trauen in der Nöthe.
Wiewohl die Namen all sind wahr,
(Welchs ich doch wohl nit sagen dar [= getraue])
So wollt ich dennoch, daß mein Knecht'
Die Sach baß hätten bracht zu Recht,
Damit nit jedermann könnt sehen,
Warum vergangene Krieg geschehen."

In anderen Spottversen werden die Urheber verhöhnt und ihre Namen „verketzert". Von protestantischer wie von katholischer Seite wurden die Eigennamen der Gegner auf alle mögliche Weise verunstaltet, so daß man ein besonderes Schimpf=Wörterbuch für die Eigennamen der Zeit zusammen= stellen könnte. Man muß diese Schmähungen nicht mit dem Maßstab unserer Zeit messen, sondern für beide Teile das Vorrecht der erregten Periode zur Entschuldigung gelten lassen. Die vom Kurfürsten am 21. Dezember 1548 den sächsischen Ständen vorgelegte neue Kirchenordnung wurde von Flacius Illyricus als das Leipziger Interim ver= spottet. Die darauf zu Thorgau beratene Agende wurde verworfen. Ein Auszug daraus hieß bei den Flacianern das kleine Leipziger Interim.

Durch das Interim vom 1. Mai 1850 übernahmen Preußen und Östreich die einstweilige Ausübung der deutschen Centralgewalt.

Der Interimsrock des deutschen Offiziers hat dem verrufenen Wort wieder zur Ehre verholfen.

Die brandenburgische Eintrachtsformel wurde 1576 in Torgau von 15 Geistlichen aufgestellt, aber wieder zu Kloster Bergen verändert und dann erst von Brandenburg selbst, Sachsen, Pfalz, 22 Fürsten, 36 Grafen, 35 Städten anerkannt. Gleichwohl blieb der alte Zwiespalt. Die Formel wurde mißachtet und 1711 durch Friedrich I. aufgehoben. Die Geistlichen wurden auf dieselbe verpflichtet durch Quoad, nicht durch Quia, d. h. nicht weil die form. Concordiae objektive Lehrnorm ist, sondern insoweit sie subjektiv anerkannt wird.[1]

Eine zahllose Masse von Verleumdungen wurde auf den Jesuitenorden[2] gehäuft. Hier sind nur die aus Mißverständnissen herrührenden Beschuldigungen zu beleuchten.[3]

Obwohl längst von vorurteilsfreien Protestanten zugestanden ist, daß „die landläufigen Ansichten" über die Jesuiten „sehr einseitig und vorurteilsvoll und mehr aus schlechten Schauerromanen, als aus der ernsten Geschichte entnommen sind"[4], werden in einer Menge von vielgelesenen Büchern die alten Märchen immer und immer wieder erzählt. So heißt es beispielsweise in dem weit verbreiteten und sonst objektiven Schulbuch „Geschichtstabellen" von Beeck II, 17 (Leipzig 1883) noch: „Ausübung der Lehre, daß der Zweck die Mittel heilige, und der geistige Rückhalt (reservatio mentalis); Anstiftung zum Königsmord"!

---

[1] S. Euler, Friedrich Ludw. Jahns Werke. II 1, 373.
[2] Von Fischart „Jesuwider", sonst „Jebusiter ꝛc." genannt.
[3] Ein prächtiges Schreckbild des fürchterlichen Jesuitismus entwirft Scherr, D. Kulturgeschichte. S. 284 f.
[4] Hertslet, Treppenwitz d. W. S. 223. Büchmann, Gefl. Worte. Wander, Deutsches Sprichwörter-Lexikon. V, 664.

Den erften und den dritten Satz hat kein Jefuit gelehrt.[1]) Die Reservatio mentalis ift ein wefenlofes Gefpenft, wie die ganz harmlofe Propaganda. Denn „der innere Vorbehalt" wird dem Grundfatz nach von Jefuiten und Moraliften als unerlaubt und fündhaft verworfen, ift auch ausdrücklich von Innocenz XI. verdammt worden.[2])

Wer die Litanei von Sophismen, welche die Jefuiten angeblich lehren oder lehrten, in ihrem ganzen Schrecken kennen lernen will, der nehme W. Menzel, Gefchichte d. d. Volkes zu Hand. Im 3. Band S. 357 find fie aufgezählt: Probabilismus[3]), directio intentionis, reservatio mentalis, amphibologia, intentio bona, pia opera und — falfch erklärt. So heißt es „3. durch die reservatio mentalis, den inneren Vorbehalt. Man durfte einen falfchen Eid fchwören, indem man zu dem, was man leugnete, etwas hinzudachte, was nicht gefchehen war ꝛc." „4. durch die amphibologia d. h. durch die Zwei= deutigkeit. Man konnte etwas leugnen, was die Franzofen betraf, indem man unter dem Worte Gallus nicht den Gallier, fondern den Hahn dachte."

Mit der Reservatio ift nicht das fogenannte Reservatum ecclesiasticum zu verwechfeln, „der geiftliche Vor= behalt", eine Klaufel bei dem Augsburger Religionsfrieden von 1555, welche der weiteren Säkularifation geiftlicher Stifte vorbeugen follte.

Unter Refervatfällen (casus reservati) verfteht man befonders fchwere Sünden, von denen der gewöhnliche Seel= forggeiftliche nur in Todesgefahr losfprechen kann, und die fich der Bifchof bezw. der Papft vorbehalten hat. Diefe Be= ftimmung ift getroffen zur befferen Erhaltung der Moralität. Solche Fälle find Schlagen eines Geiftlichen, das Eindringen in die Klaufur von Frauenklöftern; das Fälfchen von päpft=

---

[1]) f. a. a. O. Riffel. Janffen, G. d. d. Volkes V, 552 ff.
[2]) Riffel a. a. O. 316.
[3]) Fr. L. Jahn, Sämtl. Werke, hrsg. v. Euler II 2, 551 ge= braucht dafür „Meinkür".

lichen Bullen, auch Falschmünzerei ꝛc. ist dem Papste unter=
worfen.

Auch die staatliche Obrigkeit wahrt sich oft „Reservat=
rechte".

Das Wort „Kapelle des Königs bedeutet im früheren
Mlt. nicht einen kl. dem Gottesdienst geweihten Raum, sondern
die Gesamtheit des Hofklerus, dann die Kanzlei". „Ur=
sprünglich bezeichnet der Name die Kappe (langes Oberkleid
pluviale, cappa)[1] des hl. Martinus, dann den geweihten
Raum in der Pfalz der Merowinger, wo diese Kappe auf=
bewahrt wurde."[2] Unter Otto d. Gr. wurde die Kapelle
eine Schule d. Wissenschaft, und eine Pflanzstätte f. Kirche
und Staat, „indem aus ihr fast alle die Geistlichen hervor=
gingen, die in der nächsten Zeit Otto und seine Nachfolger
auf die deutschen Bischofsstühle erhoben".[3]

Heutzutage hat dann „Kapelle" in der Terminologie
der Musik eine besondere Bedeutung erhalten. Die sixtinische
„Kapelle", der Sängerchor derselben, hat wohl den Namen
für alle Instrumental= und Vokal=Musik=Chöre dargeboten.
A capella bedeutet soviel als alla capella = nach Art
des Singchors d. h. vom Singchor allein vorzutragen.

In demselben übertragenen Sinne wie „Kapelle" wird
„Chor" (v. gr. χορός = Reigen) für vollstimmigen Ge=
sang gebraucht, zugleich aber auch für den Teil der Kirche,
in welchem der Hochaltar steht.[4] „Choral" hat seinen
Namen von cantus choralis d. i. der liturgische Kirchen=
gesang, wie ihn speziell Gregor d. Gr. für die Kirche
feststellte.

„Chorbischöfe" werden zuweilen im Mittelalter die
Erzdiakone und Ruraldekane genannt. Es waren nicht
eigentlich Bischöfe, sondern nur deren Gehülfen, haben auch
mit dem Worte „Chor" nichts gemein, sondern heißen
χωρεπίσκοποι. χώρα heißt das Land. Sie waren

---

[1] Nicht eine Kappe! [2] Giesebr. I 323. Anm.
[3] a. a. O. S. 330. [4] Wetzer=Welte K. L. 3, 175.

also Stellvertreter und Mitarbeiter der Bischöfe in den Landgemeinden. Cardinalis war urspr. der dauernd an einer Kirche, die als cardo (Angelpunkt) galt, angestellte Bischof, dann jeder Kleriker der Bischofskirche. Pius V. reservierte den Titel für die Geistl. der päpstl. Cathedra. Die Zahl der Kardinaldiakonen war entsprechend den 7 kirchl. Armendistrikten in Rom 7, später 14; die Zahl der Kardinalpriester wurde von Sixtus V. auf 50 festgesetzt. Dazu kommen die 6 Kardinalbischöfe der 6 erst in neuerer Zeit „suburbikarisch" genannten Bistümer Ostia, Porto, Albano, Frascati, Palestrina, Sabina. Mit Nikolaus II. 1058—1061 wählen die Kardinäle den Papst. Manchmal ernennt d. Papst einen Kardinal, nennt aber zunächst seinen Namen nicht, d. h. er behält ihn in petto.[1] „Schwarze" Kardinäle nannte man diejenigen, welchen von Napoleon I. das Tragen des Purpurs verboten wurde, weil sie nicht zu seiner Trauung erschienen waren. „Kardinalisten" ist ein Parteiname aus der Zeit des niederländ. Aufstandes für die Anhänger des Karb. Granvella. Daß „Kardinal, Bischof" heutzutage Namen für Spirituosen sind, geht wohl zurück auf die Anwendung entsprechender Etiketten. Die Liqueurnamen „Karthäuser" und „Benediktiner" weisen auf die ursprünglichen Verfertiger hin. Das englische Getränk Negus ist gleichfalls entweder nach dem Fabrikanten oder nach dem abyssinischen Herrscher genannt.[2]

Die kirchliche Terminologie bietet das erste Beispiel des Mißverständnisses bei Parteinamen und zwar in der Bezeichnung der Anhänger Christi als Christen. Christiani wurden sie von den Römern genannt, wie die Partei des Cäsar Caesariani, weil diese den Namen Christus für einen Eigennamen ansahen. Schon Suetonius Vita Claudii 25 verwechselt χριστός und χρηστός (= brauchbar, tüchtig) durch den Itacismus d. h. die Aussprache des η

---

[1] Wetzer und Welte II 1949.
[2] Storm, Engl. Philologie I 149.

wie ι. Daher heißen die Christiani auch Chrestiani. Selbst
im Deutschen wurde der Name verunstaltet zu Cherist,
Kersten.[1] Die Gläubigen selbst nannten sich unter ein=
ander Brüder, Jünger ꝛc., auch Jeſſäer (von Jeſſe), nahmen
aber den ihnen gegebenen Namen bald gerne an. Die
Juden gebrauchten von ihnen den Schmähnamen Nazarener,
denn ſie ſahen ja Chriſtus nicht als den Meſſias an.

Aus den falſchen Vorſtellungen der Juden entwickelte
ſich der C h i l i a s m u s, der Glaube an ein i r d i ſ c h e s
1000 jähriges Reich des Meſſias. Während die Scholaſtiker
des dunkeln Mittelalters den Chiliasmus als überwundenen
Standpunkt, ja als Häreſie betrachten,[2] ſpukte er weiter
in den Köpfen von Phantaſten und hat heute noch ſeine
Anhänger beſonders in den Sektenelдorados von England
und Amerika, wo er den Namen millenarianism (the
doctrine of Millenarians, Millennists), chiliasm hat.[3]
Der neueſte Termin, an welchen engliſche Chiliaſten geglaubt
haben, das Jahr 1866, iſt nun leider auch längſt ver=
gangen. So werden die Chiliaſten einen neuen Termin
ſuchen müſſen, ebenſo wie die Anhänger utopiſcher N a t i o n a l=
k i r c h e n, für die ſchon oft Bauplätze gefunden ſchienen.
Nur ſchade, daß die Fundamente nicht gelegt werden konnten.
Seit der „Emſer Punktation" von 1786, die von den
drei geiſtlichen Kurfürſten und dem Erzbiſchof von Salz=
burg zur Gründung einer deutſchen Nationalkirche aufgeſtellt
wurde, hat man nur wenig Fiduz mehr auf derartige Ver=
ſuche. Die altkatholiſche Nationalkirche iſt wie einſt der
Deutſchkatholicismus zum Abbruch feil.

Häufig werden Ausdrücke im Munde des Volkes ver=
ſtümmelt und verändern dann mit dem Klang auch die Be=
deutung. Das geſchieht gerade bei kirchlichen Bezeichnungen

[1] Grotefend, Handbuch d. hiſt. Chronol. S. 90.
[2] Wetzer=Welte K. L. 3 s. v.
[3] B. Schmitz, Macaulay-Kommentar. S. 159. Auf 1524
erwartete man wieder eine „große Sündflut". Friedrich, Aſtrologie
und Reformation, 63 ff.

vielfach. Ich erinnere nur an die Entstehung von Messe aus missa (Ite, missa est) (jetzt auch Markt, weil an= geschlossen an Feste), urspr. direkt nach dem Evangelium, den Katechumenen gesagt: Geht, es beginnt die Messe; dann an das Ende der Messe gesetzt[1]), Mette aus matutina, an die Verdeutschung von parochus in Pfarrherr, Pfarrer. „Meßner" kommt von mesenarius, mansionarius, Thür= hüter der Kirche. Aus dem „Aveläuten" wird ein „Abend= läuten". Das „Affenthor" in Sachsenhausen bei Frank= furt a. M. heißt ursprünglich „Avethor".

Sehr leicht entstehen dann auch Mißverständnisse. Die Namen der Sonntage Quasimodo (Kose mose), Judica u. a. wurden von Unverständigen für Heilige gehalten. Auch Kyrie eleison soll als eine Person verstanden worden sein. Die Slaven verdrehten es absichtlich in obscönem Spotte in Kri' olsa = die Erle steht im Busche (Thietmar von Merse= burg II 37). Verkürzt wurde es zu Kirleise. Da es den Refrain der geistlichen Lieder bildete, wurden diese auch als „leise" bezeichnet.[2]) „Leich" ist wohl ursprünglich gleich Spiel, gespielte Melodie, denn es wird mit modus, chorus, psalmus erklärt. Sie sind weniger streng gebaut als die „liet".[3])

Mißverständlich sind die Verse in Schillers „Gang nach dem Eisenhammer":

„Und als des Sanktus Worte kamen,
Da schellt er dreimal bei dem Namen."

Der Dichter hat zwar gewußt, was Sanktus heißt, andere aber halten es für einen „Namen" und setzen daher noch „hl." dazu, z. B. hl. Sant Jacob.

Wie man aus Excelsis, Osanna u. ä. Personen machte, so wurde aus bildlichen Darstellungen des Gekreuzigten ein

---

[1]) In der Sprache der Soldateska des 30 jährigen Krieges hieß „Messe" = Geld, Münze, s. Moscherosch „Gesichte" 6.

[2]) W. Wackernagel, Gesch. d. d. Litt. I 338 u. Kl. Rhr. 3. Bd. S. 324.

[3]) s. Jak. Grimm, über den altdeutschen Meistergesang 63—70. 181 f. 191.

sonderbarer Heiliger geschaffen, „St. Kummernuß", „St.
Wilgefortis (virgo fortis)", „Gobes Hülpe", „St. Gehülfe".
Die Bollandisten bezeichneten die erst aus später Zeit
stammende Wilgefortislegende als ein von 1000 Irrwegen
durchzogenes Labyrinth. Der Pfarrer Duncanus († 1590)
und der Jesuit Anton Pilgram (1781) haben die richtige
Erklärung gegeben. Die „hl. Guadeloupe" in Mexiko ist
die Muttergottes.

Der „Antichrist" ist durch Volksetymologie zum „End=
christ" geworden.

„In numme dumme" war ein Ruf des Erstaunens,
auch des Segens wie das jetzige „in Gottes Namen", und
damit ist es auch identisch, denn es ist eine volkstümliche
Zusammenziehung aus „in nomine domini". In der
mittelhochdeutschen Litteratur kommt es z. B. bei Walther
von der Vogelweide vor:[1]
„In numme dumme! ich wil beginnen, sprechet âmen
(das ist guot für ungelücke und für des tievels sâmen).
Goddam ist = God dame (Herr Gott).

So wird „Sakrament" zu „Sapperment" und „Sacker=
lot" oder „Sapperlot"; „Herrje" ist verkürzt aus „Herr
Jesus" (Herr Jesses!); Herr Jemine aus Herr Jesus (und
domine), corbleu = par le corps de Dieu, parbleu =
par Dieu, sapristi = sacrum corpus Jesu Christi,
morbleu = mort dieu, palsambleu = par le sang
dieu. Die Franzosen sagten auch allein bleu![2] Auch
„Potz Element" u. a. Ausdrücke sind euphemistische Ver=
änderungen für Flüche mit dem Namen Gottes. Für
„Gott verdamm' mich" sagt der Sachsenhäuser „Gott ver=
doppel!" Blömerant aus bleu mourant ist wohl auch aus
Dieu mourant zu erklären. Über dergleichen Euphemismen
handelt besonders Schaible, Stich= und Hiebworte. 1885.
Zu den Verdrehungen des Wortes „Teufel" (aus diabolus)
wie „Deichsel, Daus, Tausend" u. a. ist noch zu zählen

---

[1] Ausg. v. Franz Pfeiffer. S. 214.
[2] Phil. v. Sittewalds Gesichte.

„In Beutels Namen".[1]) Über die absichtliche Entstellung von Fluchwörtern s. auch Babad in Steinthals Zeitschrift für Völkerpsychologie. 1885. S. 207.

Wenn sich so häufig der Spott über die vielen Reli=quien[2]) von Heiligen ergeht, so läßt sich wohl nicht leugnen, daß früher auch Mißbräuche vorgekommen sein mögen. Viel=fach aber werden auch symbolische Ausdrücke wie flagella diaboli, Liebfrauenmilch (Stückchen Stein aus d. sog. Milch=grotte bei Betlehem) mißverstanden, und Spottsucht hat der Kirche gar manches angedichtet, so zog Jacob Bobhard (Publius Aesquillus) im J. 1617 den katholischen Gottes=dienst und die Reliquien „auf das Gebührlichste in den Koth", ebenso Wolf in seinem polemischen Werk Lectionum me=morabilium et reconditarum t. I. II. 1600 Lauingen.[3]) Die vielbesprochenen 11 000 Jungfrauen sind wahrscheinlich aus XIMV = XI Martyres Virgines oder aus SS. M. XI. Virg. entstanden.

Ähnlich ist es wohl gegangen mit den 4500 Sachsen, welche nach der landläufigen Erzählung auf Befehl Karls d. Gr. im J. 782 bei Verden a. d. Aller niedergemetzelt sein sollen. Diese „entsetzliche That, wie die deutsche Ge=schichte deren keine zweite kennt",[4]) beruht wahrscheinlich nur auf Mißverständnis. Der Bericht in den Lorscher Annalen sagt nicht, daß 4500 wirklich getötet worden seien, sondern daß sie dem Könige nur „ad occidendum" über=geben wurden.[5])

Die von Andersgläubigen nicht verstandenen Gebräuche oder Worte bei Ceremonien der katholischen Kirche erfahren häufig eine lächerliche Umbildung, die zum Teil auf die

---

[1]) Güdemann, Gesch. des Erziehungswesens und der Cultur der Juden in Deutschland. III 85.
[2]) Siehe darüber W. Menzel, G. d. D. III 7, Anm. 3.
[3]) Janssen, V 454 ff.
[4]) Kaufmann, D. Gesch. II.
[5]) W. v. Bippen in Quiddes Deutsch. Ztschr. f. Geschichts=wiss. I 1. S. 75. Freiburg 1889.

Scherze in der Mengpoesie der fahrenden Kleriker zurück=
geht,[1]) wie in der bekannten „Saufmette".

Die gesungene Litanei wird z. B. im nassauischen Lande
nachgeahmt von den lutherischen Bauern in dem Gesang:
„Warste auch schon in Wambach?

Überall als da noch net!" und im Kölnischen: „Warste
auch schon in Kölle?"

Mit der Antwort wird die stete Responsio libera nos,
Domine! verspottet.

Das Caeli caelorumque virtutes der Präsation wird
scherzhaft verändert in „Zähl'hi(n), zähl her, er verthut es"
und die nötige Anekdote dazu erfunden.

Pater noster wird zu „Pater Knaster". Die katho=
lische Jugend selbst singt im Rheinland bei dem sog. „beieren"
d. h. dem raschen Anschlagen der Glocke:[2]) „Minge Dumme
(Daumen), minge Finger, minge Elleboge".

Bekannt ist das „vinum bonum" und des „Aeppel=
wein, Bembelwein" des Weingaus.

Ein reines Mißverständnis ist der scheinbare Ausruf
Evovae am Schluß der Psalmtöne. Die Schlußformel,
welche zu singen ist, die sogenannte Differenz, wird über
den Vokalen des Schlusses saeculorum. Amen (e u o u a e)
mit Noten bezeichnet, um den betreffenden Ton anzugeben.
Das ist das rätselhafte Evovae, was man wohl mit dem
Evoe der Bacchen zusammenbringen wollte. Es ist ein
sprechender Beweis, wie an sich einfache Formeln der Kirche
ganz mißverstanden und mißdeutet werden. So bedeutet
Sela in den Psalmen und Habakuk nur einen Ruhepunkt
im Vortrage. Lare fa re (ut), die Noten für das Wort
Gloria in der Messe, sind zu larifari geworden.

Jüdischer Haß machte im Talmud das Wort Evan-
gelion zu Avengilaion = „wertloses Papier".

---

[1]) Hoffmann v. Fallersleben, In dulci iubilo. 1861.
[2]) beijart = Klöpfel. Voß, Idyllen. II. S. 13. Jahn,
Sämtl. Werke I 108.

Auf Verspottung der bei der Wandlung gebrauchten Worte hoc est (enim) corpus (meum) geht zurück der Ausdruck hocuspocus, mit welchem Taschenspieler den Segen über Würfel und Karten sprachen. Der in der hl. Messe häufig wiederkehrende Schluß der Orationen per omnia saecula saeculorum wird beim Singen undeutlich, und nun vom Volk verunstaltet in Schnipp-schnapp-schnorum,[1]) wozu oft ohne Sinn hinzugefügt wird Apostolorum, ab= gefürzt Baselorum. Auch biblische Citate gehören hieher sowie Redensarten, welche sich auf die hl. Schrift beziehen. Über beides handelt ausführlich Büchmann „Geflügelte Worte". Wir fügen nur zu dem dort Gesagten hinzu, daß der „Erdenkloß" 1 Mos. 2, 7 vom Volk zu dem Ausdruck „Nickelos-Pfaffekloß" umgestaltet wird. Der Aus= druck „Philister" und „Pegen" (paganus) für Nichtstudent stammt aus der Zeit des Vagantentums des Mittelalters. „Mathäi am Letzten" ist richtig gedeutet auf den Schluß des Evangeliums „bis an der Welt Ende",[2]) aber die Beziehung auf „matt" besteht darum doch.

Mac-benac ist ein Geheimwort der Freimaurer, was erklärt wird „das Fleisch verläßt die Gebeine", aber Ver= stümmlung aus Mac-ben-akah (hebr.) ist = „Es fault der Sohn des Jammers". Die nötige Fabel dazu erzählt Pachtler in seinem Werk „Der stille Krieg gegen Thron und Altar" (Amberg, Habbel 1877) S. 215. „M. B." ist auch auf dem Meister=Schurzfell eingestickt. Die Ab= fürzung J. B. M. aber bedeuten Jacobus Burgundus Molay, den Namen des letzten Großmeisters des Templer= ordens, der am 11. März 1314 verbrannt wurde auf Befehl des französischen Königs Philipp des Schönen. Der

---

[1]) Fr. L. Jahn (Sämtl. Werke II 2, 1091) gibt indes an, daß „Schnipp=Schnapp=Schnurr" wie „Kniß=Knuß=Kneß=ab" „bei einem Hahnreispiel" gebraucht werde zum Abzählen, und führt noch andre Verdopplungen aus der Volksprache an, wie Schnick=Schnack, Misch=Masch, Sing=Sang u. s. w.

[2]) Münz in Ann. des Ver. f. nass. Altertumskde u. Gesch. 10, 109.

Papst, welcher den Orden aufhob, Clemens V., wird von der Loge durch ein Mißverständnis zu „Bertrand be Goth" gemacht. Clemens V. hieß nämlich Bertrand d' Agoust. Die Geheimworte, welche bei der Aufnahme eines Kadosch (= Heiliger) in den dreißigsten schottischen Grad gebraucht werden, stellt Pachtler am angeführten Orte zusammen mit ihren falschen Deutungen. Scherr, D. Kulturgesch. 476 setzt des näheren auseinander, wie mit der ganzen Frei= maurerei der „kabbalistisch=theosophisch=goldmacherische Char= latanismus" des 18. Jahrhunderts eng verbunden war. Die „Lichtbrüder" (Illuminaten) Weishaupts, die erklärten Gegner der Jesuiten, nennt Jahn „Wissende einer Vehm" „Gleißner", „Schmeichler". (Sämtl. Werke II 2, 668.) Das Unwesen, was Wöllner und Bischofswerder durch Be= reitung künstlicher Stimulantien, sog. Diavolini, trieben, die „rosenkreuzerische Verdummung und Gaunerei", (Scherr S. 481) ist zu scheiden von der im 17. Jahrh. „mehr in Büchern als in Wirklichkeit spukenden Bruderschaft der Rosenkreuzer".[1]

In den Briefen der bekannten Lise=Lotte kommt folgende Stelle vor: „Es möchte aber wohl mitgehen, als wie man im Spielchen singt: „Von da kommen wir Gecken und Nonnen her, Herr Domino" zu Ende vom Spiel nämlich und: „Was nicht ist, kann werden wahr, **sede sede sancte, quid nostre domine!**"[2]

Gar manche in Kinderspielen gebrauchte, an. sich unverständliche Ausdrücke, mögen auf liturgische Formeln zurückgehen, freilich viele auch auf altheidnische Zauberworte. Bekannt ist das ganz willkürliche Geheimwort Abra- kadabra. Das von den Gnostikern gebrauchte Abraxas wird aus ägypt. abrak = heilig, sax (sadschi) = Wort, Name erklärt.[3]

---

[1] Wetzer=Welte K. L. IV 1978.
[2] Anthologie=Ausg. v. L. Geiger in der Kollektion Spemann. S. 123. Nr. 100.
[3] Wetzer=Welte K. L. I 120 f.

In ähnlicher Weise werden hebräische Ritualbezeich=
nungen verändert, so Schlom aus dem Friedensgruß scha-
lom, salem, Schawwes aus Sabbath, daher auch Schawwes=
deckel für Sabbath=, Sonntagshut, Schallatt (Schalent) für
Sabbathkost, Difftel von Thephilah für Kirche, Galch (=
Geschorener) für Pfaffe u. a. Die letzteren sind bereits
von Moscherosch in den „Gesichten" Philanders von Sitte=
wald erwähnt. Das kleine Verzeichnis der in der „Feld=
sprache" der Soldateska üblichen Ausdrücke enthält überhaupt
eine Menge der hebräischen Sprache entlehnte[1] Worte, die
zum Teil in dem Bettler=Rotwälsch wiederkehren, vielfach
noch jetzt im Munde des Volkes leben. Ich selbst habe
oft genug folgende gehört und als Knabe gebraucht: acheln
= essen, ganfen = stehlen, Schmus = unnützes Gerede,
Machulle, mauscheln, Schaute oder Schote. Mit letzterem
Worte ließ einer meiner Lehrer das bekannte σχολαστικός
τις wiedergeben. Andere Ausdrücke s. bei Güdemann, a. a. O.
S. 104. 178. Derselbe hält Chaulkreisch oder Kallusrausch für ein deutsches Wort.

Die in Frankfurt a. M. vielfach gebrauchte Redensart
„Haium (verstümmelt in Gajum, Kajum) Rindel, alles
ist Schwindel", rührt unzweifelhaft von einem jüdischen
Eigennamen her.

Die Bezeichnung für das jüdische Verlobungsmahl,
Spinols, wird durch Volksetymologie zu „Spinholz" (vielleicht
von spinele, Spindel). Der Ausdruck ist vielleicht auch
ital. Ursprungs.

Der Gebrauch — „leben" an den Namen eines Angeredeten
zu setzen, „Vaterleben, Josefleben u. a.", welcher „als echt jüdisch
verspottet wird, ist auf ein Mißverständnis zurückzuführen, das sich
ebensowohl die Juden, die ihm huldigen, wie diejenigen, die darüber
spotten, zu schulden kommen lassen. Das jüdisch=deutsche Schrifttum
des Mittelalters weiß gar nichts von der Anhängung des Wortes
„leben" .... Dagegen läßt der vermutliche Verfasser des aus dem
Anfange des 15 Jahrhunderts stammenden, im kölnischen Dialekt
geschriebenen gemütlichen Geschichtenbuches, „der Seelen Trost", das

---

[1] Andere stammen aus dem Lat., Ital., Franz.

Kind von seinem Vater anreden: Kint leve oder auch: Kint leif, während das Kind den Vater anspricht: Vader leve, welche An=sprache der hochdeutsche Druck v. 1478 mit dem Worten wiedergibt: Liebes Kind u. f. w." Also am Rheine war dieser Gebrauch bei Christen wie bei Juden heimisch. „Vom Rheine aus drang dann dieser Sprachgebrauch nach Osten, mit der Trennung desselben aber von seinem ursprünglichen Stammsitze verlor sich das Verständnis, und für Kind leve, Vader leve sagte man mißverständlich Kind-leben, Vaderleben u. f. w. statt des richtigen Kindlieb, Vaterlieb, Zusammensetzungen, welche sich noch in den Vornamen Lipmann (Liebmann), Mannlieb, Liebkind, Oberlieb, Liebetraut, Traut-lieb u. f. w. erhalten haben."[1] Der Name „Herz" ist gleich Hirsch, Löb, Löw, Leo ursprünglich Levy.

Auch die Riten der Juden selbst wurden, wie einst die Ceremonien der Christen und jetzt noch vielfach die Riten der katholischen Kirche, Gegenstand aller möglichen abergläubischen Vorstellungen, die bis heute noch nicht völlig geschwunden sind. Die Verleumbungen gegen die Christen waren von den Juden ausgegangen. Daß sie die Heiden glaubten, daran war die Arcandisziplin der Kirche schuld.[2] Denn das Nichtverstandene deutet sich die Menge nach ihrer Auffassung. Übrigens sind gerade jene irrigen Meinungen über das Trinken von Blut, das Schlachten eines in Brot eingehüllten Kindes u. a. dunkele Gerüchte ein Beweis für die Lehre von dem Abendmahl und die Feier der hl. Messe.

Das bekannteste Beispiel der Arcandisziplin ist d. griech. $IX\Theta Y\Sigma = \,'I\eta\sigma o\tilde{v}\varsigma\; X\rho\iota\sigma\tau\dot{o}\varsigma\; \Theta\epsilon o\tilde{v}\; Y\dot{\iota}\dot{o}\varsigma\; \Sigma\omega\tau\dot{\eta}\rho$. Für das Kreuz wurde gewöhnlich ein T gebraucht, oft mitten in ein Wort gesetzt. Die jetzt noch gebräuchlichen Buchstaben I H S sind der Anfang des Namens Jesu, denn H ist ein griech. Eta, werden aber gewöhnlich gedeutet Jesus hominum salvator. Über JNRJ bedarf es keiner Worte.

AGLA ist ein kabbalistischer Name Gottes aus den Anfangsbuchstaben der hebräischen Worte Atha Gibbor

[1] Güdemann a. a. O. S. 109. Zunz, Namen der Juden. S. 36 f.
[2] Über Arcandisziplin f. Wetzer=Welte K. L. I 1234 ff.

Leolam Adouaj = Du bist stark in Ewigkeit, Herr, ge=
bildet. Die Buchstaben finden sich auf Ringen, Glocken
u. a. Gegenständen.

Für gewöhnlich setzten die Juden die beiden Worte
Schem und Hammephorasch b. h. der vollständig aus=
gedrückte Name Gottes für „Jehovah“, was nur im Heiligtum
bei der Erteilung des Segens durch die Priester und am
Versöhnungstag vom Hohenpriester ausgesprochen werden
durfte. Luthers Schemhamphoras ist bekannt. In späteren
kabbalistischen Schriften ist Schemhamphoras Zauberformel.
Auch die Griechen hatten bereits solche rätselhafte Zauber=
worte, welche Ἐφέσια γράμματα hießen nach den magischen
Worten, die am Bilde der ephesischen Diana standen.

Hieher gehören auch die mnemotechnischen Worte wie
Kamnefez, Begatkefath, Bumaph u. s. w.

Der bekannte Wahlspruch des Kaisers Friedrich III.
AEIOU ist nach seinem Tode auf alle mögliche Weise
gedeutet worden: zunächst als „Alles ertreich ist Oestreich unterthan“. Leopold I. soll es erklärt haben: „Aller
ehren ist Ostreich voll“. Bekannt ist die lateinische
Lesung Austriae est imperare orbi universo. Ferner
deutete man: Aquila electa justo omnia vincit und
Austria erit in orbe ultima. Auf Denkmäler Friedrichs
setzte man:

En Amor Electis Injustis Ordinat Ultor:
Sic Fridericus ego rex mea jura rego,

was man übersetzt hat:

Lieb regiert die Erwählten, den Sündigen waltet ein Rächer,
Also verwalt auch ich, Friedrich, als König mein Recht.

Abraham a Santa Clara deutete die Vokale Austria
Electa Imperatorem Ottomanicum vincet.

Als Wahlspruch sächsischer Fürsten wurde gelesen:
Allein Evangelium ist ohne Verlust. Die Zusammen=
stellung der Vokale ist urkundlich älter als Friedrichs III.
Anwendung. Bei der Wahlfeier Albrechts II. war sie schon

als Inschrift angebracht und wohl richtig so gedeutet: Albertus
Electus Imperator Optamus Vivat; nachher bei der
Rückkehr Friedrichs III. von der Krönung aus Aachen
wurde es umgedeutet in Archidux Electus Imperator
optime vivat.[1])

In unglücklichen Zeiten las man lieber: „Aller Erst
Ist Österreich verdorben" und Friedrich Ludwig Jahn
deutete willkürlich: „Allerlei Erdreich Ist Österreichs
Unglück".[2]) An derselben Stelle weist bereits (1810) Jahn
daraufhin, daß Östreich seinen Schwerpunkt nach dem Osten
verlegen müßte, eine Forderung, welche Friedrich von Gentz
1820 abermals aussprach in den Worten: „Österreichs
Schwerpunkt liegt in Budapest", was als geflügeltes
Wort in der von Bismarck 1862 ausgesprochenen Form
noch jetzt umgeht: Oestreich muß „den Schwerpunkt nach
Osen verlegen", nicht, wie das Volk sagt: „nach Oben".

Solche Buchstabenrätsel hatten auch die Griechen.
Nach Pseudocallisthenes[3]) ließ Alexander d. Gr. bei der
Gründung von Alexandria die Inschrift anbringen $AB\Gamma\Delta E$,
also den Anfang des griechischen Alphabets, und das sollte
heißen $Ἀλέξανδρος\ Βασιλεὺς\ Γένος\ Διὸς\ Ἔκτισε$ ($πόλιν$
$ἀείμνηστον$) = König Alexander Sohn des Zeus gründete
eine ewige Stadt. Andere Rätsel derart teilt Konrad Ohlert
in seinem Buche „Rätsel und Gesellschaftsspiele der alten
Griechen" mit.[4])

Wenig bekannt ist, daß Voltaire weiter nichts
ist, als ein Anagramm des alten Arouet l(e) j(eune) =
AROVETLJ, was Carlyle entdeckte.[5]) Solche Anagramme
waren bei Schriftstellern sehr beliebt, ich erinnere nur an
Golau (Logau) und Sined (Denis).

---

[1]) Büchmann, Gefl. Worte 219. (11. Aufl. S. 477 f.)
[2]) Sämtl. Werke ed. Euler I 203.
[3]) I 32, bei C. Müller, Anhang zu Arrian, Didot 1846.
S. 34. [4]) Berlin, Mayer und Müller. 1886. S. 167.
[5]) Gesch. Fr. d. Gr. Buch 10. Kap. 21. B. Schmitz, Die
neuesten Fortschritte der französisch=englischen Philologie. I.[2] 1873.
S. 91.

Mannigfache Mißverständnisse passierten mit den Namen
für Feste der Kirche.

Der Name Pascha für das Osterfest (Urstände =
Auferstehung) ist die aramäische Form für das hebräische
Passach (Passah) = Vorübergang, Verschonung (Gedenkfest
der Verschonung der Erstgeburt in Ägypten 2 Mos. 12, 27).
Fälschlich brachte man es mit πάσχειν = leiden zusammen,
weil das Fest auf die Leidenswoche folgt.[1]) Der Eng=
länder übersetzt richtig Passover. Der deutsche Name
„Ostern" hat von der Ostära, der Frühlingsgöttin den
Namen.

Der Risus paschalis, das „Ostergelächter", ist nicht
— wie man glaubt[2]) — „durch possenhafte Predigten an
Ostern veranlaßt", sondern es ist symbolisch zu erklären.
Das in vielen Gegenden Deutschlands noch übliche Getöse
(Judasjagen) bei den „finsteren", „Rumpel=" oder „Pumper=
Metten", die von den Geistlichen am frühesten Morgen
gebetet wurden, an den vier letzten Tagen der Karwoche
bedeutet wohl Trauer und Schmerz. Ursprünglich gab man
mit den Klappern das Zeichen zum Weggehen. Die „Turba"
in den Kompositionen großer Meister soll das Geschrei der
Juden nachahmen.

Kar=woche und Kar=freitag (Parasceve Vorsabbath),
nicht Charwoche ꝛc., hängt weder mit carēre entbehren,
noch mit caro Fleisch (das wäre eine Ableitung wie lucus
a non lucendo), noch mit carus teuer, lieb zusammen,
sondern kommt von dem deutschen Wort Kar = Klage,
Trauer. Die Karwoche heißt auch „grüne", der Palm=
sonntag „grüner Sonntag".[3]) An dem „Gründonnerstag"

---

[1]) Schmöger, Grundriß der christl. Zeit= und Festrechnung.
Halle 1854. S. 64.

[2]) W. Menzel G. b. D. 3, 8.

[3]) Carneval wurde scherzweise von carne vale = „leb wohl
Fleisch" abgeleitet. Es soll von carnis levamen = Erleichterung
(Enthaltung) v. Fleisch herkommen. B. Schmitz a. a. O. II 64.
Körting, Lat.=rom. Wtb. erklärt es carrus navalis = Schiffswagen,
der bei festlichen Aufzügen gebraucht wurde.

kocht zwar die Hausfrau mit Vorliebe grünes Gemüse,
aber das hat dem Tag (Coena domini) nicht den Namen
gegeben. Man sucht das Wort einerseits mit griuen
(greinen, klagen) zusammenzustellen, anderseits hält man
an grün fest und mit Recht. An diesem Tage wurden
die öffentlichen Büßer losgesprochen und wieder zu dem
Abendmahl zugelassen, sie wurden wieder „rein", virides,
eigentlich = grün. Daher heißt der Tag dies viridium,
aber auch dies absolutionis = Antlaß= oder Ablaßtag,
„guter Donnerstag" und Weichpfinztag = Weih=fünfter=
tag. Das bairische Pfinztag = Donnerstag wird öfters
mit Pfingsttag verwechselt. Pfingsten aber ist gleich
πεντηχοστή (50ter Tag). Andere Namen für den
Gründonnerstag sind Mendeltag von Austeilen der Mandel=
brote, und weißer Donnerstag vom weißen Meßgewand
der Priester.

Das seit 1261 am Donnerstag nach Dreifaltigkeits=
sonntag von der ganzen Kirche gefeierte „Fronleichnamsfest"
(festum corporis Christi) hat die Bedeutung = Fest des
Leibes des Herrn, denn trô heißt Herr[1] (trowe Frau),
leichnam ist entstellt aus licham (lihamo, lihnamo) =
Leib. Warlleichnam scheint nur corrumpiert aus fro-,
wie auch vor- und worleichnam.

Was denkt sich der Leser wohl unter einem „Laternen=
tag"? Es ist der Tag Mariä Geburt 8. September
aber nicht = Lateran Mariae Messentag, wie es ge=
deutet wurde, sondern = „am lateren dage", was oft als
„Sonnabend" erklärt wird.[2] Es bedeutet aber nur am
„folgenden Tag" und bei den zwei „Frauentagen" im
Herbst d. h. den beiden Marienfesten 1) 15. August, Assumptio Mariae = der erste (erze), 2) 8. September =

---

[1] Fronsonntag = Dreifaltigkeitssonntag. Daher die „frohen
Sonntagskinder". Fronfasten = Fasten vor den Festtagen des
Herrn (Weihfasten).

[2] H. Grotefend, Handbuch d. histor. Chronologie. 1872.
S. 37, 100.

Nativitas Mariae den letzteren, auch oft so genannt (auch hindern, jungisten).

„Festtag" überhaupt hat seinen Namen vom lat. dies festus, ein Tag, an dem feierliche Opfer und öffentliche Spiele stattfinden durften. Die dies fasti aber waren gesetzliche Gerichtstage, nach unserer Auffassung also Werktage, die aber lat. profesti waren.[1]) An den nefasti durfte kein Gericht gehalten werden. Dazu gehörten die Fest= und Markttage. Der dies nefastus aber hieß feriatus. Die Kirche nannte den feriatus zugleich festus. Erst im 5. Jahrhundert unterschied sie wieder mehr durch die Einteilung der Festtage in festa Chori, die in der Kirche begangen und im Brevier beachtet werden, und in festa Fori, die auch vom Volk gefeiert werden. Feria heißt ursprünglich nur jeder Tag der Osterwoche; nachher erhält es den allgemeinen Begriff „Tag", feria prima etc. Jetzt sind die Ferien die Tage, an welchen die Schule den Unterricht, das Gericht seine Sitzungen ruhen läßt. Das Wort iustitium aber kommt von iuris stitium (sistere ius).

Was die deutschen Namen der Wochentage betrifft, so sind Sonntag und Montag klar. Der Dienstag ist nicht der Dienst=tag, auch nicht Deutschtag, wie Moscherosch in den „Gesichten" Philanders von Sittewald II 2 erklärt, sondern der Tag des Dies, Ziu, Tiu, englisch Tuesday, schwäbisch Zistig, der ursprüngliche Gerichtstag. Den Mittwoch nennen die Engländer noch nach Wodan Wednestay. Donar (altnord. Thôrr) und Fria (Frigg), die oft mit Freya = Venus (Vendredi = Veneris dies) verwechselte Gemahlin Wodans[2]) (Odhins), leihen dem Donnerstag und Freitag ihren Namen. Samstag (Saturday = Saturnstag) ist wie Samedi eine Bildung aus Sabbath, denn mhd. heißt er sambstag, sabeztag, ahd. sambaztag.[3])

---

[1]) Genaueres über die dies fasti, nefasti, religiosi und puri s. Lange R. A. I 306 ff.

[2]) Wuotansher ist bekanntlich zum „wütenden" Heer geworden. [3]) Grotefend a. a. O. 35 s.

„Blauer Montag" bedeutet bekanntlich so viel als Ruhetag. Man sagt kurz „Blauen machen". Der Ausdruck ist schon alt; aber eine befriedigende Erklärung ist noch nicht gegeben. Schaible[1]) stellt es mit „blaues Wunder" zusammen und erklärt es gleich „heiliger Montag". „Blaue Ostertag" soll entstanden sein aus „Blumostertag" (Palmsonntag). Danach wäre der „blaue Montag" der Tag nach Palmsonntag. Da in der That die Karwoche (schwarze Woche) früher als Ruhewoche betrachtet wurde, läßt sich die jetzige Bedeutung von „blaue Montag" wohl denken. Andere glauben, daß damit ursprünglich der Montag vor Aschermittwoch bezeichnet worden sei.[2])

Auch zu dem Bilderstreite, wie er im 8. Jahrhundert ausbrach, dem Ikonoklasmus oder der Ikonomachie, gab eigentlich die mißverstänbliche Auffassung eines Wortes Veranlassung. Man hatte das griechische προσκύνησις = veneratio, Verehrung, falsch gedeutet und mit adoratio Anbetung = λατρεία übersetzt. Daher wurden diese Begriffe auf dem 7. ökumenischen Konzil zu Nicäa deutlich unterschieden.

Im 15. Jahrhundert begannen Wiklisiten[3]) und Husiten, im 16. die „Sakramentierer" und die Calvinisten von neuem den Kampf gegen die „Götzen".[4]) Schwerlich ist richtig, was Andresen, Volksetym. S. 241 meint, daß aus jener Zeit der Zerstörung der Bilder der Name „Delgötze" = in Del gemalter Götze stamme. Er ist zweifellos älter. Wäre er erst damals von den Ikonoklasten gebraucht worden, so hätte ihn sicherlich nicht Luther selbst schon 1520 in der Schrift „An den christlichen Adel deutscher Nation" in ganz metaphorischem Sinne angewandt, zumal er Gegner der Bilderstürmer war. Er sagt

---

[1]) Deutsche Hieb= und Stich=Worte. S. 73.
[2]) A. Pilgram, Calendarium chronologicum. 1781. S. 160.
[3]) Sie hatten den Spottnamen Lollarden von lollen == schlecht singen, urspr. eine niederländ. Laienbruderschaft.
[4]) s. bes. Janssen Gesch. d. d. V. III.

in der erwähnten Schrift, die deutschen Bischöfe sollten in
Zukunft nicht mehr bloße „Ziffern und Oelgötzen" (Ol-
gotzen) des Papstes sein. Daher führt es wohl K. H.
Schaible[1]) mit Recht auf die heidnische Sitte zurück, die
gebackenen Gottheiten und Opfertiere mit Oel zu be-
streichen.[2]) Denn: „Er muß den Ölgötzen tragen" bedeutete im Volksmunde „er muß die schmutzigsten Dienste
thun". Hans Sachs aber gebraucht „Götze" sogar im
Sinne von „Klotz".

Es ist unmöglich, auf alle Irrtümer einzugehen, welche
sich die sogenannten Gebildeten in der Unterhaltung und
die Tagesschriftsteller in ihren Belehrungen über kirchliche
Dinge leisten. „Was Brauch ist in dem Gotteshaus",
das haben die ja „alles inne"! Aber es passiert nicht
nur dem die katholischen Gebräuche stets würdig behandelnden
Schiller, daß er die M o n s t r a n z, das Gehäuse für die
hl. Hostie, mit dem Speisekelch verwechselt,[3]) sondern selbst
Körting erklärt noch in dem eben erscheinenden lat.-rom.
Wörterbuch ciborium als „den Kelch zum Aufbewahren
der Monstranz". Daß Vater Gleim aus dem „Herr
Stock" Walthers von der Vogelweide, dem Opferstock, „mit
getrostem Mißverstand" einen „päpstlichen Legaten in Deutschland" machte, hat W. Wackernagel[4]) schon gerügt. Was
sich Dr. E. von Wurzbach unter „Levitenmesse" denkt,
mag man in seinen „Historischen Wörtern" S. 247 selbst
nachlesen. Warum die erste Messe am Weihnachtstage,
die Mitternachtsmesse, ebenso wie die sogenannte Rorate-
messe (vom Anfange des Introitus) in der Adventszeit,
und die hl. Messe an Donnerstagen den Namen E n g e l -
a m t trägt, lehrt kurz und gut Wetzer-Welte K. L. IV. 523.
Fälschlich deutet Joh. von Müller die Legende von der

---

¹) Deutsche Stich= und Hieb=Worte. S. 25. Auch W.
Wackernagel, Kl. Schr. III S. 60 ff.
²) Auch schon im Altertum s. Plin. n. h. 34. § 9.
³) Tell III 3. S. auch die kleinen Fehler im „Gang u. d.
Eisenhammer" u. sonst. ⁴) Kl. Schr. III S. 63.

Engelweihe des Klosters Einsiedeln dadurch, daß „das Figürliche mißverstanden worden".[1]

Die **Narrenfeste**[2] des Mittelalters, welche durch Mißbrauch von Weihnachten bis zum letzten Sonntag nach Epiphanie gefeiert wurden, waren unpassende Volksbelustigungen, welche die Kirche wiederholt, besonders 1191, strenge verbot. Diese „Dezemberfreiheit" (Calenda) war der Rest eines altheidnischen Festes, so gut wie die Sitte des Todaustreibens am „Totensonntag" (Laetare oder Judica) in Polen und Schlesien.[3] Eine ähnliche Sitte hat sich in dem kleinen nassauischen Orte Laufenselden in dem „Schnäck" erhalten. Auch hier wird ein Strohmann ins Wasser geworfen.

Viel Kopfzerbrechens hat der „Finster Stern" der hl. drei Könige[4] verursacht. Man hat vermutet, daß darin finis terrae steckt, weil der Volksmund auch das gleichnamige Vorgebirg in Galicien „Finsternstern" nannte. In dem interessanten Lied der St. Jacobspilger heißt der Stern nur „Finster". Ich halte den Namen für eine volksetymologische Verdeutschung von „Venusstern".

Haben wir oben (S. 105) auf die Schuld der von den **Goliarden** (= ital. gagliardo frech) gepflegten anstößigen Mischdichtung hingewiesen, so rühren andere Mißverständnisse her von der Unsitte der Tonsetzer des 15. und 16. Jahrhunderts, zu Themen ihrer Messen die Melodien zum Teil schlüpfriger Volksgesänge, Romanzen, Madrigalen u. ä. zu nehmen. Daher stammen die unkirchlichen Titel geistlicher Kompositionen wie L'Amico o Madama; o Venere bella; des rouges nes; adieu mes amours u. a.[5] Mit vollem Recht tadelt es der Protestant Cyriacus

---

[1] G. schweiz. Eidgen. Leip. 1786. I Anm. 303.
[2] Dürr, Commentatio hist. de Episc. puerorum. Mainz 1755.
[3] Pilgrams Calendarium S. 185. Vgl. auch Haltaus.
[4] Liliencron, Deutsches Leben im Volkslied. Nr. 26. S. 83.
[5] Kandler, Palestrina. Leipzig 1834. S. 29 f.

Spangenberg,[1] daß Barthel Regenbogen den Brauch ein=
geführt hat, fremde Worte wie Abonai, Eli, Tetragram=
maton, Atheos, Sabot, verbum caro factum est, Spiritus,
Bos, Leo, Oriens u. f. w. „ohn allen Verstandt" in die
Lieder einzufügen. Endlich haben die Urheber der musi=
kalischen Quodlibets des vorigen Jahrhunderts manchen
Unsinn auf dem Gewissen.[2]

Schließen wir dies Kapitel mit den „Schlüsseln
des hl. Petrus". In diese goldenen Schlüssel, welche
Gregor III. an Karl Martell 739 schickte, waren einige
Feilspäne von den Ketten des hl. Petrus eingeschmolzen.[3]

---

[1] Von der Musica. (Bibl. d. litt. Ver. v. Stuttg. 1861.
S. 132.)
[2] Ben. Widmann, Schweiz. Musikztg. XXIX. Nr. 23.
[3] A. Thijm, Karl d. Gr. S. 49.

6. Deutsche.

Wie die Römer und nach ihnen auch neuere Forscher den keltischen Namen Germanen (wahrscheinlich = Nach= baren)[1] als „Brüder" oder „echte, unverfälschte" Kelten, andere ganz falsch auch als Germänner, ja als „Ir=manen" erklärten, so faßten die teutonisierenden Gelehrten des vorigen Jahrhunderts die „Deutschen" als Söhne des Phantasie= gottes „Teut" oder „Dheot" (deus Gott) zusammen, schrieben mit Vorliebe „Teutsche" und brachten nicht bloß den Namen der Teutonen, sondern sogar der griechischen Titanen damit in Verbindung. Der wahre Name des Teut ist Tuisto (Tac. Germ. 2). „Deutsch", zuerst im 9. Jahrhundert vorkommend, ist Adjektiv von diot = Volk, diutisk, diu= tisch, und bedeutet soviel als vulgaris, zum Volke gehörig, volkstümlich, im Gegensatze zur Sprache der Gelehrten resp. der Kirche, dem Lateinischen. Teutoni sind die Deutschen zuerst in Italien genannt im 10. Jahrh. Im 11. Jahrh. bürgerte sich die Bezeichnung in Deutschland ein.[2]

Während die Franzosen und die Skandinavier, die Finnen uns nach dem nächsten Stamme, jene Allemands (Alemannen nicht = alle Mannen),[3] sondern Fremde, (wie Alisaz Fremdland, Alilanti, Elend, Fremde) oder Alahmannen (Männer des Heiligtums), diese Sachsen

---

[1] F. Dahn, Deutsche Gesch. I 1, 48.
[2] Giesebrecht G. d. d. K. I 2, 859. Dümmler, Gesch. d. ostfränk. Reiches. I 206. Note 3.
[3] Jahn bezeichnet damit die „deutschwidrigen Allmannsleute" nach dem niederd. „Allmensch", ein liederliches Frauenzimmer und ein Hund, der jedem nachläuft. „Alemania" hieß auch das Ge= folge der Lola Montez.

nennen, find wir den Slaven niemiez = Stumme, den Völkern des Orients feit dem Mittelalter „Franken". Hatte Tacitus unſchuldigerweiſe den Söhnen des Teut das Leben gegeben, ſo verleitete er durch den Ausdruck barditus (bardhi Schild, alſo wohl = Schildgeſang), womit unſere barbariſchen Ahnen den Vortrag der alten Heldenlieder bezeichneten, Klopſtock zur Erfindung von ganz undeutſchen Barden und Skalden, zu denen der Erfinder ſelbſt, Rhingulf und Sined, der Jeſuit Michael Denis, allein ge= hörten: Tres faciunt collegium. Die Deutſchen kannten weder je eine Sängerkaſte, noch den keltiſchen Namen Barden oder die nordiſchen Skalden. Rhingulfs d. h. des Dichters Karl Friedrich Kretſchmann „Bardengebrüll" er= ſcholl aber ſo greulich, daß ſelbſt die Zeitgenoſſen ſich die Ohren verſtopften. Man ging ſoweit, daß man ſelbſt auf Entdeckung alter Bardenlieder einen Preis ausſetzte.

Klopſtock und ſeine Jünger, wenn auch von der edelſten Liebe zum Vaterland begeiſtert, haben mit dieſer Phantaſterei der Geſchichte keinen Dienſt geleiſtet. Ihre urgermaniſche Mythologie iſt eben nicht deutſch.

Die deutſchen Götter haben wir, ſoweit ſie hieher gehören, bereits bei den Wochentagen berührt. Laſſen wir alſo hier die „ollen Götzen". Nur eins iſt noch kurz zu behandeln: Walplatz, Walſtatt enthält den Begriff „Platz" ſchon im erſten Teil des Kompoſitums, denn wal iſt gleich Kampfplatz, auch Niederlage. Dazu gehören die Wörter Walhalla, Walkyrien. Das h, welches häufig hinein= orthographiert iſt, hat keine Berechtigung. Die Walſtatt bei Liegnitz in Schleſien, auf welcher 1241 Herzog Heinrich II. von Niederſchleſien im Kampf wider die Mongolen den Heldentod ſtarb und 1813 der Marſchall Vorwärts ſich ſeinen Fürſtennamen erſiegte, iſt zugleich der Name eines ehemaligen Benediktinerkloſters.

Der Name „Teutoburger Wald" iſt wie der „Taunus" erſt von den Tacituskundigen Gelehrten den betreffenden Gebirgen beigelegt.

Das Bandelsche „Hermannsdenkmal" aber sollte „Ar= minsdenkmal" heißen und an anderer Stelle stehen; denn die „Varusschlacht" ist nicht in jener Gegend geschlagen. [1] Wenn übrigens Th. Mommsen in seinem Aufsatze „Die Örtlichkeit der Varusschlacht" [2] bemerkt, „die Benennung eines Ackers „die Goldstücke" in der unmittelbaren Nähe vom Barenauer Moor ist etwas mehr wert, als die beliebten patriotischen Etymologieen derjenigen Ortschaften, die den zweifelhaften Vorzug haben, auf Varus oder Teutoburg oder auf Kriegswörter anzuklingen", so ist es doch sehr zu be= zweifeln, daß ein Flurname von Goldstücken den Namen erhalten haben sollte. Der Ausdruck „Stück" ist sehr ge= bräuchlich bei Flurnamen, „Goldstück" mag Verstümmlung aus „Kaltstück" oder einem ähnlichen, öfters vorkommenden Distriktsnamen sein.

„Arminius" ist schwerlich latinisiert aus ermin == groß, allgemein, hängt also auch nicht mit Irminsul == Allsäule nach der Erklärung Rudolfs von Fulda zusammen, sondern ist römischer Gentilnamen oder Beinamen, der mit „Hermann" nicht übertragen werden kann. Vielleicht hieß der Befreier Deutschlands „Siegfried". [3]

Sein und der Thusnelda unglücklicher Sohn hieß eher wohl Thusnelicus als Thumelicus.

Vielen Blödsinn haben sich die Namen der deutschen Volksstämme gefallen lassen müssen, so schon die Lango= barden in der bei Paulus Diaconus erzählten Sage. Sie heißen wohl „Langschilder" oder „mit der langen Barte" == Streitart, nicht „Langbärte". Ob die Namen „Barden= gau", „Bardowyk" damit zusammenhängen, ist fraglich.

Die Usipeter haben mit Usingen nichts zu thun, wohl kaum etwas mit Wiesbaden. [4] Die Inschrift, auf welcher

---

[1] Knocke, Die Kriegszüge des Germanikus in Deutschland. Berlin 1887.
[2] Sitzgsber. d. Kgl. pr. Ak. d. W. 1885. V. S. 86.
[3] Über Herminonen, Irminfrid 2c. f. Dahn, Walhall. S. 128 Anm. [4] Otto, Gesch. der Stadt Wiesbaden. 1877. S. 75.

cives Wsinobantes vorkommen sollten, hat zwar noch im
J. 1880 eine Monographie des Kgl. Archivrats von Medem
zu Tage gefördert, sie ist aber bereits vor vierzig Jahren
als eine grobe Fälschung des Malers Prof. N. Müller in
Mainz nachgewiesen worden. Genaueres f. darüber in meiner
Notiz „Wisibada" (Fleckeisen-Masius, N. Jahrb. f. Phil.
u. Päd. 1883. 7. H.). Vollständig unberechtigt ist auch
die Vermutung, daß der Name der Mattiaken mit dem
hessischen Maden (Matte) verwandt sei. Wahrscheinlich
ist der Name Mattiacum für Wiesbaden keltisch, ebenso
wie Mogontiacum u. a. Von vielen wunderbaren Ety=
mologieen mögen nur folgende erwähnt werden: Mattiaker
= Mutigen, Ubier = Obigen, Chatten = Guten, Usi=
peter = Wiesenspether (Spad),[1]) Schwaben = Sauländer,
von Suevia = Sauland. Die Sugamber, später in den
Franken aufgegangen, haben trotz ihrer Wohnsitze an der
Sieg weder den Namen von diesem Flusse noch von Sieg
(victoria)[2]); gambar bedeutet tapfer.

Die Angeln (Angli von ongol, angulus Landstreifen)
waren und sind keine Engel trotz des hübschen Wortspieles
des Papstes Gregor d. Gr.[3]), sowenig wie die Kelten =
Helden.[4]) Die armen Chatten haben durch Verquickung
ihres Namens mit Katzen den „blinden Hessen" das Dasein
gegeben.

Goten (nicht Gothen) und Geten sind nicht mit ein=
ander verwandt,[5]) ebensowenig die Kimmerier und Kimbern,
die Dänen und Dacier u. f. w.

Mit dem Ausdruck „gotisch" wollten die Italiener
die deutsche Baukunst als barbarische bezeichnen. Die Eng=

---

[1]) f. Otto, a. a O. S. 6.
[2]) Zeuß, Die Deutschen und die Nachbarstämme. München
1837. 83. 85.
[3]) Wackernagel, Ztschr. f. d. Alt. 9, 563.
[4]) Niemeyer, Deutscher Plut. 1, 3.
[5]) Mommsen R.G. V, 217 Anm. Auch „die angeblich erste
Erwähnung der Goten in der Biographie Caracallas c. 10 beruht
auf Mißverständnis".

länder nennen Gothism die blinde Zerstörungswut, die wir
dank der Erfindung des revolutionären Abbés Grégoire
mit Unrecht als „Vandalismus" auffassen. In den Kämpfen
der römischen Adelsgeschlechter und bei den späteren Ein=
nahmen Roms ist mehr vernichtet worden als unter Alarich
und Geiserich.

Die gotische Bibelübersetzung des Bischofs Ulfila (Wul=
fila = Wölfchen † 388) ist bekanntlich zum größten Teil
erhalten in dem sogenannten codex argenteus = silberne
Handschrift. Dieselbe, aus dem 5. Jahrh. stammend, von
Gerhard Mercator im Kloster Werden entdeckt, ist nicht —
wie W. Wackernagel[1]) angibt, und viele meinen — so
genannt von dem silbernen Einband[2]), sondern von den
auf das Purpurpergament geschriebenen Silberbuchstaben.
Die Anfangszeilen der Abschnitte sind in Goldschrift aus=
geführt. Über die merkwürdige Geschichte der jetzt im Upsala
befindlichen Handschrift s. Stamms Ausgabe des Ulfilas
und die Litteraturgeschichten.

An die einstige Herrschaft der Römer erinnern außer
zahllosen einzelnen Denkmalen besonders der „Eigelstein"
in Mainz und der „Pfahlgraben".

Der Eigelstein, das Monument des Drusus, ist der
älteste römische Monumentalbau in Deutschland, aber wahr=
scheinlich erst vom Kaiser Claudius errichtet. Er ist identisch
mit dem Drususturm, Trûsilêh = Grabmal des Drusus.
Während man durch Mißverständnis aus Eigelstein „Eichel=
stein" machte und mit glandissaxum übersetzte, wurde
allmählich aus dem im 9. Jahrh. urkundlich beglaubigten
Trûsilêh, was später nicht mehr verstanden wurde, Druse=
loch, Drusilacus u. s. w. und veranlaßte nun eine Menge
falscher Ableitungen. „Eigelsteine" gibt es auch ander=
wärts in den Rheinlanden, z. B. in Köln (vgl. Igelsäule
in Trier). Es sind römische Denkmäler, welche das Volk

---

1) Litt. I 20.
2) v. schwed. Reichskanzler, Grafen de la Gardie.

schließlich einem sagenhaften heidnischen König Eigil zu=
schrieb. Mit aigle hängt Eigel nicht zusammen. [1])

Den limes transrhenanus, jene Grenzbefestigung der
Römer, welche gewöhnlich als „Pfahlgraben, Hochstraße,
Pohl", bezeichnet wird, führte das Volk auf den Teufel
zurück und nannte ihn darum „Teufelsmauer, Teufels=
graben". [2])

Ganz irrig leitet Orosius von den daran liegenden
Kastellen (Burgen) den Namen der Burgunder ab.

Ein uralter Grenzrain, der über den Thüringer Wald
läuft, trennt die Franken von den Thüringern. Es ist
der sogenannte „Rennstieg", von welchem V. Scheffel sagt:

„Der Rennstieg ist's, die alte Landesscheide,
Die von der Werra bis zur Saale rennt,
Und Recht und Sitte, Wildbann und Gejaide
Der Thüringer von dem der Franken trennt.
Du sprichst mit Fug, steigst du auf jenem Raine:
Hie rechts, hie links! hie Deutschlands Süd, dort Nord!
Wenn hie der Schnee schmilzt, strömt sein Guß zum
                                              Maine,
Was dort zum Thal träuft, rinnt zur Elbe fort;
Doch auch das Leben weiß den Pfad zu finden,
Was Menschen trennt, das muß sie auch verbinden."

„Rennstieg" ist soviel wie „Grenzweg" (Rain). In
demselben Sinne gebraucht Schiller das Wort „Steg":

„Da sperren auf gedrangem Steg
Zwei Mörder plötzlich seinen Weg". [3])

Auf einem Mißverständnis beruht der noch nicht aus=
gerottete Ausdruck „375 Anfang der Völkerwanderung".

---

[1]) S. Velle, Beitr. zur Rheinhess. Gesch. und Altertumskde.
1883. S. 364 ff. O. Keller, Vicus Aurelii oder Oehringen zur
Zeit der Römer. Bonn. 1871.
[2]) v. Cohausen, Der röm. Grenzwall in Deutschland. Über
den Doppelbegriff limes s. Mommsen RG. V 112.
[3]) Kraniche des Ibykus.

Der durch das Drängen der Hunnen erfolgende Übergang der Westgoten über die Donau ist nur die letzte Phase jener schon Jahrhunderte lang andauernden Bewegung.[1]

Aber gerade jene Zeit der Wanderung mit ihren Kämpfen ist die fruchtbarste Periode der Sagenbildung.

So dankbar die Thätigkeit, aus der Sage den historischen Kern zu schälen, auch ist, hier ist unsere Aufgabe nur, das Mißverstandene zu berichtigen, das Mißverständliche klar zu legen.

Kein Held der Sage aber hat mehr zu Mißverständnissen Veranlassung gegeben als „Dietrich von Bern", der historische Theodorich der Große, der mit dem „Kaiser Otacher" um sein Reich kämpfen muß. Er heißt „von Bern" von dem Kampfe um „Verona" 489; die „Rabenschlacht" ist die Schlacht um „Ravenna" 493. Vielleicht beruht der dem Helden zugeschriebene Feueratem auf einer falschen Ableitung des Namens von Bern; bernen ist gleich brennen, Bernstein = Schmelzstein.

Der Name „Wildeber" ist nach Grimm[2] durch Mißverstand aus dem ahd. wild pero = Wildbär entsprungen.

Der Atli der Wölsungen ist ursprünglich „so wenig identisch" mit dem Attila der Geschichte, wie die Hunnen mit den „Hunen".[3]

Das rheinische „Verona" oder „Bern" ist übrigens „Bonn".[4] So heißt es in Hagens Reimchronik (1277—87) V. 61: „bi Bunna, dat heis man do Berne". So wird Bormio zu „Worms" im „Wormser Loch".

Die „Nibelungen" wurden durch Lachmann als „Nebelkinder" mit Niflheimr und Niflhel zu dem nordischen Toten-

---

[1] G. Kaufmann DG. I 253 ff. Ganfen, Schilderungen aus der Geschichte u. Kulturgesch. 2. Aufl. Düsseldorf, Schwann. S. 28.

[2] Mythologie S. 736, 745.

[3] Dahn, Walhall. S. 433.

[4] Simrock, Bonna Verona. 1868. Pohl, Verona und Caesoriacum. Münstereifel. 1886 u. 1887, Gymnasialprogr.

reich[1]) in Beziehung gesetzt. Aber Nibelung ist ein fränkischer Name, der sogar im Geschlechte Karls d. Gr. vorkommt.[2]) Noch zum Jahre 1303 wird in den Colmarer Jahrbüchern ein frater Nibelungus genannt.[3])

Abgesehen von sonst häufig vorkommenden Mißverständnissen hat E. H. Meyer die Worte des Nibelungenliedes 922, 2 „er schôz in durch daz kriuze" ganz falsch verstanden. Hagen stieß Siegfried den Speer nicht durch „die unterste Stelle des Rückgrates", sondern „das kreuzartige Zeichen, welches Kriemhild dem Helden mit Seide auf sein Gewand genäht hat".[4]) Siegfried war ja nur an einer Stelle zwischen den Schultern verwundbar.

Der „gehörnte" Siegfried hatte keine Hörner, sondern eine Hornhaut, er war „hürnin, hörnern". Die Redensart „Hörner tragen" von einem durch seine Frau getäuschten Ehemann, vom Hahnrei, behandelt schon Moscherosch in Philanders Gesichten II 3. Auch im Altertum bezeichnete man den hintergegangenen Ehemann als Hörnerträger.[5]) „Hornung", der Name für Februar, bedeutet „unehelicher Sohn", muß also hier symbolisch gebraucht sein. Der Januar heißt oft der „große Horn", schwerlich von der hornharten Kälte, wie Weinhold[6]) meint.

Gelehrtenscharfsinn machte aus Hagen von Tronje (Troneck) einen Hagen von Troja, läßt „Santen" die „bürge niden bi dem Rine"[7]) von dem troischen Xanthos

---

[1]) Kritik der Sage von den Nibelungen. S. 339 ff.

[2]) Haupts Zeitschr. XII. 189. Fischer, Die Forschungen über das Nibelungenlied. Leipz. 1874. S. 97. 114.

[3]) Böhmer, fontes rer. Germ. II 41.

[4]) W. Müller, Zur Mythologie der griech. u. deutschen Heldensage. Heilbronn. 1889. S. 89. Anm. 1.

[5]) Salmas. ad Tertull. de pall. p. 301. sq. Huschke anal. crit. p. 168 sq. Grimms Wtb. s. v.

[6]) Die deutschen Monatsnamen. S. 45 f.

[7]) Nibelungenlied Str. 20. E. Koch, Die Nibelungensage, 2. Aufl. nimmt Hagen als einen „Hagestalt (Hagestolz)", einen im Grenzwald angesiedelten Lehensmann.

ihren Namen haben. Dies wird von dem mythischen Franko gegründet, der von Troja kam mit den „vorderin" Cäsars. Xanten ist nach der Sage der Ursitz der Franken, wie es im Annolied V. 387 heißt:

> Franko gesaz mit den sini
> Vili verre nidir bi Rini,
> Da worhtiu si dü mit vrowedin
> Eine lüzzele Troie,
> Den bach hizin si Sante
> Na demi wazzere in iri lante,
> Den Rin havitin si vure diz meri,
> Dannin wuhsin sint Vreinkischi heri,
> Di wurden Ceseri al unterdan,
> Si waren imi idoch sorchsam.

Die „Franken" sind die Freien und haben nicht, wie die Sachsen vom sahs, den Namen von der francisca (nicht Franziska), der fränkischen Doppelaxt. Über die Herkunft des bereits von Ammian[1]) als gewöhnlich bezeichneten Namens „Salier" ist man noch nicht einig. Folgende Ableitungen sind aufgestellt: 1. von dem Rheinarm Yssala, Sala, 2. vom Salland (Gau Salon) an der Yssel, 3. von Sala, Sal = Herrenhof, 4. von Sal = Meer. Wenn R. Schröder[2]) sagt, die Salier seien bestimmt gewesen, das Salz des deutschen Volks zu werden, so ist das mehr witzig, als wahr. Am meisten Wahrscheinlichkeit hat die erste Hypothese.

Das sog. salische Gesetz[3]) (es ist nur eine Bestimmung desselben) bezieht sich ursprünglich nur auf das Allob,[4]) nicht auf Lehen und Thronfolge. „Salbuch"

---

[1]) XVII, 8, 3.
[2]) Die Franken und ihr Recht. S. 25.
[3]) Waitz, d. Recht der salischen Franken. 1846.
[4]) Al-ôd, nicht a Lod = ein Los, wie man es ebenso verkehrt erklärte, als den Namen Idistaviso = Jt is a Wies (es ist eine Wiese). Böttiger, G. b. deutsch. Volkes I 111. Niemeyers Deutscher Plutarch. 1822. I 127.

bezeichnet das Verzeichnis der Grundstücke von sal = rechts=
kräftige Übergabe von Grund und Boden.

Als „Franken" trägt auch die mit Konrad II. den
deutschen Thron besteigende Dynastie den Beinamen „Salier".

Mit dem römischen Priesterkollegium der „Spring=
brüder", Salier, hat das deutsche Wort nichts zu thun.
Auch der Markgraf Ludwig von Thüringen ist ein „Salier",
aber kein „Springer". Der Name kommt erst 400 Jahre
nach seinem Tode auf, und die Geschichte vom Sprunge
aus dem Giebichenstein ist zur Erklärung des Beinamens
erfunden. Der homo salicus wird zum saliens, dann
gar zum saltator.[1])

Diese Luftsprünge gehören zu den Wanderanekdoten.
Wer kennt nicht „Harras, den kühnen Springer" und die
Geschichte des „letzten" Mameluken, der sich durch einen
„unmöglichen" Sprung gerettet haben soll.

Die Ripuarier sind die Uferfranken, nicht Bewohner
des Rif=landes,[2]) etwa wie die Rif=piraten von den Rifs
(nicht Riffs!) im Atlas.

Merowech ist der Heros eponymos des Geschlechtes der
Merovinger und zugleich vielleicht Stammesgott. Der Name
wird bald von Merwe, maurungania, bald von mar =
Ruhm abgeleitet, mit den Nerviern in Verwandtschaft ge=
bracht, auch als Meer=Dämon gedeutet.

Mit Childerich, dem Vater Chlodwigs, passierte Napoleon I.
ein ärgerliches Mißverständnis. In dessen Grab, welches
1653 aufgefunden worden war, hatte sich ein Purpurmantel
mit eingewirkten goldenen Bienen befunden. Napoleon nahm
diese als Zeichen der Herrschergewalt an, um „so als un=
mittelbarer Nachfolger des ältesten Frankenkönigs aufzu=
treten".[3]) Als Scepter benutzte derselbe „Kaiser" einen

---

[1]) Reinhard, Commentatio, in qua fabula de Ludovici II.
Thuringiae Comitis ex arce Gibichensteinensi saltu indeque
tributo ipsi cognomine Salii vulgo des Springers refellitur.

[2]) Schmidt, Gesch. v. Frankreich. I 29.

[3]) F. Dahn, D. G. I 2, 53.

Taktstock aus dem vorigen Jahrhundert, der als Scepter von Sanctus (!) Carolus magnus galt.[1]

Karl ist auf Veranlassung seines Nacheiferers Friedrich Barbarossa durch den Gegenpapst Paschalis 1165 heilig gesprochen worden. Die Kirche hat die Kanonisation toleriert. Der große Kaiser wurde in einem Sarge, denn das ist solium, beigesetzt.[2] Das Wort solium heißt freilich auch Thron. So erklärt sich die Sage, daß Otto III. ihn bei seinem Besuche auf einem solchen sitzend gefunden habe. Das Kaulbachsche Bild im germanischen Museum in Nürnberg ist demnach nur eine Darstellung einer durch ein Miß=verständnis gebildeten Sage.

„Im Übereifer haben wohl Franzosen Karl den Großen den „Deutschen" absprechen, den „Franzosen" zusprechen wollen. Es ist lächerlich. Es gab damals weder Franzosen noch Deutsche, es gab nur romanisierte und nicht romanisierte Franken. Karl und sein Geschlecht, soweit wir irgend von seinen Vorfahren wissen, zählte ganz und gar zu den nicht romanisierten Uferfranken. Seine Muttersprache war nicht Bulgärlatein. „Französisch" gab es damals noch nicht, auch nicht „Altfranzösisch", sondern „uferfränkisch",[3] also **deutsch.**"

Warum nennen die Franzosen ihren großen Karl denn nicht „Charles le Grand"? Ihr Charlemagne soll nicht das französierte Carolus magnus, sondern aus Charlemaine = Karlmann[4] entstanden sein. So hieß der Bruder Karls. Aus „Karl" machten die Slaven einen Titel, wie die Deutschen aus Cäsar „Kaiser", aslv. Kralji, russ. Koroli, lit. Karálius = König.

Charlemagne capétien ist Philipp August von Frank=reich genannt worden.[5]

Karls des Großen Vorfahren haben in den Lehrbüchern der Weltgeschichte unberechtigte Beinamen. Pippin von „Landen" muß der „Ältere", Pippin von „Heristal" der

---

[1] Hertslet, Treppenwitz S. 268.
[2] Giesebrecht V, 2. S. 480.
[3] Dahn a. a. O. I 2, S. 305.
[4] Andresen, Volksetym. S. 47.
[5] Capefigue, Hist. de Phil. — Aug. 1829.

„Mittlere" heißen.[1]) Erſt Karl d. Gr. läßt ſein Heer in
„Herſtelle" in Sachſen lagern 797. Pippin „der Kurze" erhielt dieſes Prädikat durch Verwechslung mit dem Mittleren.[2])
Sein Vater Karl empfing den Beinamen „der Hammer"
von den Auſtraſiern. Denn die Romanen haben denſelben
bald mit „martellus", bald mit „tundites" von tundo
ſtoßen übertragen. Er heißt ſo ni ch t als Beſieger der
Araber, ſondern als „Zerſchmetterer" der „vielen kleinen
Gewaltherren (tyranni), welche in der meiſterloſen Zeit der
letzten Jahre in Gallien ſo vielfach aufgewuchert waren." [3])
Die Biogr. univ. Paris 1813. t. 8. p. 92 faßt Martel
= Martin. Auch der Schwiegerſohn Rudolfs von Habsburg, Karl von Anjou-Neapel, hatte den Beinamen „Martell". Und die Familie des Mattathias († 166 v. Chr.)
hat ihren Beinamen Makkabäer vom hebr. Makkab =
Hammer.

Wenn Pippin der Kurze als Patricius von Rom ge-
ſalbt wurde, ſo wurde er damit „voget" von Rom, Schirm-
vogt der Kirche. Der ſonderbare Titel, welchen Konſtantin
d. Gr. geſchaffen hatte, war auch ſchon Odoaker und dem
Burgunder Gundobad von den byzantiniſchen Kaiſern verliehen, welche damit dieſe zu Stellvertretern in der pro-
vincia Italia ernannten. Mit dem altrömiſchen Patrizier
hat der Titel nur den Namen gemein. Siehe oben S. 57.

Der tapfere „Roland" der karolingiſchen Heldenſage,
der Paladin,[4]) welcher im Thale von Roncesvalles fällt,
iſt in der Geſchichte thatenlos.

Die in niederdeutſchen Städten vorhandenen „Rolands-
ſäulen" verdanken nicht ihm ihren vielbeſprochenen Namen.
Während man es als „Ruhewart" zu erklären verſuchte,

---

1) Dahn a. a. O. I 2, 169 und 209.
2) Hahn, Jahrbb. d. fränk. Reichs v. 741—752. Berlin 1863.
3) Dahn, a. a. O. S. 231.
4) Der Titel Paladin (palatinus) iſt auch übertragen worden
auf den ehem. Statthalter in Ungarn und die Großen Kaiſer
Wilhelms I.

deutete es Zöpfl[1]) als „Rolands=Säule", d. h. eine auf
dem roten Land, auf der Blutgerichtsstätte errichtete
Säule, also eine Gerichtsäule, „eine als Wahrzeichen des
Gerichtes errichtete Bildsäule", welche später auch „Wahr=
zeichen des Weichbildrechtes" ward.[2]) Bekanntlich heißt
speziell Westfalen das Land der „roten Erde". Dieser
Ausdruck soll nach Lindner[3]) „nicht früher als 1490" vor=
kommen, aber erst in den Mund des Volkes übergegangen
sein durch die im J. 1546 abgefaßte Westfälische Gerichts=
ordnung, wo der Schluß von § 24 der Ruprechtschen
Fragen also lautet: „Wann alle Schöpfen sollen gemacht
werden auf der roten Erde, das ist zu Westfalen". Lindner
faßt den Ausdruck mit anderen als hergenommen von der
Farbe des Erdbodens, während Essellen u. a. „rot" durch
„rauh" erklären, so daß „rote Erde" gleichbedeutend wäre
mit „unter freiem Himmel". Zöpfl[4]) nimmt auch Rugref
= Rotgraf, d. h. denjenigen, welcher den Blutbann hat.
Andere deuteten dieses Wort als „Graf in rauher Gegend"
(Comes rochensis, auch falsch hirsutus, pilosus). Selbst
die „roten" Kaiser Otto I. und II. sind durch diese Be=
nennung in den Ruf von „Blutvergießern" gekommen.[5])
Der Beiname kommt indes nur Otto II. zu von seiner
rötlichen Gesichtsfarbe, die auch seinem Vetter Konrad eigen
war. Alle Geschichtchen, die sich an das Wort „Sangui=
narius" knüpfen, sind ätiologische Mythen. In einer hübschen
Abhandlung hat Fr. Böhmer[6]) den Nachweis versucht, daß
die rote Farbe in der That Symbol der Gerichtsbarkeit

---

[1]) Die Rulands=Säule. Leipz. u. Heidelberg 1861. S. 120.
[2]) Janssen, Böhmer III, S. 434, „Bannerhalter". Auch
der Gerechtigkeitsbrunnen in Frankf. a. M. soll einst ein solcher
gewesen sein.
[3]) Die Veme. Paderborn. Schöningh. 1888. S. 465.
[4]) a. a. O. S. 118.
[5]) Zöpfl, a. a. O. S. 104.
[6]) Die rote Thüre zu Frankfurt a. M. Archiv f. Frankf.
Gesch. und Kunst. I. H. 3. S. 117. 1844 und J. Janssen,
Böhmer. III. S. 432 ff.

sei, und führt aus einer Urkunde der Grafen von Dietz vom J. 1348 den Ausdruck „rote Erde" als gleichbedeutend mit Stadtgemarkung oder Stadtbann an. Das später als „Lügenfeld" bezeichnete „R o t f e l t h id est r u b e u s campus", auf welchem Ludwig der Fromme mit seinen Söhnen und dem Papste zusammentraf, kann nicht wohl zum Beweise benutzt werden, da die Worte „als frühere Bezeichnung des Ortes bisher aller handschriftlichen Be= gründung" entbehren und „also bis auf weiteres aus unseren geschichtlichen Darstellungen verschwinden müssen".¹)

Die sogenannten „Ruländer" sind eine Traubensorte, welche nach der Volkssage ihren Namen von einem Speierer Weingutsbesitzer erhalten haben sollen. Sie ähneln den Burgunder Trauben und stammen wohl aus dem Welsch= land, dessen Bewohner als „Rotwelsche" in übeln Ruf gekommen sind. So mag hier „Rotland" das welsche Land sein.²) „Rot, Rotar" aber bedeutet in der Gaunersprache „Bettler". Es ist ein echtes „Geschichtsel", was dem Feinde alles Geschichtsels passiert, das Wort rotwelsch „vom kaiserl. Kammergericht zu Rottweil" abzuleiten, „weil das= selbe ein solches Mangdeutsch geschrieben, was seinen Ge= richtseingesessenen kaum zu verstehen gewesen".³)

Weil Karl d. Gr. den spanischen Feldzug unternahm, machte ihn die Sage schon am Ende des 10. Jahrhunderts zum „ersten Kreuzfahrer".

Als Karl 773 gegen die Langobarden zog, wählte er selbst den Weg über den Mont Cenis; einen Teil der Truppen sandte er über den Jupiterberg, den alten mons Poeninus.⁴) Von dem Führer dieses Heeres, Bernhard, dem

¹) Waitz, über die Überlieferung der Annales Bertiniani. Sitzgsber. d. Kgl. pr. Ak. d. W. 1883. V. S. 119.
²) Zöpfl, Die Rulands=Säule. 118.
³) Jahn, Sämtl. Werke. II 2, 670.
⁴) Hannibal zog über den kleinen Bernhard. Der Poeninus hat schwerlich vom Poenus den Namen; wohl aber der „Franken= steig" von den Franken. Napoleon I. überschritt den gr. Bernhard.

Oheim Karls, wird wohl der große Bernhard seinen Namen
erhalten haben. Gewöhnlich wird der Berg indes „St.
Bernhard" genannt, nach dem hl. Bernhard von Menthon,
der auf demselben im 11. Jahrh. ein Hospiz stiftete. Das
„Bernhardsspital" wird zuerst c. 1151—54 im Itinerarium
Nicolai erwähnt.

Der „Brenner" hat seinen Namen schwerlich von einem
Brennus der Gallier, sondern ist eher ein Brennus.[1]
Gerade die Namen in den Alpen sind vielfach keltischen
Ursprunges.

Der Apostel der Deutschen erhielt nicht von dem
Papste den Namen Bonifacius = Wohlthäter, wie dies
mit der dazu gehörigen hübschen Legende in vielen Geschichtsbüchern noch immer angegeben wird, sondern hieß bereits,
ehe er zum ersten Male nach Rom kam, wahrscheinlich mit
seinem Klosternamen Bonifatius, was lat. Übersetzung von
Winfrid ist (bonum fatum, vgl. Bonaventura).[2]

Hier mögen die vielfach nicht oder falsch verstandenen
Begriffe besprochen werden, welche durch das Auftreten
Muhammeds in die Geschichte kamen.

Die von dem Propheten gestiftete Religion, der „Islam",[3] bedeutet soviel wie „Hingebung" nämlich an Gott
von salima = er ergab sich (Gott).[4] Schiller bildete
in seinem Aufsatz „die Sendung Mosis" das Wort „Is-
lamismus". Moslemûna vom Sing. moslem sind die
Gläubigen. Aus dem ital. musulman wurde „Muselmann"
durch Anlehnung an unser „Mann". So gebraucht J. G.
Jakoby in seinen Gedichten „Talismann" neben „Talisman".[5]
Aug. von Platen hat in den „Abbasiden" einen neuen
Plural gebildet „Mosleminen". Das Gesetzbuch der Araber,
der „Koran" = das zu Lesende (vgl. das lat. legenda)

---

[1] s. oben S. 7.
[2] Will, Hist. Jahrb. der Görres-Ges. I 264.
[3] John Mühleisen Arnold, Der Islam. Übersetzung.
Gütersloh, Bertelsmann.   [4] Vgl. Jerusalem.
[5] Von pers. tilismân = Zauberbilder.

ift erſt von dem „Chalifen" = Nachfolger Abubekr zu=
ſammengeſtellt und ſpäter noch umgeſtaltet.[1]) Die dazu
niedergeſchriebene Tradition, die Sunna, wird von den
Schiiten oder Aliten nicht anerkannt. Der „Anbetungsort"
iſt arab. mesdijd, deutſch Moſchee aus dem ital. moschea.
Das Wort allâh für Gott iſt nicht aus dem hebräiſchen
el entlehnt, ſondern jedenfalls altarabiſch, entſtanden aus
al' ilâh = der Gott.[2])

Die „Osmanen" ſind ein finniſcher Stamm, der 1299
unter einem „Eroberer" d. i. Osman ein Reich in Klein=
aſien gründete. „Türken" ſind „Räuber".

„Mamelucken", ſchon im 16. Jahrh. gebräuchlich,
waren als Chriſten geborene, im muhammedaniſchen Glauben
erzogene Leibwächter der ägyptiſchen Sultane.[3]) Das arab.
mamlûk von malaka herrſchen, heißt „Sklave". Die ver=
mittelnde Sprache iſt das Italieniſche, wie meiſtens bei
dieſen orientaliſchen Begriffen. „Mamelucken" bedeutet auch
„Meſtizen".

Die Verſchnittenen haben ihren Namen von dem griech.=
lat. eunuchos her = Betthalter, Bettwächter. So findet
ſich das Wort ſchon bei Herodot 8, 105.

„Mahdi", welcher der ägyptiſchen Herrſchaft im Sudan
ein Ende gemacht hat, iſt kein Name, ſondern es bedeutet
= Regierer. Daß ein ſolcher kommen werde, um die
Macht der Moslem in vollem Glanze wieder herzuſtellen,
ſollte eine Prophezeiung Muhammeds ſein. Der zuletzt er=
ſchienene iſt weder der erſte noch der letzte. Bereits im
Anfang des 10. Jahrhunderts galt unter den ſchiitiſchen
Fatimiden als Mahadi ein gewiſſer Obeid Allah, ein Nach=

---

[1]) Alcoran iſt zugleich der Titel einer Schmähſchrift des Ex=
Franziskaners Erasmus Alberus 1542 gegen ſeinen früheren Orden.

[2]) Nöldeke: Elohim, El. Sitzgsber. d. Kgl. pr. Ak. d. W.
1882. LIV. S. 1190.

[3]) Vgl. andere Leibgarden wie Prätorianer, Strelitzen, Hart=
ſchiere (ital. arciero Bogenſchütze). Die Janitſcharen (türk. jeni-tsjeri
= neuer Soldat) haben nichts mit „Scharen" gemein, wie einige
Geſchichtſchreiber glaubten, indem ſie „Janitſchaaren" ſchrieben.

komme von Ali und Fatme, der Tochter des Propheten.
Dieser erste Chalif der Fatimiden starb 934. Sein zweiter
Nachfolger Ismael Abu Thaher hat den Beinamen Al-
mansur = Sieger, ein Ehrentitel, der öfters vorkommt.
So heißt auch der berühmte Bruder des Abul Abbas',
der „Chalif von Bagdad" Abu Giafar Al mansur (754—
775). Ist es Mißverständnis oder Absicht, wenn Heinrich
Heine in seinem Romanzero 2. Buch „spanische Atriden" das
Unding „Alcanzor" aus alcazar Schloß und dem Namen
Almansor bildet? — Harun al Rachid ist „der Gerechte".

Die Araber haben unleugbar einen großen Einfluß
auf die Kultur des Abendlandes geübt. Ihre Bedeutung
für Mathematik, Astronomie und Geographie ist unbestritten.
Viele Erfindungen aber werden fälschlich deshalb, weil sie
arabische Namen, zum Teil sogar scheinbar arabische,
tragen, den Arabern zugeschrieben, während diesen nur das
Verdienst ihrer Vermittlung zukommt, wie bei den Ziffern,
dem Zahlensystem, der Algebra, der Bussole, dem Alkohol
u. a., so auch bei der Chemie und der meist gleichbedeutend
gefaßten Alchemie, der Goldmacherkunst, mit welcher sich
seit Konstantin d. Gr. so mancher Geist und Fürst vergeblich abplagte.

Scheinbar ist das Wort Alchemie arabisch, aber nach
Alexander von Humboldt hat die geheimnisvolle Wissenschaft,
welche von der Zersetzung und Verwandlung der Körper
handelte, ihren Namen von dem Lande, in welchem sie zuerst, längst vor dem Einfall der Araber, eifrig betrieben
wurde, Ägypten, was nach Plutarch[1] χημία (cham kop-
tisch = schwarz) hieß. Die Chemie ist also wörtlich die
„schwarze Kunst". Dieser Ausdruck aber ist Übersetzung des
aus νεκρομαντεία (= Totenbeschwörung) verdorbenen
Nigromanzie, in welchem man niger (schwarz) fand.
Ältere Etymologieen knüpften an die Person Chams an;
andere führten das Wort zurück auf ein χυμεία, was

---

[1] Is. et Osir. 33.

bei Suidas vorkommen sollte. Das leitete man von
χυμός = Saft ab. Aber 1. hat die Chemie sich mit
den Metallen und nicht mit den Pflanzensäften zu be=
schäftigen, 2. ist χυμεία ein Schreibfehler.

Der arabische Artikel al ist erst später zugesetzt, „um
dem Worte eine größere Wichtigkeit zu verleihen, wie das
in mehreren Fällen geschehen ist" [1] z. B. in Alembic
(ἄμβίχα = Destillierhelm), Alembroth (ἄμβροτος un=
sterblich, Salz der Weisheit), Alkahest (καύστης = Ver=
brenner), ein „eingebildetes allgemeines Auflösungsmittel,
nach welchem die früheren Chemiker eifrig suchten", [2] in
Almanach, was nach Ideler schon bei Porphyrius (3. Jahrh.)
vorkommt und auf ein griech.=ägyptisches Wort ἀλμενι-
χιακά = Kalender zurückgeht. [3]

Wieder andere leiteten eine Nebenform ἀρχημεία (frz.
arquemie) von ars chymiae ab.

Auch den Namen von ἤλεκτρον für den Bernstein
und damit von Elektrizität wollte man aus dem Arabischen
erklären. [4] Hier mag die Bemerkung angeschlossen werden,
daß der Magnet nicht von einem Hirten Magnes, [5] sondern
von der Stadt Magnesia am Sipylus in Kleinasien den
Namen hat. Aristoteles nennt den Magnet λίθος =
Stein, etwa wie jetzt bei uns der Blasenstein καιεροχεν
so heißt. Ein arabisches Werk „Das Buch der Steine"
ist keinenfalls eine Übersetzung des angeblichen Werkes von
Aristoteles „über den Stein". [6]

Daß eine Menge von Namen für Stoffe oder Be=
kleidungsstücke dem Arabischen entlehnt ist, beweist ein Blick
in die Wörterbücher von Weigand oder Kluge. Selbst unser
„Mütze" ist arabischen Ursprungs (Almucium).

Die Begründung der septem artes ist das Werk
des Martianus Capella aus Madaura c. 430.

---

[1] Poggendorff, Gesch. der Physik. S. 62.   [2] a. a. O.
[3] Kluge, Etymol. Wtb. S. 6.
[4] Poggendorff a. a. O. S. 32.
[5] Plin. n. h. XXXVI. 25.   [6] Poggendorff. S. 40.

Im Gegenſatz zur scriptura sacra wurden die welt=
lichen Wiſſenſchaften als artes saeculares oder mundanae
litterae, zum Unterſchied von den des Freien unwürdigen
illiberales die liberales genannt, „freie Künſte“. Das
Trivium, Grammatik, Dialektik und Rhetorik, und das
Quadrivium, Muſik, Arithmetik, Geometrie und Aſtronomie
wurden in folgenden Memorialverſen zuſammengeſtellt:
„Gramm loquitur, Dia vera docet, Rhe verba colorat;
Mus canit, Ar numerat, Geo ponderat, As colit astra.“
Auch der Ausdruck „bildende“ Künſte iſt leicht miß=
zuverſtehen, wenn man nicht an den Gegenſatz „redende“
oder „tönende“ denkt.

„Politiſche“ Verſe haben mit der Politik nur die Form,
nicht die Bedeutung gemein. Man nannte ſo Verſe, bei
welchen nur die Silben gezählt wurden. „Poeſie“ ſind
ſie nach Leſſings Ausſpruch[1]) nicht.

Die „leoniniſchen“ Verſe waren Hexameter, deren
Mitte und Schluß ſich reimten. Sie haben den Namen
von einem Dichter des 12. Jahrhunderts, Leonius. In
der nach der Nationalſpeiſe der Italiener genannten mac=
caroniſchen Poeſie ſind Wörter moderner Sprachen in
lateiniſcher Weiſe flektiert. Die erſten komiſchen Dichtungen
derart entſtanden in Italien. Das bekannteſte von einem
Deutſchen verfaßte Gedicht iſt die „Floïa, cortum versi-
cale de Floïs, swartibus illis Deiriculis, quae omnes
fere Minschos, Mannos, Weibras, Jungfras etc. be-
huppere et spitzibus suis schnaflis steckere et bitere
solent. Auctore Griphaldo Knickknackio ex Flolandia,
Anno 1593“.[2])

Aus dem Ritterweſen ſind die meiſten Begriffe,
wie Ritter, Bube, Junker oder Page, (erſt im 17. Jahrh.
aus paggio ital., varlet, valet, garzun,[3]) garçon, domi-

---

[1]) Laokoon. XX. [2]) Genthe, Geſch. der maccaron. Poeſie. 1836.
[3]) In der Bretagne heißt gars (ſprich gâ) Burſche, Junge.
S. Balzac, Die Chouans.

cellus, damoiseau), Knappe (armiger, scutifer, écuyer, famulus) bekannt und nicht mißverstanden. Spielerei, wie bei dem Worte pfaff, wurde mit miles getrieben, indem man die Pflichten des Ritters daran erklärte: Er soll nämlich sein magnanimus, ingenuus, largifluus, egregius, strenuus. Durch die Schwertleite von „leiten" = führen, tragen, nicht von „verleihen" wurde der Knappe zum Ritter. Das Wort Turnier kommt von tournoyer (tornare) = sich wiederholt drehen.[1]) Felonie, Treubruch), ist französiert aus dem Deutschen. fillan bedeutet schinden, geißeln (Adj. fello? altfrz. fel = grausam, gottlos).

„Wappen" und „Waffen" ist dasselbe Wort. Letzteres war Allarmruf (ad arma).

„Degen" ist das ahd. degan, thegan, = Knabe, Kriegsmann, Held. Aber der Ausdruck „Haudegen" ist von der Waffe auf den Träger übergegangen. Die Waffe stammt aus dem ital. daga, frz. dague.

Mit der Blütezeit des Rittertums erreicht auch die deutsche Dichtung ihre erste Blüte in dem Minnegesang. Das Wort wird gewöhnlich in dem engen Sinn der Liebes= lyrik gefaßt. Aber das ahd. minna mhd. minne bedeutet nur Gedächtnis, Liebe jeder Art,[2]) daher die Ausdrücke Johannesminne trinken, ebenso St. Gertrude Minne trinken; nachher bedeutet es auch Geschenk. Der Minnen buoch ist das hohe Lied.

Von Minne ist auch Mignon abgeleitet, nicht von minimus, = Lieblingskind, Günstling. Das englische Minion ist eine verächtliche Bezeichnung für den Günstling eines Fürsten.[3])

Die Minnesänger stellten ihre Kunst in dreifachen Dienst, in den Gottes, des Lehensherrn (Vaterlandslieder)

---

[1]) Über die Etym. spricht schon Moscherosch, Phil. v. Sittew. Gesichte II, 4 „Turnier".

[2]) „minnen" u. „meinen" kommen von ders. Wurzel. „Frei= heit, die ich meine" = liebe. (M. v. Schenkendorf.)

[3]) Schmitz, Macaulay-Kommentar. S. 105.

und den der frouwe, der Herrin. Ein abliges Fräulein
wurde im MA. auch mit frouwe, juncfrouwe angeredet;
Fräulein war eher der Ausdruck für eine Dirne;[1] erst
später diente er zur Bezeichnung einer abligen Dame. So
bedeutet Fräuleinsteuer soviel als Prinzessinnensteuer, die
bei der Verehelichung einer Fürstentochter erhoben wurde;
die jetzige Bedeutung hat das Wort erst seit dem Ende des
vorigen Jahrhunderts erhalten, aber in diesem Jahrhundert
wurden ledige Mädchen bürgerlichen Standes als Jungfern
bezeichnet, während der Ausdruck jetzt reserviert ist für solche
Mädchen, die das kanonische Alter überschritten haben oder
die als Kammerzofe dienende Stellung einnehmen. Mit
dem Wort Frauenzimmer bezeichnete man früher die weib=
liche Begleitung der Damen von höherem Stand (17. Jahrh.).
Hier ist also der Aufenthaltsort auf die Bewohner über=
tragen, wie wenn etwa Harem für die „Weiber" orien-
talischer Großen steht. Ähnlich sagen wir die „Küche" für
die „Köchinnen", „Besen" oder „Balken" für die Dienst=
mädchen. Bei dieser Gelegenheit seien die scherzhaften Be=
zeichnungen „Hausdrachen" und „Küchendragoner" nicht
vergessen.

Wenn Heinrich Heine in seinem Romanzero hebr.
Melodieen 2 sagt:

„Keine Kußrechtskasuistin
War sie, keine Doktrinärrin,
Die im Spruchkollegium
Eines Minnehofs dozierte",

so nennt er mit Minnehof wissentlich oder unwissentlich
ein Ding, welches nie existiert hat.

Über das Leben zur Zeit der Minnesinger s. Alwin
Schultz, höfisches Leben zur Zeit der M. und Weinhold,
deutsche Frauen.

Eine seit Karl IV. üblich gewordene, verkehrte Wieder=
gabe des Beinamens der römischen Kaiser, Augustus ==

---

[1] Das alte Wort „Buhle" hat urspr. keinen zweideutigen Sinn.

erhaben, etwa dem jetzt gebräuchlichen Majestät, Hoheit[1]) entsprechend, hat den römischen Kaisern deutscher Nation den Titel „Mehrer des Reiches" und mit zugefügtem semper „allzeit Mehrer des Reiches" eingebracht. In demselben Sinne wurde Philipp II. von Frankreich schon von seinem Zeitgenossen Rigord als „Augustus" bezeichnet, und jetzt wird er oft kurz Philipp August genannt.

„Augustus, der mere man" ist dem Dichter des Annoliedes (481) wohl keine Deutung des lateinischen Aus= druckes, sondern der „berühmte Mann".

Als Minderer[2]) des Reiches, versümer und ent= glider wurde König Wenzel abgesetzt; aber nicht zu Rense, sondern bei Oberlahnstein mitten im Felde auf einem Felsen, der zum Richtstuhle erhoben war, in der Nähe der Marienkapelle, seit Vogt „Wenzelskapelle" von „Gebildeten", nicht vom Volke genannt, wurde das Absetzungsurteil ver= kündet, weil er das Reich schedelich entglidet und ge= mynret habe.[3])

Zu einem wunderbaren Mißverständnis ließ sich Schlosser in seiner Weltgeschichte in zusammenhängender Erzählung 4ᵇ, 528 verleiten. Er berichtet nämlich, daß der Kurfürst Johann von Mainz sich nicht gescheut habe, „als Richter im Urteil den Verurteilten mit ganz ge= meinen Worten zu schimpfen".

„Er liest nämlich in der Absetzungsurkunde nicht: . . . „daz erschrecklich und unmenschlich ludet" (in der lateinischen Version bei Obrecht 52 „quod terribiliter et abominabiliter sonat"), sondern: „daz erschrecklich . . . luder" und versteht die Stelle: „und hait darumb wider sinen tytl und gelumpt geld genomen" dahin, als habe Johann den König einen Lumpen gescholten, während sich der Druckfehler „gelumpt" in dem Ab= druck bei Pelzel statt „glymph" (wie bei Obrecht richtig steht) aus der lateinischen Version: „contra suum titulum et aequi= tatem" deutlich ergibt.

---

[1]) Vgl. Seine Heiligkeit, Durchlaucht, Excellenz, Eminenz, Erlaucht ꝛc.; sacratissimus hieß seit Diokletian der Kaiser.

[2]) Die fratres minores (Franziskaner) sind die Minderbrüder.

[3]) Weizsäcker, Reichstagsakten. Janssen. R. C. I 518.

So weit war denn doch die Bildung in Deutschland nicht gesunken, daß die vier ersten Fürsten des Reichs in einer öffentlichen Staatsschrift den bisherigen König ein Luder und einen Lumpen genannt hätten! Schlossers Irrtum aber verdient Erwähnung, weil er in andere Bücher über= gegangen ist und sich auch in Schulbüchern findet." So Janssen in Frankfurts Reichskorrespondenz I 64.

Allerdings konnte Johann, der „ungetreue Wolf" ebenso gut schimpfen als treulos sein. So ganz verlassen war Wenzel anfangs nicht, denn die „getruwesten" Frank= furter sandten ihm nach seiner Absetzung noch Boten in schuldiger Treue. Diese fragte er, „Wo Clemme (d. i. Clemens, Ruprechts Beiname) wäre, der sich einen Römischen König schriebe?" und erklärte: „Ich will das rächen, oder will darüber tot sein, er muß als Dieb herab, wie er hoch auf den Stuhl gesetzt ward". Bei St. Wenzel schwur er, er wollte ihn tot stechen oder selbst tot von ihm gestochen sein. Und der bärtige Jost von Mähren sprach: „Wir wullen daz rechen, odir ich enwil nirgen ein har in myme barte behalden".[1] Und dabei blieb's! Er wußte nicht „waz darzu thun."[2]

Wie semper bei Augustus steht, so ist es scheinbar mit frei zusammengesetzt in der Bezeichnung Semperfrei für „reichsunmittelbar". Aber das Wort heißt ursprünglich sentpaervri[3] durch Geburt zur Teilnahme am Send (Gr. σύνοδος, Versammlung) berechtigt.[4] Die zweite Klasse der Freien waren nach dem Schwabenspiegel die „miter vrîen" = mittleren Freien, „daz sint die, die der hôhen vrîen man sint. Die driten vrîen daz sint die vrîen lantsaezen, die gebûren, die da vrî sint".

---

1) Böhmer, cod. diplom. Moenofrancofurt. 781.
2) Janssen, Frkf. R. K. I 79.
3) Mit „sonderbar", wie Böttiger, G. d. d. Volkes III 107 Anm. angibt, hängt es nicht zusammen, denn dies kommt von sunderbaere. W. Menzel a. a. O. II 77 erklärt Semperfrei falsch = immer frei.
4) Weigand Wtb. II 696.

„Sendboten" ist eine Übersetzung für Apostel, und für die missi dominici Karls d. Gr. So ist auch „Sant= brief" = Sendschreiben gebildet.

„Sent" ist zugleich das geschwächte Sanct, Sanctus, zuweilen selbst in „Zent, Sint" verändert, namentlich im Kölnischen.

So singen die Kinder, wenn sie zum St. Martins= feuer Holz oder Stroh betteln, am Rhein bei Bonn:

der hillige Zinter Mertes,
dat wor ene gode man,
er dheilt singe mantel
mit enem ärme man.
Mûs, mûs, komm erûs
Bring mer ein, zwei, drei bürde stroh erus.

Wer früh aufwachen will, betet abends

„Heiliger Sanct Veit
Wecke mich zur rechten zeit,
Nicht zu früh, nicht zu spät
wenn die uhr auf 4, 5 . . . steht."

Ein Kinderliedchen beginnt:

„Wo kommen Sie her?
Von Sanktigwēr . . . ."

d. h. von St. Goar.

Dem Volk ist also die Bedeutung von Sanct nicht mehr im Bewußtsein.

Ein „Zentgraf" aber war der Vorsteher einer „Zent, centena".

Der Ausdruck den „Zent bezahlen" ist nur Ver= schlechterung für den „Zehnten bezahlen". Der Zehnten= Erheber ist der „Zehenter".

Als „Zehntland" faßt man die durch den römischen limes begrenzten, den Römern unterworfenen agri decu- mates jenseits des Rheines ohne Recht (Mommsen RG V 138).

„Hundgericht" oder „Hundding" wird mißverständlich mit „Hund" zusammengebracht, heißt aber nur „Hundert= gericht", „Versammlung der centena".

Einer besonderen Untersuchung bedürften die B e i n a m e n der Könige und Fürsten. Gar manche sind verständlich, viele berechtigt, m e h r aber unberechtigt, mißverstanden oder aus Mißverständnis verliehen. Von Otto dem Blutigen war bereits die Rede. Heinrich I. war weder ein „Finkler", noch ein „Vogler", weder ein „Städtegründer", noch der „Erfinder der Turniere". Heinrich II. der Heilige war nach der gewöhnlichen Vorstellung „lahm". Aber die früheste Bezeichnung des leidenden Königs als „Claudus" findet sich in den Gesta Trevirorum.

„Da keiner von Heinrichs Zeitgenossen und keine Quelle des elften Jahrhunderts überhaupt einen so auffälligen Umstand er= wähnt, wird man ihn wohl für unbegründet zu halten haben und den Beinamen Claudus oder Hufeholz verbannen müssen".

Giesebrecht[1]) ist der Ansicht, daß der Name durch Gottfried von Viterbo „recht gangbar" gemacht worden sei, wie dessen Kaiserbeinamen überhaupt großen Beifall ge= funden hätten. Zugleich bestreitet er die Richtigkeit der Erzählung von der Virginität Heinrichs und Kunigundens mit guten Gründen, obwohl das ganze spätere Mittelalter fest an den „jungfräulichen König" geglaubt habe. Jeden= falls verdiente Heinrich II. eher den Ehrennamen, als die „jungfräuliche Königin" von England.[2]) — Heinrich der „Zänker", des Königs Vater, hieß später der „Friedfertige". — Konrad „Kurzbold", der treue Anhänger Ottos I., gefeiert in leider verlorenen Liedern, soll der Feind der Weiber und der Erfinder des Apfelweins gewesen sein, als welcher übrigens auch im Munde der Sachsenhäuser Karl d. Gr. gilt, weil sein Standbild auf der Mainbrücke den ihm freilich n i c h t z u k o m m e n d e n Reichsapfel in der Hand

---

[1]) Gesch. d. d. Kaiserzeit. II 607.
[2]) Allg. Weltgesch. v. Flathe. VII, 50 Lfg. S. 426. 440. 52 Lfg. 490.

hält. — Heinrich „Raspe" ist der Rauhe, Tapfere. Es findet sich auch Henricus comes Raspe; soll das vielleicht Übersetzung von „Raugraf" sein?

Über die Parteinamen Welfen und Ghibellinen (Waib= lingen) ist oft genug gesprochen. Für die Welfen ist ein erklärender Mythus mit Welfen = jungen Hunden er= funden. [1]) Das Geschlecht ist alt. Den Namen Waiblinger erbten die Staufen von den Franken. Die Burg „Waib= lingen" lag im Remsthale.

Margarethe Maultasch, die Tochter Heinrichs von Kärnthen, soll diesen wenig schönen Beinamen von ihrem großen Mund oder ihrer Liederlichkeit haben. Aber die Erbin von Tyrol war nicht bloß reich, sondern auch schön. Sie hat den Beinamen „von Maultasch" nach dem zwischen Meran und Botzen liegenden Schlosse. [2])

Friedrich von Meißen verdankt seinen Beinamen „mit der gebissenen Wange" erst der späteren Sage. Seine Zeitgenossen nennen ihn den „Freidigen" d. h. „Trotzigen, Kühnen"; daraus wurde später wieder das falsche „Freudige".

Sehr häufig ist der Beiname „im Bart" oder „mit dem Bart". König „Otto mit dem Bart", durch das Gedicht Konrads von Würzburg bekannt, ist wohl Otto I.

„Übrigens ist dieses kleine Epos nach Zöpfls Auffassung [3]) in seinem Grundgedanken ein juristischer Roman, d. h. eine roman= tische und gar nicht üble Paraphrase des Rechtssatzes im Sachsen= spiegel I, 38, wonach der Aechter, der in einem Kriege dem König zu Hilfe eilt und vor ihm eine glänzende Waffenthat verrichtet, dadurch des Königs Huld wiedergewinnt".

Friedrich I. ist von den Italienern als Barbarossa bezeichnet worden. Am bekanntesten ist neben diesem Eber= hard im Bart, „Württembergs geliebter Herr", von welchem die Berner Chronik sagt: „der witzig Graf Eberhard der

---

[1]) W. Menzel, G. d. D. I 293.
[2]) Über den sog. Maultaschenschutt s. die Sage in Hormayrs Taschenbuch für 1832. S. 37.
[3]) Die Rulands=Säule. S. 115.

ältere von W. genempt Bartmann" und die Zimmersche
Chronik: „der wise Herzog im Bart".

„Den Bart ließen äußerlicher Demut willen[1]) nicht
selten auch Fürsten und Grafen lang wachsen und erhielten
daher die bezüglichen Beinamen, so z. B. Eberhards mütter=
licher Großvater Kurfürst Ludwig von der Pfalz, welcher
es seit dem Ritterschlag über dem hl. Grabe that, hierin
wohl Eberhards Vorbild, sowie sein Schwiegervater Mark=
graf Ludwig von Mantua".[2])

Auch der Stammvater des thüringischen Landgrafen=
hauses, Ludwig, hat den Beinamen „der Bärtige" und
Georg von Sachsen, der Gegner der Reformation. Bar=
batus ist schon Beiname im Geschlechte der Scipionen.

Mit Eberhard im Barte, dem „Vielgeliebten" — dies
hier in gutem Sinne gemeint — wird oft der Rausche=
bart oder Greiner = Zänker verwechselt. Er ist durch
Uhlands Balladen einer der „gerühmtesten Helden des
Mittelalters" geworden.[3]) Sein Gegner Wolf von Wunnen=
stein, „der gleißend Wolf", ist nicht der „glänzende", sondern
der „schleichende".[4]) Die Ritterbünde hatten ihre Namen
von bestimmten Abzeichen, wie die „Kroner, Schlegler,
Sterner" u. s. w.

Neben dem „alten Fritz", dem wohlbekannten, gibt
es einen „bösen Fritz". Es war der Pfalzgraf Friedrich
bei Rhein, der „Siegreiche", der Zeitgenosse des Kaisers
Friedrich III. Dieser aber ist in Wahrheit keine so arge
„Schlafmütze" gewesen, wie es nach der landläufigen Er=
zählung scheint.

Der „Nestor" Joachim I. von Brandenburg war bei
dem Antritt seiner Regierung erst 15 Jahre alt. Sein

---

[1]) Barbati, Bärtlinge, hießen nämlich die conversi, Laien=
brüder. Als Bärtlinge (v. barte) werden auch zuw. die Scharfrichter
bezeichnet. [2]) Stälin, Gesch. Württembergs. I 2, S. 604 Anm.
[3]) a. a. O. I 1, 511.
[4]) Weigand, Wtb. I 701 ff. Dagegen Stälin a. a. O.
I, 2, 540.

Sohn heißt vielleicht nur deshalb „Hektor", weil ein „Achilles" schon da war, Albrecht. Auch „Alcibiades" und „Attila" sind Beinamen zollerscher Prinzen. Was aber die branden=burgischen Heroenbeinamen angeht, so sind sie nach dem Urteil Ebertys[1]) „im ganzen sowenig zutreffend, daß es nicht der Mühe lohnt bei denselben zu verweilen", und das trifft auch bei den meisten anderen fürstlichen Beinamen zu. Wenn Johann Cicero zuweilen der „Große" heißt, so bezieht sich das „mehr auf seine ansehnliche Leibesgestalt, die zuletzt zu einer ganz außerordentlichen und beschwer=lichen Fettigkeit gediehen" war, als auf die Größe seines Geistes und seiner Herrschergaben.[2]) So machte auch ein Chronist über Jobst von Mähren die Bemerkung: „Er galt für einen großen Mann, aber es war nichts groß an ihm als sein Bart". Auch die beiden Husitenführer Prokop hießen nur nach Leibesgröße „groß" und „klein". Der Herzog Magnus von Sachsen heißt Magnus oder Magni = Macht.

Der Oberstallmeister am französischen Hofe hieß kurz monsieur le grand (écuyer).

Als „linke Landgräfin" wurde das Kebsweib Philipps des Großmütigen, Margaretha von Saal, vom Volke be=zeichnet.

Den Charakter der Echtheit tragen meist die Beinamen, welche wie die oben angeführten, eine äußere Eigenschaft angeben oder solche, welche von einem Lieblingsausdruck des Betreffenden herrühren; denn derartige Beinamen werden noch heute im Volke täglich gegeben, besonders auch in der Sprache der Verbrecher.

Die Beteurung „Sam mir gott!" verschaffte Heinrich von Östreich, welcher 1142 Baiern erhielt, den Beinamen „Jasomirgott". Ulrich der Vielgeliebte, eig. der Wohlge=liebte, von Württemberg († 1480) hieß bei seinen Zeit=

---

1) Preuß Gesch. I 75.
2) Eberty, Gesch. d. pr. St. I 49.

genossen nach seinem Beteurungswort „Botz Nieswurtz". „Botz" ist gleich „Gotts", wie in „Potz tausend".[1]) Unverändert blieb das Wort im jüdisch-deutschen „Gottswunder!"

Der Kniefall des mächtigen Friedrich Barbarossa vor Heinrich dem Löwen ist schwerlich historisch. Doch wird auch von einem solchen bei Konrad II. und bei Heinrich II. berichtet. Letzterer soll vor den Bischöfen zu Frankfurt, Konrad vor seinem Sohne zu Bamberg einen Fußfall gethan haben.[2]) Die vornehmlich im Reformationszeitalter und vor allem von den Centuriatoren stark ausgebeutete Erzählung, daß Alexander III. dem gedemütigten Kaiser Friedrich I. den Fuß auf den Nacken gesetzt habe, ist — um den Ausdruck des unbefangenen Johannes von Müller[3]) zu gebrauchen — „eine grobe Lüge".

Die Sage vom Fortleben des Kaisers Friedrich I. im Kyffhäuser bezieht sich ursprünglich auf Friedrich II. Erst durch Rückerts Ballade v. J. 1813 ist Friedrich I. Held der Sage geworden, die dann durch die Brüder Grimm Gemeingut des deutschen Volkes wurde.[4])

Unzählig sind die zur Erklärung von Orts- und Geschlechtsnamen erfundenen Sagen, die meistens auf mißverständlicher Deutung beruhen, so fast alle Wappensagen. Bekannt ist die Erzählung vom Ahnherrn der Dalberg, dem Kriegsknecht Longinus, der über den Tod des Heilandes am Kreuze entsetzt „über Thal und Berg" flieht. Die „Welser" wollten von Belisar abstammen.

Uhland hat die Sage von der Entstehung des Namens Achalm = Ach Allmächtiger zum Gemeingut gemacht durch

---

[1]) Andresen. 375. S. oben S. 106.

[2]) Giesebrecht, G. d. d. K. II 291.

[3]) Reisen der Päpste. 6. Ausg. v. 1833. Stuttg. Cotta. Bd. 25, S. 36. Reuter, Alexander III. 264 ff. 764 ff. Giesebrecht, G. d. d. K. V 2, 838 zeigt, wie die Venetianer gefabelt haben in diesem Falle. Janssen G. d. d. V. V 319.

[4]) Voigt, Die deutsche Kaisersage. Hist. Ztschr. XXVI. 131 ff. M. Brosch, d. Friedrichsage der Italiener. Hist. Ztschr. XXXV. 17 ff.

seine Ballade „Die Schlacht bei Döffingen". In Wahr=
heit bedeutet Achalm = Wasseralp. Man vgl. damit die
Sagen von der „Wartburg", „Habsburg" u. a.

Die Bentivoglio leiten ihren Namen ab von den zärt=
lichen Worten der schönen Lucia Biadagola zu König Enzio:
„Enzio, che ben ti voglio".

Fast jedes adlige Haus hat wohl auch seine Namenssage.
Döllinger erinnert in seinen Papstfabeln des Mittel=
alters S. 38 an die Sage vom Ursprung des Hauses
Colonna, für welche ein Bild Veranlassung war, wie die
sächsische Raute, das Mainzer Rad, die Jungfer im Wappen
von Osnabrück erklärende Mythen hervorgerufen haben.

Die Vergiftungssagen sind stets mit der größten
Skepsis zu behandeln. Wie oft sollen die Brunnen ver=
giftet worden sein! Selbst beim Ausbruch des Freiheits=
krieges soll der Schloßbaumeister Raabe die Landstürmer
in Berlin in der Dreifaltigkeitskirche haben schwören lassen,
„die Brunnen zu vergiften". (?)[1]

Germanikus ist n i c h t von Piso vergiftet.[2] Die
„vulgi sermones" ließen ja schon seinen Vater D r u s u s
durch Augustus vergiftet sein.

Die deutschen Kaiser, welche in Italien starben, wurden
zum Teil auch vergiftet, aber nur nach der Sage, so
Otto III., Heinrich VI., Heinrich VII., auch der Land=
graf Hermann v. Thüringen. Wenn Otto III. von der
Witwe des Crescentius, Stephania, in ihre Liebesnetze ver=
strickt und durch Gift ermordet worden sein soll, so gilt
von ihm, wie von den übrigen, was Giesebrecht hierüber
bemerkt:[3] „Es liegt eine tiefe Wahrheit in dieser Sage,
aber nicht eine Tochter Roms, sondern Roma selbst mit
ihren unvergänglichen Reizen fesselte, verriet, tötete den
mit der Kaiserkrone geschmückten Jüngling".

---

[1] Eberty, pr. Gesch. VI 270 nach Förster. II 173.
[2] Tac. Ann. II 82. Suet. Claud. 1.
[3] G. d. d. K. I 2, 761.

In meiner Abhandlung „Über die nassauischen Chro=
nisten"[1] S. 24 habe ich gezeigt, wie die sagenhafte Nach=
richt von der Vergiftung Heinrichs VII. in die Quellen
später eingeschoben worden ist. Die Nichtigkeit der Sage
ist längst erwiesen.[2]

Die Giftmischerei der Jesuiten ist eine so jammer=
volle Verleumdung des Ordens, daß kein Wort darüber
zu verlieren ist. Auch Papst Clemens XIV. ist kein
Opfer derselben geworden.[3]

Doch diese Fabeleien gehören nicht hierher. Nur des
Todes von Günther von Schwarzburg müssen wir
gedenken. Nach der Limburger Chronik soll ihn der Arzt
Freybank vergiftet haben, aber von ihm gezwungen worden
sein, den Rest des Giftes zu trinken. Das letzte Wort
Günthers soll gegen die Wittelsbacher gerichtet gewesen
sein: „Ich wollte 1000 Tode sterben, wenn ihr nur Judasse
heißen müßtet bis in Ewigkeit". W. Menzel[4] glaubt
an die Geschichte, denn er sagt: „Sentimentale Frankfurter
haben alles, was die Mörder damals schon zu Freybanks
Entschuldigung ersonnen, wieder aufgewärmt". Zwar Frank=
furter, aber kein sentimentaler, muß ich doch auch Freybank
in Schutz nehmen. Die Quelle zur Nachricht von der
Vergiftung ist die mißverstandene Inschrift, welche sich auf
dem schönen Grabstein im Frankfurter Domchor befindet:

Falsch undrowe schande tzymt,
Des[5] stede drowe schaden nymt.
Undrowe kain gewinnes hort,
Undrowe falsch mit giftes wort.

Das giftes hat die ganze Erzählung verursacht. Statt
kain ist übrigens wohl nam zu lesen.

---

[1] Gymnasialprogr. von Wiesbaden. 1882.
[2] Neues Archiv V, S. 179. Forschungen XVIII. S. 570
u. a. Schriften.
[3] Hergenröther, Kirchengesch. III, 511. Wetzer=Welte. K.
L. 3, 507. [4] G. d. d. II 192. [5] = davon.

Günther hatte ja schon vor Eltville im Rheingau liegend abgedankt. Warum hätten ihn die Wittelsbacher aus dem Weg räumen sollen? Eltville, im Volksmund zu Elfeld verdeutscht, mag von Altavilla kommen. Sicher heißt es nicht „Eltweil", wie das vielgelesene Bilderbuch von Stacke[1]) angibt.

Mitunter weiß die sogenannte Geschichte selbst von folgenschweren Mißverständnissen zu berichten. Ein solches Wandermißverständnis soll den unglücklichen Ausgang von Kämpfen erklären.

Die Niederlage der Christen in der Mongolenschlacht auf der Wahlstatt 1241 wird auf die Polen geschoben, welche den Zuruf Zabijejcie = schlagt tot als Zabiezcie = fliehet verstanden hätten.

Als Maximilian 1485 seine Söldner in Brügge auf dem Markte exerzieren ließ, und diese auf Kommando die Lanzen senkten, sollen dies die Bürger für einen Angriff gehalten und den König deshalb gefangen genommen haben.

Ähnliches soll bei der Belagerung von Magdeburg durch Moritz 1548 vorgekommen sein. Die Bauern — so heißt es — verstanden das Kommando „fällt die Spieße" = laßt sie fallen und liefen davon.[2])

Das „letzte Wort" von Johannes Hus ist ein hübscher Beweis, wie aus Namen Sagen entstehen. Hus soll bekanntlich im Scheiterhaufen gesagt haben: „Die Gans ist ein schwaches und zahmes Tier und erhebt sich nicht zu hohem Fluge: aber stärkere Vögel, Falken und Adler, werden nach ihr kommen und werden, sich hochschwingend, alle Schlingen durchbrechen". Nach anderer Fassung sprach Hus in Versen:

„Nach der Gans wird kommen ein Schwan,
Den werd't ihr müssen leben lan".

---

[1]) Deutsche Gesch. I 619.
[2]) W. Menzel, G. d. D. 3, 126.

Luther erzählt diese Historie in seiner „Glosse" 1531[1]):
„St. Johannes Huß hat von mir geweißsagt, da
er aus dem Gefängnis im Böhmerland schrieb: Sie
werden itzt eine Gans braten (denn Huß heißt eine Gans),
aber über 100 Jahren werden sie einen Schwanen singen
hören, den sollen sie leiden; da soll's auch bei bleiben, ob
Gott will". — Auf die Bedeutung des Namens Hus
spielte bereits Wenzel an, als er zu Erzbischof Sbinko
äußerte: „Diese Gans legt mir goldene Eier und ist mir
nützlicher als ihr Kapaunen, die ihr darüber kräht".

Bereits Sokrates hat von einem Schwan geträumt,
der nach ihm käme, Platon. (Diog. Laert. Plat. 7.)

Alle diese Erzählungen von kommenden „Größeren"
oder gar „Rächern" sind Erfindungen nach einer Schablone.
Das Husische Wort ist so unhistorisch, wie das Exoriare
aliquis nostris ex ossibus ultor (Verg. Aen. 4, 625)
des gr. Kurfürsten von Brandenburg.

„O sancta simplicitas" hat Hus schwerlich gesagt,
denn er betete. Woher das Wort stammt, ist zweifelhaft.
Es wird wohl ein alter Witz sein aus mittelalterlichem
Studentenkreis und Analogie nach wirklichen Heiligennamen,
wie Felicitas, Charitas u. ä. „Du liebe Einfalt" ist
volkstümlich und in der Litteratur verwandt.[2])

Die Parteinamen der Husiten dürfen nicht unerwähnt
bleiben, da auch sie öfters nicht verstanden worden sind.
Die Husiten heißen Calixtiner[3]), weil sie auch den Empfang
des Blutes forderten, den Kelch (calix), also das Abend=
mahl unter beiderlei Gestalten (sub utraque specie), daher
auch Utraquisten genannt. Als Ziska im Lager vor Prži=
bißlav 12. Okt. 1424 an der Pest starb, trennten sich die
Husiten in mehrere Parteien, in die Taboriten „die Eiferer

---

[1]) Erl. Ausg. 25, S. 87 f.
[2]) Schubart, „Mährchen".
[3]) Calixtinum pactum, das Wormser Konkordat v. 1122,
durch welches der Investiturstreit beigelegt wird, hat seinen Namen
von Papst Calixtus II.

für Gottes Gesetz",[1]) die Anhänger des großen Prokop,
welche sich nach einem „Tabor" genannten Berg im Bechiner
Kreise so bezeichneten, die Orphaniten (Waisen) unter dem
kleinen Prokop, Niklas von Pilgram, Peter Payne, die
wilden Horebiten, nach einem Berge bei Trzebechowitz, unter
Ambros von Hradecz, und die ganz revolutionären Adamiten,
welche zum Urzustand zurückkehren wollten und den Kom=
munismus lehrten. Am gemäßigtsten waren die „Prager",
die Gebildeten. „Böhmen" sind dem Franzosen „Zigeuner".

Aus jener Zeit der böhmischen Unruhen,[2]) der wan=
dernden Dörfer, stammt wohl der Ausdruck „böhmische
Dörfer".[3]) Freilich sagt man auch spanische Dörfer und
Schlösser. Beiläufig mag an die Volkswitze in Zusammen=
setzungen erinnert werden,[4]) wie „Zorn=dorf", „Habers=
dorf", u. a., die ähnliche Bedeutungen haben, wie vom
„Stamm Nimm" u. s. w.

W. Menzel[5]) vergleicht mit Recht die husitische Be=
wegung mit der franz. und der engl. Revolution.

„Im Husitenkriege — sagt er — krystallisierten sich
die Parteien nach demselben Naturgesetz, wie später in der
englischen und französischen Revolution. Den Anfang machten
die feierlichen Erklärungen des böhmischen Landtags — des
englischen Parlaments — der französischen Nationalver=
sammlung. Dann folgten die Volkstumulte, die Republik,
die Hinrichtung des Königs. Dann trennten sich die Ge=
mäßigten von den Fanatikern (Taboriten — Independenten
— Jakobiner) und unter den letzten schweiften einige bis
zum Äußersten aus (Adamiten — Millenarier — Atheisten).
Ein Feldherr gelangte zur Obergewalt (Ziska — Cromwell
— Napoleon). Der Krieg erschöpfte endlich die Kräfte. Die

---

[1]) Höfler, Geschichtschreiber der husit. Bewegung I 388.
[2]) Mit „böhmischem Unwesen" bezeichnete man später den
böhmisch=pfälzischen Krieg v. 1621.
[3]) Schon im Roman „Simplicissimus".
[4]) s. Dan. Sanders, Ergänzungs=Wörterb. S. 154.
[5]) Gesch. der Deutschen in 5 Bden. II 298. Anm.

Gemäßigten triumphirten und bereiteten die Restauration
vor, mit der alles wieder ins alte Geleis kam, die aber
doch viele Mißbräuche abstellte." Mit den Husiten wurde
am 30. Nov. 1433 eine scheinbare Einigung erzielt durch
die auf dem (nicht ökumenischen) Konzil von Basel zu=
gestandene Bewilligung der Kommunion unter beiden Ge=
stalten und der modifizierten 3 übrigen „Prager Artikel".
Diese Vereinbarung nannte man „Baseler Compactaten".
Der Frieden dauerte nicht, denn die Mehrzahl der Böhmen
war mit diesen Zugeständnissen nicht zufrieden.

Schlimmer aber war, daß das „böhmische Gift" auch
das gemeine Volk in Deutschland ansteckte, die besitzlose
Masse der Bauern und Ritter.

Schon 1431 erhoben sich die Bauern in der Um=
gegend von Worms. Bald wurde der „Bundschuh",[1] der
Schnürschuh der Bauern, der 1437 in Straßburg als
Zeichen des Aufgebotes gegen die Armagnaks aufgepflanzt
worden, Bundeszeichen der Aufrührer. Das Zeichen wurde
dann metaphorisch für die Empörung selbst angewandt.[2]

Die „armen Leute"[3] hieß man der „arme Konrad",
was das Volk scherzweise faßte als den, der „keinen (koan)
Rat" weiß. Die Mitglieder des Bundes aber erhielten
zum Scherz Lehen auf dem Hungerberge, in der Fehlhalde
und am Bettelrain. „Sackmann" ist soviel als Plünderung.
„Bettelsack" ist jetzt in persönlichem Sinn gebräuchlich.

Neben „der arme Konrad", womit besonders der
Aufstand von 1514 gegen den „Herzog und Henker von
Wirtemberg"[4] bezeichnet wurde, kommt auch „der arme
Heinrich" für Bauernaufstand vor, während sonst „der

---

[1] Die kreuzweise übereinander geschnürten Riemen sollen schon
Bundeszeichen der Waldenser gewesen sein. Vgl. Grimm, Wtb. II 522.
[2] Über die Sache s. Janssen G. d. d. B. II 397. Über
die Redensart „Et cetera Bundschuh" Liebrecht in Pfeiffers Germania 5, 482 u. Ztschr. f. d. Kulturgesch. 1872. 354.
[3] Stälin, Wirttemb. G. 4, 99. Note 3.
[4] Janssen a. a. O. S. 406.

arme Heinrich" die anziehende Erzählung von Hartmann v. d.
Aue ist. „Der gute Heinrich" ist das bekannte Chenopodium.

Dem „armen Konrad" in Deutschland entspricht die
„Jacquerie" von 1358. Der Anführer der Bauern Guil-
laume Caillet soll den Beinamen Jacques Bonhomme
gehabt haben. Daher soll der Spottname für das niedere
Volk stammen. In Wahrheit ist wohl das Umgekehrte der
Fall. Auch jetzt bezeichnet man noch manche Berufsklassen
oder Stände mit bestimmten Vornamen. Kutscher, Haus=
knechte und Diener sind allgemein „der Johann",[1] Dienst=
mädchen „die Lies", scherzweise auch „Mechtild", an „Magd"
anklingend, die Zuhälter „Louis".[2] Die französischen
„Jakobiner" von 1789 haben den Namen vom Klublokal,
dem ehemaligen Jakobskloster von Paris. Ursprünglich
nannten sie sich selbst „französischer Revolutionsklub" und
„Klub der Konstitutionsfreunde".[3]

Der Name „Karsthans" wurde Bezeichnung für die
aufwiegelnden Pamphlete gegen die Geistlichkeit, wie sie dem
Bauernkrieg vorhergingen. Am berühmtesten wurde der
aus dem Sickingenschen Umsturzkreis hervorgegangene „Neue
Karsthans".[4] Der Name ist übertragen von einem be=
rüchtigten Laienprädikanten, der namentlich die Gegend am
Oberrhein unsicher machte. Er war ein „laisch Mensch"
(laicus), ein „schweifender Mensch", der, wie es in einem

---

[1] Münz in Annal. d. nass. Alt. X. 1870.

[2] Zur Zeit Ludwigs XIV. rechneten es sich deutsche Fürsten
zur besonderen Ehre, sich Louis zu nennen z. B. Christian von
Mecklenburg (1663). — Louis in der jetzigen Bedeutung ist in
Frankreich nicht gebräuchlich. Das Wort coquotte (etwa seit
20 Jahren im Volksmund) ist urspr. ein Lockruf für die Hühner.

[3] Th. Carlyle, D. franz. Revolution übers. v. P. Feddersen.
2. Aufl. (Erman). II, 33.

[4] Janssen II 190. Schade, Satiren und Pasquillen 2.
Karsthans war ursprünglich Arzt und hieß Hans Maurer. Röhrichs
Mitteilungen 2. S. 31. Schreiber, Gesch. d. Stadt Freiburg 3.
S. 293. Baur, Deutschland in den Jahren 1517—1525. Ulm.
1872. S. 73—85. Daneben wird gebraucht „Kegelhans".

Straßburger Bericht heißt, „in der Stadt Straßburg Rumor und Faction wider alles ehrbar Volk bewegend, reißend und verschaffend, die Menge des Volkes zu den Gassen und den Straßen versammelt und daselbst viel ungeschickte, irrige und ketzerische Dinge gelehret" hatte.

Der im Bauernkriege oft vorkommende Ausdruck „in hellen Haufen" oder „die hellen Haufen" heißt nicht, wie Heinsius u. a. erklärten in „ganzen" Haufen,[1] sondern wie bei dem Ausdruck „heller Aufruhr" bedeutet „hell" = schallend, sich schnell bewegend, augenscheinlich, offen. „Hellebarde" aber ist gleich „Helmbarde", Helmbrecher.

Volksaufstände". erhalten oft in eigentümlicher Weise Namen, die später nicht ohne weiteres mehr zu verstehen sind.

So heißt der bekannte Nikaaufstand, richtiger das Gemetzel der „Blauen" unter den „Grünen" in der Rennbahn von Konstantinopel (532) von dem Feldruf νίκα = „siege".

Der Münchener Maitumult vom J. 1844 wurde doppelsinnig als „Bieraufflauf" bezeichnet. Der Sturm auf die Brauereien Frankfurts im J. 1873 heißt der „Bierkrawall".

Die aufrührerischen Bocchesen machte der Wiener zu „Bockeseln".

Der Aufstand, welchen die Berliner 1442 wegen der Verwaltung der Stadt gegen Friedrich II. von Brandenburg, den „mit den eisernen Zähnen" erhoben, ist „der Berliner Unwille".[2] Ihren „letzten Unwillen" gab in ihrem Testamente kund die arme Charlotte, Gemahlin des Kurfürsten Karl Ludwig von der Pfalz, welche der Maitresse Luise von Degenfeld den ihr gebührenden Platz einräumen mußte.

---

[1] niederländ. heel = heil, ganz. engl. whole, norweg.-dänisch heel z. B. hele Folket = das ganze Volk.

[2] Ein „Berliner" aber ist ein Gebäck, eine „Berline" eine bes. Art Kutschen.

Euphemismen wurden gerne bei dem unehrlichen Hand=
werk des Raubrittertums angewandt. Das Leben aus
dem „Stegreif" (Steigbügel) wurde zum abligen Hand=
werk. Galt doch in Westfalen der Spruch:

Ruten, rowen, daten,[1]) is gheyn schande,
dat doynt de Besten von dem Lande.

Dagegen soll der Bauer gesagt haben:

Hangen, raden, koppen, stecken in, is gheyn sunde;
were dat nit, wyen behalten niet in dem munde.

Die Wegelagerer hießen „Strauchritter, Buschklepper"
(kleppen = schnell laufen)[2]), in Brandenburg „Traber".
Ihr edeles Handwerk bezeichneten sie als „Nahmen, Zu=
griffe, Überfahrungen."[3])

Die „Schnapphähne", „Landstürzer", „Marodeurs"
oder „Merodebrüder" waren die raubenden, mordenden,
marternden[4]) Parteigänger des dreißigjährigen Kriegs.
Simplicius Simplicissimus (Tl. 1, Buch 4, cap. 13)
leitet das Wort von dem Kommandanten Merode[5]) ab,
aber es kommt vom französischen maraud = Bettler,
homme de rien, va-nu-pieds[6]) und ist bereits vor dem
dreißigjährigen Krieg in Gebrauch gewesen, wie der Diction=
naire von Robert Estienne vom J. 1549 beweist.

Die Seeräuber des Mittelalters haben zahlreiche
Namen, die oft gar nicht an ihr Gewerbe erinnern. So heißen
die mecklenburgischen Kaper „Victualienbrüder" (Vitalien-
broder).[7]) Die Jomswikinger sind die Seeräuber von
Jomsburg (Jumne, Julin, Vineta?) Die „Korsaren" des
Mittelmeeres haben von corso (lat. cursus), dem Kreuzen
des Schiffes ihren Namen. Die „Rispiraten" heißen nicht

---

[1]) Reiten, rauben, töten.
[2]) Andere deuten es als „Buschklopfer".
[3]) Über das Treiben der Reichsritterschaft zu Beginn des
16. Jahrh. s. Janssen I 560 ff.
[4]) The lamentations of Germany 1638.
[5]) H. Hallwich, Gestalten aus Wallensteins Lager und dessen
Joh. Graf Merode. [6]) Scheler, dict. D' Etym. fr. S. 288.
[7]) Storm, Engl. Philol. I 90.

nach dem „Riff", sondern nach dem „Rif", einem Seiten=
zweig des Atlasgebirges, welcher der ganzen Küste den
Namen gibt. Das Wort Rif selbst ist nichts weiter als
das lateinische ripa = Ufer, was in die Sprache der
Berbern Aufnahme gefunden hat. Die Rifbewohner sind
demnach Ripuarier, aber sehr gefährliche Küstenbewohner
für die strandenden und landenden Seefahrer, wie dies noch
in unseren Tagen Prinz Adalbert von Preußen erfuhr.

„Flibustier" sind die Leute der Bemannung eines flibot,
eines kleinen besonders zum Häringsfang gebrauchten Schiffes;
daher kommt fributier und deutsch „Freibeuter".

Mit diesen Seeräubern stellt der Turnvater Jahn
noch eine ganze Anzahl anderer Räuber zusammen, wie
die Paulisten, die Bedränger der Jesuiten in Paraguay,
die Bewohner der Provinz San Paulo in Brasilien. „Der
Kalabrese ist der Banditenheld Italiens; die Barbets an
Altfrankreichs Grenzen, die Miquelets in den Pyrenäen
lauern auf Beute und Fang, wie die Raubtiere in den
Höhlen". Die Miquelets (urspr. = Michaels=Wallfahrer,
dann = Vagabund) waren die in den südlichen Pyrenäen
hausenden Räuber; aber Miquelets français nannten sich
auch 1804 französische Freikorps, welche gegen die spanischen
Guerillabanden kämpften. „Die Gorallen[1]) auf den
Karpathen bilden ein Wilddiebs= und Schleichhändlervolk.
Unter den Schweden sind die Schonen verdächtig" u. s. w.[2])

Die britischen „Adventurers" waren keine Abenteurer
im verächtl. Sinne = Glücksritter, sondern die englisch=
ostindische Handelskompagnie (1600 als solche privilegiert),
wie es denn urspr. überhaupt „eine ehrenvolle Bezeichnung
für große Kaufleute" ist. (B. Schmitz, Ein Macaulay=
Kommentar. Greifswald, Bamberg. 1870. S. 8.) Später
bezeichnet man damit ganz allg. Spekulanten.

In dem Worte „Abenteuer" ist keine Spur des Be=
griffs enthalten, den wir demselben unterlegen. Aventiure,

---

[1]) richtiger Goralen. góra hóva slav. Berg.
[2]) Jahn, sämtl. Wke. I 165.

durch die höfische Poesie eingeführt, stammt vom lat. adventura = Ereignis, dann Erzählung desselben.

Ist **Abenteuer** ein scheinbar deutsches Wort, so ist es bei Ordalia umgekehrt. Dies scheint fremden Ursprungs und ist das echtdeutsche Wort „ordêl, Urteil". In der englischen Rechtssprache wird das Gottesurteil als wager of battle = Duell (duellum = bellum) bezeichnet.

Mit dem Worte „**Kompagnie**" wurde zuerst in Frankreich die plündernde Söldnerschar Arnolds von Cervoles, des sogenannten „Erzpriesters" bezeichnet (1359). Später hießen die Söldnerscharen überhaupt les compagnies franches, les grandes compagnies.

Abgesehen von der jetzigen Bedeutung für eine Truppenabteilung von bestimmter Stärke, hat es seinen ursprünglichen Begriff „Gesellschaft" behalten in den Bezeichnungen für „Handelsgesellschaften", wie die historischen Kompagnieen in Ostindien, am Senegal, in Westindien, am Mississippi u. s. w.

Quartier ist ein vieldeutiges Wort, für welches Fr. L. Jahn wieder das deutsche „**Einlager**" einführen wollte.[1]) Im dreißigjährigen Krieg kam es zur Bedeutung von „Gnade, Schonung". Im Kriege von 1866 aber wurde es komischer Weise zum Schimpfwort in der Zusammensetzung „Hauptquartier", weil das bairische Hauptquartier durch seine Unthätigkeit in Verruf gekommen war.[2])

Das „fremde" Kriegsvolk, welches 1444 von Kaiser Friedrich III. aus Frankreich herbeigezogen wurde, um unter dem Dauphin gegen die Schweizer zu kämpfen, hieß nach seinem früheren Führer Armagnac die **Armagnaken**. Daraus machte das Volk „arme Gecken".[3]) So hieß man den Duc D' Enghien „Duc Daniel".[4])

Als wilde Freikompagnieen waren im 14. Jahrhundert die „**Englischen**" unter dem Ritter Enguerrand VII. v. Coucy

---

[1]) S. Merke S. 209. Sämtl. Werke II 2, 621.
[2]) W. Menzel, D. deutsche Krieg. II S. 28.
[3]) Janssen, Frankfurts Reichskorrespondenz. II 80. Schmidt, Gesch. v. Frankreich II 337. [4]) Simplic. Simpl. V 12.

gefürchtet,[1]) und die „Almugavaren" (arab. = scorridori), die meistens aus Catalanen und Arragoniern bestanden und daher auch den Namen „die Catalanische Kompagnie" hatten.[2]) Im französischen Heere hießen sie bidauz.

„Schlüsselsoldaten" hießen die päpstlichen Söldner, welche 1227 in Neapel einfielen. Die clavigeri trugen als Abzeichen einen Schlüssel.

Als „Reisläufer" machten sich später die „Schweizer" einen Namen von den Deutschen als „Heini" oder „Heiri" = Heinrich verspottet.[3]) Und noch heute heißen so „Thür=steher", aber auch die Aufseher für einen ausgedehnten Rindviehstand. Auch „Kuhghyger" (Geiger) war ein Schimpf=name der Eidgenossen.

„Reise" ist gleichbedeutend mit Kriegszug. Doch heißt es auch genauer „streichende Reise". „Reißausarmee" ist nur eine Wortverdrehung für die Reichsarmee des sieben=jährigen Kriegs. Im 30 jährigen Krieg wurde das Partei=gehen Sitte, das Ausziehen einer Streifschar zur Plünderung. Daher stammen die noch gebräuchlichen Ausdrücke „Partei=gänger", „einem die Partei (Partie) halten". Wie diese Strei=fereien ausgeführt wurden, das ist wahrheitsgetreu im Simpli=cissimus und in Philander von Sittewalds Gesichten zu lesen.

Die berühmten Bandenführer der „Landsknechte" hießen Condottieri. Die „frummen" Landsknechte[4]) aber waren seit der Heeresorganisation durch Max I. tüchtige Reisige aus den kaiserlichen Landen, nicht „fromm" in unserem Sinne, aber immer noch besser als die entmenschte Solda=teska des 30 jährigen Kriegs. „In Beziehung auf die langen Spieße jener Söldner wurde der Name auch nach der Aussprache zu Lanzknecht".[5]) Aus jener Zeit rührt

---

[1]) Stälin I 2, 548.
[2]) Köhler, die Entwicklung des Kriegswesens. III 1, 102.
[3]) Rochholz, Eidgenössische Liederchronik. S. 366.
[4]) Der Name „Knecht" drang als knight ins Englische ein.
[5]) Weigand II 1053. Das Karree der Landsknechte nannten die Franzosen hérisson = Stachelschwein. Böttiger, Gesch. d. deutschen Volkes. IV 145.

auch der Ausdruck „Spießgeselle". Die „Lanziers" waren
gerüstete Reiter, welche die Lanze als Hauptwaffe hatten.
Auf das „Recht der langen Spieße" geht die Strafe des
„Spießrutenlaufens" zurück. Das „Recht" der langen
Spieße aber hatte ein Delinquent, d. h. gegen die Spieße
seiner Kameraden zu laufen und so durch einen Soldatentod
seine Schuld zu büßen. In Wort und Bild ist das ganze
Landsknechtleben behandelt in Frundsbergers Kriegsbuch von
1565 mit den Holzschnitten von Jost Amman. Der „Juden=
spieß" ist keine Waffe, sondern ursprünglich der Stab der
Juden, dann symbolisch = Wucher. [1]

„Stehende" d. h. beständige Heere datieren genau ge=
nommen erst seit dem 30 jährigen Krieg, wenngleich schon
Karl VII. von Frankreich 1445 durch die compagnies d'
ordonnances eine armée permanente einführte, fast gleich=
zeitig auch das B zum A, die taxes permanentes, die
stehenden Steuern. Die Regimentsuniform heißt in Frank=
reich noch jetzt habit d' ordonnance. In England war
die ordnance office das Feldzeugamt, ordnance bezeichnete
dann auch das Material, besonders die Kanonen. Im
Deutschen ist „ständig" und „ständisch" scharf zu scheiden.
Eine „ständische Verfassung" beruht auf Reichsständen.

Soldatenwitz verschaffte stets militärischen Ausrüstungs=
gegenständen besondere Bezeichnungen. Die Landsknechte
nannten den Harnisch (kelt. haiarnaez) = „Krebs". Wie
die römischen Soldaten wegen der von Marius eingeführten
gabelförmigen Stange zum Gepäcktragen den Spottnamen
muli Mariani = Maulesel des Marius erhielten, so spricht
man von den Tornistern der jetzigen Soldaten als von
„Affen". Auch die Redensart einem einen „Bären auf=
binden" rührt wohl von solchen soldatischen Ausdrücken her.
Das „Bayonnett" wird zum „Bankenett". „Schnapphahn"
war ein sehr gebräuchl. Ausdruck im 30 jährigen Krieg,
desgl. „Landstörzer". Die Deutschen machten im deutsch=

---

[1] S. ausführlich Güdemann a. a. O. III. u. J. Janssen. I.

11*

französischen Krieg den Mont Valerien zum „Baldrian".[1]
Einen ähnlichen Witz macht Lichtenberg in seiner „simplen
Relation von den curieusen schwimmenden Batterien" über
die spanische Batterie La Pastora in Gibraltar, die im
J. 1782 durch die Engländer zuerst zum Schweigen ge=
bracht wurde:

> „Auch fing er mit Frau Pástorin
> Sein Pfeifchen an zu schmauchen".

„Armbruſt" iſt durch Volksetymologie ans Arcuballista
(Bogen=Wurfmaſchine) entſtanden. Ehedem erhielten auch
große Geſchütze beſondere Namen, wie Greif, Ungnade,
Burlebaus[2], Weck auf Öſtreich, letztere Geſchütze Maximi=
lians I. Eine „tolle Grete" gebrauchten die Genter bei der
Belagerung von Oudenarde 1452. „Die faule Metze"
d. i. Mechtild, nicht wie Riedel, Geſch. des preußiſchen
Königshauſes II 167 meint, Abkürzung für Margareta,
leiſtete dem Erzbiſchof Günther von Magdeburg 1411 gute
Dienſte gegen die Harzburg, in welcher ſich die Raubritter von
Schwichelt verteidigten. Sie gehörte den Braunſchweigern.
Das geſchah nämlich häufig, daß man ſich von Nachbar=
fürſten große Büchſen lieh. So bediente ſich der erſte
Hohenzollernſche Markgraf von Brandenburg auch einer von
dem Thüringiſchen Landgrafen entlehnten Donnerbüchſe.
Aber Sage iſt, daß Friedrich I. eine ſolche mit dem Namen
„die faule Greth" beſeſſen und mit ihr unerhörten Schrecken
unter den Raubrittern der Mark verbreitet habe. Kein
gleichzeitiger Geſchichtſchreiber weiß etwas davon.[3]
Die alte Kanone, welche vor dem Hofplatze des Schloſſes
Bellevue im Tiergarten placiert iſt, heißt „le drôle".
Die Inſchrift auf der Lafette lautet: „Den 18. Okt. 1813
wurde dies Geſchütz nebſt 14 andern bei Probſtheyde, in
der Schlacht bei Leipzig, durch die 12. Brigade, welche aus

---

[1] Anderes ſ. Andreſen, Volksetym. S. 157.
[2] „Wenn ihr voll iſt der Kragen, kehrt ſie unſauber aus".
[3] Riedel a. a. O. II 167. Die Inſchrift d. Kanone ſ. Jahns
ſämtl. Wke. I 445. Andere Namen ſ. Wackernagel a. a. O. S. 92 ff.

dem 12. Schlesischen, 11. Reserve=, 10. Landwehr=Infanterie=
Regiment und der sechspfündigen Batterie Nr. 11 und 13
bestand, unter Anführung Sr. königlichen Hoheit des Prinzen
August von Preußen erobert". Diesem wurde le drôle als
Belohnung auf dem Schlachtfelde von Friedrich Wilhelm III.
überwiesen.

„Mortier monstre", hieß n i c h t, sondern war der
große M ö r s e r, der 1832 bei der Belagerung von Ant=
werpen durch die Franzosen benutzt wurde. Sonst ist man
geneigt, an den Marschall Mortier zu denken, der gar
nichts damit zu thun hat.

Die mitrailleuses der Franzosen wurden im J. 1870
von den deutschen Soldaten kurz „Militärläuse" genannt.
Im bekannten Kutschkelied heißen sie „Mamselln" = Ma-
demoiselles:

„Mit den Kanonen und Mamsell'n
Da knallen sie, daß die Ohren gell'n."

Aus „Torpedo=Boot" wurde „Trompederboot" gemacht.
Warum muß der Deutsche auch ohne weiteres mit der
fremdländischen Erfindung den Namen aufnehmen? Aug.
Boltz,[1] der diese Umbildung mitteilt, ereifert sich mit Recht
über unseren „Leichtsinn" gegenüber den Fremdwörtern.

Unter der „Passauer Kunst" verstand man zur Zeit
des dreißigjährigen Kriegs das „Festmachen", Feien gegen
Schuß, Hieb und Stich. Der Ausdruck soll daher kommen,
weil zuerst ein Passauer Scharfrichter Wundermittel für
das Festmachen verkauft habe.

Das häufig erwähnte „Kraut und Lot" bedeutet weiter
nichts als Pulver und Blei.

Ähnlich ist die Zusammenstellung „Schrot und Korn"
= von gehörigem Gewicht und richtigem Metallgehalt, also
von Münzen geltend, n i c h t — wie es den Anschein hat —
von Schießmaterial. Die Abweichung vom vorgeschriebenen
Schrot und Korn ist die „Toleranz", das „Remedium".[2]

---

[1]) Herrigs Archiv 58, 261 ff.
[2]) Sepp, Varia. Augsburg. 1885. S. 133. Anm.

„Gibt es denn noch der verdammten Kipper und Wipper, wie in dem Mansfeldischen Kriege 1621 und 1622? Besitzen diese Leute auch das Regiment in Städten, oder hält man sie für unehrlich und für Land= diebe?" fragt Schicfot den Philander.[1] Die Kipper und Wipper wogen die gute Münze ab, beschnitten sie oder schmolzen sie ein, um dann geringwertigere in Umlauf zu setzen.[2]

Über die Bezeichnung der Münzen und die vielen dadurch entstehenden Mißverständnisse ließe sich ein Buch schreiben. Der Ausdruck „Silbergulden" ist ein Wider= spruch, „Goldgulden" Tautologie. „Gulden" ist nämlich der „gulden" (goldne) Pfennig, der aureus denarius, das Goldstück. Der Name Floren, Florin (fl.) hat von dem zuerst in Florenz mit dem Zeichen der Lilie geprägten Guldenpfennig den Namen. In Deutschland waren die von den rheinischen Kurfürsten geprägten die ersten Gulden. — Pfennig (ahd.), phantinc kommt von pfant.

Der alte Silberpfennig ist der Kreuzer, denarius cruciatus (crucigerus), so genannt von dem Kreuzzeichen, eigentlich X; daher stammt die Abkürzung Xr., dann Kr. So ging die Münze ursprünglich aus den Prägstätten von Verona und Meran hervor.[3] Der „gemeine Pfennig" war eine Steuer.[4] Aber der „ewige Pfennig" in Branden= burg war eine „nicht einzuwechselnde Münze", durch welche der früher übliche Umtausch der Münzen abgeschafft wurde.

Das Bild des Agnus dei gab einem französischen Geldstück den Namen moutons d' or.

„Heller" ist der „Haller", zu Schwäbisch=Hall ge= prägte Pfennig, der als kleinste Geldmünze „Meit" hieß.

---

[1] Phil. von Sittewalds wunderliche und wahrhaftige Ge= schichte I, 4. Schicfot (Chicot) war Arzt des französischen Königs. Phil. bezeichnet damit die Schwarzkünstler.
[2] Eberty, preuß. Gesch. I 208. Spottlieder s. Maltzahn, Deutscher Bücherschatz. S. 328.
[3] Weigand Wtb. I 1010.   [4] s. unten S. 169.

Er hatte auf der einen Seite eine flache Hand, auf der
Rückseite „ein an den Enden V=förmig gespaltenes Gabel=
kreuz mit Kugeln zwischen den Zinken der Gabel." [1)]

Die älteren Bracteaten waren nur einseitig ge=
prägt. „Der Hellerwart Witz" ist eine scherzhafte Novelle
aus dem 14. Jahrh., verfaßt von Hermann Fressants aus
Augsburg.

Aus dem Wort grossus (sc. denarius) = Dickpfennig
(etwa 70 ₰ unseres Geldes) entstand unser „Groschen".
Die ersten waren die böhmischen seit 1300. Die „Finken=
augen", auch „Okelaugen" haben ihren Namen nicht von
den Augen der Finken, sondern waren dünne Groschen,
daher feine, vienke, mit einem Zeichen wie ein Auge
versehen. Der „Bunzengroschen" wurde von dem Hörigen
an den Herrn für die Erlaubnis zum Heiraten gezahlt.
Er bedeutet also Schürzenzins, Bedemund, Heiratsgeld,
Ehezins, maritagium. Der „Bunzen" ist ein Grabstichel,
stählerner Stempel zu erhabener Metallarbeit (punctio). [2)]
Für diese Abgabe kommen auch noch folgende Ausdrücke
vor marcheta, cunnagium, Abgift, Klauenthaler, Sprunk=
daler, Stechgroschen, Schützengroschen. Damit hängt das
vielbesprochene ius primae noctis, quod dicitur vorhure [3)]
zusammen. Das Recht ist aber ganz falsch gedeutet worden
und hat in Deutschland wohl nie faktisch bestanden. K.
Schmidt nennt es daher einen „juristischen Witz". [4)]

Die Friedrichsd'or sind nicht, wie es scheint, von
Friedrich I. od. II. von Preußen geprägt, sondern von
Friedrich Wilhelm I. 1713.

Der Thaler hieß ursprünglich Joachimsthaler Gulden
(seit 1518 geprägt) = Grosch=Pfennig. [5)] Umgekehrt heißt

[1)] Stälin, Gesch. Württembergs I 1, S. 367. Gotha 1882.
[2)] Weigand I 283.
[3)] Gud. cod. dipl. II 183. Scherr, Deutsche Kultur= und
Sittengesch. 243. Grimm, Rechtsaltert. 384.
[4)] Das jus primae noctis. 1881. S. 354.
[5)] Weigand II 893.

der Brabanter Thaler nur „Brabender". Englisch, bezw. amerikanisch wird der Thaler zum „Dollar".

Der „Rosenobel" ist der nobulus (ὀβολός u. nobilis verquickt!) mit dem Gepräge der „Rose" (Rosatus).[1]

Die „Dukaten" sollen den Namen von der byzan= tinischen Kaiserfamilie Dukas haben. Andere leiten ihn mit mehr Recht von der Umschrift der venetianischen Gold= münzen her:

Sit tibi, Christe, datus, quem tu regis, iste ducatus.

Eine hübsche volksetymologische Anekdote teilt Mosche= rosch in den Gesichten Philanders mit: „Die Franzosen nennen's un ducat, quod inducat in tentationem, weil derselbe in Versuchung führt".

„Petermännchen" war eine alte kurtrierische mit dem Bild des hl. Petrus versehene Scheidemünze. Das „Kaste= männchen" der Rheinlande, 2½ Groschen, „S i l b e r = m o r g e n", wie der studentische Ausdruck lautete, galt noch zu unserer Zeit. Andresen (Deutsche Volksetymologie S. 303) deutet das Wort als „Kassemännchen", weil „diese Münzen, worauf das Brustbild eines Mannes (Männchens) geprägt war, meist in die Staatskassen wanderten". Sonst viel gebrauchte Geldsorten sind trotz ihrer Abschaffung noch im gewöhnlichen Leben in Rechnung. So kauft der Metzger noch sein Vieh nach „Karlin"; die Ferkel werden nach „Kopfstück" berechnet, die Eier nach „Batzen". „Nasen= stüber" freilich sind keine Münze, auch „Pfifferlinge" (Pfefferschwamm) nicht. Aber „Scherflein" bedeutet eine kleine Münze, von scherf. „Flitter" ist der Rechenpfennig.

Die guten deutschen Münzen der alten Zeit, jener Periode, wo die deutschen Kaufleute ihre großen Faktoreien in London hatten und hochangesehen waren, standen in England in so gutem Rufe, daß sie als Easterlings, Ost= linge, bis heute noch zur Berechnung dienen, wenn auch in der beschnittenen Form von Sterling (₤ = libra, aber

---

[1] a. a. O. II 509.

pound gelesen). Das englische penny (1 d) ist nicht die kleinste englische Münze, sondern a penny enthält 4 farthings, a farthing aber ist etwas mehr als 2 German Pfennige, a schilling (1 s) ist gleich 1 Mark = 12 pence; pennies bedeutet einzelne Pfennige; 20 schillings machen a pound.

Einer englischen Dame verdanke ich die Bemerkung, daß man mit St. 3 — 14^8 —, ein famous Jacobite toast, Jakob III, „old Pretender" und Ludwig XIV. meinte.

Kein Ding ist dem Unterthanen mißliebiger als die Steuern. Daher benennt sie das Volk gern mit Spott oder Schimpfnamen,[1] die Besteuernden dagegen suchen umgekehrt eher euphemistische Benennungen. Die Griechen trugen ihre φόροι, leisteten ihre λειτουργίαι, wie die Römer ihre vectigalia, ihre tributa, Steuern, Zölle, Zehnten die Alten und die Neuen. Form und Namen der Auflagen wechselten mit den Zeiten, die Sache blieb und wird bleiben.

In Deutschland schrieb zum erstenmal Maximilian I. eine „allgemeine" Reichssteuer aus, den „gemeinen Pfennig". Damals aber galt die Steuer noch als „Almosen" besonders als „Türkensteuer" (v. gr. ἐλεημοσύνη). Daher waren die Pfarrer als Steuererheber aufgestellt. Aber sie hatten ihre liebe Not mit dem Eintreiben. Der „Peterspfennig" ist eine freiwillige Abgabe an den Papst.

Vordem mußten die Fürsten, wenn sie „Geld" bedurften, sich an die Landstände mit einer „Bitte, Bede" wenden. Gar bald aber war die „Bede" so gut als ein „Gebot", der Wunsch ein Befehl. Daher bezeichnete das Volk dieses mit Widerwillen gezahlte „Liebgeld" als „Ungeld",[2] was fälschlich als „Umgeld" wie Umlage, oder „Ohmgeld" gedeutet wurde, weil es auch Trankfteuer war.[3]

---

[1] Alte Reime über die Steuerpflicht teilt Fr. L. Jahn mit. S. Sämtl. Werk. hrsg. v. Euler II 2, 953. [2] auch Gilde.
[3] Joh. v. Müller, Gesch. Schweiz. Eidgen. IV 7. Anm. 114.

Aus dem Herzen des Volkes spricht Hugo von Trim=
berg im Renner, wenn er sagt:
„unrecht gewalt, bete vn' steure
machent milte leute uf erde teure,
Swer herren un' iuden ofte musz geben
sein gut, der musz mit sorgen leben.
Doch ist ein gelt ungelt genant,
das verre und nahen leider ist bekant,
von siner unrehte und groszer untat."
Die Dons gratuits (droits) der Franzosen samt ihrer
taille waren so freiwillig, als a benevolence, wie die Plan=
tagenets und Tudors sie erzwangen. Ähnlich wie bede[1]) ist
im frz. aide = „Hilfe" zur Bedeutung von Steuer,
namentlich für Wein gekommen.

Für „Ungeld" kam später das Fremdwort Accise
auf (accidere), kölnisch Assise schon im 13. Jahrh.,
Assisen sind jetzt ein Standes=, (Geschwornengericht. Les
assises de Jérusalem heißt das Gesetzbuch des König=
reichs Jerusalem.

Mit den Assisen verwechseln Ungebildete sonderbarer=
weise zuweilen die fanatische, politisch=religiöse Sekte der
mohamedanischen Assassinen[2]) im Libanon, deren Häupt=
ling der „Alte vom Berg" in Wahrheit „Fürst der Ge=
birge" hieß.

„Kerb" nannte man die Steuer, weil die Erheber
Kerbstöcke gebrauchten, „auf denen der Steuerbetrag der
Pflichtigen eingeschnitten war".[3])

Einen eigentümlichen Namen hatte der unter Albrecht
Achilles in der Mark eingeführte Zoll „die Unmöglichkeit".
Der große Kurfürst wollte 1641 statt der üblichen „Kontri=
butionen" (Steuern) eine Verbrauchssteuer einführen, kam

---

[1]) Just. Möser leitet das Wort von bat ab, was ein westfäl.
Wort für „Hilfe" sei.
[2]) von Haschischa, einem berauschenden Trank aus einer
Hanfart, mit dem sich dieselben fanatisierten.
[3]) Schmitthenner, Wtb. s. v.

aber mit seiner „Consumtions=Accise=Ordnung" erst 1667 durch.

Das französische taille soll von tacula (tacus, tascus, taxare = schätzen) herkommen.[1] Derselbe Ausdruck wird aber auch in Spielen, wie dem Pharaon, dem Trente et un u. a. gebraucht.

Er bezeichnet „la série complète des coups qui se suivent, jusqu' à ceque le banquier ait retourné toutes les cartes du jeu qu'il a dans la main".[2]

Über die taille, die in zwei Arten zerfiel, die réelle, die Grundsteuer, und die personelle handelt eingehend Christ. Wilh. Dohm in s. Übersetzung des Compte rendu von Necker 1781. Anm. S. 11. Unter gabelle, was von einem altsächs. gafel kommen soll, bezeichnete man in Frankreich ursprünglich jede Art von Abgabe; allmählich bezeichnete es speziell die Salzsteuer (gabelle du sel). Über Namen der Steuern, Steuerbeamten und den Miß=brauch bei Verkauf der Beamtenstellen im vorrevolutionären Frankreich findet man alles im angeführten Werke (An=merkungen). Mit taille scheint das schweizerische Tell für Landsteuer zusammenzuhängen.[3]

Die beim Antritt der Regierung an den König von Frankreich von den Vasallen entrichtete Steuer hieß joyeux avènement.[4]

Und ebenso nannte man eine im J. 1723 ganz will=kürlich erhobene Abgabe für die Bestätigung aller könig=lichen Ernennungen, welche für 23 Million Livres ver=pachtet wurde, den Pächtern aber 41 Mill. einbrachte.[5]

So faßt auch Kiesewetter in seinem Fremdwörterbuch[6] den Ausdruck joyeuse entrée als „Name einer in den ehemaligen östreichischen Niederlanden üblichen Abgabe".

---

[1] Scheler, Dict. d' étymol. franç. s. v.

[2] Dict. de l' académie fr. II 814.

[3] Joh. v. Müller, Gesch. Schweiz. Eidgenossenschaft. Leipz. 1805. IV 7, S. 588. Anm. 93.

[4] Dict. de l' acad. franç. s. v.

[5] Schmidt, Gesch. v. Frankreich IV 664. [6] S. 351.

In der That bedeutet entrée unter anderem auch „Ein=
gangszoll". Aber Joyeuse entrée war die dem Herzogtum
Brabant verbriefte Verfassung, welche bedeutende Frei=
heiten enthielt. Ihren Namen soll sie daher haben, weil
sie bei dem Einzug Philipps des Guten in die Stadt
Brüssel bekannt gemacht wurde. Ihre Verletzung erregte
stets große Unruhen.

Wie bei der Wahl Ottos I. die vier Erzämter
hervortreten, die Wahl Konrads II. durch die sieben Heer=
schilde, die „vires et viscera regni", episcopi, duces
et reliqui principes, milites primi, milites gregarii,
quin etiam ingenui omnes, si alicuius momenti sint,[1]
erfolgt, so erscheinen zum erstenmal bei der Wahl Rudolfs
von Habsburg „principes electores", nachher in der
Siebenzahl, die Kurfürsten d. i. Wahlfürsten. Die
„Churfürsten" in den Thuralpen sind die Firsten, Berg=
gipfel an der Straße nach Chur. Bei den Ostfriesen
sind die Brantweinbrenner (Kur=Kornbranntwein) scherz=
weise als „Kurfürsten" bezeichnet.[2] Die „Kurhessen"
verdanken ihren Namen der Schrulle des Landgrafen
Wilhelm IX. (I.), den Titel „Kurfürst", den er mit Baden,
Württemberg, Salzburg 1802 erhalten, zu einer Zeit, wo
derselbe gar keine Bedeutung mehr hatte, wieder anzu=
nehmen (1815).

Die Kurfürsten waren der oberste Reichsstand. Die
drei übrigen waren Fürsten, Herren und die Reichsstädte,
die aber erst seit 1487 förmlich als solche aufgenommen
wurden. Schon 1474 hatten auch diese sich nach „Bänken"
geordnet, in die „rheinische" und die „schwäbische". Die
durch den König bestätigten „Reichstagsbeschlüsse" hießen
„Abschiede" oder „Recesse". „Retraditionsreceß" ist der
Vertrag, nach welchem Friedrich III. von Preußen 1695
den Schwiebuser Kreis an Östreich zurückgab.

---

[1] Wipo Vita Chuonradi Imp. 2 u. 4. Sachsenspiegel I, 3.
[2] Andresen S. 134.

Die erste Kreiseinteilung des Reiches in 4 Parteien oder Particen nahm Wenzel vor, die zweite Maximilian I. Derselbe richtete auf dem Reichstag zu Augsburg von 1500 zuerst 6 Kreise ein, 1512 wurden zu diesen „pristini circuli" die kaiserlichen Erblande und die kurfürstlichen Länder in 4 Kreisen hinzugefügt. Der Plan des Kaisers, eine Reichskriegsverfassung und Reichsexecutionsordnung auf diese Kreiseinteilung zu basieren, scheiterte an dem Widerwillen der Stände.

Das „Reichsregiment" war keine „Reichsarmee", sondern eine fürstliche Oligarchie, welcher sich Max I. auf dem Augsburger Reichstag von 1500 unterordnen mußte. Sie bedeutet, daß im wesentlichen das Streben der Fürsten nach der „teutschen Libertät" von Erfolg begleitet war. Der westfälische Friede bestätigte die „Souveränität" der deutschen Fürsten zum Unsegen des Reichs.

Freilich war schon längst die Macht des deutschen Königtums beschränkt durch die „Willebriefe" der Kurfürsten und die später üblichen Wahlkapitulationen. „Willküren" (Wilkeren) nannten die Friesen ihre heimischen Gesetze. Der vielgenannte Upstalsbom südlich von Aurich war ein Versammlungsplatz für Versammlungen einzelner Landbezirke, keine Gerichtsstätte, wie noch Zöpfl a. a. O. S. 214 behauptet.

Damit wenden wir uns zu einigen Ausdrücken des Rechtes. Je älter sie sind, desto weniger sind sie verstanden.

So denkt kein Mensch mehr bei dem Worte „Wergeld", der Buße für Totschlag und Verletzung an „Mann", und doch bedeutet es nur „Manngeld", wie „Werwolf" = „Mannwolf". „Wer", got. vair, lat. vir ist gleich „Mann". [1]

„Vormund" und „Vormundschaft" hat mit „Mund" nichts gemein, sondern kommt von munt (manus) =

---

[1] Weigand Wtb. II 1045.

Gewalt. Mit diesem Worte ist auch das Sprichwort, „Morgenstund hat Gold im Mund" gebildet.

Was denkt sich heute ein „Gebildeter" unter „Schwert= und „Spillmagen"? Am Ende vergleicht er es gar mit „Blutmagen", einer schon im Homer vorkommenden Wurst= sorte. Die „Schwertmagen" sind männliche Verwandte, die „Spindelmagen" weibliche. Ein „Nagelmage" aber ist ein Verwandter im 7. Grade (vgl. „Nagelprobe").

. Bei den Angliern hieß der Mannesstamm „lancea". Daraus erklärt sich das angelsächsische Sprichwort: Bige spere of side oththe bear, eme lanceam a latere aut fer, welches in Legg. Edwardi confess. 12 erläutert wird: parentibus occisi fiat emendatio vel guerra eorum portetur.[1]

„Laß mich ungeschoren", gebraucht der Deutsche so oft, aber ohne daran zu denken, daß er sich damit das Recht der Freien, wallendes Haupthaar tragenden Frilinge (nord., ags. Karl, ahd. Kerl) erbittet. Noch heute heißt es „Kinder folgen der ärgeren Hand" d. h. dem niedrigeren Teil der Ehe (altengl. cneorisse arg generatione adultera Graff.); also das uneheliche Kind (= Kegel daher „Kind und Kegel") einer Freien mit einem Knechte ward unfrei. Nach fränkischem Rechte war sonst der Bastard erbfähig. Zuerst wird so genannt Wilhelm der Eroberer.[2] Es stammt aus dem mittellat. bastardus, was durch Volksetymologie zu Bankert verdeutscht ist = das auf der Bank er= zeugte Kind.

Der Name für die Halbfreien, Läten, Lassen, Liten, ist von unsicherer Herkunft, wie sie selbst.[3]

Die Slaven (von slowo Wort = die Redenden, nach anderen von slava Ruhm) wurden „in solchen Massen

---

[1] Lappenberg, Gesch. v. England. I 95.
[2] Weigand Wtb. I 109. Grimm I 1150.
[3] F. Dahn, D. Gesch. I 2, 458 ff. Boos, Über die Liten und Albionen. Göttingen 1872. Baumstark, Urdeutsche Staats= altertümer. Berlin. Weber 1873. 804. 815.

kriegsgefangen und verknechtet, daß ihr Name in den meisten europäischen Sprachen — in allen romanischen, im Eng= lischen, im Griechischen wie im Deutschen — für die nied= rigste Unfreiheit gang und gäbe ward." [1]) Der alte deutsche Name für Slaven ist Wenden = Weidende (Nomaden) oder von wand das Meer.

Im Fränkischen wurden die Unfreien auch vassi, wohl ein keltisches Wort, = Knechte genannt. Die Vassen, vasalli, sind, wie die ministeriales, später der Adel, der sich seiner Freiheit begeben hatte, die Träger eines Lehens, beneficium, precarium, feodum, feudum. [2]) Sie bilden das gasindi, die clientes, amici, homines, auch wohl pares (Pairs; primus inter pares!). Es sind die An- trustionen, [3]) das Gefolge, genannt von truht = Schar, deren Führer der Truchseß ist; saz ist derjenige, der die Sitze anweist. Die Übersetzung dapifer erklärt sich aus der falschen Ableitung des ersten Bestandteils von truhe = Schlüssel.

Die doppelte Bedeutung des Wortes beneficium im Mittelalter 1. = bonum factum Wohlthat, 2. Lehen gab bekanntlich Anlaß zu dem ersten Streit zwischen Friedrich I. und dem Papste. Die Schuld daran trug die Übersetzung des papstfeindlichen Erzbischofs von Köln, Reinald von Dassel. [4]) Daß Mißverständnis war beabsichtigt, denn in dem Schreiben ist der Plural maiora beneficia in ganz unzweideutiger Weise gebraucht. Aus dem weltlichen Ge- brauch drang das Wort auch in das kirchliche Leben. Im kirchl. Sinne heißt es „Pfründe" (praebenda).

Im Englischen bedeutet feud sowohl „Fehde" als „Lehen", und doch ist das eine feud = ahd. fêhida, das andere = feudum (agf. fädhh, got. faihu Vieh, Besitz).

[1]) F. Dahn, D. G. I, 2, 465.
[2]) Kunkel=, Schleierlehen = Weiberlehen.
[3]) Anders Waitz, Verfassungsgesch. II S. 262 ff. u. a. and. Orten. [4]) Ficker, Reinald v. Dassel. Köln 1850. S. 17. Reuter, Alexander III. I. S. 26.

„Fehde" wird zwar richtig als Feindschaft, Streit verstanden (von vêhen haffen, feindlich angreifen); bei „Urfehde" denkt man aber leicht an „alte" oder „ftarke" Fehde, während damit das Aussein derselben, der Verzicht auf Rache bezeichnet wird (Schiller, Tell 5, 1).

Außer dem bereits genannten Truchseß gehören zu den alten Hausämtern, die bei der Krönung Ottos I. als Erzämter, nicht Erbämter, auftreten, der Stallmeister, marskalk, daher Marschall, der Mundschenk (pincerna) und der Kämmerer, camerarius. Der Marschall ist wohl identisch mit dem Seneschall, dem Altknecht (got. sins = alt) und dem comes stabuli (Connetable), „Kon= ftabler", was seit dem 30jährigen Krieg die Bedeutung von „Artillerist" und zu unserer Zeit die von „Sicherheits= wächter, Gensdarm" angenommen hat. Heine, Romanzero 3. Buch „Prinzessin Sabbat" gebraucht es im Hohn für „Synagogendiener".

Der Vorsteher des gasindi hieß bei den Franken mit dem schon von den Römern gebrauchten Titel „maior domus" (= Ältester des Hauses, Hausvater), daher „Haus= meier". Er verwaltete auch das Hofgut (sala)[1] des Königs.

Für die Vermögensverwaltung gab es auch besondere oeconomi, vicedomini, das sind die Vitzdome,[2] auch Hofrichter (im Rheingau), Vitztume (Vitztumsches Gym= nasium in Dresden), Vidam.

Der comes Palatii Karls d. Gr. war nie Vorsteher der Pfalz, sondern oberster Leiter der königlichen Gerichts= barkeit.[3] Den Pfalzgrafentitel (Comes Palatinus) hatten später auch Gelehrte und Dichter. Es war eine aus der römischen Hoforordnung entlehnte Würde. Ein solcher comes hatte einzelne Rechte, wie das Recht der Legitimierung von

---

[1] Salhof in Frankfurt a. M.
[2] Menzel, G. d. D. II 78 leitet es falsch von vice domus ab.
[3] F. Dahn, II 2, 621.

Mantelkindern (unehel.),[1] der Erteilung von Wappen=
briefen, akademischen Ehren, die Ernennung von Notarien u. a.

„Pfalz" kommt nicht von palatium, sondern von ahd.
pfalanza, mlat. palantium = murus, fastigium „con=
textus ac series palorum" = „Pfahlbezirk".

„Als später unter den Karolingern die palatia in Deutsch=
land eingerichtet wurden, erhielt das längst aus dem Lat. über=
nommene Wort die Bedeutung des lautähnl. palatium; und später
erscheint im Mlat. auch palantia für palatinatus, der Bezirk eines
pfalenz-grâve."[2]

Der „Ting", geboten oder ungeboten d. h. alle 40
Tage auf dem mallus, mallobergus (Malberg) zusammen=
tretend, ist die Gerichtsversammlung, theiding (tageding)
= anberaumte Gerichtsverhandlung, daher „verteidigen"
= eine Rechtsache führen. Der „Tuom" (doom) ist die
Urteilsfindung. Die Schöffen (Rechtschöpfende, scabini)
sitzen bei der Rechtsprechung, die übrigen bilden den „Um=
stand". Als „Rachinburgi" (racha = Sache) faßte man
sie = „ratsame Bürger" oder gar „Ratzenburger".

Den „Bann", das Recht zur Berufung zum Gericht
hat der König oder sein Stellvertreter, der „Graf" (comes),
angelsächs. = gerefa Vogt, Richter, nicht von γράφειν.
„Sheriff" ist der angels. scir-gerêfa Shire od. Graf.[3] Der
Fronbote, Gerichtsvollzieher ist der skulda-hisk, Schuld=
heischer, Schulteiß.

Für den Bruch des Friedens muß ein „Banngeld",
eine „Wette" gezahlt werden. Die „höchste Wette des
Königs" war die Hinrichtung mit dem Strang, der „Wide",
dem „Reep" oder „Seil".

---

[1] Mantel v. mantillum = Frauengewand. Es mag wohl
daher kommen, daß Frauenzimmer ihre Schwangerschaft zu ver=
decken suchten durch den Mantel. Die Franzosen nannten solche
Mäntel und „gepolsterte Weiberkleidungen" geradezu „cachebâtards".
Noch jetzt sagt man „etwas bemänteln". Zur Sitte siehe Philander
v. Sittewalds Geschichte. II 2.

[2] Kluge, Etym. Wtb. 258.

[3] Schmitz, Macaulay=Kommentar. 106.

„Heerbann" ist das Aufgebot der Freien, deren Ver=
sammlung zuerst im „März" (Märzfeld), später im „Mai"
stattfand. Daher hat auch das Pariser „Marsfeld" seinen
Namen, nicht vom römischen campus Martius.

Nichts beschäftigte stets mehr die Einbildungskraft der
Jugend als die mittelalterliche „Veme", besonders seit
Göthes Göt̗ von Berlichingen. Bei dem bloßen Worte
steigen vor dem geistigen Auge auf vermummte Richter, in
finsterem Gemache beleuchtet von der Fackel „düsterroter
Glut", die schrecklichen geheimen Rächer böser That; und
die Seele empfindet mit Wollust geheimnisvollen Schauder
bei dem Gedanken an die Thätigkeit der „Wissenden".
Aber auch die Erwachsenen standen und stehen unter dem
Banne der Veme, und weswegen? Weil eben das Ge=
richt mit dem Dunkel des Geheimnisses umgeben war. Zu=
nächst aber waren die Gerichte nicht „heimlich", sondern
secreta d. i. abgesondert, ferner nicht im Dunkel der
Nacht und an geheimen Orten, sondern unter freiem
Himmel am hellen Tag. Die Richter waren nie
vermummt. Es ist ganz verkehrt, den Ursprung der
heimlichen Gerichte auf Karl den Großen [1]) zurückzu=
führen. Die jähe Hinrichtung des Vervemten ist ein Rest
der uralten Volksjustiz. „Veme" selbst hat ursprünglich
gar keine juristische Bedeutung, sondern heißt soviel als
„Gesellschaft, Genossenschaft, Verband" und „Vemenoten"
sind die Mitglieder eines solchen „gemeinsamen" Dings. Den
lateinischen Ausdruck für die heimlichen Gerichte „iudicia
vetita" hat man mißverständlich als „verbotene Gerichte"
übersetzt, teils in dem jetzigen Sinne von verboten =
„unerlaubte" Gerichte, teils in dem früheren Sinne von
verboten = „vorgeladen, geboten". Aber die Gerichte

---

[1]) Th. Lindner, Die Veme. Paderborn, Schöningh 1888.
S. 466. „Heimlich" hatte früher auch nicht den jetzigen Sinn,
sondern war = Abgeschlossen von der Allgemeinheit. S. 480.
Mit der gleichbenannten Schweinemast hat das Gericht nichts gemein
als den Klang. In Norddeutschland hieß auch der Landfrieden Veme.

heißen vetida, ein Wort, das sicher mit verne zusammen=
hängt, dessen wahre Bedeutung aber nicht feststeht.[1] „Zur
Erklärung der bei dem Worte vême vor sich gegangenen
Begriffsverengerung ließen sich eine Masse von Analogieen
beibringen". Theod. Lindner, welchem wir diese Klarstellung
entnehmen, erinnert daran, daß gicht z. B. die streng
juristische Bedeutung von „gerichtlicher Aussage" (daher
auch Urgicht und „gichtiger Mund" d. i. Geständnis),
Beichte (bîgiht) die ausschließlich religiöse Bedeutung von
„Sündenbekenntnis" erlangt, „obwohl beide Wörter an sich
identisch sind und ihnen der weite Begriff „sagen" (jehen)
zu Grunde liegt".[2] So ist auch confessor z. B. in
Litaneien falsch mit Beichtiger übersetzt worden, während
jenes „Glaubenszeuge", dieses „Beichtvater" bedeutet.[3]

Lindner hat zugleich das Verdienst, die Bedeutung
der Veme nach jeder Seite hin in das richtige Licht gestellt
zu haben. „Mit Heimlichkeit, diesem Hauptreiz aller Zeiten"
ist das Gericht erst allmählich umgeben worden. „Für
uns hat die Veme keine Heimlichkeiten mehr. Ihre Brief=
schaften, ihre Rechtsbücher liegen offen vor uns, und in
ihnen ist nichts enthalten, was der ängstlichen Bewahrung
bedürftig gewesen wäre. Die Losungsworte sind nur
ein paar Stichworte aus dem Vemeeide, und selbst der
Notruf mit seinem rätselhaften Klange läßt sich, wenn auch
nicht ganz sicher, sinngemäß erläutern". SSGG (a b c d)
heißt überhaupt nicht „Strick, Stein, Gras, Grein",
sondern „Stock u. s. w.", diese Losung aber wurde durch
den Schöffeneid klar. Das Notwort „Reinir vor Feweri!"
ist wahrscheinlich ebenfalls nur eine Anspielung auf den=
selben, aber zu einem Rätsel verstümmelt. Lindner faßt
das letzte Wort als einen Lesefehler für Steber (Stäber),
was den bedeutet, welcher „den Eid einem andern stabt".[4]

---

[1] a. a. O. S. 316. 280.   [2] Lindner a. a. O. 308.
[3] Sachse in Herrigs Archiv. Bd. 50.   [4] a. a. O. 485 ff.
S. 530 ff. auch die Ausdr. „mit hebender Hand und mit gichtigem
Mund", „handhafte That", „blickender Schein" Augenschein.

Die Zahl der wirklich vollzogenen Todesurteile Vervemter war eine „so geringfügige, daß jedermann getrost es wagen konnte, eine Vervemung über sich ergehen zu lassen".[1] Zwar schleppten sich Form und Formeln bis in unser Jahr= hundert hinein, aber „Geist und Leben war der Mumie entwichen". „Wenn auch eine Wurzel in sehr frühe Zeiten hinabreicht, die Vemegerichte, welche eine Zeit lang Deutsch= land in Schrecken versetzten und noch heute die Einbildungs= kraft erregen, waren das späte Erzeugnis mißverstandener überlebter Rechtsverhältnisse und willkürlicher, aber glücklich durchgeführter Rechtsanmaßung".[2] Aus der Zeit der Vemgerichte stammt aber noch der Ausdruck „Steckbrief" für Vorladungsurkunde. Konnte nämlich der Ladebrief dem Verklagten nicht zugestellt werden, so steckten die Schöffen oder der Fronbote (Gerichtsbote, eig. Herrenbote) denselben an die Thüre mit silbernen Königspfennigen als Wahr= zeichen und hieben in den Thürriegel drei Kerben.[3] Die Bezeichnung „Wettebrief" leitet Linder von dem Worte „Wete, wetet = wisse, wisset" ab, mit dem derselbe häufig begann. Wahrscheinlicher liegt in der Zusammensetzung das Wort „Wette" in der Bedeutung von „Buße, Strafe".

Die Acht = Verfolgung im Mittelalter konnte Unter= acht sein, von einem einzelnen Richter für seinen Bezirk verhängt, oder vom König für das Reich, die Oberacht, Obiracht,[4] mitteldeutsch Oberacht, was im 16. Jahr= hundert mißverständlich als doppelte oder wiederholte Acht aufgefaßt wurde. So erklärt sich das Witzwort des ge= ächteten Markgrafen Albrecht Alcibiades von Brandenburg= Kulmbach „Acht und aber acht macht sechzehn". Die Ver= vemung wurde als „höchste Kaiseracht" bezeichnet, unterschied sich aber von des Reiches Oberacht.[5]

---

[1] a. a. O. S. XXI.
[2] a. a. O. S. XXII.
[3] Lindner a. a. O. S. 584.
[4] Janssen R. Corr. Frkfts. I 419.
[5] Lindner a. a. O. S. 601.

Der „Ächter" ist der „Geächtete". Beiläufig seien einige andere Komposita mit „Aber" kurz besprochen. Aberglaube möchte ich als Afterglaube fassen, wie Aberklaue statt Afterklaue, Afterrede u. a. Aberwitz (Unverstand) ist wohl aus Abewitz entstanden; Abegunst ist gleich Mißgunst.

Die deutschen Rechtsbücher des Mittelalters sind der Sachsenspiegel und der Schwabenspiegel. Den Namen erklärt uns der Herausgeber des ersteren, Eike von Repgow, ein anhaltischer Edelmann (c. 1230):

Spiegel der Sachsen soll dies Buch sein genant,
Denn Sachsenrecht wird hieraus erkannt,
Wie in einem Spiegel die Frauen
Ihr Antlitz mögen beschauen.

Auf dem Sachsenspiegel beruht der nach 1275 be= endete, durch süddeutsches Recht erweiterte Schwabenspiegel, „unpaßlich genug so genannt". [1] Zwischen beiden entstand der „Spiegel deutscher Leute".

Das große encyclopädische Werk von Vincenz von Beauvais, Speculum doctrinale, enthält auch einen Rechts= spiegel. Sein Zeitgenosse Wilhelm Duranti (geb. 1237) gab ein System des ganzen französischen Rechts (speculum iudiciale) heraus.

„Handspiegel", „Augenspiegel" und „Brandspiegel" sind Streitschriften aus der Reuchlin=Pfefferkornschen Fehde. [2]

Der „richterliche Klagspiegel" aus dem Anfang des 15. Jahrh. ist der erste größere Versuch, die römische Rechts= wissenschaft in Deutschland einzubürgern. „Der Kaiser ge= schrieben Recht" aber ist nicht das römische Recht, sondern bezeichnete „alle diejenigen Rechtssätze, welche man mittelbar oder unmittelbar auf die Autorität des Kaisers zurückführte oder zurückzuführen dürfen glaubte." [3] Wie wenig das fremde Recht beim Volke beliebt war, beweisen allein schon die

---

[1] W. Wackernagel, Littgesch. I 417.
[2] S. hierüber Janssen, G. d. d. V. II. S. 39 ff.
[3] Janssen a. a. O. I. S. 474 nach Senckenberg Corp. iur. Germ. praef. § 3.

bereits im 16. Jahrhundert landläufigen Wortspiele mit
dem Worte „Juristen". „Juristen sind schlechte Christen",
„Rechtsvertreter" werden zu „Rechtsverdreher." „Juristae
sunt jurgistae; juris consultus, ruris tumultus; juris
periti sunt juris perditi; legum doctores sunt legum
dolores".[1] Die Doktoren des römischen Rechts waren
dabei von oben hoch angesehen und galten als milites
legum oder togati Adligen gleich. Die Namen der beiden
berühmtesten italienischen Rechtsgelehrten des 14. Jahr=
hunderts, Bartolus und Baldus, wurden als Bartele[2]
und Baldele sprichwörtlich. Den bösen Ruf, den die Advo=
katen sich besonders durch ihre Geldgier erworben, behielten
sie im 17. Jahrh. und haben ihn noch heute nicht ver=
loren. Am schärfsten geht ihnen Moscherosch in den
„Gesichten" zu Leibe. Im „Totenheer" macht er sie ver=
antwortlich für „alles Unglück" auf der Welt, und im
„Weltwesen" spottet er über die Studenten der Juris=
prudenz:

„Wenn es denn ja hoch kommt, so kann es euch
eurer Meinung nach nicht fehlen, die ihr

Den Schneidewin[3] beim Zapfen,
Den Clarus[4] im Keller,
Den Balduin[5] im Glas,
Den Baldus im Pastetenhaus[6]

gelesen und nunmehr

---

[1] Stintzing, das Sprüchwort: Juristen sind böse Christen.
Janssen, a. a. O. I 482 ff.
[2] Das Sprichwort „Er weiß, wo Bartel Most holt", bezieht
sich vielleicht auf Bartolus Andresen erklärt es aus der Gauner=
sprache (S. 338): Barzel = Brecheisen, most (moos) = Geld.
Eine andere Erklärung s. b. Münz, Anm. d. Ver. f. nass. Alt. u.
Gesch. 10 Bd. 1870. S. 106.
[3] Rechtsgelehrter † 1568.
[4] desgl., † 1575, es wird auf Clarett angespielt.
[5] Bald=in, Balduin gleichfalls Jurist, † 1573.
[6] Bald=ûs.

Die Institutionen bei den Ohren haltet,
Die Paratitla bei den Brüsten,
Den Kodex de ventre inspiciendo,
Die Novellen in den Hosen,
Die Pandekten in den Haaren,
Die Reichsabschiede im Säckel,
Die Extravagantien im Hirn und Herzen

habt, mit welchen ihr vagirt, wie die Vaganten alle . . . ." [1])

Moscherosch spielt mit den Extravagantien auf die aus=
schweifenden Liebesgedanken an. Extravaganten sind päpst=
liche Decretalen, die noch nicht in eine Sammlung des
Kirchenrechts aufgenommen sind. Aber auch die Extra=
vaganten sind gesammelt und bilden in bibliographischem
Sinne Teile des Corpus iuris canonici. Genaueres s.
Wetzer=Welte K. L. IV 1150.

Die Carolina [2]) ist die von Karl V. auf Grund der bam=
bergischen Halsgerichtsordnung erlassene constitutio crimi-
nalis, die auf dem Reichstage zu Regensburg von 1532
angenommen wurde.

Die Bezeichnung „hochnotpeinliche Halsgerichtsordnung"
ist ein „handgreiflicher Pleonasmns". „Denn die Strafe,
welche an Hals geht, ist gewiß peinlich, obgleich nicht um=
gekehrt. Der Ausdruck Halsgerichtsordnung ist also
eingeschränkter, und der andere peinliche Gerichtsord=
nung ist weitläufiger. Auf dem Rubro nennet sie Carl V.
peinlich Gerichtsordnung; in dem privilegio impres-
sorio aber bedient er sich des Ausdruckes: Hals oder pein=
lich Gerichtsordnung. Nachher hat man beyde Benennungen
verknüpft, zumal vor der Carolinischen Vorrede, und am
Ende, der Ausdruck: Peinliches Halsgericht, vorkommt;
welcher Zusatz aber nicht sowohl von des Gesetzgebers, als
vielmehr von eines Fremden Hand, herrühren mag". [3])

---

[1]) Vgl. hiezu V. v. Scheffels Trompeter v. Säckingen 2.
[2]) s. die Ausg. mit ausführlicher Vorrede von J. Chr. Koch.
Gießen 1800.
[3]) a. a. O. S. 6 f.

Nur selten wird auch die goldene Bulle von 1356 als Carolina bezeichnet.

Über die strengen Strafen, wie sie nach dem Geiste der Zeit auch dort festgesetzt waren, haben wir hier nicht zu handeln. Nur eins sei bemerkt: Das Rädern hat mit dem alten Radtragen nichts zu thun. Rädels= führer heißt ferner nicht der, welcher zum Radtragen verurteilt ist,[1]) sondern der Führer des Rädels. Rädel aber ist entweder Deminutiv von Rad und bedeutet den Reigen[2]) oder Rädelsführer kommt von 1. dem Sieb, welches beim Bergbau zum Aussieben der Erze gebraucht wurde, 2. dem starken Baum im Hüttenbau, an welchen der sog. Pochstempel, wenn er von der Radrolle in die Höhe gehoben wurde, anprallte, damit er mit desto größerer Wucht niederfiel. Der Rädelsführer ist also derjenige, welcher den Rädel, nicht das Rädel führt.

Es wäre ein Unrecht, wollten wir nicht der Städte gedenken und ihrer Verfassung. Schon oben bei „Roland" haben wir das „Weichbild" erwähnt.

So viel auch über diesen Ausdruck geschrieben ist, seine Etymologie ist immer noch nicht sichergestellt. Während die einen es als „heiliges Bild", andere[3]) als „Ortsbild" (von vicus, ahd. vîh) erklären, wieder andere es deuten als „Zufluchtsort" (von weichen) oder gar als Bild eines Götzen Wich, fassen wir „Bild" lieber mit Lappenberg[4]) und anderen als entstanden aus ahd. piladi == Recht, Gerichtsbarkeit, ein Wort, welches nur noch in „Unbill" erhalten ist (vgl. Bill engl.[5]), wich == Stadt. Im Angel=

---

[1]) So W. Menzel G. b. D. II 112.

[2]) Weigand und Kluge in ihren Wtb. Letzerer vergl. das engl. ring-leader.

[3]) Weigand s. v. s. Zöpfl a. a. O. 344 ff.

[4]) Gesch. Englands I 611.

[5]) Fr. L. Jahn wollte das Wort (== Gesetzentwurf) wieder in die deutsche Sprache einführen: „Das gefühlte Bedürfnis gibt Fug zur Bill" u. s. w. Sämtl. Werke II 2, 566.

jächſiſchen kommen „Wykgrafen" vor,[1]) im Däniſchen iſt
wichbold = Grundeigentum der Stadt. „Weichbild"
heißt alſo „Stadtgerichtsbarkeit", „Stadtgebiet".[2]) — Kirch=
ſpiel iſt der Kirchbezirk, ſo weit die Rede der Kirche reicht,
wie Sprengel urſpr. = Weihwedel, Kirchfriede, ſoweit der
Schutz der Kirche reicht, wie Bergfried. „Bride, Frit"
iſt auch die Einfriedigung, das Gehege. „Friedhof" iſt
vríthof, der umhegte Hof, heute als Stätte des Friedens
aufgefaßt.

In England wird der Bur-gereve (Wycgereve),
der die Vogtei des Königs über die Stadt ausübt, mit
dem ſpäteren Burggrafen verwechſelt.

So wird im Deutſchen der „Burgmeiſter, Bürge=
meiſter" d. i. der Vorſteher (magiſter, meiſter) der
Burg (Genitiv „bürge") zum „Bürgermeiſter", Meiſter
der Bürger. Göthe gebraucht in „Hermann und Dorothea"
richtig: „Der würdige Burgemeiſter". In England wird
der Bürgermeiſter zu Burgomaſter (burghmaſter), frz.
zu bourgmeſtre, in Italien zu borgomaſtro. Aber der
richtige engliſche Titel für den oberſten Munizipalbeamten
iſt mayor (Lord-mayor von London), der franzöſiſche
maire, der italieniſche cónsolo (consul), der ſpaniſche
corregidor.

Der erſte Bund[3]) der deutſchen Städte war der rhei=
niſche. Um 1280 vereinigten ſich unter Lübecks Vortritt
die geſamten deutſchen Kaufleute in London zu der „deutſchen
Hanſa in England". Daraus entwickelte ſich dann der
mächtige Städtebund, welcher falſch als „Hanſabund" (eine
pleonaſtiſche Bildung wie Lintwurm), richtig als „Hanſa"
bezeichnet, in der Geſchichte eine bedeutende Rolle ſpielte.
Die Ausſchließung aus dieſem iſt die „Verhanſung"; ebenſo
iſt „Verfemung" der Ausſchluß aus der „Veme", der

---

[1]) a. a. O. 85. Kluge Wtb. s. v.
[2]) S. auch Juſtus Möſer in dem Aufſatz „Osnabrücks
älteſte Verfaſſung".
[3]) Einung. Genaueres ſ. jedoch D. Schäfer, die Hanſa. 1885.

Genossenschaft. Auch von der Hansa gilt, was die Limburger
Chronik von dem schwäbischen Städtebund sagt: sie nahm
„ein bös end".

Mit zwei Schlagworten leitet man gerne die neuere
Geschichte ein. Es sind „Humanismus" und „Reformation".
Beansprucht jener Ausdruck das Vorrecht, eine der M e n s c h e n=
n a t u r mehr entsprechende Bildung zu verbreiten, als es
die beengte und beengende S c h o l a s t i k des Mittelalters
scheinbar wollte und erreichte, so fordert dieser für sich den
Ehrenbegriff der B e s s e r u n g a u f k i r c h l i c h e m Gebiet. Es
ist ein Unglück gewesen, daß man mit dem Gewand des
n e u e r e n Humanismus auch Sitten annahm, die eher
heidnisch als christlich waren. Die Verachtung des C h r i s t=
l i c h e n und das ehrliche Streben nach Besserung vorhandener
Mißbräuche paaren sich schlecht. Der Begriff „Humanis=
mus" schließt n i c h t das Religiöse, Kirchliche aus, sondern
umfaßt es im Gegenteil. Aber es kam dazu, daß man
das K l a s s i s c h e über das Christliche stellte. Anders der
Franzose: ihm ist ein k l a s s i s c h e s[1] Buch, un livre clas-
sique nur — ein Schulbuch. „Reformation" an sich aber
bedeutet ursprünglich nur „Umänderung", erst durch die
Glaubensspaltung des 16. Jahrhunderts verengerte sich der
Begriff. Doch war schon auf dem Konstanzer Konzil die
Rede von der Reform oder Reformation der Kirche an
Haupt und Gliedern. Die „Reformation" König Sigis=
munds ist ein Schmäh=Libell, ein Programm sozialer
Neuerungen, welches, c. 1438 von einem hufitisch gesinnten
deutschen Weltgeistlichen verfaßt, zuerst 1476 erschien, in
demselben Jahre, in welchem der Schwärmer Hans Böhm,[2]
der Sackpfeifer von Niklashausen im Taubergrund sein Un=
wesen trieb, ein Werk, von welchem Bezold[3] sagt: „Die

---

[1] Über die Bedeutung des Wortes s. Gellius, noctes Atticae
VI, 13. XIX, 8. 15.   Classici = die Geladenen, Berufenen.
[2] W. Böhm, Friedr. Reisers Reformation des Kaisers Sig=
mund. Leipz. 1876.   [3] Die „armen Leute" u. die deutsche Litteratur
d. spät. MA. (Sybels Hist. Ztschr. 41. S. 26 f. 1879.)

Reformation Kaiser Sigmunds ist das erste revolutionäre Schriftstück in deutscher Sprache. Wenn man eine tschechische Reimchronik des 14. Jahrhunderts als die „Trompete des Husitenkriegs" bezeichnet hat, so kann unsere „Reformation" mit vollem Recht eine „Trompete des Bauernkriegs" ge= nannt werden, denn die Geschichte ihrer Handschriften und Drucke zeigt deutlich, wie sie erst lange nach ihrer Ent= stehung zur Verbreitung und Wirksamkeit gelangt und ge= rade im zweiten Decennium des 16. Jahrhunderts recht zu Ehren gekommen ist". Ebenso radikal war die „Reformation Kaiser Friedrichs III.", eine im J. 1522 erschienene Flug= schrift, deren wahrer Titel ist „Teutscher Nation Notturst; die Ordnung und Reformation aller Stände im römischen Reich". Was die „Reformation" des 16. Jahrhunderts in Wahrheit ist, das hat trotz allen Protestes Janssen in seiner Geschichte des deutschen Volkes ein für allemal be= wiesen. Weit unschuldiger war die „Reformation" Joachim Nestors in Brandenburg, nämlich eine neue Städteordnung. Die Reformation in kirchlichem Sinne fand erst erlaubten Eingang unter seinen Söhnen.

Nicht weniger heftig als der kirchliche Streit des 16. Jahrhunderts, aber weniger gefährlich war der Kampf über die Aussprache des Griechischen, der Kampf um den Etacismus und Itacismus, nicht Jotacismus, nach dem Ausspruche des Henricus Stephanus ein novum et inauditum vocabulum, um Erasmische und Reuch= linische Aussprache. Diese Bezeichnung hat gar keine Berechtigung und ist höchstens deshalb gewählt, weil „Reuchlin der erste Deutsche war, welcher das Griechische verbreitete."[1]

Die welschen „Praktiken" sind zwar älter als die Reformation, aber im Zeitalter der Reformation entwickeln sie sich zu gefährlicher Stärke. Das französische Geld, die französische Tracht und Sitte, die französische Sprache

---

[1] Eckstein, Lat. und griech. Unterricht. S. 373. Anm. 3.

verdarb deutsches Denken, Leben, Reden. Mit den fremden Raubscharen und dem à la mode Wesen drang eine Unmasse von Fremdwörtern in unsere „Muttersprache" ein. Und dieses Unwesen nahm mehr und mehr zu. In Verblendung kämpfte man gegen das „katholische" Kaisertum und geriet ganz in die Netze des blutsaugenden Nachbarn. Zu spät wurden die Augen geöffnet. Wirkungslos verhallten die Klagen biederer Deutschen zu jener Schreckenszeit, welche mit dem dreißigjährigen Krieg über unser armes Vaterland hereinbrach.

„Ist es nicht eine Schande" — ruft der treffliche Moscherosch aus — „einem fremden Volk zu Gefallen sein eigen Heil und Wohlfahrt zu verachten! . . . ."

„Ihr bösen Deutschen, man soll't euch peitschen,
Daß ihr die Muttersprach' so wenig acht 't;
Ihr lieben Herren, das heißt nicht mehren —:
Die Sprach' verkehren und zerstören!
Ihr thut alles mischen mit faulen Fischen
Und macht ein Mischgemäsch, ein wüst Gewäsch;
Ich muß es sagen, mit Unmut klagen
'Nen faulen Hasenkäs', ein seltsam Gefräß.
Wir haben verstanden mit Spott und Schanden,
Wie man die Sprach' verkehrt und ganz verstört.
Ihr bösen Deutschen, man sollt' euch peitschen[1]
In unserm Vaterland, o pfui der Schand'."

Der „Träumende"[2] jammerte mit Recht, daß seine Landsleute die „Sprachverketzerung" trieben und „um fremder Wörter und Untugenden willen, als da sind Respekt, Reputation, Reformation, Temporisation, Kontribution, Raison d'État und anderer verdammlicher mehr das edle deutsche Blut so vergießen

---

[1] Jahn erzählt in seinem „Deutsch. Volksthum III 7: „Ein deutscher Bote hielt einst Hochdeutsch für Französisch". Dortselbst auch andre Verwechselungen.

[2] So hieß M. als Mitglied des Palmenordens.

laſſen." Es ſind herrliche Worte, welche Moſcheroſch aus=
ſpricht über die Sprachverderbnis und Sprachmengerei. Und
ſeinen Groll teilten viele.[1]) So ſpottet Martin Opitz in
ſeinem Buch von der deutſchen Poeterei: „So ſtehet es
auch zum hefftigſten vnſauber, wenn allerley Lateiniſche,
Franzöſiſche, Spaniſche[2]) vnnd Welſche Wörter in den text
vnſerer rede geflickt werden, als wenn ich wollte ſagen:

Nemt an die courtoisie, vnd die devotion
Die euch ein chevalier, madonna, thut erzeigen;
  Ein' handvol von favor petirt er nur zum lohn,
  Vnd bleibet ewer Knecht wnd serviteur gantz eigen.

Wie ſeltzam dieſes nun klinget, ſo iſt nichts deſto=
weniger die Thorheit innerhalb kurtzen Jharen ſo eingeriſſen,
daß ein jeder, der nur drey oder vier außländiſche wörter,
die er zum offtern nicht verſtehet, erwuſcht hat, bey aller
gelegenheit ſich bemühet dieſelben herauß zur werfen".

Um allein die Tagesbefehle Wallenſteins zu verſtehen,
müßte ein beſonderes „Miſchmaſch"=Wörterbuch heraus=
gegeben werden.

Bei ſolcher Verwirrung iſt es erklärlich, daß zahlloſe
Mißverſtändniſſe entſtehen mußten und müſſen, die im
einzelnen zu verfolgen ſich der Mühe nicht lohnt.

Mit dem Worte „Armada" verbindet man ohne
weiteres den Begriff der durch ihr Unglück ſprichwörtlich
gewordenen „unüberwindlichen" Flotte, die Schiller nennt
„ein ſchwimmend Heer furchtbarer Citadellen". Das ſchon
im Anfange des ſechzehnten Jahrhunderts belegte Wort
heißt weiter nichts als „Armee" vom lat. armata. Eher
kann man alſo an eine „grande armée" denken, als an

---

[1]) Teutſcher Franzoß. D. i. Ein newes Allamodo Gſang.
Innsbruck. Joh. Gächen. 1637. Ebenda Die Teütſch Frantzöſin.
und 1638 Der Teutſche Michel. D. i., Ein newes Klaglied, vnd
Allamodiſch A B C.
  [2]) ſ. auch Klopſtock (nach Leibniz) Gelehrtenrepublik. 1. Aus=
gabe. S. 43.

eine „stolze Flotte". „Mehrere Regimenter, Frei = Kom=
pagnieen und Freifähnlein, die dazu gehörige Artillerie, die
Wirtschaftsbeamten auch noch Abteilungen von Landvolk,
Schanzgräbern u. s. w. bilden zusammen eine Armada".[1]
Wenn übrigens der Beweis wirklich geführt ist, daß la
armada invencible nicht durch Wind und Wetter, sondern
durch die Unfähigkeit Medina Sidonias vernichtet worden
ist,[2] dann ist die Medaille der König Elisabeth mit der
Umschrift „Afflavit Deus, et dissipati sunt" nicht be=
rechtigt.

Nach der landläufigen Erzählung soll Granvella in
der Urkunde, welche dem Landgrafen Philipp von Hessen
Sicherheit zusagte, die Worte „nicht in einiger (= irgend
einer) Gefängnis" in „nicht in ewiger Gefängnis" ge=
fälscht haben. Über diese ganz plumpe Erfindung hat
Buchholtz, Gesch. der Regierung Ferdinands I. 6, 78—80
das Nötige klargelegt. „Wenn der Landgraf Philipp, der
den Vertrag anders als der Kaiser verstanden" — sagt
Maurenbrecher[3] — „ein Recht zur Klage und Beschwerde
über die Weise gehabt hat, mit der man ihm mitspielte,
so hätte er weit richtiger seinen Vorwurf gegen die Unter=
händler richten können, gegen die Fürsten, die mit dem
Kaiser die Punktation vom 2. Juni getroffen, und dennoch
ihm ganz unbeschränkte Straflosigkeit in ihrem eigenen und
auch im Namen des Kaisers zuzusagen gewagt haben".
Ein Mißverständnis konnte gar nicht vorliegen, denn die
Fürsten hatten die Vertragsurkunde selbst gefertigt, und
darin steht nur von einer „nicht immerwährenden" Haft.[4]

Die berüchtigte Entdeckung Bergenroths,[5] daß Karl V.
seine gemütskranke Mutter habe foltern lassen, beruht auf

---

[1] K. A. Müller, Forschungen auf dem Gebiete der neuern
Geschichte 2. Lfg. Das Söldnerwesen. Dresden 1838. S. 17.
[2] F. Duro La armada invencible. 1885.
[3] Karl V. u. die deutschen Protestanten 145.
[4] Brief Karls v. 28. Juni 1547 bei v. Druffel, Briefe u.
Akten z. Gesch. d. 16. Jahrh. 1, 63 ff. [5] Sybels Ztschr., 1868. Heft 4.

mißverständlicher Übersetzung der Worte dar la cuerda, welche bedeuten „die Zügel schießen lassen" d. h. der armen Irren möglichst Freiheit gestatten. Karl war ein guter Sohn. „Der Tod seiner geisteskranken Mutter Johanna (Frühjahr 1555)" — sagt Philippson[1]) — „verstärkte seinen Trübsinn". Er legte seine Krone nieder und zog sich nach dem Hieronymitenkloster San Yuste in Estre= madura zurück. „Doch hat er dort keineswegs das Leben eines asketischen Einsiedlers geführt. No quiero ser frayle, „ich will kein Mönch sein", wiederholte er bei jeder Ge= legenheit. Ein einziges Mal nur hat er mit den Hierony= miten in deren Refektorium gespeist."[2]) Auch an der Politik nahm er noch regen Anteil. „Die berühmte Scene seiner Exequien noch vor seinem Tode scheint die Erfindung eines Mönchs zu sein".

Die Verschwörung Wallensteins zu Pilsen, die man jetzt vielleicht mit dem Ausdruck „Konspiration" bezeichnen würde, sah man damals in Wien mit milderen Augen als eine „Konfusion" an, was heutzutage nur in dem Sinne von „Verwirrung" angewandt wird. Was haben Namens= verwechslungen schon für „Konfusionen" hervorgerufen!

Verwandt mit diesem Begriff ist das einfache „Fusion", was ursprünglich von Metallen geltend übertragen wird auf die „Verschmelzung" politischer Parteien.

In Zeiten großer Zwietracht redet man gerne von Eintracht und Frieden. Da werden Konkordate, Kon= ventionen, Allianzen, Liguen, Koalitionen, Bündnisse, Ver= träge, Abmachungen, Übereinkünfte, Vereine u. s. w. aller Art geschlossen. Und keine Zeit der Weltgeschichte ist reicher daran, als die neuere Geschichte, in welcher der große Friedensstörer Europas, unser französischer Nachbar so oft Frieden geschlossen und garantiert hat. Als man Frank= reich und Schweden zu Garanten des westfälischen Friedens

---

[1]) Flathes Allg. Weltgesch. N. Zt. 46. Lfg. S. 212.
[2]) a. a. O. 213. Vgl. Gachard, Jeanne la Folle et Charles V. Brüssel. 1870.

ernannte, machte man, was ersteres Land betrifft, den Bock
zum Gärtner, ebenso als Polen 1773 das freundnachbar=
liche Rußland die Garantie für die neue Verfassung über=
nehmen ließ.

Als der westfälische Friede für die deutschen Fürsten
die Souveränität (superanitas), die staatliche Ober=
hoheit in·ihren Territorien thatsächlich und begrifflich fest=
stellte, war es mit der Suzeränität des deutschen Kaisers,
mit seiner Oberlehenshcrrlichkeit völlig zu Ende. Suzerän
ist jetzt z. B. der türkische Sultan über Ägypten.

Bemerkenswert sind die jetzt meist als musikalische
Kunstausdrücke gebrauchten Bezeichnungen Akkord und
Konzert.[1]) Freilich werden auch jetzt noch zwischen
Arbeitgebern und Arbeitern, Mietern und Vermietern Ak=
korde geschlossen; man akkordiert auch über zu vergebende
Lieferungen. In politischem Sinne wie früher wird es
selten mehr gebraucht. Wallenstein gewährte bekanntlich
in einem Akkord dem Urheber des 30 jährigen Krieges
Mathias Thurn Leben und Freiheit.

Das „Haager Konzert" von 1710 war der Bund
zwischen England und Holland, welcher die Neutralität der
schwedischen Besitzungen in Deutschland sichern sollte. Das
„Europäische Konzert" aber ist das „Gleichgewicht der
europäischen Großmächte".

Der „entliche frid", welcher zwischen Kaiser Maxi=
milian I. und König Ludwig XII. zu Camerich (Cambray)
am 10. Dezember 1508 geschlossen wurde, ist die erste
historisch bedeutende Ligue,[2]) die von Maximilian selbst
als „Confederacion und bundnus wider die Venediger",
auch als „Camereckscher tractat"[3]) bezeichnet wird.

---

[1]) Über die Etymol. Diez, etym. Wtb. d. roman. Spr.
I 109. 137.
[2]) Le Glay Négociations diplom. I 216 ff. u. Correspond.
de Maximilien I. et de Marguerite d' Autriche. I. öft.
[3]) Janssen, Frankfurts Rcorr. II 2, 845.

Im Jahre 1512 folgte die sogenannte „heilige Ligue" gegen die Franzosen, 1526 die Ligue von Cognac.

Die zweite „heilige Ligue" wurde von den Guisen im J. 1576 gegen die Übergriffe der Calvinisten gestiftet. Sie hatte anfangs als Haupt den König Heinrich III.

Die „Ligue der Sechzehn" von 1585 hat ihren Namen von den sechzehn Stadtquartieren von Paris. Der Haupt=stifter war Karl Hotmann, nicht die Jesuiten.

Bereits 1464 hatten französische Granden eine Ligue für das Staatswohl Frankreichs gestiftet gegen Ludwig XI.

So liegt in dem Wort nichts von religiöser Ver=einigung. Aber merkwürdigerweise blieb es schließlich den katholischen Bündnissen reserviert, wie auch dem Bunde der katholischen Fürsten Deutschlands vom J. 1609 gegen die protestantische Union.

Mit diesem Begriffe verbindet man ähnlich sofort den Gedanken an eine Vereinigung Andersgläubiger, ohne daß in dem Worte selbst eine Berechtigung zu dieser Auf=fassung liegt.

Mit anderen Begriffen ist es geradeso gegangen. Der Name „Congregationen" für religiöse Genossenschaften gilt nur für die katholische Kirche. Katholische Vereinigungen bezeichnen sich als Vereine, Männervereine, mit besonderem Zusatze, wie Pius=, Görres=, ... u. s. w.

Ein bekannter protestantischer Verein dagegen nennt sich, wie nach der alten Union, „evangelischer Bund".

„Diaconissen" nennt man ausschließlich die prote=stantischen Krankenschwestern; man gab ihnen den Namen, weil man mit diesem auf die apostolische Kirche zurück=zugehen vermeinte. Es gab auch im christlichen Alter=tume Diaconissen (diaconissae d. h. in das Verzeichnis der kirchlichen Personen Eingetragene), gewöhnlich Witwen, meist solche über dem canonischen Alter (40 Jahre), welche weibliche Katechumenen zu unterrichten, die Aufsicht in der Kirche über die Personen weiblichen Geschlechts zu führen hatten u. dgl. Daß der Name unberechtigt ist für die

jetzige Institution, hat Wichern, der Gründer des wohl=
bekannten „Rauhen Hauses" nachgewiesen.[1])

Auch der Titel „Prädikant, Prediger" eignet ganz
der evangelischen Kirche, obwohl der Prädikantenorden der
Dominikaner antilutherisch gesinnt war.

So scheiden sich konfessionell die an sich neutralen Be=
griffe Kommunion, Konfirmation, Firmung, Abendmahl
(Nachtmahl!), ja in manchen Gegenden selbst Pfarrer,
Pastor, Kaplan u. s. w., während „Priester" sogar als
Schimpfwort für katholische Geistliche galt.

Selbst die ganz schlichten Ausdrücke, wie „Herberge,
Heimat, Männerheim, Frauenheim und Stift" sind fast
ausschließlich für protestantische Stiftungen in Gebrauch.

Kehren wir zum Begriffe „Union" zurück, so haben
wir zunächst den Sonderbund protestantischer und zwar
reformierter Fürsten vom J. 1608 zu nennen.

Aber auch die zu Colmar 1397 gestiftete, bis 1524
dauernde Vereinigung der nordischen Reiche hat den Namen
„Union". Norwegen und Schweden ist jetzt noch durch
Personalunion verbunden.

In der „Utrechter Union" von 1579 vereinigte Wilhelm
von Oranien die nördlichen Provinzen der spanischen Nieder=
lande.

Im J. 1707 wurde Schottland unter e i n e m Parla=
ment und e i n e r Regierung mit England vereinigt (Union
or incorporation of Scotland), 1801 erfolgte die Union
von England und Irland. Seitdem heißt das ganze König=
reich the United Kingdom of Great Britain and Ire-
land, The British Empire.[2])

Die deutsche „Union" von 1850 endete bekanntlich
mit dem Tage von Olmütz (29. Nov.). Eine Union bilden,
wie jeder Staatenbund, die United States von Nord=
amerika. Das Zeichen desselben U. S. stand während des

---

[1]) Herzog, Real=Encykl. f. prot. Theol. 2. Aufl. 1877.
III. 581.

[2]) Daher der Union Jack; s. später.

Unabhängigkeitskrieges auf den Proviantfässern. Die Arbeiter deuteten es wohl scherzweise als Abkürzung für den als Uncle Sam bekannten Inspektor Samuel Wilson. So bezeichnet man auch jetzt noch die Vereinigten Staaten von Amerika mit diesem Namen.[1] Die jüngste religiöse Union ist die Vereinigung der Lutheraner und Reformierten zur preußischen Landeskirche (1817).

Der Freiheitsbund niederländischer Abligen, welcher im J. 1565 zu Brüssel gestiftet wurde, hieß „Kompromiß". Bei der Überreichung ihrer Petition bezeichnete sie der Führer der „Kardinalisten", der Vicomte Berlaymont als einen „Haufen Bettler", gueux. Dieses Wort gab den Konföderierten Veranlassung sich den Namen „Geusen" und die Abzeichen der Bettelmönche beizulegen.[2] In Antwerpen entstand dann „ein Kompromiß der Kaufleute". Bald waren die „Waldgeusen", die calvinischen Banden, welche sich in den Waldungen des südlichen Flanderns sammelten, und die „Wassergeusen" ein Schrecken für das Land.[3] Die Anhänger der Spanier hießen nach Don Juan D' Austria „Johannisten", die antioranische katho= lische Partei hieß „Malcontenten".

Die Réunionen Ludwigs XIV. waren nichts weiter als Annexionen deutscher Gebietsteile, als Dependenzen der in den Friedensschlüssen von 1648, 1668, 1678 an Frankreich abgetretenen Besitzungen.[4]

Der Ausdruck „Konföderation" und „Konföderierte" wird hauptsächlich in den beiden letzten Jahrhunderten ge= braucht. Die Targowizer Konföderation von 1792 war eine vaterlandsverräterische Partei in Polen. Auch die

---

[1] Andresen. S. 71.
[2] Philippson, Gesch. d. n. Zt. S. 397 f. (Allg. Weltgesch. v. Flathe VII.) So wurde in der röm. Kaiserzeit der Spottnamen saccarii gebraucht.
[3] a. a. O. S. 403. Kervyn de Lettenhove, Les Hugue- nots et les Gueux. Brüssel 1883 f.
[4] Auch der Raub Straßburgs ist ein Werk der Reunionen.

südstaatlichen Sonderbündler Amerikas nannten sich im Kriege gegen die Union „Konföderierte". Die confédération germanique war der selige deutsche Bund.

Die „Koalitionen"[1]) gegen Frankreich waren vorübergehend und wirkungslos. Selbst der Sieg der Alliierten bei Leipzig hatte nicht den erwarteten Erfolg.

Aber auch die auf längere Dauer, sei's zu Schutz sei's zu Trutz, eingegangenen Allianzen[2]) hatten kein langes Leben. Die zwei „Haager" Allianzen sind wohl zu scheiden. Die erste wurde 1668 als „Tripleallianz", die zweite 1701 als „große Allianz" geschlossen. Im J. 1718 folgte dann die Quadrupelallianz, mit Unrecht so bezeichnet, da es „zuerst nur eine Verbindung Frankreichs und Englands" war;[3]) dann schloß sich Östreich an; der Beitritt Hollands, welchen man bei dem Namen „supponiert" hatte, unterblieb. Eine zweite Quadrupelallianz wurde 1834 zwischen England, Frankreich, Spanien und Brasilien geschlossen.

La belle alliance wird zuweilen irrig so verstanden, als ob die Schlacht bei Waterloo oder Mont St. Jean, wie sie die Franzosen nennen, von der Vereinigung Blüchers mit Wellington den Namen hätte. Wellington selbst hat erklärt, daß er Blücher erst „nach 10 Uhr Abends beim Dorfe Gemappes" traf und bei der Begegnung „nicht vom Pferde herunterkam".[4]) La belle alliance war der „Ekelname"[5]) einer Meierei mit Gastwirtschaft. „Schönebund" ist nur die im Hinblick auf die Vereinigung der beiden Heere gewählte Übersetzung.

Bei dieser Gelegenheit mag auch die schon mehrfach widerlegte Anekdote von dem angeblichen Ausdruck des

---

[1]) Heeren, Handbuch der Gesch. des europ. Staatensystems. S. 582.
[2]) „Union par mariage". Dict. de l' acad. franç. I 54.
[3]) Heeren a. a. O. S. 328.
[4]) Timbs; a century of anecdote. London. S. 206 f. Hertslet a. a. O. 231.
[5]) Fr. L. Jahn, Sämtl. Wke. I 491.

französischen Generals Cambronne: „La garde meurt, et ne se rend pas" nochmals kurze Zurückweisung erfahren. In dem hübschen Werkchen des K. hannov. Generalmajors E. von dem Knesebeck, Leben des Freiherrn Hugh von Halkett, K. hannov. General der Infanterie (Stuttgart, Hallberger 1865 S. 42) ist zur Evidenz bewiesen, daß der kühne Oberst Hugh Halkett mit eigener Hand durch einen kühnen Reiterstreich, in Wahrheit einen kühnen Griff, den General Cambronne gefangen nahm. Den schlichten Bericht an den Divisionsgeneral Sir Henry Clinton schließt der Held mit den Worten: „Majors Count Munster and Hammerstein had each a horse shot under them, I lost three myself and took General Cambron prisoner". Trotzdem fingierte man bereits am folgenden Tag in den Zeitungen, daß Cambronne auf die Aufforderung eines englischen Generals sich zu ergeben jene Antwort gegeben habe. Der Erfinder war ein Journalist Namens Rougemont.[1] Als Halkett am 26. Juli 1863 starb, brachte ein Artikel des englischen Blattes „The Illustrated London News" am 22. August 1863 S. 201 das Bild des verdienstvollen Mannes und eine kurze Biographie desselben, in welcher seiner Ruhmesthat gleichfalls gedacht ist. Der gütigen Mitteilung seines Enkels, des Freiherrn L. von Hammerstein, verdanke ich zur Bestätigung die Notiz, daß auf dem Sterbebett nochmals ein notarielles Protokoll über jene Gefangennahme Cambronnes aufgenommen wurde.

Die „heilige Allianz" von 1815 zählte „Seine Heiligkeit" den Papst nicht zu ihren Mitgliedern, freilich auch nicht den Türken und England. Trotzdem hat man oft den Ausdruck falsch verstanden. Daher gestattete Kaiser Wilhelm I. nicht, daß das Dreikaiserbündnis vom J. 1884 als „heilige", sondern nur als „alte" Allianz bezeichnet wurde. Der Geheime Hofrat Bork schrieb darüber an Oskar Meding, den Verfasser von „91 Jahre in Glaube,

---

[1] Fournier, l' Esprit dans l' histoire. S. 6. Büchmann, Gefl. Wte. 10. Aufl. S. 292.

Kampf und Sieg"[1]): „Ist früherhin das Dreikaiserbündnis als heilige Alliance bezeichnet worden, so glaubt der Kaiser, da das Wort heilig damals vielfach und mit Recht angegriffen worden war, dasselbe auf das neue Bündnis nicht übertragen zu sollen. Das Bündnis von 1870 führt ja geschichtlich das Prädikat heilig, doch soll für die Gegenwart die Bezeichnung fortfallen."

Die „Evangelical Alliance" ist ein für England und Nordamerika im J. 1846 gestifteter „evangelischer Bund", der „nicht den Charakter einer neuen Kirchengesellschaft anstreben oder annehmen", auch nicht — wie viele Protestanten in irriger Auffassung des Zweckes glaubten — eine der katholischen Kirche gegenüberstehende Weltkirche werden sollte, sondern die Ausbreitung des Protestantismus und Bekämpfung des Papsttums, wie des Aber- und Unglaubens zum Ziel hat.

Seit dem Ryswicker Frieden beschäftigten sich die Kabinette fast ausschließlich mit der Frage der Successionen. Es beginnt die Periode der Successionskriege und der historischen Participien, als da sind Competenten, Possidenten, Succedenten, Contrahenten, der Traktate, der Genituren u. s. w.

Die berühmte Successionsordnung, welche Kaiser Karl VI. für das Habsburgische Haus 1713 gab, hat den Titel „pragmatische Sanktion". Darin liegt aber gar nichts von dem Begriff „Erbfolge=Ordnung", sondern es bedeutet nach der gewöhnlichen Erklärung nur „gemeinnützliche Verordnung".[2]) Spricht man von pragmatischer Sanktion, so meint man stets die habsburgische Hausordnung Karls VI. Aber bereits 1259 sollen in einer pragmatischen Sanktion die Freiheiten der „galli=

---

[1]) Hallberger, Stuttgart. 1888. S. 127 ff. und ein Vermächtnis Kaiser Wilhelms I. v. demselben. S. 13.
[2]) Fr. L. Jahn, sämtl. Werke, hrsg. Euler. II 2, 572 übersetzt es „Heilsordnung, Wohlfahrtsgesetz".

kanischen Kirche" festgestellt worden sein.[1] Ihre Erneuerung
erfolgte 1438 durch die pragmatische Sanktion von Bourges.
„Pragmatische" Geschichtschreibung bedeutet nicht „gemein=
nützige" Geschichtschreibung, sondern eine solche, welche den
ursächlichen Zusammenhang der Ereignisse darstellt. So
wird auch „pragmatisch" mehr diesen Begriff bei dem
Ausdruck „Sanktion" = feierliche Bestätigung, Gesetz haben.

Auch „Vereine" kennt die Geschichte, nicht erst die
neuere. Die jetzigen „Kurvereine" von Bädern haben ihren
Namen von curare sorgen, heilen; der Kurverein zu Rense
vom J. 1338 aber heißt nach den Kur= d. i. Wahlfürsten
und war kein „Verein" nach modernem Begriff, sondern
eine Zusammenkunft und Vereinbarung der Kurfürsten für
einen bestimmten Zweck. Dieses Mal wurde die deutsche
Königswahl für unabhängig von fremdem Einfluß er=
klärt. Gewöhnlich wird berichtet, die Kurfürsten hätten
damals „beschworen: ein deutscher König habe seine Würde
allein von Gott und durch die Wahl der deutschen
Kurfürsten; dem Papste stehe dabei keine Entscheidung,
Bestätigung oder Verwerfung zu". So wörtlich die weit=
verbreitete „Geschichte des deutschen Volkes" von David
Müller, 12. Aufl. besorgt von Friedrich Junge, Berlin,
Vahlen. 1887. S. 147. In der ganzen Urkunde des
Kurvereins zu Rense aber vom 16. Juli 1338 steht weder
von dem ersten noch von dem zweiten Satz eine
Silbe. „Daß der Kurverein gegen den Papst gerichtet
war," — sagt Ficker[2] — „kann keinem Zweifel unter=
liegen; auffallend ist es aber jedenfalls, daß, wie schon
Böhmer hervorhebt, der Papst gar nicht darin ge=
nannt wird". Dagegen ist in dem Protokoll, dem so=

---

[1] Wahrscheinlich aber ist diese pragm. Sanktion Ludwigs IX.
ein späteres Machwerk.

[2] Zur Gesch. des Kurvereins zu Rense. Sitzungsber. der
philos.=hist. Kl. der Kais. Akad. d. W. XI. 1853. Lacomblet,
Urkundenbuch III 263 f. Nr. 330. Böhmer bei Stramberg, Rh.
Antiquarius II, 4, 371 f.

genannten Notariatsinstrument, der Beschluß der Kurfürsten
dahin präzisiert, daß der gewählte König der päpstlichen
Bestätigung nicht bedürfe. Von der Kaiserwürde steht
auch hier nichts. Wohl aber ist die Behauptung, daß diese
allein von Gott komme, in einer gefälschten[1]) Urkunde
vom 6. Juli 1338 zu finden. Zum Beweis der Unechtheit
reicht schon das eine Citat aus: „Als man zehlet nach
Christi Geburt 1338, im Baumgarten zu Rens in der
Pals (!), an den Gestad des Rheins, allda der Kaisers-
stuhl ist"!!!. Der Königstuhl ist nämlich erst c. 1380
erbaut, nachdem Karl IV. am 6. Juli 1376 wegen der
geplanten Errichtung eines solchen „gestuls" mit
den Bewohnern von Rense ein Übereinkommen geschlossen
hatte.[2])

Ein Verein von größerer Bedeutung ist der preußisch-
deutsche Zollverein, der mit dem J. 1834 ins Leben
trat und die Einheit Deutschlands mehr zeigte als der
selige deutsche Bund, in Hinsicht dessen der Franzose de
Pradt gesagt hatte, Deutschland gliche auch in merkanti-
lischer Beziehung einer Menagerie, deren Bewohner sich
nur durch das Gitter ansehen. Seit 1848 aber sind wir
Deutschen in die Vereins-Gründungswut geraten. „Wer
zählt die Namen" all der Vereine, die nach dem „Nationalverein" und dem „Reformverein" noch das Licht erblickten?

„Rheinbund" an sich ist ein gewiß unverfänglicher
Name. Aber die beiden Bündnisse deutscher Fürsten mit
dem französischen Nachbarn, das von 1658 und von 1806,
haben dem unschuldigen Wort das Kainzeichen einer anti-
deutschen Verbindung aufgedrückt. Mit der Stiftung des
Rheinbunds war das Werk des großen Tyrannen, Vernichtung des deutschen Reiches, vollendet. Als Kaiser Franz
die Krone des Reiches niederlegte, war dieses bereits verschieden, genau genommen schon 1797.

---

1) Böhmer, Regesta Ludov. Regis.
2) Weizsäcker, Reichstagsakten. I. 160 f. Nr. 96.

Und den „Untergang des alten Reiches" kündigte Josef von Görres, der später von Napoleon als die fünfte Großmacht bezeichnet wurde, in beißender Satire also an: „Am 30. Dezember 1797, am Tage der Über= gabe von Mainz, Nachmittags um 3 Uhr, starb zu Regens= burg in dem blühenden Alter von 955 Jahren, 5 Mo= naten, 28 Tagen, sanft und selig an einer gänzlichen Entkräftung und hinzugekommenem Schlagflusse bei völligem Bewußtsein und mit allen heiligen Sakramenten versehen, das heilige römische Reich schwerfälligen Andenkens". Und die Grabschrift, die jene Großmacht ihm setzte, lautete:

„Von der Sense des Todes gemäht, athemlos und bleich
Liegt hier das heilige römische Reich.
Wandrer! schleiche dich leise vorbei, du möchtest es wecken,
Und der Erstandene uns dann von neuem mit Conclusen
                                 bedecken.
Ach, wären die Franzosen nicht gewesen,
Es würde nicht unter diesem Steine verwesen. R. i. p."[1]

„Konvention" bedeutet nur „Übereinkunft". Aber das Wort wird zu gar verschiedenen Übereinkommen ge= braucht. Die protestantischen Fürsten schlossen 1631 zu Leipzig eine Konvention, der Herzog von Cumberland die zu Kloster Zeven von 1757, General York die zu Tau= roggen am 30. Dez. 1812. Die Gasteiner und die Genfer gehören unseren Tagen an. Andere Bedeutung erhielt das Wort durch die Convention nationale von 1792, den Nationalkonvent, der übrigens sein Vorbild hatte. Ein Nationalkonvent hatte 1689 Wilhelm von Oranien auf den englischen Thron gerufen. Seit 1792 ist der Name Konvent anrüchig.

Etwas anderes ist der National=Covenant (Con= venant), der Bund der Schotten gegen die von Karl I. beabsichtigte Einführung der Episkopalkirche in Schottland.

---

[1] Galland, Görres. S. 160.

Dieses Staatsgrundgesetz zeichnet sich durch seine beispiel=
lose Intoleranz gegen die Einrichtungen der katholischen
Kirche aus. Eine ganz andere Urkunde ist ein zwischen
dem englischen Episkopalismus und dem schottischen Pres=
byterianismus geschlossener, bald wieder aufgehobener Kom=
promiß, Solemn League and Covenant.[1] Auch „Kapitu=
lation" ist ein Vertrag: Ein Heer kapituliert im Kriege
mit dem Feind, ein Wahlkandidat mit den Wählern, ein
auf Avancement dienender Soldat mit dem Regiment. Aus
der ersten Bedeutung = sich übergeben, haben die Studenten
ihren burschikosen Ausdruck[2] entnommen. Die Wahl=
kapitulationen der deutschen Könige haben die deutsche
Königsmacht untergraben und sind ebenso unseligen An=
denkens, wie die Kapitulationen der preußischen Festungen im
J. 1806.

Capitulationes heißen auch die von den karolingischen
Königen nach Beratung mit den Großen gegebenen Reichs=
verordnungen, Capitularia.[3] In Nachahmung dieser könig=
lichen Capitularien gaben auch die fränkischen Bischöfe solche
Verordnungen für ihre Diöcesen.[4]

Vergleiche haben oft die merkwürdigsten Namen,
welche sich nur verstehen lassen unter Berücksichtigung der
sie herbeiführenden Verhältnisse.

Was versteht man z. B. unter dem „Tripartit"?
Es ist der Vergleich, welchen Joachim II. von Brandenburg
mit Moritz von Sachsen und dem Domkapitel von Magde=
burg zur Aufbringung der Belagerungskosten von Magde=
burg und zur Aufrechthaltung der gemeinsamen Oberhoheit
über die Stadt im J. 1550 den 16. Okt. einging. Das

---

[1] Blunt, Dictionary of Sects. London 1874. 115. Anb.
Litt. Wetzer=Welte. K. L. III 1170 ff.

[2] Der Haß gegen Kotzebue, den russ. Staatsrat, wurde in
ähnlicher Weise perennierend durch den Ausdruck „Kotzebues Werke
studieren".

[3] Pertz, Monum. Germ. historica Legum t. I. II.

[4] Wetzer=Welte K. L. II 1895.

Tripartit wurde durch den sogenannten **Permutations=**
vertrag von 1579 aufgehoben. Danach wurde Magde=
burg dem „Administrator" Joachim Friedrich d. h. dem
protestantischen Erzbischofe allein überlassen.

„Reichsdeputations=Hauptschluß" ist der euphemistische
lange Titel für die Selbstzerfleischung des alten deutschen
Reichs. Das Hauptgeschäft besorgten und machten dabei
Frankreich und seine Staatsmänner. Die „Säkularisation"
der geistlichen Güter und die „Mediatisierung" deutscher
Fürsten und Städte bleibt ein Unrecht und eine Schmach.

„Die „Mediationsakte" von 1803 veränderte auch
die Einteilung der Schweiz. „Mediateur" ließ sich Napoleon
nennen.

Seit dem Rastadter „Kongreß"[1]) von 1797/98 folgten
Kongresse auf Kongresse, Beschlüsse auf Beschlüsse, endlich
auch wiederholte „Schlußakte". Unwillkürlich fallen einem
dabei ein die „unwiderruflich letzten großen Salon=Vor=
stellungen" der Cirkus. Im wesentlichen gilt von allen
diesen Kongressen des alten deutschen Reiches piae me-
moriae, was der ehemalige Adjutant des Prinzen Ludwig,
des preußischen Alcibiades, Karl von Nostitz, am 16. Jan.
1815 über den Wiener Kongreß in sein Tagebuch schrieb:
„Die großen Resultate des Kongresses werden nichts anderes
sein als eine Seelenverkäuferei, wie die der regensburger
und augsburger Versammlung, wo durch Mediatisirung nach
dem lüneviller Frieden die Fetzen rechts und links durch=
einander verteilt wurden. Alles, was geschieht, ist um
nichts besser, als was Napoleon auch gethan, weil man
sich immer in demselben Dilemma von Eigennutz, Eng=
herzigkeit und Beschränktheit herumdreht."

Wie den „allerhöchsten Herrschaften" das Wort „Kon=
stitution" „schon ein Stein des Anstoßes" wurde,[2]) so

---

[1]) Aber schon im Anfang des 18. Jahrh. gab es genug
Kongresse.

[2]) Scherr, Deutsche Kultur= und Sittengeschichte. S. 544.
Daß die rebellischen russischen Garden, welche sich im „Dekabristen=

warb dem Volk der Begriff „Reaktion" gehässig als gleich=
bedeutend mit Unterdrückung der Freiheit, so nach den Frei=
heitskriegen, so 1850, als „Strafbaiern" in Kurhessen
einrückte.

Den „Konferenzen"[1]) folgten die unentbehrlichen Proto=
kolle, so 1830, 1851, 1852, 1864. Dazwischen brechen
die „Revolutionen" drüben und hüben los. Das Frank=
furter „Attentat" oder der „Putsch" von 1833, das „tolle
Jahr" 1848, unter andern der „Völkerfrühling" mit seinem
„Parlament", das „Rumpfparlament", gerade 200 Jahre
später als das englische Rump, die Reform des deutschen
Bundes, Großdeutschland, Kleindeutschland — Gott sei
Dank — alles sei als ein großer Unverstand vergeben.

Was Friedrich Wilhelm IV. vor Ausbruch der blutigen
Revolution in Berlin am 18. März 1848 erklärte, „Deutsch=
land müsse aus einem Staatenbund in einen Bundes=
staat verwandelt werden", das ist 1870 in Erfüllung
gegangen. Wir haben ein mächtiges Alldeutschland,
und an seiner Spitze steht nicht ein durch „kühnen Griff"[2])
oder „Mißgriff" erwählter Reichsverweser, sondern ein
mächtiger, jugendlich kraftvoller, geliebter Kaiser, den
Gott segnen und beschützen möge!

---

aufstand" (Dezemberaufstand 1825) für Konstantin erklärten, sich
unter „Constitution" die Gemahlin ihres Großfürsten vorstellten,
ist verzeihlich. W. Menzel, Gesch. d. letzten 40 Jahre. I 158.

[1]) Unter „Konferenzen" versteht man aber auch „Kanzel=
vorträge und theolog. Disputationen". Besonders berühmt ist die
Conférence Bossuets mit dem polemisch = gewandten Reformierten
Claude, gehalten vor dem Fräulein von Duras, der Nichte des
Marschalls Turenne (1682).

[2]) So bezeichnete Gagern nach Dahlmanns Vorgang den
Beschluß des Frankfurter Parlaments, einen Reichsverweser zu wählen.
Dahlmanns Leben II 315.

7. Franzosen.

„Alamode Kleider, alamode Sinnen;
Wie sich's wandelt außen, wandelt sich's auch innen."

Das Wort Logaus ist leider so wahr für die Beein=
flussung deutscher Zunft und Sitte durch französische Un=
zucht und Unsitte, daß ich kein besseres zum Motto an
dieser Stelle nehmen könnte. Die Rückerinnerung an jene
Zeiten, in welchen Frankreich politisch und sittlich tonan=
gebend für und in Deutschland war, muß jeden Deutschen
mit Trauer erfüllen. Und doch dauerte diese Herrschaft über
200 Jahre. Die Franzosen herrschten und hausten in
unserem Vaterlande wie Barbaren, sie haben das alte Reich
zum Tod gebracht, wie die „Franzosen",[1] als „mal de
Naple" (1495) der Schrecken Frankreichs selbst, gar manchen
Deutschen vergifteten und verunstalteten. „Franzosen",
„mal franzos" nannte man nämlich die scheußliche Lust=
seuche, welche die französischen Soldaten im 16. und 17.
Jahrhundert nach Deutschland verpflanzten; sonst hieß die
Krankheit auch „die bösen Blasen", „Venusbeulen". „Mal
de St. François" ist ein harmloser Scherz für „Geld=
mangel", wie „mal de St. Genou" für „Zipperlein",
„mal de St. Zacharie" für „Stillschweigen", „mal de
St. Medard" für „Gefängnis". Der von der Franzosen=
krankheit (auch spanische Pocken genannt) Ergriffene nannte
sich „patient de St. Cosme". Aus „mal de Fic" (Feig=
warzen) machte man „mal de St. Fiacre". Die Lager=
seuche erhielt den Namen „ungarische Krankheit", weil sie
zuerst in Ungarn auftrat infolge des unmäßigen Wein=
trinkens und Kampierens auf bloßer Erde.

---

[1] Die Namen Lilienfranzos, Pikenspitzenfranzos, Bienen=
franzos und Krötenfranzos hat Fr. L. Jahn erfunden. Die Er=
klärung s. Euler, Jahns Sämtl. Wke. II 2, 641 f.

Auch von den Engländern stammte eine böse Seuche, welche im J. 1529 große Verheerungen in Deutschland anrichtete, der „englische Schweiß".

Auch eine Geisteskrankheit der Neuzeit hat ihre Heimat in Frankreich. Der Vater des modernen Communismus und Socialismus ist ein Franzose, der Graf Henri de St. Simon, dessen Ideeen als St. Simonismus bezeichnet werden. Die praktischen Versuche der „Commune" von 1848 und 1871, in Frankreich die socialistischen Forderungen zur Durchführung zu bringen, haben dem Begriffe „Com= mune" eine besondere Färbung verliehen. Aber Communen sind eigentlich nur „Gemeinden", wie wir jetzt noch von Communal=Angelegenheiten, Communal=Landtag sprechen. Mit communis gemein, gemeinsam hat das Wort gleich= wohl direkt nichts zu thun. Die erste Commune, nämlich eine „communio = Verbindung" schlossen die Bürger der Stadt Le Mans 1070 gegen Gaufred von Mayenne. Gar bald entstanden aber wegen dieses novum ac pessimum nomen[1]) gewaltige Zwiste und Kämpfe zwischen Städten und Herren. Als in Laon die Commune 1112 durch den König aufgehoben wurde, erhob sich der erste Aufstand, bei welchem bereits das Wort Feldgeschrei der Empörer wurde. Als später die Wiedererrichtung der Commune ge= stattet wurde 1128, vermied man ängstlich das Wort. „Der eigentümliche Charakter der Communen bestand in einer eidlichen Verbindung der Bürger zu einer Gesamtheit (communio, pax oder amicitia genannt), in der Be= fugnis der Selbsthülfe gegen Verletzung der ihr zugestandenen Gesetze und Rechte, in dem Besitze einer mehr oder minder ausgedehnten Gerichtsbarkeit, in der eigenen Wahl von Beamten zur Ausübung derselben und zur Verwaltung der städtischen Gemeindeangelegenheiten und in dem Rechte, polizeiliche, gerichtliche und administrative Bestimmungen anzuordnen; teils dadurch, teils durch die Festsetzung der

---

[1]) Guibert, abb. de Novigent. lib. de vita sua. Schmidt, Gesch. Frankreichs I 323.

dem Herrn schuldigen Leistungen und durch Aufzeichnung des Rechtsherkommens (coutumes) die Person und das Eigentum des Bürgers gegen jede Willkür und Gewalt zu sichern, war der Zweck der Commune."[1]

An der Spitze der Commune stand der Maior (maire), im südlichen Frankreich consul genannt. Jurati (Ge= schworene), Scabini (Echevins) Schöffen, pares (Pairs) sind die richterlichen Beamten. Die Städte, deren Bürger= schaft keine Commune hatten, hießen wie die Bürger= schaft selbst Burgesia (Bourgeoisie).

Als pares (Pairs) wurden auch die zwölf vornehmsten Vasallen der französischen Krone bezeichnet. Ihre Zwölf= zahl ist wohl eine Anlehnung an die 12 Paladine Karls d. Gr. Auch Alexander d. Gr. werden von der mittel= alterlichen Dichtung 12 Pairs zugeschrieben. In dem Heliand werden die 12 Apostel zu 12 Degen des Herrn.

Das Wort Parlament kommt nicht von pares her, sondern von parler, und bezeichnet ursprünglich überhaupt öffentliche Versammlungen, seit Ludwig IX. aber speziell den höchsten Gerichtshof des Landes.

Les gens du roi, der Generalprokurator und zwei Räte, von ihrem Sitzungszimmer parquet genannt, hatten später die königlichen Edikte zu beraten, die dem Parlament vorzulegen waren. In England aber waren „des Königs Leute" eine Clique persönlicher Freunde Georgs III. Der= selbe Ausdruck — und ganz verschiedene Bedeutung![2]

Gar manchen hat schon die Benennung der königlichen Thronsitzung mit „lit de justice" stutzig gemacht. Wie der Lordkanzler in England im Parlament auf einem Woll= sack zu sitzen pflegt, so lag auf dem Sessel des französischen Königs ein Kissen. Die Verwechslung mit einem „Bette" passierte nicht nur unseren deutschen „Gebildeten", sondern sogar dem Franzosen Henry Martin in seiner Histoire de France XII S. 467.

---

[1] E. A. Schmidt, Gesch. v. Frankreich. I 327 f.
[2] Pauli, Gesch. von England. I.

So bezeichnet Divan nicht bloß einen Polstersitz, sondern den türkischen Staatsrat, ein Ministerium oder seine Sitzung. Göthes „west=östlicher Divan" ist den Lesern bekannt. „Fauteuils" sind die 40 Mitglieder der Pariser Akademie (les quarante).

Mit „Loge" (ahd. loupa) wird ja auch gar vielerlei, nicht zum wenigsten aber die Freimaurergesellschaft des oder jenes Titels gemeint. Mit Absicht deutet Fr. L. Jahn das Wort falsch in dem das Vereinswesen verurteilenden Satz: „Wahn, Dünkel, Eigennutz, Genieß,[1] Vorurteil und Arglist haben die Hallen, Lauben, Logen (von lügen) und Stuben gestiftet, Abergläubigkeit wirbt für sie und die Scheinsucht".[2] Auch an anderen Stellen fährt der Volkstümler gegen die „Bündlerei",[3] Klubberei und Klickerei los.

Die Loggien sind Hallen oder Gallerieen, welche mehrere Gemächer mit einander verbinden; auch das große Prachtfenster im Hauptstockwerk eines hervorragenden Ge= bäudes heißt Loggia. Die berühmte Loggia im Vatikan zu Rom, eine dreifache ursprünglich offene Halle, ist er= baut von Bramante, dessen Namen sie daher oft trägt. Die mittlere Hallenreihe des nördlichen Bauflügels schmückte Rafael mit achtundvierzig Darstellungen aus dem alten Testament. Das ist die sog. „Bibel Rafaels", die übrigens vom Künstler nur entworfen, von seinen Schülern aus= geführt ist.[4] Die „Stanzen"[5] = vier „Zimmer" Rafaels befinden sich im ältesten Teile des Vatikan. Sie bergen die herrlichen Wandgemälde des Meisters. Die Stanza della Signatura, der Sitzungsraum des obersten päpstlichen Gerichtshofs, enthält die „Disputa", disputa del Sacra-

---

[1] = Vorteil.
[2] Sämtl. Wke. hrsg. Euler. II 2, 500.
[3] a. a. O. II 2, 667.
[4] Hier die ersten Grottesken nach Grotten genannt, in denen man diese eigentümlichen Ziermalereien zuerst fand zur Zeit Rafaels.
[5] Stanze ist zugleich die achtzeilige Strophe, Ottave rime.

mento, was ein ganz unpassender Name ist, da das Ge=
mälde keinen Streit über das hl. Sakrament, sondern die
Verherrlichung der Theologie darstellen soll.

Über assises ist oben die Rede gewesen. Die établissemens de St. Louis sind keine geschäftlichen Anlagen,
sondern „Satzungen", eine mangelhafte Sammlung von
Gewohnheitsrechten einiger Orte.

Sorbonne gilt meist als gleichbedeutend mit der theo=
logischen Fakultät von Paris, während es ursprünglich nur
Name einer von Ludwigs IX. Kaplan Robert aus Sorbon
(Sorbonne) in der Champagne errichteten Stiftung für arme
Scholaren ist, eines sogenannten Kollegium, einer bursa.
Dieses Wort bezeichnet den ledernen Beutel (Börse), welchen
der Säckelmeister der Klöster führte, der bursarius, dann
das Kollegiathaus, von welchem die Insassen den Namen
bursarii, bursiati, Burschen bekamen.

Wie es mit „Börse" gegangen ist, so geschah es beim
„fiscus". Ein „Korb" wird zum „Geldkorb", zur „Kasse",
„Staatskasse", in dem Volkswitz — zum alten filzigen
Mann. Der fiscus Judaicus war die Judensteuer, welche
in die kaiserliche Kasse floß. Sollte vielleicht das Wort
„Judenspieß" damit zusammenhängen?

Ein mehrdeutiger Ausdruck ist les états généraux;
denn es bedeutet 1. die Abgeordneten der 7 Provinzen der
Niederlande, 2. den seit 1648 als unabhängig anerkannten
Staat selbst, 3. die Reichsstände in Frankreich, welche 1302
zum erstenmal, 1614 zum letztenmal vor ihrer Wieder=
berufung im J. 1789 zusammengetreten waren.

Die englischen Reichsstände, Lords und Gemeine, die Estates of the realm, umfassen auch die Krone, wie Parliament.

Journal des Etats généraux war der Titel einer
Zeitung, welche Mirabeau herausgab (Stern, Mirabeau II, 1).

La grand' chambre[1]) richtete über die Sachen der
Pairs, über Majestätsverbrechen und hatte die oberste

---

1) Daher auch unser „Kammer".

Leitung der Parlamentsgeschäfte. Die présidens à mortier, welche an der Spitze der grand' chambre standen, hatten ihren Namen von ihrer mörserförmigen Mütze, die einst auch Zierde der merovingischen Könige gewesen war. Ein Appellationsgerichtshof für Zivilprozesse war le grand conseil (seit 1477). Der bekannteste Rat ist der „Gewissensrat" Ludwigs XIV, le conseil de conscience, ein sonderbarer Titel für eine Behörde, welcher die Vergebung geistlicher Stellen und die Erledigung sonstiger geistlicher Angelegenheiten oblag.[1]

Die minder wichtigen Gerichte hießen „Thorgerichte" plaits de la porte.

Wir kamen von der „Commune" ab. Aber es muß registriert werden, daß in den Aufstand von 1588 der erste Barrikadentag fällt, der 12. Mai 1588. Das damalige Beispiel hat gar manche Nachahmungen, auch bei uns in Deutschland gefunden. Noch haben nicht alle Barrikadenkämpfer des „tollen Jahres" das Zeitliche gesegnet. In Berlin hießen sie die „Märzkämpfer" vom Barrikadenkampf des 18. März.[2] Am 18. September kam es zum Kampf in Frankfurt a. M.[3]

Jetzt ist eine „Barrikade" eine „espèce de retranchement qu' on fait avec des barriques[4] remplies de terre, ou avec des pieux, des chaines des pavés, etc., pour se défendre, pour se mettre à couvert de l' ennemi".[5] Das italienische Wort barricáta aber bedeutete nur den harmlosen Schlagbaum.

Ein anderer historisch gewordener Tag ist la journée des dupes, nicht etwa der 1. April, an dem sonst die Leute geprellt werden, sondern der 11. November 1630.

---

[1] Über andere Konseils s. Schmidt, Gesch. v. Frkr. IV, 192.
[2] Eberty, Gesch. d. pr. Staates VII, S. 328 ff.
[3] Carl Vogt, Der 18. September in Frankfurt. Frankfurt a. M. Lit. Anstalt 1848.
[4] Sorte de futaille ou de tonneau.
[5] Dict. de l' Acad. fr. I 157.

Es war der Tag, an welchem Ludwig XIII. die Feinde Richelieus, besonders seine Mutter Maria von Medici täuschte dadurch, daß er dem scheinbar gestürzten Minister sein ganzes Vertrauen wiedergab.

Wie oft sich auch in der Geschichte solche Tage wieder= holt haben, nur der eine ist la journée des dupes.

Als Dupe (Gimpel) Louis Philipps und Guizots bezeichneten die Engländer ihren Lord Aberdeen, „das Ministerium des Auslandes". [1])

Und zum Archidupe machten die Pariser den armen betrogenen Archiduc Maximilian, der sich von Napoleon III. die mexikanische Krone geben ließ. [2])

Kein Land ist so reich an Unruhen und Volksauf= ständen als Frankreich. Daher finden sich auch nirgendwo so viele Namen für Aufrührer, als hier.

Wer in einem französischen Handlexikon das Wort pastou= reau nachschlägt, findet nur die Erklärung „junger Hirte".

So steht auch im Dictionnaire de l' Académie française II 369: Petit pasteur, petite bergère. Il n' est guère usité que dans les chansonnettes. Aber es findet sich dort auch die besondere Bedeutung des Wortes angegeben: Die „Pastoureaux" oder „Pastorels" waren Anhänger eines Schwärmers, [3]) der im J. 1251 alle Hirten Frankreichs zum Kreuzzug aufrief. Die Zügellosig= keit dieser Kreuzfahrer veranlaßte Staat und Kirche zum Einschreiten. Doch traten sie nochmals 1319 auf.

Die Jacquerie von 1358, genannt nach dem Spott= namen für die Bauern Jacques Bonhomme (vgl. unser „Dummerjan"), wird jetzt im allgemeinen für einen Aufstand des niederen Volkes gebraucht. Ein solcher Bauernaufstand erhob sich unter dem gallischen Landvolk, Bagaudae, schon zur Zeit Diokletians, die rebellio Bagaudica.

Wie in Deutschland der „Bundschuh" Zeichen und Namen der schwäbischen Bauernaufrührer war, so nahmen

---

[1]) Pauli, G. v. Engl. III 136. [2]) W. Menzel, D. Deutsche Krieg im J. 1866. I 264. [3]) Jakob, Cisterziensermönch.

14*

die Croquans in Saintonge und Périgord 1637 ein
Siegel mit zwei nackten Füßen als ihr Abzeichen an und
nannten sich nu-pieds = Barfüßer. Man denkt dabei
unwillkürlich an die Sansculottes und die Cordeliers der
Revolution. Der Ausdruck Sansculotte wurde zuerst 1791
„auf den dürftigen Patriotismus angewendet; bis dahin
hatte man nur Gilbert Sansculotte, den armen Poeten,
gekannt."[1]) Montglat in seinen Memoiren erklärt croquant
als = homme de peu, de basse extraction, vilain.
Andere meinten, die Croquants hätten ihren Namen daher,
weil sie „croquaient et devoraient manoirs et richesses
des seigneurs",[2]) was sehr gesucht ist. Der Dictionnaire
de l' Acad. fr. S. 450 deutet Croquant als Un homme
de néant, un misérable. Dabei mag es doch von cro-
quer kommen.

Die aufständischen Pariser vom J. 1382 erhielten von
ihrer Waffe, dem bleiernen Hammer, den Namen maillets
oder maillotins.[3]) Und am 5. Okt. 1789 erhoben sich
„eisenbeschlagene Knittel" rings um die französische „Königs=
krone, nicht um sie zu schützen".[4]) Die ebenfalls im
J. 1382 in Languedoc insurgierenden Landleute heißen
Tuchins oder Coquins. Soll das erstere nicht einfach
der Name für die sonst „Colchique" genannte Giftpflanze
„Tue-chien" sein, unsere „Herbstzeitlose"?

Einen etwas besseren Namen gab man den Pariser
Aufrührern vom J. 1413; sie hießen Cabochiens von
Caboche, dem vulgären Wort für Kopf. Ihr Parteizeichen,
eine weiße Kappe, mußte selbst der König tragen. Viert=
halbjahrhunderte später krönte man Ludwig XVI. mit der
roten Jakobinermütze.

„Mützen" und „Hüte" waren Abzeichen und Bei=
namen schwedischer Adelsparteien des vorigen Jahrhunderts.

---

[1]) Th. Carlyle, Die franz. Revol. (Feddersen=Erman). II 129.
[2]) Schmidt, Gesch. v. Frankr. III 574. [3]) Schmidt a. a. O.
II 162. [4]) Th. Carlyle, Die franz. Revolution. Aus d. Engl.
v. P. Feddersen. 2. Aufl. (Erman). I 281.

Während früher der Hut als Sinnbild der Freiheit galt, machte die französische Republik die schmutzige rot= wollene Kappe der Galeerensträflinge,[1]) welche der phry= gischen Mütze ähnelte, zu einem solchen.

Sonst wählte man als Erkennungszeichen einfachere Dinge. Die Anhänger des Prinzen Condé steckten im Frondekrieg von 1652 „Strohhalme" (la Paille)[2]) an, während die Königlichen ein „weißes Papier" als Abzeichen wählten. Daher wurde eine Demonstration für den König sogar la sédition du papier genannt. Die rote Fahne wurde schon im Frondekrieg benutzt.[3])

Camille Desmoulins machte das grüne Blatt zum Abzeichen der Revolutionäre.

Aber die Revolution von 1789 ist auch die Periode der Cocarden. Sie hat weiße, schwarze und tricolore gesehen.

Und in unserem Jahrhundert sind die Bänder üblich geworden, auch das historisch und heraldisch falsche „Schwarz= rot=gold"! Man hielt diese Zusammenstellung für die alten Reichsfarben, diese aber waren gelb und schwarz. Böhmer bezeichnet indes die Zuthat von rot nicht für unrichtig, „weil diese Farbe im allgemeinen die Hoheit bedeutet".[4]) Jedenfalls ist die landläufige Erzählung von der Entstehung der Tricolore nichts weiter als Anekdote. Der wahre Vater der sog. deutschen Farben ist wohl Fr. L. Jahn.[5])

---

1) Balzac, Die Chouans. 1.

2) Hist. du Ministère du Cardinal Mazarin. 1681. Frz. Übersetzung II 184: Ce fut de se mettre sur la teste un bouquet de paille, et de faire entendre par tout que c' estoit. là la marque que dévoient porter ceux qui n' éstoient pas Mazarins ... Cette Paille fut de mauvais augure pour le Parti, comme si son ardeur ne devoit pas durer plus que celle d' un feu de paille.

3) a. a. O. IV. S. 450.

4) Zeichen, Fahnen und Farben des deutschen Reichs, s. Janssen, Böhmer III 453 ff.

5) Euler, Jahns Leben. S. 278 und 286 f.

Eine kleine Abschweifung mag hier gestattet sein. Es sei nur hingewiesen auf die merkwürdige Bedeutung der Eigenschaftswörter, welche Farben und Metalle in der Ge= schichte angenommen haben. Mit den Zeiten hat sich die politische Bedeutung der Farben sehr verändert. Heute sind die „Schwarzen" die Katholiken, die man als „Ultra= montane" von den „guten" Katholiken scheidet; sie ver= danken den Ehrennamen den Schwarzröcken ihrer Geistlichen. Die Socialdemokraten sind die „Roten".[1]) In manchen Gegenden heißen bei den Katholiken die Protestanten die „Blauen". Im Rheingau sind sie die „Überhöh'schen", also eigentlich Ultramontanen, weil sie jenseits des rhein= gauischen Gebirgs wohnen. Die Bezeichnung als „Blaue" sollen sie aber von ihren dunkelblauen Bauernkitteln haben. Doch hat nicht die blaude (Bluse) davon den Namen, wie Jahn II 2, 705 meint. Daß in der That die Tracht die Konfessionen auch äußerlich von einander trennt, läßt sich an vielen Orten Deutschlands bestätigen. Auch das Gebiet nördlich von Hochheim a. M. heißt das „blaue" Ländchen, ebenso die Gegend bei Rastätten und Wallau[2]) und das Gebiet um Bütow und Lauenburg in Hinterpommern.[3])

„Weiße, Rote, Grüne, Blaue" gab es bereits in Rom und Konstantinopel. Es waren die Cirkusfraktionen.[4])

Die „schwarze Schar" des Herzogs Friedrich Wilhelm von Braunschweig hatte ihren Namen von dem schwarzen Waffenrock und dem Totenkopf auf dem Tschako. Ihr Name ist dann auf die Lützowsche Freischar übertragen.[5])

---

[1]) Beiläufig sei bemerkt, daß die spanische Kokarde rot ist.
[2]) In d. Geogr. finden sich die Farben mehr. Es gibt schwarze und blaue Berge, schwarze, blaue, rote, gelbe Flüsse bezw. Meere, auch ein Weißrußland. Von der „roten Erde" ist schon gesprochen. [3]) Jahns sämtl. Werke II 1, 314.
[4]) Gibbon, Hist. of the decline and fall of the Roman Empire. Friedländer, Sittengesch. Roms. II 187.
[5]) „Morgenlied der schwarzen Freischar" von G. Ad. Selchow in „Deutsche Wehrlieder". 1813. Nr. 4 und „Zuglied der schwarzen Jäger" v. Friedr. Bauer Fallenstein. Nr. 7.

Der Ausdruck „Korps der Rache", woraus das Volk „Chor der Rache" macht, bezieht sich somit zuerst auf die Braun=schweiger, nicht, wie Büchmann[1]) meint, auf die Lützower.

Der „Gelbe" wurde Hieronymus Bonaparte (Jérome) genannt, als er nach seinen eignen Worten die Unterthanen zwingen wollte, ihn zu lieben. Diesen unnatürlichen Zweck konnte er nicht erreichen, und so viel auch im Forste zu Kassel totgeschossen wurden, der Volkswitz rächte das vergossene Blut mit Hohn und Spott und fand auf den Münzen in den Buchstaben H N die Deutung, hoch=deutsch: „Hans Narr", und saffisch: „He Nimmt".[2])

Der „rote Prinz" ist der Sohn Jéromes, Napoleon Josef Karl Paul Bonaparte, der Vetter Napoleons III., genannt Plon-Plon.

Der „schwarze Prinz" wurde Eduard, der Sohn Eduards III. von England, der Sieger von Crécy,[3]) von seiner schwarzen Rüstung genannt.

„Protokollprinz" aber hieß der durch das Londoner Protokoll zum Erben des dänischen Thrones bestimmte Prinz Christian (IX.) von Glücksburg.

E R (er) J H M = (ihm) gebrauchte Jahn stets für Napoleon I., wie er selbst sagt: „Nach der sinnreichen Volkswarnung, den Teufel nicht an die Wand zu malen, weil er sich sonst gar bald einstellen möchte, nannte der Urheber der Denknisse nie Napoleons Namen, so lange der=selbe in Macht und Herrlichkeit schaltete".[4])

Bei den Engländern hieß Napoleon Bonaparte „Boney", bei den Franzosen „der kleine Korporal".

„Der erste Grenadier Frankreichs" war Latour d' Auvergne, dessen Überreste am 2. Aug. 1889 von Neu=burg a. d. D. nach Paris übergeführt wurden.

Im Aufstand der Vendée und der Bretagne hießen die Soldaten der Republik von ihrer Uniform die „Blauen".[5])

---

[1]) Gesl. Wte. 10. Aufl. S 311.
[2]) Jahn, Sämtl. Werke, hrsg. Euler I 527.
[3]) James, Life of Edward the Black Prince. 1836.
[4]) Sämtl. Werke, hrsg. Euler. I 524.
[5]) Balzac, die Chouans.

Wir würden sagen: „Bläulinge". So nannte man in Sachsen die Postillone „Kanarienvögel". Und im deutsch=französischen Krieg waren die Baiern den Franzosen nur „die blauen Teufel". Die symbolische Freimaurerloge, Johannesloge, mit den 3 niederen Graden, nennt sich die „blaue" Freimaurerei zum Unterschied von den Hochgraden, der roten Maurerei.

Oriflamme = Kriegsbanner hieß die Fahne des königlichen Frankreich, von Auriflamma; sie war ursprünglich das Banner der Abtei St. Denis. Flamme aber bedeutet „étoffe coupée en zigzag, en torme de flamme".[1]

Die Thridiflamme aber ist der nordische Ehrenname für Schwert = Odinsflamme. Einen ähnlichen Ehrennamen gaben die Normannen den Schiffen: „Meerrappen".

Der Dichter von „Leyer und Schwert" vergleicht mit der Oriflamme die edle Königin Luise in der Strophe:

„Und wie einst, alle Kräfte zu beleben,
Ein Heil'genbild, für den gerechten Krieg
Dem Heeresbanner schützend zugegeben,
    Als Oriflamme in die Lüfte stieg:
So soll dein Bild auf unsern Fahnen schweben,
    Und soll uns leuchten durch die Nacht zum Sieg.
Luise sei der Schutzgeist deutscher Sache,
Luise sei das Losungswort zur Rache."

Derselbe Dichter hat auch den Flamberg in die neuere Litteratur wieder eingeführt:

„Stoßt mit an
Mann für Mann,
Wer den Flamberg schwingen kann."[2]

Der richtiger „die" „Flamberg" aber wird als „Helden=schwert" und als „wie Flammen glänzendes" (berg =

---

[1] Scheler, Dict. d' étym. franç. s. v.
[2] Männer und Buben.

strahlend, wie in bercht, brecht) Schwert erklärt.[1]). Das
Wort berge ist, wie so viele andere, in das Französische
übergegangen und bedeutet das „Schützende". Der erste
Teil des Wortes aber „n' a rien de commun avec.
„flamme", comme on le croit généralement",[2]) sondern
kommt von flanc = „die Seite" her. Andre wollten es
von Floberge = Froberge = Schwert des Herrn oder
des Gottes Frô ableiten.[3])

Mit Farben werden jetzt auch die Aktenfascikel über
bestimmte diplomatische Verhandlungen bezeichnet, so die
Gelb=, Blau=, Rot=, Weißbücher u. s. w. Speziell als
„rotes Buch" war das Verzeichnis der geheimen Ausgaben
des französischen Hofes verzeichnet, welches 1790 veröffent=
licht wurde.

In das „goldene Buch" der Republik Venedig wurden
die zur Regierung berechtigten abligen Geschlechter ein=
getragen. Von den goldenen Bullen war oben die Rede.[4])
Auch der silberne Codex ist besprochen. „Eisern" ist meist
nur Beiname von Personen.[5]) Von der rätselhaften „eisernen
Maske" abgesehen, haben eine Menge Fürsten den Bei=
namen „eisern" oder „eiserner Arm", „Eisenzahn" u. s. w.
Karl der Gr. war der eiserne Karl der Sage. Die „eiserne"
Krone ist die des ehemaligen Lombardischen Königreiches,
welche der Sage nach aus einem Nagel vom Kreuze Christi
gefertigt ist. Das „eiserne Kreuz" bedarf keiner Erklärung
für einen Deutschen.

Der „Eiserne Herzog" war Wellington, der „eiserne
Kanzler" ist nur nach der Straßburger Post „verblichen".

---

[1]) Grimm, Wörterbuch, s. v. Kindleben, Studentenlexikon.
Halle. 1871.
[2]) Scheler, Dict. d' Etym. franç. 193.
[3]) Weigand, Wtb. I 536.
[4]) Das goldene Haus Neros ist bekannt. Mainz hieß im
Mittelalter das goldene.
[5]) Doch gibt es zwei eiserne Thore im Kaukasus und in
Thracien und eine eiserne Pforte bei Orsova an der Donau.

Wenden wir uns wieder zu den Aufständen und ihren Namen! Die Erhebung mißvergnügter abliger Herren (les Pragons) gegen den französischen König Karl VII. im J. 1440 heißt Praguerie. Ohne Zweifel ist sie nach dem Aufstand der Prager Husiten genannt. [1])

Nach der Bartholomäusnacht entstand eine katholische gegen die Guisen und Katharina von Medici sich stellende Partei, welche am 10. Februar 1575 mit den Reformierten die „Union" von Nîmes schlossen. Sie hieß katexochen die „Mißvergnügten" (Malcontents) oder die „Politiker".

Ligueurs (und Ligueuses von Weibern) werden nicht die Mitglieder jeder Ligue genannt, sondern speziell die Mitglieder der Ligue, welche unter Heinrich III. u. IV. als Gegenbund gegen die Hugenotten bestand. In dem „Unionsedikt" vom 19. Juli 1588 stellte sich Heinrich III. entschieden auf die Seite der „Ligue der Sechzehn".

Neue Parteinamen entstanden zur Zeit der Minder= jährigkeit Ludwigs XIV.

Der Name „Mazarin" wurde seit 1648 zum Schimpf= wort für Tiere und zur Bezeichnung der Hofpartei. Mazari= nade war ein Gattungsname für alle gegen den Kardinal= Minister gerichteten Pamphlete. Seine Gegner sollen durch ein Witzwort den Namen Frondeurs = „Steinschmeißer" empfangen haben. Von Bachaumont wird die Äußerung er= zählt: Der Herzog von Orleans käme mit dem Parlament so wenig zu seinem Ziel, wie die Polizei mit den Fron= deurs, d. h. mit den Pariser Gassenjungen, die trotz aller polizeilichen Maßregeln nicht aufhörten sich gegenseitig mit Steinen zu bewerfen. Nach anderen wurden die Angriffe auf den Hof mit Steinwürfen verglichen. Frondeur war bald im Munde des Volkes gleichbedeutend mit „wackrer Mann". [2]) Es wurde Mode, sogar die Waren à la Fronde zu verkaufen. Bei den Wirren in Bordeaux 1652

---

[1]) Schmidt, Gesch. v. Frankr. II 327.
[2]) Schmidt, Gesch. v. Frankr. IV 79.

teilten sich die Frondeurs in die große und die kleine Fronde, denen eine dritte Partei folgte mit dem Namen l' Ormée.[1]) Diese hatte den Namen von einer Ulmen= allee (ormée), wo sich ihre Anhänger zu versammeln pflegten.[2])

Von anderen Spottnamen sind folgende hervorzuheben: Der Marquis de La Boulage hieß „General der Thor= wege", weil er Kommandant der schlechten Kavallerie des Parlaments war, die so zusammengesetzt wurde, daß für jeden Thorweg ein Reiter gestellt werden mußte.

Wir Deutsche kennen die „Knüppelgarde", die „Kölner Funken" u. a. Ausdrücke für alte Lokalmilizen und Polizei= diener.

Die Mannschaft auf der Frankfurter Haupt= und der Konstablerwache, welche beim Frankfurter Attentat überfallen wurde (3. April 1833), hieß „die Stadtmeisen".

Der Student verändert scherzend den Titel „Nacht= wächter" in „Nachtrat".

Die „Polizei=Spitzel" sind in den letzten Jahren viel Gegenstand des Gesprächs, ja politischer Verhandlungen gewesen.

Mit echt englischem Spott nannte das Volk die vom Minister Peel im Jahre 1828 neu organisierten Polizei= leute die Peelers[3]) oder Bobbies von Bob = „Robert" Peel; Peeler bedeutet zugleich etwa unser „Schinder", ist also doppelsinnig.

Die östreichischen Polizeispione, die Naderer, sind durch die „Spaziergänge eines Wiener Poeten", des Grafen Auersperg (A. G. = Anastasius Grün), seit 1831 in der Litteratur bekannt.

---

[1]) Histoire du Ministère du Cardinal Mazarin, traduite de l' italien Du Comte Galeazzo Gualdo Priorato à la Haye. 1681. I. 169.

[2]) Schmidt, G. v. Frkf. IV 164.

[3]) Pauli, Gesch. v. England. I 530.

Als „Schwefelbande" bezeichnete man die Avantgarde des Generals Bernadotte. Diese Benennung aber ist ent= lehnt der berüchtigten Anti=Korps=Verbindung von Jenenser und Hallenser Studenten vom J. 1770, welche als „Sul= furisten" oder „Schwefelbande" verhaßt war.

Über einen freimaurerischen Geheimbund der Jenenser Studenten vom J. 1771, den sog. „Moselbund", später „Amicistenbund" teilt Scherr[1]) das Nötige mit.

Von den politischen Parteien der ersten französischen Revolution haben mehrere den Namen von ihrem Platz in der Nationalversammlung, wie die Klubs von ihrem Sitzungslokal. Die Begriffe „Rechte", „Linke", „Centrum". sind auch dem Platze entlehnt, haben aber bestimmte poli= tische Bedeutung angenommen. So bestand in der National= versammlung die „Linke" aus der Ebene, la plaine, den Demokraten, darunter die Abgeordneten aus dem Departement Gironde, die Girondisten, und dem Berg, la montagne (montagnards), den Radikalen. Die Rechte hieß Feuillans nach dem Kloster der Feuillans oder Cisterzienser; es waren die konstitutionellen Royalisten.

So hieß der Klub der „Konstitutionsfreunde" der wütenden Jakobiner[2]) von ihrem Sitzungslokal, dem ehemaligen Kloster St. Jakob in Paris, der ersten Gründung der Dominikaner in Frankreich, die deshalb auch den Namen „Jakobiner" hatten, während sie in England von ihrem Ausgehhabit, einer schwarzen cappa, „schwarze Brüder" genannt wurden.

Ein dritter Orden mußte seinen Namen dem Klub der Dantons, Marats, Desmoulins, Héberts leihen, die „Barfüßer", die Minderbrüder oder Franziskaner, welche nach ihrem Bußstrick „Cordeliers" hießen. Übrigens waren auch die Ordensbrüder der Feuillans anfänglich „Barfüßer". Über die verschiedenen „Barfüßer", auch die bei Augustin

---

1) D. Kulturgesch. 486.
2) Die Société Mère. Von den Jakobinern sind die Jako= biten wohl zu scheiden, die Anhänger Jakobs III. v. England.

(Haer. 68) genannte Sekte ist das Notwendige zusammen=
gestellt in Wetzer=Weltes K. L. I 2002 ff. Der Ausdruck
„gris comme un cordelier" ist ein Kalauer, an dem
nur das graue Ordenskleid der Cordeliers Schuld trägt,
denn être gris heißt auch an sich schon = einen Spitz
haben. So sagen wir ohne Berechtigung „grob wie ein
Bürstenbinder", „voll wie eine Kanone, wie eine Eule",
„sternhagelvoll u. s. w." Simile claudicat!

Das „Gastmahl der Girondisten" ist ein arges Ge=
flunker von Thiers, Nodier und Lamartine.[1]) Biré, La
Légende des Girondistes (1881), hat den ganzen Nimbus
um das Haupt dieser Abgeordneten zerstört, indem er den
Nachweis liefert, daß sie 1. die Septembermorde gebilligt
haben, 2. den Prozeß gegen den König begannen, 3. nicht
gegen das Todesurteil, 4. außer 6 Mitgliedern nicht für
Aufschub der Hinrichtung gestimmt haben, 5. daß sie gerade
den Anlaß zur Errichtung des Revolutionstribunals und
des Wohlfahrtsausschusses gaben, 6. endlich in jeder Be=
ziehung energielos waren.

Auch mit den „Freiwilligen" und Carnots „levée
en masse" hat man viel Mumpitz getrieben.

· Die sogenannten „Gemäßigten" im Konvent, die
Indulgents, waren die Dantonisten; die Sieger vom
9. Thermidor = 27. Juli 1794, an welchem Robespierre
gestürzt wurde, hießen Thermidorianer.

Der Rest der Jakobiner war „der Schweif Robes=
pierres", später die „Buckligen".

Antirevolutionäre Verbindungen des Jahres 1795 ent=
standen in Lyon unter den Namen „Jesus" und „Sonne".

Die Gesellschaft der „Gleichen" (Egaux) oder der
„Pantheonsklub" ist erst nach der Schreckenszeit aus dem
Reste der ehemaligen Hébertisten (Ultrarevolutionären) und
der Commune gegründet von dem radikalen Demagogen
und wütenden Jakobiner François Noël Babeuf, der als

---

[1]) Hertslet a. a. O. 263.

Gracchus Babeuf den ganz revolutionären „Tribun du
peuple" redigierte. Babeuf verlangte Wiederherstellung
der Konstitution von 1793. Die „Conspiration de l'
égalité" war der krasseste Communismus und mußte 1796
mit Gewalt niedergeworfen werden. Babeuf und die Haupt=
schuldigen, darunter einige verrufene Terroristen, wurden
hingerichtet; aber vom Pöbel wurde der Urheber der Ver=
schwörung lange als Märtyrer der Freiheit beklagt.[1]

Die Aufständischen in der Bretagne heißen Chouans
= Nachteulen nach dem Spitznamen der Familie eines
ihrer Führer, des Schleichhändlers Jean Cottereau. Balzac
erzählt in seinem Roman „die Chouans": „Die drei be=
rühmten Schmuggler (Jean, François, René Cottereau)
gebrauchten gewisse Modulationen dieses Rufes (nämlich
des hellen Schreies einer Nachteule), um sich bei Nacht
über Hinterhalte, Fährlichkeiten und alles, was sie inte=
ressierte, Nachricht zu geben, und daher stammte ihr Spitz=
name Chuin, der im Dialekt dieses Landes Eule oder
Käuzchen bedeutet. Dies verstümmelte Wort diente dann
auch als Bezeichnung für diejenigen, welche im ersten Kriege
gegen die Republik das Wesen und die Signale jener drei
Brüder nachahmten."

Eine aristokratische Geheimverbindung in Arles im
J. 1791 hatte den Spottnamen „Chiffonne".[2]

Gegen die im Solde der Jakobiner hausenden „Würger=
banden", die „Hartklopfer" (tappedurs) erhob sich nach
dem Sieg vom 9. Thermidor die handfeste jeunesse de
Paris, die sogenannten Muscadins (Stutzer), auch Incroyables[3] genannt, junge Leute aus allen Ständen. Die

---

[1] Buonarotti, ein Mitschuldiger, beschrieb die Conspiration
pour l' égalité in 2 Bden. Brüssel. 1828.
[2] Carlyle Revol. V, 3.
[3] Über die lächerliche Tracht derselben, spez. die „Stockfisch=
schwänze" (Fräcke) s. Balzac, d. Chouans, und die Souvenirs de
la Marquise de Créqui. Aus dieser Zeit (1796) stammen auch
die jetzt wieder modischen Ridicules, eine volksetymologische Um=
änderung aus Réticules, Netzbeutel. Statt der Tournure nach

jeunesse dorée ist eine Erfindung des Romanschreibers
Pagès. Das hat Adolf Schmidt in seinem Buch „Pariser
Zustände" während der Revolutionszeit von 1789—1800
(3 Bde.) I 13 nachgewiesen, wie derselbe Forscher über=
haupt der erst aus den zwanziger Jahren stammenden
„republikanischen Legende" ein Ende gemacht hat. Dort
findet man auch die Parteiausdrücke jener Periode erklärt,
so daß wir hier füglich davon absehen können.

Das Auftreten der Muscadins, wie das Verfahren
der „Stockträger" läßt sich in gewissem Sinne mit dem
sprichwörtlich gewordenen „Skytalismus" von Argos ver=
gleichen, dem schrecklichen Aufruhr von 370 v. Chr., bei
welchem 1200 Bürger in der brutalsten Weise mit Stöcken
(σκυτάλη, Stock, auch der Stab für die geheimen Depeschen
der Spartaner) tot geprügelt wurden. [1]

Wie man in Paris vom „Stuhlkrieg" sprach, so hatte
man schon den Brotkrawall des städtischen Pöbels im J. 1775
„Mehlkrieg" genannt. Das Gleichnis gesiel. So wurde die
unglückliche Königsfamilie bei der Übersiedelung nach Paris
am 6. Okt. 1789 als die „Bäckersfamilie" umjohlt (le
boulanger, la boulangère et le petit mitron). [2]

Das irische Volk nannte die Monate Juli und August
„Mehlmonate", weil es dann keine Kartoffeln mehr hatte
und dann auch durch englische Unterstützung erhalten werden
mußte. Aber der von der Regierung gebotene Mais
(1846 und 47) war als „Peels Schwefel, dessen Genuß
schwarz mache" [3] verhaßt, bis die Not eines Besseren
belehrte.

---

hinten hatte man culs de Paris nach vornen, als Symbole der
Fruchtbarkeit, demi-termes genannt = Viermonatskissen.

[1] E. Curtius, Griech. Gesch. III 316, 777.

[2] Der Name Boulanger ist in Frankreich übrigens so gemein
wie bei uns „Bäcker", nur jetzt vielfach Witzwort, seit le brav'
général seinen Schwindel getrieben hat.

[3] Pauli, G. Engl. III 280.

Von den nachrevolutionären Parteinamen, deren fort und fort neue entstehen, heben wir nur den der Ultra= royalisten oder Ultras, Königlichere als Ludwig XVIII. und die von ihnen gebildete Kammer hervor, die chambre introuvable. Das „unmögliche" Ministerium von 1829 verdankt seinen Namen dem Spotte des stets möglichen Talleyrand.

„Non plus ultra" ist jetzt ein geflügeltes Wort. Villars nannte so (non plus ultra Marlborough) die von ihm angelegten Befestigungslinien von Montreuil an der Küste der Picardie bis Namur.

Haben die Deutschen ihre Ultramontanen, wie übrigens einst alle Italiener, alle Welschen hießen, so haben die Engländer ihre Ultra - Protestants. „Ultras" gibt es schließlich in jeder Partei.

„Juste milieu"[1]) nannte Louis Philippe selbst das Ministerium Soult. Im Munde der Opposition galt der Ausdruck bald als Schmähwort für politische Schwäche.

Die schon 1832 sogenannte tiers-parti[2]) (Mittel= partei) brachte 1836 das Ministerium Thiers ans Ruder.

Die Pariser Julirevolution vom J. 1830 wird öfters die „große Pariser Hundswoche" genannt, weil sie in die Hundstage fiel; das Wort stammt von Fr. L. Jahn,[3]) der freilich in „Hundswoche" auch seine Verachtung kund= geben wollte. Die Belgische Revolution bezeichnete er da= gegen als „Belgische Balgerei" mit dem Worte spielend, wie er von „Gallischer Galle" spricht.

Der Franzose nennt hingegen einen Lärm um nichts „querelle Allemande".

Der Volkswitz liebte es stets die Lebensmittel mit den Kriegen in Beziehung zu setzen. So nannten die Schweizer die Belagerung von Luzern 1513 „Zwiebelkrieg",

---

[1]) Vom Turnvater als die „hohe Mitte" übersetzt II 2, 478.
[2]) Vgl. le tiers état = der dritte Stand.
[3]) Sämtl. Werke II 2, 474.

den Bürgerkrieg von 1565 in Graubündten den „Speck=
krieg". Der kleine Feldzug in Schwaben von 1631 hieß der
„Kirschenkrieg".[1] Der bairische Erbfolgekrieg vom J. 1778
hieß im Volksmund „Kartoffelkrieg" oder „Zwetschgen=
Rummel", weil die Soldaten darin nichts zu thun hatten
als im Lager Kartoffeln und Zwetschgen zu essen. Friedrich
d. Gr. soll von demselben gesagt haben, „er habe ihm
mehr Heu als Lorbeeren eingetragen", da er bloß aus Fou=
ragierungen bestand.[2]

Über den Namen des „Camisardenkrieges" in den
Cevennen 1702—1705 ist viel gestritten worden. Die
Camisardes, religiöse Schwärmer, welche ihn erregten,
werden als „Hemdendiebe" (camise = chemise) aufgefaßt,
von anderen als „Wegelagerer" (von camis = Heerstraße)
gedeutet. Andere leiten das Wort von den nächtlichen Über=
fällen (camisade), wieder andere von dem dialektischen
camasard = „verbranntes Haus" ab.[3] Die katholischen
Bauern hießen von ihrem Abzeichen, einem weißen Kreuz,
„weiße Kamisarden".[4] Der Ausdruck „camisado" ist
sprichwörtlich gebraucht von Thomas Carlyle in seiner Ge=
schichte der „französischen Revolution" II 7 (Übers. von
Febberjen, 2. Aufl. von Erman, S. 185): „Und wie in
Clermont, so auch in den andern Dörfern: überall ein
camisado oder Aufruhr im Hembe". Wenn dies wirklich
die ursprüngliche Bedeutung ist, dann lassen sich die irischen
Whiteboys von 1763, 1821 u. 1864 damit vergleichen, welche
häufig ein Hemb über ihrer Kleidung als Abzeichen trugen.

---

[1] Der sog. „Knüttelkrieg" war ein von Joachim II. für die
Berliner und Spandauer eingeführtes Volksfest, bei welchem auf
der Havel in Kähnen ein Kampf aufgeführt wurde, der beinahe ein
böses Ende nahm.

[2] W. Menzel, G. d. D. IV 199. G. T. Heyne, Josef II.
1. Bd. S. 355.

[3] Schmidt, G. v. Frankr. IV 537. Der Krieg wurde vor=
nehmlich durch Verheerung geführt.

[4] Die Litteratur über den Kamisardenkrieg s. Wetzer=Welte
K. L. II 1773.

Der Ausdruck „Patrouillotismus" ist eine komische Wortbildung nach dem Muster von „Patriotismus" aus der Revolutionszeit, herrührend von einer Karrikatur auf Lafayettes Patrouillen: Le Patrouillotisme chassant le Patriotisme.[1]) Ein anderer Patrouillotismus war die χρυπτεία der Spartaner, die zweifellos ursprünglich den Zweck einer Kriegsübung hatte. Daß die Helotenjagden zeitweilig wirklich stattfanden, läßt sich wohl nicht leugnen.[2]) Die sogenannten assemblées du désert wurden unter Ludwig XIV. gehalten von den verfolgten Reformierten und hatten ihren Namen von den abgelegenen Orten, Wäldern und Einöden, in welchen sie stattfanden.[3])

Während im allgemeinen der Euphemismus bei Benennung tragischer Ereignisse in der Geschichte überwiegt, waltet in Zeiten der Parteileidenschaft der **Kakophemismus** vor.

Die freilich blutig endende Keilerei zwischen Begleitern des Herzogs Franz von Guise und Reformierten, welche am 1. März 1562 zu Vassy sich abspielte und die letzte Veranlassung zu den acht Hugenottenkriegen wurde, ist mit Unrecht zum „Gemetzel", zum „Blutbad von Vassy" aufgebauscht worden.[4])

Ebenso vergrößerte man das Handgemenge, welches zwischen Engländern und Amerikanern am 5. März 1770 zu Boston drei (!) Bürger ums Leben brachte, durch den pomphaften Namen „das Gemorde von Boston".

Der Zusammenstoß der Arbeiter von Manchester mit den englischen Husaren auf dem St. Petersfeld bei Manchester am 16. August 1819, bei welchem sage und schreibe sechs Leute den Tod fanden, ist das schreckliche „Blutbad von Manchester", welches dem Militär zum Hohn im

---

[1]) Th. Carlyle a. a. O. I 252 und 259.
[2]) Plato de legg. I p. 633. Plut. Lyc. 28. Heraclid. Pont. p. 504 hrsg. Cragius.
[3]) Schmidt, G. v. Frankr. IV 665 ff.
[4]) Schmidt, Gesch. v. Frankreich. III 57.

Anklang an die Schlacht bei Waterloo auch „die Schlacht von Peterloo" genannt wurde.[1])

Der kleine Aufstand einiger schottischen Gemeinden, der auf den 1. April 1820 durch anonyme Anschlagszettel angesagt war, verlief ganz unblutig. In Stirlingshire stob ein Haufe strikender Arbeiter vor c. 20 Reitern auseinander. „Spottend sprach man darauf von einer Schlacht bei Bonnymuir und höhnte die Regierung, daß sie in den April geschickt worden."[2])

Das Strafgericht, welches bei Eperies über die aufständischen Ungarn 1686 gehalten wurde, nannte man später die „Fleischbank von Eperies".

Ein wirkliches Gemetzel war die von Katharina von Medici veranlaßte Ermordung der Hugenotten in der „Bartholomäusnacht" des Jahres 1572, 23./24. August. Weil die Greuelthat bei Gelegenheit der Vermählung Heinrichs von Bourbon und Navarra mit Margarethe von Valois geschah, wird sie als „Pariser Bluthochzeit" bezeichnet. Die Übertreibungen und Unwahrheiten sind längst von objektiven und zwar protestantischen Historikern nachgewiesen.

Von den vielen Mißverständnissen nur einige: Du Plessis Mornay, einer der fanatischsten der hugenottischen Agitatoren drängte den König unablässig zum Losschlagen gegen Spanien. „Für Frankreich" — so setzte er auseinander — „ist der Krieg notwendig, um soviel verdorbenes und überflüssiges Blut abzuzapfen, welches dem Staatskörper irgend eine neue Krankheit schaffen kann; entweder muß man zur Ader lassen oder zum mindesten der Ader Luft machen, ich meine, einen Krieg unternehmen" (il fault ou saigner ou pour le moins esventer la veine, entreprendre — dis-je — une guerre). Das beliebte Histörchen vom Aderlaß ist demnach eine Erfindung der Hugenotten — und nicht den Katholiken aufzubürden. Auch

---

[1]) R. Pauli, Gesch. v. England. I 217.
[2]) Pauli a. a. O. I 229.

Coligny, der „Admiral" heißt, aber kein Admiral [1]) in unserem
Sinne war, sondern „Feldmarschall", drohte dem Könige:
„Beginnen Sie den Krieg gegen Spanien, oder wir werden
uns genötigt sehen, ihn gegen Ew. Majestät zu beginnen".
Bereits am 28. September 1567 hatten 4—500 Edel=
leute unter Condés und Colignys Führung den Überfall
von Monceau gegen den Hof gewagt.

Der den Mordgesellen in den Mund gelegte Ruf:
„Tötet sie alle, Gott wird die Seinen schon herausfinden"
hat schon zur Illustration der Grausamkeiten im Albigenser=
kriege gedient. Und auch für diese Zeit läßt ihn nur
Cäsarius von Heisterbach mit dem Zusatz „man sagt" den
päpstlichen Legaten bei der Erstürmung von Beziers 1209
aussprechen. Den zeitgenössischen Autoren beider Epochen
ist der Ausspruch unbekannt.

Die Phantasie liebt Effekte und ist im Ausdenken
derselben so erfinderisch wie der roheste Henkersknecht, grau=
samer als ein Bluthund.

Das Bild, welches Franz Dubois von Amiens († 1584)
von dem Massacre geliefert hat, und welches sich im Museum
Arlaud zu Lausanne befindet, ist ein Phantasiegemälde,
so gut wie unsere Schlachtenbilderbogen. Nur zwei Züge
zum Beweis: Colignys Leichnam ist nicht nach der Straße
aus dem Fenster geworfen worden; die Herren Briquemont
und Cavagnes sind neun Wochen nach der Bartholomäus=
nacht gehängt worden. [2])

Was wird also davon zu halten sein, wenn auf dem=
selben Bilde König Karl aus dem Louvre nach der
Vorstadt über die Seine schießt? Freilich berichten das=
selbe Serranus, Brantôme und D'Aubigné. Und sicher
scheint die Sache dadurch bewiesen, daß ja am 20. Okt. 1793
die so zartfühlende, edle, menschenliebende Pariser Commune
einen Schandpfahl mit entsprechender Inschrift an dem

---

[1]) amir-ul-mâ Befehlshaber des Wassers.
[2]) Schmidt, G. v. Frkr. III 148.

Platze anbringen ließ, von wo aus der König auf sein Volk geschossen haben sollte. Aber keiner der drei Bericht=erstatter war in jenen Tagen in Paris. Von D' Aubigné ist bekannt, daß er das Pikante liebte. Brantôme erhält vom Protestanten Wachler den Ehrentitel „klatschhafter Anek=dotenkrämer". De Thou, der sonst Serranus benutzt, läßt das Geschichtchen aus, weil ihm als Ortskundigen die Un=möglichkeit klar war. Der König konnte nicht vom Louvre aus über die Seine schießen, weil die Entfernung zu groß gewesen wäre; er konnte nicht vom Louvre aus schießen, weil der betreffende Teil des Palastes — noch gar nicht vorhanden war, sondern erst c. 20 Jahre nach der Bartholomäusnacht gebaut wurde.[1]) Er schoß sicher nicht, denn er war in der größten Aufregung über seine Zustimmung zur That und empfand die bitterste Reue.

Die Äußerung, welche der König bei dem Anblick des verwesenden Leichnams Colignys gethan haben soll: „Der Geruch eines toten Feindes ist lieblich und angenehm" stammt aus Suetonius, der es dem Kaiser Vitellius in den Mund legt. Walter Scott läßt es in Quentin Durward (cap. 3) Ludwig XI. sprechen.

Karl soll seinen protestantischen Leibarzt Ambrose Paré gerettet haben, indem er ihn beim Eintritt der blut=dürstigen Königin=Mutter hinter einer Fenstergardine ver=barg. Ein artiger Vorwurf für historische Bilder! Nur Schade, Paré war katholisch.

Nicht die Kirche, sondern das Parlament, darunter kein Geistlicher, hat eine Gedächtnismesse mit Prozession angeordnet, und diese ist — nie gehalten worden.

Ein Vorherwissen des Papstes wie Philipps II. ist durch die Forschungen der protestantischen Gelehrten Wachler, Schmidt, Türke, Baumgarten ausgeschlossen. Nachher empfing der Papst die Nachricht von der glücklichen Er=rettung des Königs von dem Attentat. Daraufhin hielt

---

[1]) Barthélemy, Erreurs et mensonges historiques Serie III p. 144 ff.

der Kardinal von Lothringen am 8. September in Gegen=
wart des Papstes den Dankgottesdienst mit Te Deum in
der französischen Nationalkirche ab. Die später geprägte
Denkmünze trägt nicht die Inschrift: „Pontifex Colignii
necem probat", sondern auf der einen Seite das Brust=
bild Gregors XIII., auf dem Revers eine Darstellung der
Niederlage der Hugenotten, welche der Würgengel schlägt,
dabei die Umschrift: strages Hugonotorum „Niederlage
der Hugenotten".[1] Im Dezember feierte der französische
Philologe Anton Muret in einer Rede vor dem Papste
die Rettung des Königs und des Königlichen Hauses aus
Todesgefahr, sowie die Erlösung des schrecklich heimgesuchten
Vaterlandes aus den Händen der Unterdrücker und rühmte
besonders, daß durch den Untergang einiger weniger Rebellen
dem größten Unglücke vorgebeugt worden sei. Der Papst
war getäuscht, so gut wie die Königin Elisabeth, die ihrer=
seits nicht verfehlte, dem König zu seiner Rettung Glück
zu wünschen. Die deutschen Lutheraner empfanden kein
Mitleid mit den gemordeten Calvinisten.

Hat nicht auch Kurfürst August nach Niederwerfung
der Grumbachschen Rebellion eine Denkmünze prägen lassen
mit der Umschrift: „Endlich hat die gute Sache gesiegt"?

Endlich ist die Zahl der „Märtyrer" wie bei den
elftausend Jungfrauen durch angehängte Nullen arg, sehr
arg vergrößert worden. Das Martyrologium der Calvinisten,
gedruckt 1582, gibt für Paris 1000 Ermordete an, be=
kommt aber bei der Detailberechnung nur 468 Opfer und
weiß nur 152 mit Namen anzugeben. Der Biograph
Karls, Papyre Masson, gibt 10 000 für ganz Frankreich
an, und seine Angabe gewinnt nach dem Urteil Schmidts
dadurch an Wahrscheinlichkeit, daß er den Wunsch zufügt,
die Zahl möchte größer sein.[2]

---

[1] M. Philippson, „Neuere Zeit" in Flathes Allg. Gesch.
49. Lfg. S. 381.
[2] Schmidt, G. v. Frkr. III 146.

Das größte Mißverständnis dabei ist dies, daß man der Greuelthat religiöse, nicht politische, egoistische Motive zu Grunde legt. Die Urheberin ist Katharina von Medici, die nichts weniger war als eine gute Katholikin.

Demnach sind auch alle Behauptungen von einem schriftlichen oder mündlichen Befehle des Königs an die Gouverneure zur Ermordung der Hugenotten erfunden.[1] Im Gegenteil gab der König strenge Weisung, das Friedens= edikt aufrecht zu erhalten. Trotzdem kamen Morde vor, nach der Mitteilung Anjous an den pfälzischen Kurfürsten an solchen Orten, wo vorher die Hugenotten Gleiches ver= übt hatten. Hier rächte sich also der Pöbel für vorher= gegangene Gewaltthaten, so in Orleans, Rouen, Lyon.

An anderen Orten hinderten die Kommandanten das Blutvergießen, so in der Provence, der Auvergne, der Dauphiné, in Burgund u. s. w. Der Bischof Johann Hennuyer von Lisieux schützte die Verfolgten energisch. Durch seinen Einfluß nahmen die Katholiken in Nîmes dieselbe edle Rache, obwohl gerade bei ihnen die Hugenotten aufs furchtbarste gehaust hatten. Die rührende Geschichte von dem Vicomte von Orthes, der dem König geantwortet haben soll, „er habe den königlichen Befehl unter den Be= wohnern der Stadt (nämlich Bayonne) und den Soldaten bekannt gemacht, aber keinen Henker unter ihnen gefunden", ist darum unmöglich, weil — wie gesagt — g a r k e i n königlicher Befehl gegeben war. Zudem war der edle Vicomte sonst recht fanatisch. In Bayonne waren drei Jahre vorher 3000 Katholiken hingeschlachtet worden. Aber man rächte sich dort eben n i c h t. Über die Metzeleien in Orleans und die Unruhen in Rouen sprach der König in scharfen Er= lassen sein Mißfallen aus und ordnete möglichst Restitution der Güter an die Reformierten an.

---

[1] Schmidt, G. v. Frkr. III 143, Anm. 2.

Auch Deutschland hat eine Bluthochzeit:

„Bei der Erstürmung eines der Außenwerke (von Magde=
burg) war ein Fähnlein erbeutet worden, auf dem ein Spottreim
gegen Tilly geschrieben stand:

„Das Mägdlein das ist jung,
Der Bräutigam der ist alt,
Er wollte sich gern verheurathen
Und hat doch keine Gestalt.“

Dieses beutete der Soldatenwitz nun aus und nannte ihr
wildes Gelag: Die Magdeburger Hochzeit.[1]) Denn jetzo sei die
widerspenstige Jungfrau Magdeburg endlich einmal mit ihrem alten
Feldherrn vermählt.“[2]) —

Als der General Kleist 1762 mit einem fliegenden
Korps das nie eroberte Nürnberg eingenommen hatte, soll
Friedrich gesagt haben: „Kleist hat dieser alten Jungfer
das Kränzlein aus den grauen Haaren genommen“.

Die Städte mit Jungfrauen zu vergleichen ist eben
ein alter Witz.

Dabei fällt mir der hübsche Ausdruck Tschudis für
eine mit anderen nicht verbundene Stadt ein: er nennt
sie „eine einspännige Stadt“.[3])

„La Pucelle“ katexochen ist Ehrenname der edlen
Jungfrau von Orleans, deren Reinheit Voltaire zu besudeln
wagte in seinem Schmutzwerk „La Pucelle d' Orléans“.
Leider hat auch ein Deutscher, Lichtenberg,[4]) die Heilige

---

[1]) Schon 1631 erschien ein „Magdeburgisches Hochzeitslied“,
Bechstein, Deutsches Dichterbuch. S. 133. Museum. 2. S. 258:
„Wolauff ihr dapffre Soldaten,
Und last vns frölich seyn,
Die Schantz ist vns gerathen,
Wir haben ein Maidlin fein“. u. s. w.

[2]) Bensen: Das Verhängnis Magdeburgs. S. 501.

[3]) Joh. v. Müller, Gesch. Schweiz. Eidgen. IV 6. 1805. S. 552.

[4]) „Simple, jedoch authentische Relation von den curieusen
schwimmenden Batterien, wie solche Anno 1782 am 13. u.
14. Sept. unvermuthet zu schwimmen aufgehört ꝛc.“ — Übrigens
erfand ein deutscher ehemaliger Nagelschmied, Joh. G. L. Schwecken=
diech, die „gerösteten Kartoffeln“ d. h. die glühenden Kugeln, mit
welchen die französischen Batterien zerstört wurden.

verhöhnt, indem er absichtlich d' Arçon von d' Arc
falsch ableitet:

„Drauf kam, im Projectiren stark,
Ein Mann d' Arçon mit Namen:
Stracks ab von Jungfer Jeanne d' Arc
Soll die Familie stammen.
Nun flickt die Demuth an ein on;
Die Mode setze çon statt con.
So wurde aus d' Arc, d' Arçon.“

„Le Palladion“ von Friedrich d. Gr. ist eine „Nach=
ahmung der Pucelle d' Orleans“. „Ganze und halbe
Verse sind aus jener geborgt“.[1]) „Vieles ist übertrieben,
einseitig, und Wahres mit Falschem gemengt“.

Johanna war weder eine Adlige d' Arc, noch von
Arc gebürtig. Man vermutet, daß ihr Großvater aus
Arc in Barois gebürtig gewesen sei. Der Heimatsort der
Jungfrau selbst ist das Dörfchen Domremy an der Maas
an der Grenze von Lothringen. Gerne nannte man Johanna
„Schäferin“ (bergereta, bergère, auch pastourelle). Die
Feinde aber schimpften sie „feile Dirne“ und „Kuhmagd“
(ribaulde, vachiere).[2])

Das entschlossene Vorgehen des Marquis von Bouillé
gegen die meuternde Besatzung von Nancy 1790, was
selbst die Nationalversammlung rühmend anerkannte, um
sich nachher durch die Jakobiner terrorisieren und des=
avouieren zu lassen, wurde von den Revolutionären zum
„Blutbad von Nancy“ gestempelt.

Zwei Massenmorde im Mittelalter tragen den Namen
„Vesper“, doch hat dieser kirchliche Begriff nur als Zeit
des Beginns der Ermordung Berechtigung bei der Nieder=
metzelung der verhaßten Franzosen in Sicilien am Oster=
montage 1282, 30. März. Johann von Procida hat zwar

---

[1]) Joh. v. Müller, Kritik. Bd. 26. S. 99. Ausg. v. 1833.
[2]) Eysell, Jungfrau v. Orleans. S. 667. Auf S. 31 des=
selben Werkes s. auch die Erklärung des Ausdrucks „Bornsonntag“ für
Lätare (facere suos fontes = faire le dimanche des Fontaines).

die Verschwörung zu Gunsten der spanischen Herrschaft in
Sicilien gestiftet, aber den Mord schwerlich angeregt.

Diese „sicilianische Vesper" hat Veranlassung gegeben,
auch die auf Befehl des englischen Königs Ethelred II.
erfolgte Ermordung der Dänen in England (1002) als
„Vesper" zu bezeichnen.

Der Friede, welcher 1568 zwischen Katholiken und
Hugenotten zu Longjumeau geschlossen wurde, hieß bei
den letzteren spottweise la paix boiteuse et malassise,
weil von den königl. Bevollmächtigten der eine, Biron,
lahm war und der andre Malassise hieß.[1])

Die „ewige Richtung" wurde der unter Gewährleistung
Ludwigs XI. zu Konstanz zwischen den Schweizern und
dem Erzherzog Siegmund geschlossene Friede genannt, auch
„des Königs Vergleich" (1474).[2]) „Richtung" bedeutete
damals soviel als Gericht, Beilegung eines Streites.

Schon 1463 hatte die Schweiz mit Karl VII. die
„Bestätung der ewigen Verständnis" d. h. Freundschaft
eingegangen.[3])

Der „ewige Landfriede" von 1495 wurde sehr rasch
wieder gestört.

Im Wiener Kongreß wurde der Schweiz „ewige
Neutralität" zugestanden.

Der „lange faule Frieden" wurde die Zeit von 1815
—1848 genannt,[4]) aber die ersten „faulen Frieden" gab
es im Altertum, wenn sie auch nicht als ὕπουλοι damals
schon bezeichnet wurden.

Mit Défection de l' Angleterre bezeichnen noch
heute die Franzosen den Bruch des Versprechens, durch
welches sich (1674) England verpflichtet hatte, nicht ohne
Frankreich mit Holland Frieden zu schließen.

Zu den Revolutionslegenden gehört auch die Er=
stürmung der Bastille (14. Juli 1789).

---

[1]) Schmidt, Gesch. v. Frkr. III 108.
[2]) Joh. v. Müller, Gesch. Schweiz. Eidgenossensch. IV 606.
[3]) a. a. O. IV 542. [4]) W. Menzel, G. d. D. V 168.

Flathe in s. Gesch. d. frz. Revolution S. 47 beurteilt die Bedeutung des Bastillensturms vollkommen zutreffend:

„Den Zeitgenossen und nicht in Frankreich allein, erschien die Einnahme und Zerstörung der Bastille — man hatte in ihr 5 Gefangene und 2 Wahnsinnige gefunden — als eine Heldenthat des zur Freiheit erwachten Volkes, durch welche die Fesseln des Absolutismus und der Tyrannei zerbrochen worden seien; in diesem Sinne hat auch der 14. Juli im Gedächtnis der Franzosen als ein nationaler Festtag fortgelebt. In Wahrheit war sie ein durch Ruch= losigkeiten befleckter Ausbruch pöbelhafter Leiden= schaften, bei dem von Heldenmut nicht die Rede ist, daneben nur noch die erste Ankündigung der Diktatur von Paris über das Land, welche eine ganze Reihe anderer Revolutionen gebären sollte." (Genaueres s. Linguets Denkw. über d. Bast. übers. v. Habs S. 93 ff.

Es ist übrigens zu bemerken, daß das Wort „Bastille" ursprünglich Appellationame für hölzerne Belagerungstürme überhaupt war, später für jede Vorburg gebraucht wurde und zuletzt Eigenname für das Pariser Staatsgefängnis wurde (1369—83 erbaut). Eine „Schauerklause", wie der Tyrannenhasser Schubart sie nennt, war sie nicht.

Als der Herzog von Liancourt mit der Schreckens= botschaft von der Erstürmung der Bastille und der schänd= lichen Ermordung des armen Kommandanten de Launay und einiger Offiziere in das Gemach des Königs drang, rief dieser: „Das ist ja eine Revolte!", ward aber eines Besseren belehrt durch die Antwort: „Nein, Sire, das ist eine Revolution". So war das Wort in Erfüllung ge= gangen, welches etwa 50 Jahr vorher der Minister d' Ar= genson in seinen „Gedanken über den Neubau des Staates" warnend geäußert hatte: „Überall brennbare Stoffe. Von einer Emeute kann man übergehen zur Revolte, von der Revolte zur allgemeinen Revolution." [1]

---

[1] Flathe, Allg. Weltgesch. 53. Lfg. S. 17.

Harmloser ist der von Napoleon III. seinem Lulu klargemachte Unterschied zwischen accident und malheur, wenn die Geschichte wahr ist. Vetter Plon-Plon machte eine Seereise. Der kleine Lulu fragte nach dem Unterschied der beiden Worte, und der Vater antwortete: „Ein Accident wäre es, wenn der Herr Vetter ins Meer fiele, ein malheur, wenn er wieder heraus käme".

Ein vieldeutiges Wort ist père. Ein wirklicher Pater war père Josef aus dem Kapuzinerorden, die „kleine graue Eminenz" der „roten Eminenz", des Kardinals Richelieu. Er hieß Franz Leclerc du Tremblay und war ein sittenstrenger Mann.

Der père Lachaise war, wie sein Ordensbruder Lämmermann, Lamormain, Beichtvater Ferdinands II., so Beichtvater Ludwigs XIV. und Donator des nach ihm benannten großen Kirchhofs von Paris, den Jahn (sämtl. Werke II 521) den Knochenberg nennt. Lachaise ist n i c h t der Urheber der Aufhebung des Edikts von Nantes. [1]

Der père Duchesne aber war kein Pater, sondern das schmutzigste aller demokratischen Blätter der Revolutions= zeit, dessen Redakteur Hébert war.

Über den „Journalismus" der französischen Revolution s. Carlyle a. a. O. I cap. 4 und VI cap. 5.

Père Adam wurde vom Pöbel in Paris 1789 der „brüllende Marquis de St.-Huruge, der Held des Veto" genannt. [2]

Père des lettres aber war der König Franz I.

Als „Vater" wurde bezeichnet der Kaiser Nikolaus von Rußland, und auf ihn, den Schwager Friedrich Wilhelms IV. bezog sich der altliberale Ausspruch in der preußischen Kammer (Oktober 1854): „Das Vaterland hat keinen Schwager".

Zu den pères gehören auch die übrigen Verwandt= schaftsnamen, vorzüglich frère. Seit der hl. Allianz reden

---

[1] S. Geschichtslügen. Schöningh, Paderborn. 537.
[2] Carlyle a. a. O. VII cap. 7.

sich die gekrönten Häupter als Brüder an, gerade als ob sie Logenbrüder wären.

Der Macchiavellus Gallicus, eine der Flugschriften, welche im Ausgange des 17. Jahrhunderts gegen Frankreich gerichtet wurden, wirft den deutschen Fürsten vor, daß sie sich so gern von Louis XIV. seine cousins nennen ließen, als ob es eine Ehre wäre, mit den vielen cousins zusammengeworfen zu werden, welche dieser König durch seine vielen Maitressen bekommen habe.[1]) Maria Theresia wird mit Unrecht, selbst noch von Macaulay, beschuldigt, an die Marquise von Pompadour einen schmeichelhaften Brief mit der Anrede ma chère cousine gerichtet zu haben. Der Sünder war der Minister K a u n i t z, das Orakel der Diplomaten, „der europäische Kutscher". „Les trois cottillons" für den Bund der Kaiserinnen Elisabeth, Maria Theresia und Frankreichs (Pompadour) ist ein Witzwort Friedrich d. Gr.

Der „Damenfrieden" von Crambray 1529 hat seinen Namen von den Vermittlerinnen, Karls V. Tante Margarete und Franz' I. Mutter Luise.

Die Gemahlin Ludwigs XIV. und seine beiden Maitressen, die Herzogin La Vallière und die Marquise de Montespan bezeichnete das Volk als die „drei Königinnen".

Die vier zuchtlosen Töchter des Regenten Orleans hießen allgemein die „vier Todsünden". Daß der Bruder Ludwigs XVI. ausschließlich der „Monsieur", seine Gemahlin „Madame" hieß, ist bekannt. Auch der Bruder Ludwigs XIV. war kurz Monsieur, seine Gemahlin Lise-Lotte Madame.

Wie monsieur für den Franzosen, so ziemt sich gentleman für den Engländer. Der sittenlose Georg IV. gab sich Mühe „der erste Gentleman von Europa" zu sein. Seine „Freundin", Lady Conyngham, die Gemahlin eines schottischen Marquis, „der seit 1823 zum

---

[1]) W. Menzel, Gesch. d. D. IV 19. Anm.

Verdruß des Ministeriums als Lord Steward erscheint",
war allenthalben nur „Regnante", ihr Mann und ihre
Kinder „die Familie".[1] Viktor Emanuel ist der „König
Ehrenmann" (re galantuomo) gewesen.

„La France", Frankreich, war Louis XV., der seit
1744 nach einer Krankheit le Bien-aimé, der Vielgeliebte,
hieß, nur der Gräfin Du Barry. Ein doppelt „Viel=
geliebter" war auch Friedrich Wilhelm II. von Preußen.
Louis XVI. war le désiré bei Beginn seiner Re=
gierung, am Schlusse „Louis Capet", der „letzte der
Tyrannen", seine unglückliche Gemahlin „die Witwe Capet".

Der Name Capet für den ersten König nach den
Karolingern ist nicht von capito = Großkopf abzuleiten,
sondern ist gleich chapet, cappatus, mit der cappa ver=
sehen. Hugo trug als Laienabt, besonders des Martins=
klosters zu Tours, die cappa, das geistliche Kleid.[2] Noch
jetzt tragen dies die Bischöfe bei feierlichen Gelegenheiten.
Eine Chorkappe ist somit auch ein Mantel, nicht, wie ein
unwissender Rechnungsrevisor meinte, eine Kappe nach
unserem Begriff. Der gute Mann fand 100 Gulden doch
zuviel für „eine Kappe". Die „Tarnkappe" Siegfrieds
war wie „die tarnhůt (= Haut)" ein verbergender Mantel.

Die „jungfräuliche" Königin redete ihren Kanzler
Cecil gern als „Sir Spirit" = „Herr Geist" an.

Der Czar Peter der Gr. war den Holländern nur
„Peter Baas" = Herr Peter.

„Feu le roi d' Espagne" erklärte ein Sekretär
dem Großvater Philipps Egalité, der nie etwas vom Tode
hören wollte: „c' est un titre qu' ils prennent". In
Wahrheit heißt es „der letzt verstorbene König von Spanien".
Feu ist altes, ursprünglich unveränderliches Adjektiv, das
von fuit = ist gewesen, herkommt. So sagte man auch
juristisch von zweien furent.[2] Aus feu bezw. fuit ist

[1] Pauli, Gesch. v. England. I 512. [2] Michelet, Hist. de
France. Paris 1833. II 143 ff. Schmidt, G. v. Frankr. I 236.
[3] Scheler, dict. Etym. s. v. Vgl. fuimus Troes.

wohl das deutsche Wort „futsch" entstanden für „verloren, vernichtet".

Als „Kinder" wurden viele deutsche Fürsten bezeichnet, Ludwig, der Sohn Arnulfs, ferner der Enkel der hl. Elisabeth von Thüringen „das Kind von Hessen". Jeder spanische Kronprinz bleibt bis zur Regierung „Infant und Prinz von Asturien".[1]) Aber „das Kind Europas" war nur der Sohn der Herzogin von Berry).

Der französische Kronprinz mußte den Titel „Dauphin" von der 1349 an Frankreich abgetretenen Dauphiné führen (daher in usum Delphini), wie der englische Kronprinz noch jetzt Prince of Wales, der belgische Thronfolger Graf von Flandern heißt.

Enfants de France waren die königlichen Prinzen, die petits enfants de France die Kinder der Seitenlinien.

Eine mißverstandene Bemerkung in den Quellen verleitete die Geschichtschreiber dazu, den letzten französischen Karolinger Ludwig V., der freilich nichts thun konnte, wie den letzten Merovinger, „den Faulen" (fainéant) zu nennen. Die Mark Brandenburg hatte in Otto dem Wittelsbacher (1365—1373) wirklich einen „faulen" Regenten.

Den König von Frankreich, Ludwig XI., nannte Maximilian I. rè delle bestie, König der Tiere, weil er sein Volk zu einem tierischen Gehorsam gebracht hatte.[2]) Derselbe soll witzelnd gesagt haben, der spanische König sei ein König der Menschen, die nur in billigen Dingen gehorchten; der König von England sei ein König der Engel, denn er gebiete nichts Unrechtes, und sie gehorchten ihm willig. „Wir aber" — setzte er hinzu — „sind ein König der Könige, die gehorchen uns, wenn es ihnen gefällt".

---

[1]) von ital.-span. infante (fante, daher Fant) = Knabe, Knecht, Fußknecht kommt auch Infanterie. Höhnisch nannte Napoleon I. die studierende Jugend im deutschen Heer „Ecoliers", dann „Enfanterie". Jahn, Sämtl. Wke. II 1, 313.
[2]) Janssen, G. d. d. V. I 503.

Der Titel „König" diente zu manchen historischen Beinamen. „Pfaffenkönig" ist schon erwähnt. Hermann von Salza war der „Knoblauchkönig", angeblich sogenannt von dem vielen Knoblauch, der um Eisleben wächst (!). „Winterkönig" war Friedrich V. von der Pfalz, „Merse= burger Bierkönig" Christian II. von Sachsen, „König des neuen Jerusalem" der schöne Schneider und Wiedertäufer Jan Bockelson aus Leyden.[1]

Der Führer der aufständischen Bauern in Steiermark und Krain 1573 war der „Bauernkaiser Ilia".

Das „beste Werk" der Romanschriftstellerin Frau von Genlis, Louis Philippe, der Sohn Philipps „Egalité" wurde der „Bürgerkönig", roi des Français.

„Seemannskönig" war Wilhelm IV. von England.

Der Name „Protektor" hat einen üblen Ruf seit dem Protektorat des Herzogs Eduard Seymour von Somerset (1549) über Eduard VI. v. England, dem Lord=Protektorat (1653) Cromwells und dem Protektorat Napoleons I. über den unseligen Rheinbund v. 1806. Kaiser Nikolaus von Rußland nannte sich kühn einen „Protektor von Deutschland ab antiquo". — So kam auch das Wort „Kingcraft" = Regierungskunst der Stuarts in den Verruf wie „priesscraft = Pfaffentrug" und Ludwigs XIV. métier de roi.[2]

Eine wunderbare Bildung ist der Schmeicheltitel, welchen die französischen Hofleute zu Ehren des Kardinal= Herzogs Richelieu erfanden, als dieser 1629 zum General= Lieutenant erhoben wurde.[3] Wallenstein war bekanntlich seit dem 15. April 1632 „General=Capo", ein Titel, bei dem vor allem zu verwundern ist, daß er nicht von den Franzosen in General=Capon (Capon = Gauner) ver= wandelt ist.

---

[1] s. Bild Flathe Allg. Weltgesch. 45. Lfg. S. 161.

[2] Schmitz, Mac.=Rom. 104.

[3] Schmidt, Gesch. v. Frankreich. III. S. 514.

Rohe Zeiten, in welchen das Gefühl der Menschlich=
keit sich abstumpft, witzeln oft mit Greueln. Ein schlichtes,
unverfängliches Wort umfaßt einen bösen Begriff. Kein
Volk aber hat mehr Geschick und Geschmack, das Gemeine
salonfähig zu machen, als die Franzosen, kurz gesagt zum
Euphemismus. W. Menzel[1]) spricht nicht unpassend
von einem gewissen ästhetischen Trieb der Grausamkeit, einem
Witz der Tyrannei. Mit Vorliebe bezeichnete man, wie auch
jetzt noch, die Gefängnisse mit allerhand umschreibenden Aus=
drücken. „Bulles“, „Bleche=Botz“, „Bänkelche“, „Cachot“,
„Kasten“ u. s. w. sind alles Namen für das Gefängnis.
Lokalwitz vermehrt diese Bezeichnungen. So erinnere ich
mich in Frankfurt oft „Zeil Nr. 1“ und „Klapperfeld“
gehört zu haben.

In früherer Zeit gaben die Folterwerkzeuge Anlaß zu
euphemistischen Benennungen, die oft gar nicht verstanden
werden, wie der spanische (polnische) Bock, der spanische
Stiefel (Beinschrauben), der gespickte Hase (= Rolle mit
spitzen Zacken), der eiserne Handschuh, die pommersche Mütze,
der Lüneburger Stuhl, die spanische Kappe, der dänische
Mantel, die eiserne Jungfrau, die Birne u. s. w.

Unter den von Calvin erfundenen Martern spielte
das Fußwärmen eine besondere Rolle.[2]) Eine der gräß=
lichsten Martern, welche der entmenschte Geist der Soldateska
des dreißigjährigen Krieges ersann, war der scheußliche
„Schwedentrank“. Andere Qualen erzählen der Simplicius
Simplicissimus und Moscherosch in seinen Gesichten. Die
zwangsweisen Bekehrungen resp. Bestrafungen von Huge=
notten, welche der Minister Louvois durch Strafeinquar=
tierungen roher Dragoner einführte, hießen „gestiefelte
Missionen“ oder „Dragonaden“.[3]) „Reunionen“ nannte

[1]) G. b. D. 3, 373.
[2]) Galiffe, Nouvelles pages d' histoire. Genf. 1863.
[3]) Fr. L. Jahn sagte für „erschießen“ — „palmen, bepalmen“
von dem im J. 1806, 26. Aug. auf Befehl Napoleons erschossenen
Buchhändler Palm. Scherzweise nannten in der Periode des

Ludwig XIV. die widerrechtlichen Annexionen deutscher Ge=
biete als „Dependenzen", vornehmlich der einst deutschen
Bistümer Metz, Toul und Verdun. Später wurden das
„Einverleiben" und „Säkularisieren", sowie das „Medi=
atisieren" u. a. dgl. sanfte Mittel zum ungerechten Länder=
erwerb Sitte.

Die Massenmorde, welche auf Anstiften Dantons und
des Pariser Gemeinderats 1792 vollzogen wurden durch
die sogenannten „Patrioten" d. h. das Gesindel des Stadt=
hauses, sind nur „Septembrisades", weil sie im September
stattfanden. [1])

Der gleichen Blutzeit gehören die „Mitraillades"
(= Niederkartätschungen) und die „höllischen Kolonnen"
Carriers an. Dasselbe Ungeheuer in Menschengestalt ließ
Antirevolutionäre beiderlei Geschlechts paarweise zusammen=
binden und ertränken. Diese „Noyades" waren nur
„republikanische Ehen" oder „Taufen". Das vernichtete
Lyon war eine ville affranchie. Die Guillotine nannte
man scherzweise „Sankt Guillotine". Ja, sie hatte einen
besonderen „Anakreon"; so hieß Barère wegen seiner
Floskeln. [2]) Man scherzte eben angesichts des Todes, und
der Scherz wurde zur Frivolität. Ein Mißverständnis
aber ist es, den Arzt Guillotin für den Erfinder der Hin=
richtungsmaschine und für ihr erstes Opfer zu halten.
Guillotin empfahl diese früher schon bekannte Maschine nur
in humaner Absicht und st a r b gemütlich erst am 26. Mai
1814. [3]) Die Erfinder waren der Chirurg A. Louis und
ein Mechaniker mit dem seltenen Namen Schmitt. Den
Schreckensmännern war die Guillotine „das Schwert der
Gleichheit", das Hinrichten ein „in den Sack niesen". Den=

Kulturkampfs die katholischen Geistlichen ihre gesperrten Amtsbrüder
„Sperlinge".

[1]) So singt Strachwitz in seiner „Germania": „Daß kein
Marat dich verführe und dich dann s e p t e m b r i s i e r e".

[2]) Büchmann Gefl. W. 10. Aufl. 288.

[3]) Hertslet. S. 259.

jelben galt freilich das Chriftentum als l' Infâme, der
grünäugige Robespierre aber als „der tugendhafte Diktator
von Frankreich".

Die mittelalterliche „Marterfäule" aber ift keine „Arme=
Sünderfäule", jondern eine „Paffionsjäule", eine Säule
mit den Paffionswerkzeugen desjenigen, der für die Menfch=
heit gelitten und den Kreuzestod erduldet hat.

Bei der Einverleibung des ehemaligen Bistums Bafel
in die französische Republik machten die Franzofen aus
einem bei Pruntrut liegenden Hügel Terri einen mont
terrible und nannten danach das département du mont
terrible.[1]

Die von Napoleon I. felbft und feinen Kreaturen
planmäßig erfundene „Napoleonische Legende" hat lange in
den Geschichtsbüchern gewuchert. „Scheinbar auf forgfältiger
Forschung beruhend, tritt diefelbe auf in dem berühmt ge=
wordenen Werke von Thiers: Histoire du Consulat et
de l' Empire".[2] Aber Deutsche und Franzofen haben
das Lügengewebe, mit welchem der Mann fich umgab und
umgeben ließ, zerriffen.[3]

Oft enthalten die Napoleonischen Berichte aber auch
die lächerlichsten Mißverständniffe. Ein koftbarer Beweis
für diefe Behauptung ift „die Mühle von Fah". Napoleon
fagt nämlich in feinem Tagesbericht über die Leipziger
Schlacht, er habe fich in der Mühle von Fah aufgehalten.

Diefe Mühle „verdankt ihren Namen einem französischen Lefe=
fehler". „Auf dem rechten Ufer der Elfter, auf dem linken der
Parthe fteht auf einer Anhöhe nicht weit von der Straße, die von
Leipzig nach Probstheide führt, eine Windmühle, welche die Tabaks=
mühle heißt, auch wohl mit dem Zufatz die Quantfche genannt
wird. Diefelbe Mühle ift auf mehreren Karten von Leipzigs Um=
gebung nach einer gewöhnlichen Schriftkürzung bloß „Tab=Mühle"
(Tabaksmühle) bezeichnet. Die Franzofen und Napoleon lafen aber
Tab als Fah. Sollte dem Napoleon oft dergleichen begegnet fein,

---

[1] Meyer von Knonau, Erdkunde I 167.
[2] Flathe, Allg. Weltgesch. 56./57. Lfg. S. 221. Anm.
[3] Siehe Hertslet, S. 264.

so werden die Erdkundigen viel Mühe mit seiner dereinstigen eigen=
händigen Geschichte haben."

So der Turnvater Jahn,[1]) der bei dieser Erzählung
auch ein unglaubliches Histörchen davon zu erzählen weiß,
warum der Thonberg, ein Gehöft bei Leipzig, den Namen
„Übeleſſen" habe.

Dem wackeren Franzoſenfreſſer thut es ordentlich wohl,
wenn er den Verhaßten etwas anhängen kann. Daher
berichtet er auch mit sichtlichem Wohlbehagen, daß Michel
Angus Bernhard Mangourit,[2]) der Verfaſſer einer „Reiſe
in Hannover" aus den Heideſchaſen „un peuple sauvage,
presque inconnu, nommé Heidschnucken" gemacht hat.

Nun, uns Deutſchen paſſieren ſolche Dinge auch. Die
„Heiducken" ſind auch ſchon mit den „Heidſchnucken" ver=
wechſelt worden.

Spott hat die Namen der Franzoſen jederzeit ver=
unſtaltet: Mortier wurde zum Mordtier, Berthier zum
Bärtier, Packthod zu Packzu und zu dieſen „ſchnurrigen
Kerlen" zählt Jahn[3]) noch Lapisse. Von Vandamme
ſang das Volk ſogar mit „Verdamme" das Spottlied
Friedrich Rückerts:

„General Vandamme,
Welchen Gott verdamme.
Da er in Breslau lag,
Trank er viel und aß er,
Das Bezahlen vergaß er u. ſ. w."

Den öſtreichiſchen General Haynau haßte man als
den „Weiberpeitſcher von Brescia" und mit volksetymo=
logiſcher Umgeſtaltung ſeines Namens als „die Hyäne von
Buda = Peſt". Dieſer Ruf verfolgte ihn ſogar bis nach
England und trug ihm dort von den Braukrechten der
Brauerei Barclay und Berkins in Bankside (London)
Prügel und Spott dazu ein.[4])

---

[1]) Sämtl. Wke. hrsg. Euler II 950.
[2]) geb. 21. Auguſt 1752 zu Rennes, † 17. Februar 1829
zu Paris. [3]) I 480. [4]) Pauli G. v. Engl. III 454.

Die ganze „mittelgarbische Welt in und außerhalb Deutschland" ist — wie Fr. L. Jahn in seiner Abhandlung von den deutschen Namen bemerkt[1]) — „voller Wortspiele auf Namen. In England von Shakspeare bis auf Hogart und den Zerrbildermeister Gilray. Auch der Deutsche pritscht von altersher mit Namenspielen. Die sprachfertigsten Worthalter haben sich bisweilen damit ge= neckt, wie Luther und Eck.[2]) Doch war hier der Nachhieb besser als der Aushieb. Torquato Conti[3]) hieß im 30 jährigen Krieg in Pommerland — der Quade, d. h. böse Kunde. Der Pfaffenrede in Wallensteins Lager würde viel abgehen, wenn das Namenspiel wegmüßte . . . . Die Spitz=, Spott= und Ekelnamen beweisen eine lebendige Gesellschaft, ein witzfreies Hausen, scharfe Wahrnehmungs= gabe, oft auch Rüge der Sitten. So hat der Schüler Schulnamen, der Krieger Feldnamen, der Bürger Kneip= namen, und zuletzt pflanzt die Nachwelt auf die Gräber der Großen ihre Dornen und Nesseln."

Napoleon I. wurde in einem Jenenser Studenten= reim von 1814 zu Napolium verunstaltet:

„Was kraucht da in dem Busch herum?
Ich glaub', es ist Napolium."

Man irrt also, wenn man meint, erst das „Kutschke= lied" vom J. 1870, gedichtet von Herm. Alex. Pistorius, Superintendent zu Basedow bei Malchin, habe diese Bildung erfunden.[4])

Der französische Botschafter „Benedetti" wurde durch das Lied „König Wilhelm saß ganz heiter"[5]) zum „Bene=

---

[1]) Sämtl. Werke hrsg. Euler, II 2, 649.
[2]) Eck soll Lutherus zu luteus (kotig), Luther der Namen Dr. Eck zu Dreck verketzert haben.
[3]) kais. General. Quade ist volksetymologisch verstümmelt aus Torquato.
[4]) Frz. Weinkauff, Almania II 86. W. Ehrenthal, Das Kutschkelied auf der Seelenwanderung. Leipz. 1871.
[5]) Weinkauff, Almania II 87.

dette" und „Benedettig". Daß der dort geschilderte Vor=
gang nie geschehen ist, sollte allgemein bekannt sein.
Aber die in Ems hinter dem Musikpodium in die Erde
gefügte Marmortafel und die Tag für Tag emporschießenden
Pilze und Pilzchen der Litteratur sorgen dafür, daß der
Nachwelt jener Aberglaube von dem brüsken Auftreten
des Grafen Benedetti unverfälscht überliefert wird. Vor
mir liegt eine ganze Anzahl neu erschienener Bücher,
welche den alten Kohl wieder aufwärmen. Die neueste,
12. verbesserte Auflage der „Geschichte des deutschen
Volkes" von David Müller, welche in mehr als 200
Städten eingeführt ist, sagt S. 466: „Gegen diese, durch
Benedetti noch dazu in taktloser Weise vorgebrachten,
Forderungen erhob sich ruhig und würdig der gerechte Königs=
stolz des greisen Helden. Der Franzose ward abgefertigt,
höflich und kalt, wie er es verdiente und wie es sich von
selbst verstand." Ähnlich sagt K. Dorenwell in seinen jüngst
erschienenen „Erzählungen aus der Weltgeschichte"[1]) S. 361
noch schärfer: „Benedetti führte diesen Auftrag in einer
den Anstand verletzenden Weise aus" u. s. w. Und
wie ist die Wahrheit?

Oskar Meding teilt sie in dem unter der genauesten
Kontrolle des edlen Monarchen, unseres nun in Gott
ruhenden Kaisers Wilhelm I. verfaßten Werke „91 Jahre
in Glaube, Kampf und Sieg" S. 64 mit, indem er schreibt:

„Es ist wohl ein Werk der historischen Gerechtigkeit,
an dieser Stelle den französischen Botschafter, Grafen Bene=
detti, von dem so häufig gegen ihn erhobenen
Vorwurf zu reinigen, als habe er durch unschickliche
Zudringlichkeit die Ehrfurcht gegen den König verletzt. Der
Botschafter hat in Ems nichts weiter gethan, als die
allerdings unerhörten und provozierenden Aufträge seiner
Regierung, die er vielleicht selbst im Stillen beklagte,
ausgeführt.

---

¹) Wolfenbüttel, Zwißler. 1888.

Der König wollte dem Grafen Benedetti persönlich
wohl, er hatte ihn durch die Verleihung des schwarzen
Adlerordens ausgezeichnet, und Benedetti seinerseits war
von ehrfurchtsvoller Bewunderung für den König er=
füllt. Dem Könige lag es gewiß unendlich fern, dem
Diener einer fremden Macht seine Ungnade zuzuwenden,
weil derselbe seine dienstliche Pflicht erfüllen mußte, und
er gewährte gern die Bitte des Grafen Benedetti, sich
p e r s ö n l i c h verabschieden zu dürfen, nachdem er ihn
als französischen Botschafter nicht mehr hatte empfangen
können.

Der König reichte bei diesem Abschiede dem Grafen
Benedetti, der das Band des schwarzen Adlerordens trug,
freundlich die Hand, und von einer persönlichen Ungnade
gegen denselben ist ebenso wenig jemals die Rede gewesen,
als Graf Benedetti seinerseits auch nur einen Augenblick
daran gedacht hat, die Ehrfurcht gegen den König zu ver=
gessen.

Die Provokation, welche das deutsche Nationalgefühl
empörte, lag in den Forderungen der französischen Re=
gierung, aber n i c h t   i n   d e m   p e r s ö n l i c h e n   B e =
n e h m e n   d e s   B o t s c h a f t e r s, der dieselben zu über=
bringen angewiesen war."

Den armen Franzosen unserer Tage werden gar viele
Mißverständnisse von uns Deutschen nacherzählt. Um=
gekehrt könnte wie gesagt dasselbe der Fall sein, aber sie
sind in dieser Beziehung höflicher, als wir.

Unter vielen Späßen hat jedenfalls folgender einen
gewissen Wert, weil er zeigt, daß sie sich in ihrer eigenen
Sprache irren. Ein Franzose schrieb für „Général
Manteuffel" gelehrt übersetzend „Hallgemein M."[1]

Am 1. Juli 1889 hieß es in allen Drahtberichten
von einem Vorrücken der ägyptisch=englischen Truppen gegen
das Heer der Derwische:

---

[1] Storm, Engl. Philologie. I. 1881. S. 54. Anm. 1.

„Die unter Oberst Wodehouse stehende Militärmacht ist nach Aube aufgebrochen, um den Bewegungen des Feindes zuvorzukommen", und am 3. Juli: „Zufolge Nach= richt des Obersten Wodehouse hat zu Aval bei Wady Halfa ein Kampf stattgefunden". Der Versuch des Tele= graphen = Bureaus, das geographische Lexikon durch zwei Ortsnamen zu bereichern, muß wohl als ein verfehlter bezeichnet werden; denn mit dem besten Willen ist weder ein Ort Aube, noch ein solcher des Namens Aval zu finden. Schlagen wir aber das französische Wörterbuch auf, dann haben wir diese Worte sofort. Wenn man nun, und wohl mit Recht, annimmt, die Ursprache jener Meldungen aus Kairo sei die französische, so ist Wodehouse zwar nicht in der Richtung nach Aube, aber wohl schon beim Morgen= grauen (dès l'aube) aufgebrochen, um den Feinden zuvor= zukommen, und der Kampf hat nicht zu Aval bei Wady Halfa, sondern en aval de W. H., unterhalb Wady Halfa, stattgefunden." [1])

Wenn in jüngster Zeit Georg Steinhausen in der „Geschichte des deutschen Briefes" einen wertvollen Bei= trag zur Kulturgeschichte des deutschen Volkes lieferte, so hat er damit jene Seite der litterarischen Erscheinungen nicht berührt, welche als „Briefe" seit dem klassischen Altertume bis in unsere Tage an die Öffentlichkeit traten und in der Geschichte einzelner Völker eine hohe Be= deutung erlangten. Wie viele echte und unechte „Briefe" sind aus dem Altertum auf uns gekommen! Wie viele „Uriasbriefe" (2 Sam. 11.) sind in der Geschichte und im Leben geschrieben! Die Griechen nannten sie Bellero= phontes=Briefe. Die epistolae Horazens, die ex Ponto Ovids, die apostolischen Schreiben, die päpstlichen Breves, die Litterae formatae, die Episteln in der Liturgie, die Episteln, welche die Vorgesetzten ihren Untergebenen lesen,

---

[1]) Köln. Volkszeitg. s. Chiffre γ.

— es sind alles „Briefe",[1]) und doch wie verschieden nach Zweck, Inhalt und Bedeutung. Historisch besonders wichtig sind die „Briefe der Dunkelmänner" vom J. 1515 geworden, jene gemeinen Verhöhnungen der Geistlichkeit durch die Humanisten, besonders Crotus Rubianus und Ulrich von Hutten, durch welche die Kirche und ihre Diener aufs schmählichste verleumdet und mit Kot beworfen wurden. Selbst Luther bezeichnete die Briefe als frech, ihren Ver= fasser als einen Hanswurst (de Wette I 37 f.).[2])

Sie haben später leider Nachahmungen genug ge= funden.

Auf fast gleicher Stufe mit diesen stehen die berüchtigten 18 lettres provinciales Pascals.[3]) So harmlos der Titel ist, so perfid sind sie in Wahrheit. Pascal, der sich pseudo= nym Montalte (Hochberg) nach seinem gebirgigen Vater= lande, der Auvergne, nannte, verfaßte sie unter dem Titel „Lettres écrites par Louis Montalte à un provincial de ses amis" auf Antrieb des censurierten A. Arnauld, le grand Arnauld, des Jansenistenführers;[4]) sie sind nach dem gewiß zutreffenden Urteil Bayles in seinem Diction= naire s. v. Pascal, „outrirte Ungerechtigkeiten, abscheuliche Verleumdungen, schmähliche Unwahrheiten", aber trotzdem die ewig citierte Quelle aller Verleumdungen, mit welchen man den Jesuitenorden zu vernichten ge= sucht hat.

In ähnlicher Weise wurden die „persischen Briefe" Montesquieus „zur Rüstkammer, aus der die Revolution mehr als eine ihrer schneidigsten Waffen genommen hat."[5])

---

[1]) In Deutschland wurden auch die Spielkarten „Briefe" genannt und ihre Verfertiger „Briefmaler".

[2]) D. Reichling, Ortwin Gratius, S. Leben und Wirken. E. Ehrenrettung. Heiligenstadt. 1884.

[3]) Riffel, die Aufhebung des Jesuitenordens. 131.

[4]) Wetzer=Welte K. L. I 1403 ff.

[5]) Flathe, Allg. Weltgesch. Gesch. der neuesten Zeit I. S. 14. 1886.

Die Lettres spirituelles Bossuets à une de ses pénitentes, Madame Cornuau, (ed. Paris 1746) gaben Voltaire Anlaß zu den schmutzigsten Verleumdungen gegen den durchaus sittenreinen Kanzelredner.

Die Lettres intéressantes du Pape Clément XIV. Paris 1776, deutsch Frankfurt und Leipzig 1777, sind schwerlich ganz echt.

Als Muster politischer Epistolographie galten die gegen die englische Staatsverwaltung im Public advertiser 1769—1773 mit der Unterschrift Junius veröffentlichen Briefe, als „Juniusbriefe" bekannt. Der Verfasser ist wahr= scheinlich Sir Philipp Francis gewesen.

Der Freund Friedrichs des Großen, Jean-Baptiste de Boyer, marquis d' Argens, schrieb Lettres Juives, La Haye 1754, Lettres Chinoises, La Haye 1755 und Lettres Cabalistiques 1769, La Haye 1769. Alle zuchtlose Litteratur, die nicht in Frankreich selbst erscheinen durfte, kam nämlich in jenen Jahrzehnten des Atheismus und Cynismus à la Haye heraus.

Briefe ganz anderer Art, höchst unschuldig sind die sogenannten „Beichtbriefe" oder „Beichtzettel" (schedula confessionis), wodurch früher nur bescheinigt war, daß jemand der Beichtpflicht an Ostern genügt hatte. Jetzt ist diese Kontrolle meist abgekommen.

Die „Steckbriefe" der Veme fanden oben ihre Er= klärung. Auch die Franzosen hatten ihre berüchtigten Steck= briefe, die lettres de cachet, so vom königlichen Siegel genannt. Es waren geheime Kabinettbefehle, durch welche Ludwig XIV. willkürliche Verhaftungen anordnete. Nach dem Ausdrucke des Verfassers der soupirs de la France esclave waren sie damals „das ganze französische Recht". [1]

Die „Kassettenbriefe", welche Maria Stuart an Both= well geschrieben haben soll, sind gefälscht. [2]

---

[1] Schmidt, Gesch. v. Frankr. IV 358.
[2] Philippson, Westeuropa. II 200.

In unjerem Jahrhundert hat der „offene Brief" des dänischen Königs Chriftian VIII. vom 8. Juli 1846 über die Erbfolgefrage in den Herzogtümern Schleswig und Hol= ftein am meisten von fich reden gemacht.

Es ift ein Vorrecht Frankreichs, mehrmals die Heimat des modernen ftaatlichen Abfolutismus oder Despo= tismus[1]) gewejen zu jein, unter Louis XIV., der feinem Jahrhundert den Namen gab, und unter Napoleon I. Der Abfolutismus beider Zeitalter ift eng verbunden mit dem Egoismus. Aber es ift ein Mißverftändnis, wenn man darum, weil der Despot feinem Interesse das Wohl des ganzen Staates unterordnete, ihm das Wort l' état c' est moi in den Mund legt. Der Egoift handelt nach dem Grundfaß „Chacun pour soi", aber er jpricht ihn nicht aus.

Der „aufgeklärte Despotismus" dankt feinen Namen der Periode der Aufklärung und Erleuchtung. Seine Re= präfentanten find deutfche Fürften, Friedrich II. und Josef II.

Der „Cäjaropapismus", der „moskowitifch=byzantinifche Barismus" herrjcht noch an der Newa. Aber mit dem Grafen von Strachwiß kann man jagen:

> „Auf den Knieen bete, bete,
> Daß der Herr dich nicht zertrete,
>   Vor dem Zaren
>   Der Tartaren
> Er dich möge treu bewahren,
> Denn Sibirien ift nah'
> Sieh dich um, Germania!"[2])

Von Frankreich ftammt aber auch der wunderliche Name „Chauvinismus" nach einem alten Soldaten,

---

[1]) In der Reformationszeit jprach man von dominatus absolutus.

[2]) Germania „Sprechlied".

Chauvin, der in einem Lustspiele von Scribe, „le Soldat Laboureur" noch ganz voll von den großen Erinnerungen der napoleonischen Kriege, für dieselben schwärmt und sie zurückwünscht".[1] Die Robomontade aber ist genannt nach dem prahlerischen Rodamonte in Bojardos Orlando innamorato II 1, 56, dann in Ariosts Orlando furioso als Rodomonte.[2]

---

[1] W. Menzel, Der deutsche Krieg v. 1866. I 269. Anm.
[2] Müller, etym. Wtb. der engl. Spr. II 270. Wiegand II 504.

8. Engländer.

Der praktische Engländer versteht es ausgezeichnet, sich knapp und treffend auszudrücken. Dabei besitzt er einen außerordentlichen Reichtum von Begriffen für ernste Gegenstände, besonders die Wissenschaften. Der Grund dafür liegt nicht zum wenigsten darin, daß — wie Macaulay sagt — „die Geschichte von England vorwiegend die Geschichte des Fortschritts ist". „Sie ist die Geschichte einer beständigen Bewegung der öffentlichen Meinung, eines beständigen Wechsels in den Institutionen einer großen Gesellschaft". Mit diesem steten Wechsel wechseln auch die Begriffe ihre Bedeutung. So ist es erklärlich, daß wenn irgendwo, so hier Mißverständnisse sich einstellen müssen, und derjenige, welcher nicht fortwährend gleichsam den Faden der Geschichte in der Hand hält, sich in dem Labyrinth von historischen Begriffen völlig verirrt. Es ist eine Unmöglichkeit, in dem Rahmen dieses Buches alle die Bilder zusammenzufassen, welche sich notwendig um jeden einzelnen Ausdruck gruppieren. Was liegt nicht alles in dem schon angeführten Ausdruck Peelers, in dem Spottnamen John Bull,[1] in teatotalers, den Mäßigkeitsaposteln, Waverers,[2] Sabletting Act,[3] standing order (1859 wurde dadurch)

---

[1] Vgl. „den deutschen Michel", den amerik. Yankee.
[2] Pauli, G. E. II 99.
[3] a. a. O. 167.

der Eid für die Juden im Hause der Gemeinen möglich
durch Weglassung der Worte „auf den wahren Glauben
eines Christen"), in „heilige Woche" der Trades' Unions
(Arbeitervereine) d. h. die Verkündigung eines allgemeinen
Strike, u. s. w.

The king's English, oder für die Jetztzeit richtiger
gesagt, the Queen's English d. h. das korrekte, all=
gemein giltige Englisch ist außerordentlich erfinderisch in
solchen Ausdrücken, von denen wir nur diejenigen aus=
wählen, welche mißdeutet worden sind oder einer Miß=
deutung unterliegen können.

Allein die Namen der englischen Ämter geben zu
mancherlei Mißverständnissen Anlaß, z. B. der Titel Chancellor. Der Vorsteher der Schatzkammer (Exchequer),
der Finanzminister, ist ein Chancellor, aber der Lord
High Chancellor ist der Lord=Großkanzler, der Justiz=
minister, zugleich der Vorsteher des Kanzleigerichts (Court
of Chancery). Die Exchequer-Chambre ist ein altes
Appellationsgericht, welches in einer Ratskammer nächst der
Schatzkammer tagte; daher rührt der Name „Schatzkammer=
Kammer". Exchequer aber ist ursprünglich das schach=
brettartig getäfelte Tuch, welches auf dem Sitzungstisch aus=
gebreitet war (scaccarium, frz. échiquier). [1]) Und wer
ist die „Kanzlers=Witwe"? Dowager Chancellor nannte
der abgedankte Minister Lord Brougham sich selbst in
seiner unfreiwilligen Muße. [2]) Das Wort Lord selbst soll
aus Hlaford = Brotherr zusammengezogen sein, während
andere es als = schwed. lavard, mhd. ewart = custos
legum fassen. [3])

Der Lord Keeper oder Keeper of the Great Seal,
der Großsiegelbewahrer ist nicht zu verwechseln mit dem
Keeper of the Privy Seal, dem Geheimsiegelbewahrer,

---

[1]) Schmitz, Mac.-Komm. 127.

[2]) Pauli a. a. O. II 321. Anders ist's mit dem Ministerium
der „Madame Roland".

[3]) Lappenberg, G. v. E. I 573.

Mitglied des Privy Council, des Staatsrates, einem Minister ohne Portefeuille.[1]

K. ist Abkürzung für king, aber auch für knight = Ritter. Daher bedeutet K. B. = Knight of the Bath, Ritter des Bathordens, K. C. B. = Knight Commander of the Bath, Komthur des Bathordens. B. A. = Bachelor[2] of Arts, F = fellow, R. A. = Member of the Royal Academy. So gibt es eine Menge von Abkürzungen, die der Fremde nicht ohne weiteres versteht. Heutzutage ist fast jeder Esqr. (= Esquire). Mit J. B. und H. B. waren politische Karrikaturen aus den dreißiger Jahren unseres Jahrhunderts bezeichnet. M. P. ist Member of Parliament. Mit King Pym bezeichnete Karl I. Pym, den er the embodiment of law nannte.

Bei Titeln in England muß man überhaupt sehr vorsichtig sein. Sir Reverence z. B. bedeutet durchaus nichts mehr von Ehrwürden, sondern das, was der Deutsche bald mit dem Namen für das „Auge des Gesetzes" be= zeichnet, welches „bei Nacht wacht", bald zu der Klasse der Fackeldisteln zählt.

Die Bezeichnung Dunce für Dummkopf ist nach Wedgewood[3] entlehnt vom Namen des berühmten Duns Scotus: „Dunce, from Duns Scotus, the great leadar of the schoolmen called after him Dunsmen, or Dun-cemen and as they were violently opposed to classic studies in the revival of learning, the name was given to an opposer of learning or one slow at learning." Die Sache ist wenig einleuchtend, denn Duns muß doch schon vorher, ehe Scotus so hieß, vorhanden gewesen sein.

Von Beinamen seien einige erwähnt:

Alfred der Große heißt bald der Weiseste, bald veri-dicus, von Turner the truthteller übersetzt. Es heißt

---

[1] Schmitz, a. a. O. 124.
[2] Über die Ableitung des wohl kelt. Wortes s. Müller, etym. Wtb. der engl. Spr. I 41.
[3] Dict. of engl. etymol. 1859. 1862. I 500.

aber „Wahrjager". In dem Worte steckt ein „Anglojaxo=
nismus oder Germanismus", da sothbora (vates, astro-
logus, rhetoricus) und „Wahrjager", soothsayer, zunächst
den bezeichnen, welcher des Wahren wissend ist. In diesem
Sinne wird auch Beda veridicus genannt. Eine andere
Deutung bringt den Beinamen mit Alfreds gesetzgeberischem
Ruhm zusammen, veridicus (dän. sandmand) wird nämlich
für Richter gebraucht, womit das Verdict der Jury zu=
sammenhängt.[1]

Eduard III. hieß der Bekenner, weil er klösterliche
Gelübde abgelegt hatte.

Robert Bruce, der Befreier Schottlands, heißt wohl
eigentlich the Bruce = die Suppe.

Johann „ohne Land" verdankte diesen Beinamen seinem
Vater, weil er bei der Erbteilung anfangs keine Herrschaft
erhalten hatte. Später war er von diesem wie von Richard
„Löwenherz" sehr reich ausgestattet worden. Letzterer hieß
bei seinen Zeitgenossen zuerst bei den Sicilianern wegen
seines ganzen Wesens, in welchem Gewaltthätigkeit und
Habgier besonders hervorstachen, im Gegensatz zu dem milden
französischen König Philipp Augustus, den sie Agnus = Lamm
nannten, „der Löwe", erst bei der Nachwelt „Löwenherz".[2]
Übrigens führte er den „Löwen" im Wappen. Die schöne
Erzählung von dem treuen Blondel de Nesle aus Arras
und seinem Gesange ist französischen Ursprungs und gehört
schon dem 13. Jahrhundert an, ist aber leider nur Sage.[3]

Über die Entstehung des Titels Defensor fidei macht
man sich gewöhnlich falsche Vorstellungen. Ein englischer
Forscher, Bridgett,[4] hat von neuem diese Frage einer
Untersuchung unterzogen. Danach bewarb sich der König
Heinrich VIII., welcher Franz I. um den Titel „aller=

---

[1] Lappenberg, Gesch. von England I 349. [2] Pauli, Gesch.
v. Engl. III 216. 291. [3] Pauli, a. a. O. III 252. Dort auch
die Litteratur. Diez, Leben und Werke der Troubadours. S. 102.
[4] The defender of the faith. (The Dublin Review 13. 1885.
S. 243—68.)

chriftlichfter König" beneidete, fchon 1515 um einen ähn=
lichen Titel. Nachdem er dann im Auguft 1521 acht=
undzwanzig prachtvoll gebundene Exemplare feiner gegen
Luther[1]) gerichteten Assertio septem sacramentorum an
den Papft gefchickt hatte, erhielt er am 11. Oktober durch
die Bulle Ex supernae dispositionis arbitrio von Papft
Leo X. den Titel für feine Perfon. Nach feinem Abfall
von der Kirche behielt er ihn bei und ließ ihn durch
Parlamentsfchluß 1543 für immer mit der Krone ver=
binden.[2])

Wie in der römifchen Gefchichte, fo ift in der eng=
lifchen der Verfaffungskampf der intereffantefte Stoff.
Als das „Bollwerk der englifchen Freiheit" gilt meiftens
die dem König Johann ohne Land von den Baronen ab=
gerungene, nie von ihm unterzeichnete magna charta liber-
tatum von 1215, the Great Charter, „das große Blatt".[3])
Das „Papier", die „Urkunde", ift erft 1297 durch Eduard I.,
den englifchen Juftinian, anerkannt und 32 mal beftätigt,
unzähligemal über Gebühr gefeiert. Denn der zwifchen
König und Volk gefchloffene Friedensvertrag hat nicht
die ihm unterfchobene Bedeutung.[4])

Der Chartismus und die Chartiften haben mit diefer
alten charta nichts zu thun. Die Worte wurden zwar
1835 und 1836 zuerft gebraucht. „Wenn aber die Vor=
nehmen halb gleichgiltig, oder der Mittelftand halb angft=
voll nach ihrer Bedeutung fragten, fo erhielten fie nur
ungenügenden Befcheid und konnten fich lange keine andere
Vorftellung bilden, als daß die fociale Agitation unter den
arbeitenden Klaffen, feit den aufregenden Tagen des Kampfes
um die Reformbill mehr oder weniger anhaltend, nach einer
neuen Form fich zu äußern ringe. Der Unterfchied gegen

---

[1]) Mit Unrecht fprach Luther dem König die Autorfchaft ab.
[2]) Wetzer=Welte K. L. III 1466.
[3]) Schiller, die unüberwindliche Flotte.
[4]) Pauli, G. v. Engl. III 424 u. 897. Schmitz, Macaulay=
Komm. S. 26. Hertflet. S. 281 ff.

frühere Erscheinungen, der Drang, die reifere Befähigung der niederen Schichten selber zu Worte kommen zu lassen, wurde kaum von irgend jemand erkannt."[1] Äußerlich zeigten sich die Tendenzen dieser Partei in den Strikes, den Massen= meetings und allerhand gefahrdrohenden Ausschreitungen. Endlich traten auch die Forderungen zutage, die man als „Charte" zu benennen beliebte. Der vierte Stand hat darin „nach den Revolutionsvorbildern des Kontinents als neueste Verfassung für das britische Reich einfach und verständlich die folgenden „sechs Artikel" aufgestellt: all= gemeines Stimmrecht, die Weiber nicht ausgenommen, geheime Abstimmung, bezahlte Parlamentsvertreter, gleich= mäßige Wahldistrikte, Abschaffung jeder Vermögensqualifi= cation und jährliche Neuwahl zum Parlament".[2] Das war the People's charter der neuen Radikalen, die sehr bald die von dem Dissenterprediger Stephens angeregte „Messer= und Gabel=Frage" durch Thätlichkeiten zu lösen suchte.

Die charte der Franzosen ist die denselben von Ludwig XVIII. am 4. Juni 1814 gegebene Verfassung.

Nachdem nun Heinrich VIII., Bluff King Hal,[3] sich zum Oberhaupte der englischen Kirche erklärt hatte, 1534, mußte der Suprematseid geleistet werden. In den „sechs Artikeln" wurde der Primat des Papstes geleugnet.

Der Titel „Primate" wurde indes nicht vom König selbst angenommen. Primate of all England et Metropolitan ist der Titel des Lord=Erzbischofs von Canterbury, primate of England der des Lord=Erzbischofs von York. Diese beiden Würden sind also wohl zu trennen. Deutsch= land bekam erst mit der Auflösung des alten deutschen Reiches in der Person des Kurerzkanzlers von Mainz einen „Fürst=Primas".

---

[1] Pauli, Gesch. Engl. II 441.
[2] Pauli a. a. O. II 447.
[3] Abkzg. für Henry.

Erzbischof Cranmer vollendete das Reformationswerk in England durch die „39 Artikel" und führte eine allgemeine Liturgie durch das book of commun prayer ein. Da diese Kirche die bischöfliche Ordnung beibehielt, wurde und wird sie „Episcopalkirche" genannt, die High, heute auch wohl als High and dry church verspottet.[1]

Feindselig dieser Kirche gegenüber stand die von John Knox in Schottland eingeführte „Presbyterianische Kirche", so genannt von den zur Leitung derselben eingesetzten Gemeindeältesten (presbyteri, daher „Priester"). Aus ihr gingen die Puritaner hervor, spottweise mit diesem Namen bezeichnet, weil sie das reine Christentum wiederherstellen wollten. Später wurde das Wort als gleichbedeutend gebraucht mit „Demokraten". Man unterschied indes genauer auch zwischen Political Puritans, Doctrinal P. und Puritans in Discipline.[2] Auch die Independenten, welche nur Unabhängigkeit von jeder kirchlichen Gemeinschaft verlangten, wurden in der Folge zur politischen Partei der „Republikaner". Unter ihnen aber sind die Levellers (= Nivelleurs, Gleichmacher; vgl. égaux) die fanatischen Radikalen.[3] Gospellers waren die englischen Wiedertäufer.

Nachdem 1562 Elisabeth, Good Queen Bess, die Gleichförmigkeits- oder Uniformitäts-Akte erlassen hatte, wurden diejenigen, welche derselben die Anerkennung verweigerten, als Nonconformisten oder Dissenters bezeichnet und strafrechtlich verfolgt.

„Nonconformist oder Dissenter könnte und sollte" nach dem Urteil von B. Schmitz in seinem lehrreichen Macaulay-Kommentar (200) „eigentlich jeder heißen, der sich nicht der herrschenden Kirche anschließt. Wie es scheint, wird aber bei dieser Bezeichnung an die Katholiken niemals

[1] Pauli, Gesch. v. Engl. I 536.
[2] Dahlmann, Gesch. d. engl. Revolution p. 114.
[3] Lingard, engl. Gesch. X. cap. 3 u 5. Weingarten, Revolutionskirchen Englands. 1868. p. 294.

ober selten gebacht. Auch nicht an die Juden. — Waren
Katholiken ober Juden ganz andere Menschen, über die
man gleichsam keine „geistliche" Jurisdiktion hatte? Wurden
die protestantischen Dissenters als ungezogene Brüder be=
trachtet, die man zur häuslichen Ordnung anbändigen
wollte? In der That wurden sie nur als eine Art Sonder=
linge, als „Separatisten" bezeichnet — als solche, die sich
unnötigerweise dem schönen Joch der Staatskirche entziehen
wollten. — Jahrhunderte sind in der Weltgeschichte er=
forderlich, um die Menschen zu der einfachen Einsicht zu
bringen, daß alles in der Menschenwelt Partei ist und,
wie Schiller sagt, „nirgends kein Richter". Man spricht
also von protestantischen Dissenters und Nonconformisten,
katholischer Nonconformität und im allgemeinen von dissen=
tierenden Glaubensbekenntnissen. Man unterscheidet Trini-
tarian Dissenters und Unitorian Diss."[1])

Ähnlich wurden die polnischen Protestanten seit 1573
seit der „Konföderation von Kronpolen und Litauen" bei
einer Abelsversammlung in Warschau als „Dissidenten"
bezeichnet, wahrscheinlich weil man gegen sie die Anwendung
der in Polen gegen die Häretiker geltenden strengen Gesetze
dadurch verhüten wollte. „Die Katholiken forderten des=
halb spottend auf, die Dissidenten sollten zum ursprünglichen
Namen zurückkehren; denn Häretiker sei, qui alicuius est
opinionis vel sectae, und Dissident, qui dissidia facit
et sic plus vitii et malitiae importat in se."[2])

Jakob I. nannte Buckingham „Steenie", dieser ihn
„his Sowship".

Mit Karl I., Martyrking, (1625—49) beginnt der
Kampf zwischen Krone und Parlament. Als das letztere
ihm die Erhebung des Tonnen= und Pfundgelds, den Zoll
für Import und Export, verweigerte, löste er es auf. Aber
schon 1628 mußte er, „the second Great Charter

[1]) Macaulay Speeches. II 80.
[2]) Elias a S. Francisco, Scrutinium juris 192. Lüdtke
in Wetzer=Welte, K. L. 3, 1858.

of the liberties of England" — wie Macaulay sich ausdrückt —, die Petition of Right = die Bitte um Recht bewilligen, wonach keine Steuer ohne Parlament, keine Verhaftung ohne rechtzeitiges Verhör, kein Kriegsgesetz in Friedenszeiten verfügt werden durfte.

Erst als die Schotten (Covenant) einfielen, sah sich der König wieder zur Berufung des Parlaments veranlaßt, 1640, was im Gegensatz zu dem ersten „kurzen" das „lange" heißt (1640—1653).

Bei dem Ausbruche des Bürgerkriegs scharten sich die Anglikaner und Katholiken um den König, die „Cavaliere", die Presbyterianer und Puritaner um Oliver Cromwell, die „Rundköpfe", Roundheads, so spottweise vom Schnitt ihrer Haare genannt, nicht „Rundhüte", wie man wohl in Geschichtswerken liest.[1])

The Calves' Head Club, „Kalbskopf=Klub" nannte sich ein Klub von Feinden Karls I., welche nach der Hin=richtung desselben zur Demonstration gegen die den Todestag des „königlichen Märtyrers" feiernden Royalisten einen großen Schmaus zu veranstalten pflegten. Dabei waren „Kalbs=köpfe, geziert mit den Emblemen des Tyrannen" Haupt=gericht. Über andere häßliche Ceremonien berichtete The secret history of the Calves' Head Club, or the Re-publican unmasked. 2. Aufl. London 1703. John Timbs: Club Life of London. 2 Bde. London. 1866.

Die Parteinamen High churchman und Low church-man kamen kurz nach der Revolution auf.[2])

The grand Apostate wurde der Minister Straf-ford genannt.

Nach dem Siege bei Marstonmoor 1644 beschloß das Parlament die the Self-denying Ordinance „Selbst=entsagungsakte", wonach kein Parlamentsmitglied —

---

[1]) Man vergl. damit den franz. Ausdruck tête quarrée für den Deutschen, den der Holländer „Muff" nennt.

[2]) Schmitz, Mac.=Komm. 102.

ausgenommen Cromwell — eine Befehlshaberstelle oder ein sonstiges Amt bekleiden durfte.

Als König Karl von den Schotten an das Parlament ausgeliefert war, und die gemäßigte Partei der Pres= byterianer mit ihm sich versöhnen wollte, ließ Cromwell durch den Oberst Pride 80 Mitglieder ausstoßen (Dez. 1648). Der Volkswitz bezeichnete diese soldatische Ausstoßung als Prides purge und den Rest des Parlaments als Rump- parliament, was man gewöhnlich als „Rumpfparlament" übersetzt. Diese Übersetzung beruht auf einer ganz irrigen Auffassung des Wortes Rump, welches nicht „Rumpf", sondern „Steiß, Bürzel eines Vogels" bedeutet. Darin liegt eben der Hohn, den die Franzosen verstanden, indem sie richtig sagten: „le croupion". Von Deutschen hat es Dahlmann recht übersetzt mit „Hinterparlament". [1]) Es läßt sich also z. B. der Ausdruck „Afterkonzil" damit ver= gleichen; so wird das Wormser Konzil genannt, welches Gregor VII. abzusetzen wagte. König Jérome von West= falen hieß der „Afterkönig".

Das im J. 1849 nach Stuttgart übersiedelnde „Rumpf= parlament" hat also auch einen falschen Namen. Zu den Schimpfnamen, die der badischen Kammer in jener Zeit gegeben wurden, gehört auch der Ausdruck „Sumpf= und Rumpfkammer". [2])

Am 30. Januar 1649 wurde „Karl Stuart" auf Veranlassung des Unterhauses hingerichtet, ein böses Vor= bild für spätere Zeiten. [3]) Im J. 1653 bekam dann auch das „Rump-parliament" seinen Abschied, weil es die Macht des Gewalthabers schmälern wollte. „Das „kleine" oder „Barebone-Parlament" war nur ein Versuch. Auch diese Bezeichnung ist meist gar nicht verstanden. Dahl= mann erklärt es als „Barfüßer=Parlament" ohne Grund.

---

[1]) B. Schmitz, Mac.-Komm. 165.

[2]) Ludw. Häusser, Denkwürdigkeiten zur Geschichte der badischen Revolution. Heidelberg 1851. S. 209.

[3]) Diese erste Revolution nennen die Engländer „Rebellion".

B. Schmitz, Macaulay-Kommentar S. 167 giebt folgende Mitteilung aus Anecdote Library p. 307: „Praise God Barebone, a respectable leatherseller in Holborn (London), was one of the most active members of the parliament assembled by Cromwell, and which took (received) its denomination from his surname. It is said there were three brothers of this family, each of whom had a sentence to his name; viz „Praise God" Barebone, „Christ came into the world to save" Barebone, and „If Christ had not died, thou hadst been damned" Barebone. But this last name was so long, that many persons took the liberty of abridging it, and called the owner only „Damned Barebone".

Bare-bone bedeutet nun „a very lean person; one whose bones show through the skin" (Webster). Das Parlament wurde durch den Volkswitz also mit einem hageren, dürren Menschen verglichen.

Der Diktator Cromwell, Lord-Gross-Protector, wurde trotz seiner Strenge volkstümlich als Old-Noll (Oliver) bezeichnet. Sein Sohn Richard überließ schon 1659 die Regierung einem „Sicherheitsausschuß", der aber so des= potisch verfuhr, daß erst das Rump und dann das lange Parlament (a handfull of the House of Commons) wiederkam. Durch dieses erfolgte 1660 die „Restauration" der Stuarts. Das lange Restaurationsparlament hieß wegen seiner Bestechlichkeit the Pensionary Parliament, die Mitglieder the pensioners of France. Aus der Zeit der Restauration (c. 1680) stammt auch der Name Mob[1]) für unruhigen Volkshaufen, gekürzt aus mobile (vulgus). So steht auch nob für nobilis, gent für gentleman.

Gerade die Engländer haben eine eigentümliche Force in solchen Kürzungen. Es hat sich durch diese eine ganze

---

[1]) Vgl. unser Janhagel v. Hans und Hagel = Menge Mob in N. Baileys Dict. 1785 = Feglumpen.

Sprache für sich gebildet, die sog. „Slang", für welche ein besonderes Wörterbuch 1873 herausgegeben ist.[1]

Beispiele sind: cab (cabriolet), photo (photograph), cit (citizen), spec (speculation), phiz (physiognomy), viz (vulgär auch so gesprochen, für videlicet), Hock für Hochheimer Wein. Dazu gesellen sich die zahllosen Abkürzungen für Namen wie Nab, Noll, Sam, Ben, Joe, Beth, Dick (s. Richard) u. s. w., wie sie auch der Deutsche hat als Kunz, Heinz, Dietz, Fritz, Sepp, Kowes, Zilch, Lis, Gret, Schambs, Clem (für Clemens, Beiname des Königs Ruprecht), Lutz (Ludwig), u. s. w.

Der Ausdruck Fitz wie in Fitz-Gerald, Fitz-Osbert, dem ersten Demagogen von London 1196, mit dem Beinamen „Langbart", und ähnl. Namen ist gleich fils, bedeutet aber den natürlichen Sohn.

Charles Dickens nannte sich Boz. Görres und Clemens Brentano machten sich (1807) zum Uhrmacher Bogs. Lord Palmerston nannte das Volk kurz Pam, was zugleich den Kreuzbuben im Kartenspiel bedeutet. Dabei hatte er den Namen des „Lord Feuerbrand" als europäischer Unruhstifter. Der gefeierte englische Minister Gladstone wird in den englischen Zeitungen nicht anders bezeichnet als mit den drei Buchstaben G O M (großgedruckt) = the Grand (nicht Great!) Old Man. Ein anderer Nickname für denselben ist Empty old Windboy und the grand old Muddler.

The Great Pitt ist der ältere Pitt, Earl Chatham; der jüngere hieß The Great Commoner. Dizzy ist Disraeli, Lord Beaconsfield.

Marlborough war „the handsome Englishman". Shakespeare wurde von seinen Zeitgenossen geehrt durch die Beinamen worthy, beloved, friendly, besonders aber galt er als gentle. Mit diesem Lobe der gentleness stimmt schlecht die Nachricht, daß der Dichter gern satirische

---

[1] Storm, Engl. Philologie. I 158. Auch über das sog. Pidgin (nicht Pigeon) English, das Anglo-chinesische. 163.

Grabschriften gefertigt habe. Diese allgemeine Angabe, wie die besondere, daß er seinen Freund John Combe mit dem Epigramm:

„Ten in the hundred lies here ingrav'd;
'Tis hundred to ten his soul is not sav'd;
If any man ask, who lies in this thomb?
Oh! ho! quoth the Devil, 'tis my John — a —
Combe."

als Wucherer verhöhnt habe, so ist nachgewiesen, daß das ein altes Epigramm ist, welches, wie die schlechte Grab= schrift des Dichters selbst, diesem zugeschrieben wurde.

„Es scheint mit einem Worte" — so urteilt Karl Elze in seinem Werke über Shakespeare[1] — „als eine jener Anekdoten angesehen werden zu müssen, welche sich, wie die Entenmuscheln und Meereicheln an die Schiffe, so an das Leben und die Persönlichkeit großer Männer an= zusetzen pflegen". Die schnöde Verunglimpfung des Dichters, der in der Trunkenheit gestorben sein soll, beruht auf der Ausschmückung der von dem Stratforder Geistlichen John Ward im J. 1663 gemachten Aufzeichnung, daß derselbe bei einem Zusammensein mit Drayton und Ben Johnson wohl beim Hochzeitsfest seiner Tochter Judith „drank too hard", wobei übrigens steht „it seems", und infolge eines Fiebers starb.[2]

The great Unknown ist sprichwörtlich geworden. Es ist der Name Sir Walter Scotts, der seine Romane an= fänglich anonym erscheinen ließ. Am schärfsten ging dem „großen Unbekannten" zu Leibe der Turnvater Jahn und zwar deshalb, weil er das Leben Napoleons schrieb.[3]

The tweet Singer ist Charles Wesley, der Ver= fasser methodistischer Lieder.

Union Jack od. Jack-flag ist die viereckige englische Flagge. Und zu wieviel sprichwörtlichen Redensarten wird

---

[1] S. 571.
[2] Elze a. a. O. 576.
[3] s. „Geschichtsel" in Sämmtl. Werke. II 2. S. 658. 674.

Jack gebraucht! Die deutschen Schiffer nannten die eng=
lische Kriegsflagge „wegen der vielen sich durchkreuzenden
Streifen" Seespinne.[1] Jack-fool, Jack-pudding ist
gleich unserem Hans=Narr,[2] Hanswurst, frz. Jean
Potage u. ä. Die Narrennamen wollen manche in Über=
einstimmung bringen mit den Lieblingsgerichten der Na=
tionen.[3] Schaible[4] dagegen ist der Ansicht, daß Hans=
wurst daher komme, daß die Narren an Fastnacht eine
lederne Wurst als Abzeichen hatten.

Der Klerus heißt „the cloth, Parsons, black crows";
die shopkeepers, als welche besonders die Holländer be=
zeichnet werden, heißen counter jumpers, knights of the
gard measure, die Bauern „country bumpkins", (vgl.
unser Landkonfekt!) „clod hoppers".

Die im J. 1651 erlassene Navigationsakte hat
direkt mit der Schiffahrt nichts zu thun; sie setzte fest,
daß die auswärtigen Nationen nur die Erzeugnisse des
eigenen Landes nach England bringen durften. Damit
sollte vornehmlich der holländische Zwischenhandel lahm
gelegt werden.

Wenn die ganze Regierung Karls II. den Charakter
der Charakterlosigkeit trägt, so trifft doch speziell dieser
Vorwurf das Ministerium Clifford, Arlington, Buckingham,
Ashley, Lauderdale, Männer, deren Anfangsbuchstaben dem
Volkswitz Gelegenheit gaben, das schon um das Jahr 1650
für Cabinet (interior council)[5] in Gebrauch gekommene
Wort „Cabale" (engl. cabal) im besonderen (emphatically)
für dieses Kabinett von 1671 zu reservieren. Kabbalâ

---

1) Jahn, Sämmtl. Wke. hrsg. Euler. I 537.

2) Wirkliche Geisteskranke heißen Bedlamites nach dem Londoner
Irrenhaus. Über die „poor Tom" Shakespeares und Abram men
s. Elze, Shakespeare. S. 461.

3) Münz, Taufnamen als Gattungsnamen in sprichwörtl.
Redensarten Nassaus. Annal d. Ver. f. nass. A. u. G. 10,
S. 99.

4) Deutsche Stich= und Hiebworte 22.

5) Lingard XII, cap. 4. Ranke, engl. Gesch. IV 389.

aber (engl. cabala, franz. la cabale) == die empfangene Lehre ist Benennung der rabbinischen Tradition zur Aus= legung des alten Testaments, dann überhaupt die Geheim= lehre. Littré erklärt es: Les menées secrètes de gens qui s'entendent pour un même dessein, dann bezeichnet es die Personen, la troupe même des cabaleurs; im Englischen steht es gewöhnlich für diese. Wie die Anfangs= buchstaben der Namen des englischen Ministeriums den Spitz= namen, wenn nicht verschafften, so doch zu eigen machten, so wurden die Günstlinge des ersten preußischen Königs als das „dreifache Weh" berüchtigt, Wartenberg, Wittgen= stein, Wartensleben. ¹)

Das Toleranzedikt, durch welches Karl II. den Katholiken Duldung erwirken wollte, die Declaration of Indulgence, wurde durch die intolerante Prüfungsakte, die Testakte, 1673 ersetzt, nach welcher jeder, der den Suprematseid nicht leistete und die Transsubstantiation nicht verwarf, von allen Ämtern ausgeschlossen war. Davon ist indes the test von 1665 zu scheiden, ein Prüfungs= oder Läuterungseid, nicht Bekenntniseid. Test gehört nicht zum lateinischen testis == Zeuge, sondern zu test (testa Scherbe, Topf, franz. téte Kopf) == Schmelztiegel, Probiertiegel.

Die dritte magna charta, die Habeas-Corpus-Akte von 1679 untersagte die Verhaftung jedes englischen Bürgers ohne schriftlichen Befehl. Aber writs (Dekrete, Gerichts= befehle) of Habeas-Corpus gab es gegen ungerechtfertigte Verhaftungen seit alter Zeit. Entsprechend hießen die Haft= befehle writs of Capias-corpus. In der Habeas- Corpus-Akte aber heißt die petition of right: An Act for the better securing the liberty of the subject. 1689 erfolgte die Bill oder Declaration of Right, doch etwas ganz anders als die hundert Jahre später erfolgende Erklärung der Menschenrechte. Der König darf

---

¹) Im Altertum waren die drei Kappa berüchtigt, die Kreter, Kiliker und Kappadoker.

danach von den bestehenden Gesetzen nicht dispensieren, und die Minister sind verantwortlich.

Durch die Ausschließungsbill, welche nur im Unterhaus durchging, sollte die Thronfolge des katholischen Herzogs von York verhindert werden. In dem neugewählten Parlament bildeten sich zwei Parteien, die eine für, die andre gegen die Bill. Die Anhänger der ersten Partei bekamen bald den Spottnamen Tories (jetzt Konservative) = Straßenräuber in Irland (von toree gib mir?), weil sich die Stuarts in die Sumpfgegenden Irlands geflüchtet hatten. Die Mitglieder der anderen Partei waren die Whigs, schottisch whey = Molken (sour milk, buttermilk), ein Spottname für die fanatischen Bauern. B. Schmitz[1]) leitet das Wort lieber her von einem Ortsnamen Whigganmoor bei Preston und Whiggan. „Hier hatte sich im J. 1648, als die gemäßigten Presbyterianer Schottlands wiederum für Karl I. Partei nahmen und den Cromwellschen Waffen entgegenzogen, eine Schar eifriger Covenanter für Cromwell erhoben und diesem den Sieg über die Schotten wesentlich erleichtert, welche Erhebung the Whigga moor raid genannt wird". Seit 1832 führten die Whigs den Ehrennamen „Reformer".

Die Deutung we hope in god ist aus den Buchstaben des Namens gebildet, wie die oben erwähnte Erklärung von Pfaff und anderes dergl.

Den Namen Tory vertauschte Lord Aberdeen 1845 mit dem „conservativen Parteinamen", denn „ces anciennes dénominations ne conviennent plus à votre temps".[2])

Aus derselben Zeit stammt auch der Ausdruck entente cordial, welcher auf das herzliche, bei dem Besuche Louis Philipps in London bethätigte Einverständnis zwischen dem englischen und dem französischen Hof sich bezieht. Zuerst

---

1) Mac.-Komm. S. 280.
2) Pauli, G. v. E. III 148 nach Guizot, Mémoires.

soll Lord Aberdeen denselben, aber in der Form a cordial good understanding, gegen den Grafen Jarnac gebraucht haben.[1]

Die Vernichtung der türkisch-ägyptischen Flotte im Hafen von Navarin 1827, 20. Okt., wurde nach rasch verrauchtem Siegesjubel als „untoward event" aufgefaßt.

Die Revolution von 1688, durch welche Wilhelm von Oranien auf den englischen Thron kommt, ist die „glorreiche". Die Krone wurde dem Erbstatthalter von der „Nationalconvention" angeboten, dem von keinem Könige berufenen Parlament. Etwa hundert Jahre darauf hat auch Frankreich seinen Nationalconvent und 1839 halten die Chartisten wieder in England einen „Nationalconvent".

Seit der „Rebellion" von 1649 ist somit England von einer Revolution scheinbar verschont geblieben, aber dabei sind die ewigen Unruhen, von denen das Land bis zur Stunde heimgesucht ist, nicht gerechnet. Das schwere Unrecht aber, welches Irland zugefügt worden, hat sich bitter gerächt. Der edle O' Connel[2]) erstrebte 1830 durch die Repeal-Association vergeblich die Aufhebung der Unions= akte. Nachdem die Sache der Repeal wieder eingeschlummert war, begann 1865 die Verschwörung der Fenier zur Gründung einer irischen Republik. Ganz thöricht hat man deren Namen auf die Phönizier zurückführen wollen, während sie wohl von fen = Moor, Sumpf genannt sind. Auf das Fenierwesen sind die Mondscheinler und das Boycotten gefolgt, dieses wie jenes von der Geistlichkeit verworfen.

Als Sassenach Tyrannen bezeichnete O' Connell die Engländer, als sächsische Tyrannen.

Als im J. 1848 Sir Benjamin Hall vorschlug, die Besteurung des Einkommens auch auf Irland auszudehnen,

---

[1]) Revue des deux mondes 15. Juillet 1874. p. 294.

[2]) Seine Anhänger hießen Whitefeet, nicht zu verwechseln mit den Geheimbanden (White-boys, ribbon-men nach ihrem Ab= zeichen so genannt), deren geheimnisvolles Haupt als „Kapitän Rock" zeichnete. Andere waren die (protestantischen) hearts of Oak und die hearts of Steel (1773).

erntete er von der Opposition den Spottnamen „Conciliation Hall".[1])

Das Ringen zwischen Arbeit und Kapital in den Commune=Bewegungen Frankreichs, in den Trades' Unions Englands, den socialistischen Vereinen Deutschlands gehegt und gepflegt bis zum Anarchismus und Nihilismus ist international geworden. Ein Glück, daß allenthalben Spaltungen eingetreten sind, die sich in einer Menge von Parteinamen nach außen hin kundgeben. Die englischen Social=demokraten scheinen sich noch am meisten den Marxisten zu nähern, auch die französischen Blanquisten stehen nicht so ferne. Zu diesem Kopfproletariat aber bildet das Handarbeiter=Proletariat, die Possibilisten, einen Gegen=satz, wie er besteht zwischen den deutschen Socialisten selbst, die sich im wesentlichen in die von Schweitzer=Hasselmann sogenannten Parteien „der Lassalleaner" oder „der Partei der schwieligen Fäuste" und „der Eisenacher" oder „der Partei der Intelligenzen" scheiden. Dazu kommen dann noch die englischen, belgischen, amerikanischen Parteien. „*Ούκ άγαθή πολυκοιρανίη*". Das ist unser Trost. Und wenn uns erwidert werden sollte, was Lord Palmerston im J. 1849 sagte: „Meinungen sind stärker als Armeeen", so vergesse man nicht den Zusatz, „wenn sie in Wahr=heit und Recht begründet sind".

---

[1]) Pauli, G. v. E. III 316. Einen trefflichen Überblick über die inneren Zustände Englands seit dem 17. Jahrh. bietet W. Hohoff, Die Revolution seit dem 16. Jahrh. im Lichte der neuesten Forschung. Freiburg, Herder 1887. S. 181 ff.

Wörterverzeichnis.

A.

a b c d 179.
Abbé Tise VI.
Abegunst 181.
Abendläuten 105.
Abendmahlsbulle 88.
Abenteuer 160.
Aberacht 180.
Aberdeen 211. 268.
Aberesche XII.
Aberglaube 181.
Aberklaue 181.
Aberwitz 181.
A B Г Δ E 114.
Abgift 167.
Ablaß 95. 116.
Ablaßtag 96. 116.
Abrakadabra 110.
Abram men 266.
Abraxas 110.
Absolutismus 251.
Abt 83.
Abu Giafar 138.
Abul Abbas 138.
accident 236.
Accise 170.
acetum 64.
Achalm 150.
acheln 111.
Acht 180.
Ächter 181.
Ackermennig XII.

Adam, père —. 236.
Aberlaß 227.
Adlermennig XI.
Admiral 228.
adoratio 118.
Adventurers 160.
A E I O U 113.
Affe 163.
Affinius XIX.
Afterkönig 262.
Afterkonzil 262.
St. Agathentag XI.
A G L A 112.
Agley XII.
Agnus 256.
Agnus dei 166.
Agrippina 75.
Abala 55.
Ahler Hütte 20.
Akkord 192.
Aktium 66.
Aktus V.
Alamodewesen 188.
Albigenser 93.
Albrecht Alcibiades 149. 180.
Albrecht Attila 149.
Alcazar 138.
Alchemie 138.
Alcoran 137.
Alemania 122.
Alemannen 122.
Alembic 139.
Alembroth 139.

Alexander d. Gr. 41.
Alexander III. Papst 150.
Algarve 43.
Alkahest 139.
Alkibiades 37. 40.
Allah 137.
Allarm 141.
Allemannen 46.
Allermannsharnisch XII.
Allianzen 195.
hl. Allianz 195. 237.
Allod 130.
Almanach 139.
Almanfur 138.
Almosen 169.
Almugavaren 162.
Alte vom Berg 170.
Alten, Rat der —. 95.
L. Aemilius Paullus 64.
Affenthor 105.
Amazonen 20.
Amazonenberg 20.
Amazonenstrom 20.
amici 69.
Amicistenbund 220.
Amöneburg 20.
amphibologia 101.
Anaboli 43.
Anathem 89.
Anaxagoras 34.
Anbetung 118.
ancus, ancilla 58.
Angeln 125.
Anstandsbrief XIII.
Antichrist 106.
Antlaßtag 116.
Antonelli 91.
Antrustionen 175.
Apfelwein 53:
Apostate, the grand — 261.
Apostel 145.
Apostolorum 109.
Arabien 43.
Arbues 94.
d' Arc, Jeanne 233.

Arcandisciplin 112.
Archidupe 211.
Areopag 26.
Argei 51.
Argens, Marquis d' A. 91.
  250.
ärgere Hand 174.
Aristides 33.
Aristoteles 31.
Armada 189.
Armadahof 20.
Armagnaken 161.
Armbrust 164.
arme Gecken 161.
„arme" Leute 156.
Armin 124.
Arnauld 249.
Arnold von Cervoles 161.
Aronswurzel XII.
Arsaces 8.
ἄρκτοι 20.
Arouet 114.
Artemis 20.
Äschylos 37. 38.
Asina 62.
Aspasia 34. 35.
Assassinen 170.
Assise 170.
les assises 170.
Asterisken 5.
Asyl 46.
Aphrodite Aineias 51.
Aphrodite Paudemos 26.
Asien 43.
assemblées du désert 226.
Assumptio Mariae 116.
Athener 21.
Atli 128.
Attentat 204.
Attila 128.
Aube 248.
Aufklärung 251.
„Augen" des Perserkönigs 32.
Augenspiegel 184.
Augustales 69.

Augustani 69.
Augustus 68. 70. 142.
Augustulus 81.
Ausſatz 16.
Ausſchließungsbill 268.
Austrägalgericht XIII.
Auto da fé 94.
Aval 248.
Aveläuten 105.
Avengilaion 108.

B.

B. A. 255.
Baal, Bel 15. 48.
Babel 13.
Babelsberg 13.
Babelmandeb 15.
Babeuf 221.
Bacchos 39.
Bagaudae 211.
Tote Bai 15.
Balvele 182.
Baldrian 164.
Balduin 182.
Baldus 182.
Balken 142.
Bänder 213.
Bandit X.
Bank 172.
Bänkelche 241.
Bankenett 163.
Bankert 174.
Bann 89. 177.
Banngeld 177.
Bannmeile 80.
Bär 163.
Barbar 22.
Barbatus 148.
Barbets 160.
Barden 123.
Bardengau 124.
barditus 123.
Bardowyk 124.
Barebone 262.

Barfüßer 212. 220.
Barrikade 210.
Barrikadentag 210.
Bart, Bärtige als Beiname 147.
Bartele 182.
Bärtling 148.
Bartholomäusnacht 227 ff.
Bartolus 182.
Barzel 182.
Baſeler Compaktaten 156.
Baselorum 109.
Baſileus 27.
Baſtard 174
Baſtille IX. 235.
Batterien, ſchwimmende 232.
Batzen 168.
Bauern 266.
Bauernkaiſer 240.
Bayonne 231.
Bayonnett 163.
Beaconsfield 264.
Bede 169.
Bedemund 167.
Bedlamites 266.
Beelzebub 15.
Begatkefath 113.
Beichtbrief 250.
Beichte 97. 179.
Beichtiger 179.
beieren 108.
Bekenntniseid 267.
Belgiſche Balgerei 224.
la belle alliance 196.
Bellerophontesbrief 248.
Bellevue 5.
Belvedere 5.
bemänteln 177.
Ben 264.
Benedetti 245.
Benediktiner 103.
beneficium 175.
Beneventum 21. 66.
benevolence 170.
bercht, brecht 217.
Berg 216.

Berg, der (politische Partei) 220.
berge 217.
Berlaymont 195.
Berliner Unwille 158.
Bern 128.
St. Bernhard 21.
Bernhardsberg 135.
Bernstein 128.
Berthier 244.
Bertram XI.
Bertrand de Goth 110.
Besen 142.
Bestätung 234.
Beth 264.
Beziers 228.
Bibel Rafaels 208.
bidauz 162.
le Bien-aimé 238.
Biene 131.
Bierauflauf 158.
Bierkönig 240.
Bierkrawall 158.
bildende Künste 140.
Bill 184.
Billet 87.
Birne 241.
Bischofshut XVI.
Bischofswerder 110.
Bismarck 114.
black crows 266.
Blanquisten 270.
blau 214.
blaude 214.
Blaue 214. 215.
blaue Freimaurerei 216.
Bläulinge 216.
blaue Ländchen 214.
blauer Montag 118.
blauer Ostertag 118.
Bleche-Botz 241.
bleu 106.
blickender Schein 179.
blömerant 106.
Blondel de Nesle 256.

Blücher 196.
Bluff king Hal 258.
Bluse 214.
Blutbad 226 f.
Blutbann 26. 90.
Blutfahne 26.
Blutgericht 26.
Bluthochzeit, Pariser 227 ff.
Blutige der 134.
Blutsuppe 26.
Bob VIII. 219.
Bobby 219.
Bocchesen 158.
Bock XIX.
Bock, spanischer (poln.) 241.
Bockelson 79. 240.
Bocksbeutel XIX.
Boers XX.
Bogs 264.
Böhm, Hans 186.
Böhmen VIII. 155.
böhmische Dörfer 155.
Böhnhasen XIV.
Boney 215.
Bonhomme 157.
Bonifatius d. hl. 136.
Bonifaz VIII. 90.
Bonn 128.
Bonnymuir 227.
Bordell 7.
Bormio 128.
Bornsonntag 233.
Börse 44.
Bossuet 250.
Boston 226.
Botz 150.
bougre VIII.
Boulanger 223.
Bourgeoisie 207.
Boycott 269.
Boz 264.
Brabender 168.
Bracteat 167.
Bramante 208.
Brandenburg X.

Brandenburgische Churfürsten 148 f.
Brandspiegel 181.
le brav' général 223.
Brenner 7. 136.
Brennus 7. 136.
Breve (Brief) 87.
Briefe 248 ff.
Brief, offener 251.
Brougham 254.
Brutus 52.
Bücher mit Farben bezeichnet 217.
Buckingham 260.
Buckligen, die 221.
Bull John 253.
Bulla (Felix) 79.
Bulla aurea 87. 90. 184.
Bulle 87. 90. 92.
Bulletin 87.
Bulles 241.
Bumaph 113.
bumpkins 266.
Bund, evangelischer 193.
Bundschuh 156.
Bunzen 167.
Bunzengroschen 167.
Bürgemeister 185.
Bürgerkönig 240.
Burgesia 207.
Burgunder VIII. 127.
Burlebaus 164.
bursa 209.
bursarii 209.
Bursch IX. 209.
bursiati 209.
Buschklepper 159.
Buteil XIII.
Byrsa 43.

C.

cab 264.
Cabal 266 f.
Capias-Corpus 267.
Cabochiens 212.
cachebâtards 177.

Cachot 241.
Caillet 157.
Calenda 120.
Calixtiner 154.
Cambronne 197.
canonisches Alter 193.
Carneval 115.
c. = censuere 68.
Cacus 51.
Caecus, Appius Claudius 55.
Caeli caelorumque virtutes 108.
Cälibat 86.
the Calves' Head Club 261.
Calvin 95.
Camarilla VII.
Cambray, Frieden von — 237.
Camereckscher tractat 192.
Camillus 47.
camisado 225.
Camisarden 225.
Capitanus 8.
Capitolinus 54.
cappa 102.
Caracalla 80.
Carolina 183.
Cassel 53.
Cajus 81.
Caesariani 103.
Capet 238.
Cäsar 8. 68.
Cäsaropapismus 251.
Casino VII.
Cato 70
Cavaliere 261.
Cecil, Lord 238.
celeres 52.
Centraluntersuchungskommission, Mainzer 95.
Centrum 220.
chacun pour soi 251.
Chakan Karchan 8, 58.
Chalifen 8. 137.
Chan 8.
Chancellor 254.
Charilaos 23.

Charlemagne 132.
Charlotte von der Pfalz 158.
Charte 258.
Charter, the, great — 257. 261.
Charter, the People's — 258.
Chartismus 257.
Chatten 125.
Chaulfreisch 111.
Chauvinismus 251.
Chedive 8.
Chemie 138.
Cherist 104.
Chicot 166.
Chiffonne 222.
Childerich 131.
Chiliasmus 104.
Chislehurst VI.
Chlodwig 131.
Chor der Rache 215.
Choral 102.
Chorbischof 102.
Chorkappe 238.
Chouans 93. 222.
Chrestiani 104.
Christus 103.
Christen 103.
Christian VIII. von Dänemark 251.
Chuin 222
Churfürsten 172.
ciborium 119.
Cicero 149.
Cid 8.
Circusfrattionen 214.
cit 264.
Clarus 182.
Clemens V., Papst 110.
Clemens XIV., Papst 152. 250.
Clemme 144. 264.
Clerici 84.
Henry Clinton 197.
the cloth 266.
Cluilia, Cloelia 52.
Cocarde 213.

Cochlaeus Johannes 92.
cohors 69.
Colbert 25.
Colchique 212.
Coligny 228.
Colonna 151.
Columbaria 7.
columna 61.
columnarii 62.
Combe, John 265.
Commoner, the Great 264.
Commune 206. 210.
compagnie 161.
Competenten 198.
Conciliation Hall 270.
Conclave 7.
Condottieri 162.
Confederacion 192.
Confessio 97.
Confessor 98. 179.
confutatio 97.
Congregation 193.
Connetable 176.
conscripti, patres 58.
conseil de conscience 210.
Conservative (engl.) 268.
cónsolo 185.
Conspiration de l' égalité 222.
consul 66. 185.
Consumtions = Accise = Ordnung 171.
Conti Torquato 245.
Contrahenten 198.
au contraire V.
Convent 201.
Convention 201.
Conyngham, Lady — 237.
Coquins 212.
coquotte 157.
corbleu 106.
Cordeliers 220.
Cornuau 250.
corregidor 185.
Corvus 54.
St. Cosme, patient de — 205.

Cottereau 222.
cottillons, les 3 —. 237.
Couch 161.
cousin 237.
cousine 237.
Covenant 201.
Crécy 215.
Crescentius 151.
Crethi und Plethi 14.
Cromwell, Oliver 262 ff.
Croquans 212.
croupion 262.
cuerda 191.
culs de Paris 223.
cunnagium 167.
Curatus 90.
Curtius, lacus 52.
Cyniker 39.
Cyriacus 90.
Czar 8.

D.

Daimonion 37.
Dalberg 150.
Damenfrieden 237.
Dantonisten 221.
dar la cuerda 191.
Dativus 81.
Daun 91.
Dauphin 239.
Daus 106.
Decebalus 8.
Declaration of Indulgence 267.
decumates (agri) 145.
Défection de l' Angleterre 234.
Defensor fidei 256.
Deficit 67.
Degen 141. 207.
Deichsel 106
Dekabristen 203.
Demagog 14.
demi-termes 223.
Demosthenes, Lampe des — 31.
Denkmünzen 230.

Dependenzen 242.
Despot 24.
Despotismus 251.
Deutsch 122.
Dezemberfreiheit 120.
Dezemviralgesetzgebung 55.
Diaconissen 193.
Diadochen 8.
Diavolini 110.
Dick 264.
Didius Julianus 80.
Dienstag 117.
Dies 117.
dies absolutionis 116.
— fastus 117.
— feriatus 117.
— festus 117.
— nefastus 117.
— viridium 116.
Dietrich von Bern 128.
Dietz 264.
Difftel 111.
Diktator 243.
Diogenes, Laterne des — 31.
Dionysios, Ohr des — 32.
— d. Jüngere 33.
Disputa 208.
Disraeli 264.
Dissenters 260.
Dissidenten 260.
Diwan 7. 208.
Dizzy 264.
Dollar 168.
Dominikaner 93.
Donar (Thorr) 117.
dons gratuits 169.
Dowager Chancellor 254.
Dragonade 241.
Drako 26.
Dreibund 198.
Dreißig, die 23.
droits 169.
le drôle 164.
Druse 70.
Drusus 70. 151.

Dubois Franz 228.
Ducdalben VIII.
Duchesne 236.
Duilius 61.
Dukat 168.
Dunkelmänner 249.
Duns 255.
Dupe 211.
journée des dupes 211.
Desmoulins 213.
Dyrrhachium 21.

E.

Easterling 168.
Eberesche XII.
Echevins 207.
Eck Dr. 245.
Ecoliers 239.
Eden 12.
Eduard der Bekenner 98. 256.
Eduard der Martyrer 98.
Egalité 240.
Egaux 221.
Egerius 52.
Ehe XIII.
Ehen, republikanische 242.
Eidechse XIX.
Eigelstein 70. 126.
einig (ewig) 190.
Einlager 161.
Eintrachtsformel 100.
Einverleiben 242
Eisenacher 270.
Eisengeld 25.
Eisenzahn 217.
eisern XIII. 217.
eiserne Herzog 217.
eiserne Kanzler 217.
Elektrizität 139.
Elephantiasis 16.
11000 Jungfrauen 107.
Eltville 153.
Elhsee 7.
en aval 248.

Encyclica 90.
Endchrift XIX. 106.
Enfanterie 239.
enfants de France 239.
Engelamt 119.
Engelweihe 119.
Enghien, Herzog von 65. 161.
Englische 161.
English, the King's (Queen's)
  – 254.
englische Schweiß 205.
entente cordial 268.
Eperies 227.
Epidamnos 21.
ER 215.
Erdenkloß 109.
Erichthonios 19.
errare humanum est V.
Erweib 50.
Erzämter XVI. 172. 176.
Esparsette XII.
Esqr. 255.
Estates of the realm 209.
établissemens de St. Louis
  209.
Etacismus 187.
l'état c'est moi 251.
les états généraux 209.
Ethelred II. 234.
Etrusker 44.
Euander 51.
Eukosmos 23.
Eunuch 137.
Euripides 37. 39.
Europa 43.
Evangelical Alliance 198.
event, untoward 269.
Everest (Mount) XX.
evovae 108.
ewige Frieden 234.
Excelsis 105.
Exchequer-Chambre 254.
Exkommunikation 89.
Exoriare etc. 154.
Extravaganten 183.

F.

F. 255.
Fackeldistel 255.
Fah, Mühle von — 243.
Fahrende 83. 107.
Fahrnis XIV.
fainéant 239.
familia 56.
family 238.
famulus 58.
Fant 239.
Farben 213 ff.
Faro 7.
farthing 169.
faule Frieden 234.
faule Regenten 239.
Faunus 51.
Fauteuil X.
fauteuils 208.
Fehde 175.
Feigwarzen 205.
Feldwebel VII.
Felonie X. 141.
fenier 269.
Ferien 117.
Feste 10.
Festmachen 165.
Festtag 117.
feu le roi 238.
feud 175.
feudum 175.
FF XIV.
Fic (mal de Fic) 205.
Fidenä 47.
Fidibus IX.
Finkenaugen 167.
Finsterstern 120.
Fiscus 209.
fitz (Fitz in Namen) 264.
Flacius Illyricus 85.
Flacianisches Messer 85.
flagella diaboli 107.
Flamberg 216.
flamme 216.
flanc 217.

Flandern, Graf von — 239.
Subrius Flavus 74.
Fleutemann V.
Fleutenant V.
Flitter 168.
Flotte, römische 60.
Flibustier 160.
Florin 166.
Folterwerkzeuge 241.
Fort VI.
la France 238.
Francis Philipp 250.
francisca 130.
Franken 123. 130.
Frankensteig 135.
Franz I. von Frankreich 236.
Franzosen 205.
Frau 142.
Frauenhaus 7.
Frauenheim 194.
Freiheit XIII.
Freiwilligen 221.
Freidig 147.
Freimaurer 110.
Freimaurerei 216.
Fremdworte im Deutschen 188.
frère 236.
Freya 117.
Freydank 152.
Fria (Frigg) 117.
frid (entlicher) 192.
Frieden, Namen für solche 234.
Friedhof 185.
Friedrich Barbarossa 147. 150.
Friedrich I. von Hohenzollern 164.
Friedrich II. (Kaiser) 89. 94.
Friedrich II. d. Große 91.
Friedrich III. röm. Kaiser XVIII. 113.
Friedrichsd'or 167.
Friedrich Wilhelm, Herzog von Braunschweig 214.
Friedrich Wilhelm II. von Preußen 238.

Friedrich Wilhelm IV. von Preußen 236.
Friling 174.
Frit 185.
Fritz 264.
Fritz der „böse" 148.
froberge 217.
Fronbote 180.
fronde 218.
frondeurs 218.
Fronfasten 116.
Fronleichnam 116.
Fronsonntag 116.
frohen Sonntagskinder 116.
frumm XI. 162.
Fünf (kurze) XIV.
Funken 219.
Fürst=Primas 258.
Fuseltier V.
Fusion 191.
Fußfall 150.
Fußwärmen 241.
futsch 239.

G.

gabelle 171.
Galba 76.
Galch 111.
gallische Galle 224.
Gallusthor XIX.
Ganerbe XIII.
ganfen 111.
Gans 153.
Garant 191.
Garantie 191.
Gaufred von Mayenne 206.
Gebirge, totes 15.
St. Gehülfe 106.
gelb 213. 216.
der Gelbe 215.
Gelobtes Land 13
Gemäßigte 221.
General 247.
General=Capo 240.
Genitur 198.

les gens du roi 207.
gent 263.
Gentleman 237.
Georg IV. von England 237.
Germanen 122.
Germanicus 50. 151.
Geschichtsel III.
Geusen 195.
Gewissensrat 210.
Ghibellinen 147.
Gicht 179.
gichtiger Mund 179.
Gift 153.
Gigrl VIII.
Gironde 220.
Girondisten 221.
Gladstone 264.
gleißend 148.
glorreiche Revolution 269.
St. Goar 145.
Goddam 106.
Godes Hülpe 106.
golden 217.
goldenes Buch 217.
GOM 264.
Goralen 160.
Josef von Görres 201.
Gottestracht X.
Gottswunder 150.
Götze 119.
Gog 14.
Goldstücke 124.
Goliarden 120.
Gospellers 259.
Goten 125.
Gothism 126.
gotisch 125.
Gott 106
Gott verdoppel 106.
Graf 177.
grand' chambre 209.
grand conseil 210.
Granvella 103.
Gregor VII. 85.
Greif 164.

Greiner 148.
Grenadier, der erste Frankreichs
  215.
Gret 264.
Grete, die faule 164.
— die tolle 164.
Griechenlands Freiheit 42.
Griethe, faule XII.
Grindbrunnen XIX.
gris 221. .
Groschen 167.
Grosch=Pfennig 167.
„Große" Beiname 149.
Großdeutsche XV.
Großdeutschland 204.
Großmacht, fünfte 201.
Grottesken 208.
Grumbachscher Handel 230.
Grün, Anastasius 219.
Gründonnerstag 96. 115.
Grüner Sonntag 115.
hl. Guadeloupe 106.
Guardafui 21.
Guerilla 160.
guerre X.
gueux 195.
Guillotin 242.
Guillotine 242.
Günther von Schwarzburg 152.
Gulden 166.
Gute Leute 16.

H.

Habeas-Corpus 267.
habit d' ordonnance 163.
Habsburg 151.
Hadersleben 155.
Hadrian 78.
Hadrian VI. 92.
Hagen 129.
Hagestolz 129.
Haium Rindel 111.
Hal 258.
Hall 269 f.

Halsgerichtsordnung 183.
handhafte That 179.
Handschuh, eiserner 241.
the handsome Englishman
  264.
Handspiegel 181.
Hannibal 16. 63.
Hansa 185.
Hans=Narr 266.
Hanswurst 266.
Harem 7.
Häretiker 89. 95.
Harnisch 163.
Harras 131.
Hartklopfer 222.
Hartschier 137.
Harun al Raschid 138.
Hase, gespickter 241.
Hasselmann 270.
Hatto von Mainz 86.
Haudegen 141.
Hauptquartier 161.
Haus, weißes H. 7.
Hausdrachen 142.
Haynau 244.
hebende Hand 179.
Hebertisten 221.
Heerbann 178.
Heerschild 172.
Heidschnucken 244.
Heiducken 244.
heilig XVIII.
Heimat 194.
heimliches Gericht 178.
Heini (Heiri) 162.
Heinrich der „arme" 156.
— der „gute" 157.
— I. 146.
— II. 146.
— IV. 89.
— VI. 151.
— VII. 151.
— VIII. von England 256. 258.
Heinrich d. Löwe 29.
Heinrich Raspe 147.

Heinrich der Zänker 146.
Heinz 264.
Hektor 148.
Hellebarde 158.
helle Haufen 158.
Hellenen 21.
Heller 166.
Heloten 22.
Hengist und Horia 14.
Herberge 194.
hérisson 162.
Hermann 124.
Herrenhuter 93.
Herrje, Herr Jesses 106.
Herzberg 21.
Hessen 125.
heuern XIII.
Heuerpfaffe 83.
Hexenwesen 94.
Hiefhorn XI.
Hieroglyphen 2.
Hieronymus Bonaparte 215.
High church 259.
High churchman 261.
Hirschberg 21.
HN 215.
Hochkreuz 53.
Hock 264.
Hocuspocus 109.
Hofburg 7.
Holippen XI.
Holländer 266.
Höllische Kolonnen 242.
Hölzerne Mauer 31.
Homer 22.
Horatia, pila 59.
Horebiten 155.
Hörner 129.
hörnern 129.
Horn 129.
Hornung 129.
Hostilius 48.
Curia Hostilia 52.
Hotmann Karl 193.
Hugenotten 93.

Hugenottenkriege 226 ff.
Hugo Capet 93.
Humanismus 186.
Hund, Hündin 39.
Hundgericht 146.
Hundswoche 224.
Hunen 128.
Hunnen 128.
John Hunter IV.
Hus Johannes 153.
Husiten 154.
Hüte 212.
Hyäne 244.
Hyksos 8.

J.

Jack 194.
Jacke VIII.
Jack-flag 266.
Jack-fool 266.
Jack-pudding 266.
Jacquerie 157. 211.
Jacques 157.
Jacques Bonhomme 211.
Jahn 114.
Jakob Cisterzienjermönch 211.
Jakob III. von England 169.
Jakobiner 93. 155. 157. 220.
Jakobinermönche 220.
Jakobiten 220.
Janhagel 263.
Janitscharen 137.
Jasomirgott 149.
Jean-Potage 266.
J. B. M. 109.
Jemen 43.
ἰχθύς 112.
Jemine 106.
Jérome Bonaparte 215. 262.
Jerusalem 16.
IHS 112.
Jessäer 104.
Jesuiten 93. 100. 151.
Jesus 221.
jeunesse dorée 222.

JHM 215.
Jlia 240.
Illuminaten 110.
imperator 68.
Imperiosus 60.
Impost V.
Incroyables 222.
Inbepenbenten 259.
Indulgents 221.
Inbulgenz 95.
l'infâme 243.
Infant 239.
Infanterie 239.
Influenza V.
Innocenz VIII. 94.
Inquisition 93.
INRI 112.
Institutionen 183.
Interbikt 90.
Interim 98 ff.
intermontium 47.
Interregnum 59.
(chambre) introuvable 224.
Investitur 87.
Joachim I. von Brandenburg 148.
Joachim II. von Brandenburg 149. 202.
Joe 264.
Johann 157.
Johann (ohne Land) von England 256 f.
Johanna die Wahnsinnige 191.
Johannes XXII. 92.
Johann v. Mainz 143.
Johann Cicero 149.
Johannisten 195.
Jomsburg 159.
journée des dupes 210.
joyeux avènement 171.
joyeuse entrée 171.
Jrland 269.
Islam 136.
Ismael Abu Thaher 138.
Itacismus 187.

Judasjagen 115.
Jude (Jud) 82.
Judenberge XX.
Judeneid 253.
Judenspieß 163. 209.
Judica 105.
Jugurr 8.
jumpers, counter — 266.
Jungfrau, eiserne 241.
„jungfräuliche" Königin 146. 238.
Juniusbriefe 250.
Jurist 182.
ius primae noctis 167.

K.

K. 255. 267.
Kabinet 7.
Kabosch 110.
Kaffeespiele XX.
Kaffer XX.
Kaiseracht 180.
Kalabrese 160.
Kalbskopf-Klub 261.
Kallusrausch 111.
Kammer 7. 209.
Kämmerer 176.
Kamnefez 113.
Kanarienvögel 216.
Kanaan 13.
Kanonen 164.
Kauephoren 32.
Kapelle VII. 102.
Kapitol 7.
Kapitulation 202.
kapitulieren 202.
Kaplan (Karchan) 8. 58.
Kaplan XVI. 194.
Kappa (3) 267.
Kappe, spanische 241.
Kardinal 103.
Kardinäle, schwarze 103.
Kardinalisten 103. 195.
κάρκαρον 53.
Karl 174.

Karl d. Gr. 107. 132. 135.
Karl Martell 133.
Karl V. 191.
Karlin 168.
Karsthans 157.
Kartell VI.
Karthäuser 103.
Kartoffelkrieg 225.
Kartoffeln, geröstete 232.
Karwoche 115
Karyatiden 32.
Kassettenbriefe 250.
Kaste 6.
Kastemännchen 168.
Kasten 241.
Katarrh V.
Kater V.
Katharer 92.
Kathrine V.
kauderwelsch 22.
K. B. 255.
K. C. B. 255.
Keeper 254.
Kegel 174.
Kelhof XI.
Kelten 125.
Kerb 170.
Kersten 104.
Kerzwitag XIX.
Ketzer VIII. 92.
Kibitz XV.
Kidron 17.
Kimbern 125.
Kimmerier 125.
Kimonischer Frieden 36.
Kind 239.
Kindl XIX.
Kingcraft 240.
Kipper und Wipper 166.
Kirche 82.
Kirchspiel 185.
Kirleise 105.
Kirschenkrieg 225.
Klagspiegel 181.
Klapperfeld 241.

klassisch 186.
Klauenthaler 167.
Kleindeutsche XV.
Kleindeutschland 204.
Klemens XIII. 91.
Klerisei 84.
Klerus 82.
Knecht 162.
knights of the great measure
    266.
Knoblauchkönig 240.
Knüppelgarde 219.
Knüttelkrieg 225.
Koalition 196.
Kodex 183.
Kölner Funken 219.
Kommunion 194.
Kompagnie 161 f.
Kompromiß 195.
Konferenzen 204.
Konfirmation 194.
Konföderation 195. 260.
Konföderierte 195.
Konfusion 191.
Kongreß 203.
König der Engel 239.
König der Könige 239.
König der Menschen 239.
König der Tiere 239.
Königinnen, die 3 —. 237.
Königsbann 90.
des Königs Leute 207.
Königstuhl 200.
Konkordat 87.
Konrad, der „arme" 156.
Konrad Kurzbold 146.
Konspiration 191.
Konstabler 176.
Konstantinisches Pferd 54.
Konstanz XIII.
Konstitution 203.
Konstitutionsfreunde 220.
Konsulat 66.
Kontribution 170.
Konvention 201.

Konzert 192.
– Europäisches 192. – Haager 192.
Kopfstück 168.
Koran 136.
Korporal, der kleine 215.
Korps der Rache 215.
Korsar 159.
Kotzebues Werke 202.
Kowes 264.
Krämer (Engländer) 266.
Kraut und Lot 165.
Krebs 163.
Kreuzer 166.
Kreuz=Erfindung XVIII.
kriuze 129.
Kri'olsa 105.
Kritias 40.
Kroner 148.
Küche 142.
Küchendragoner 142.
Kuhghyger 162.
Kühmelle XII.
St. Kummernuß 106.
Kunz 264.
Kupfer=Nickel XI.
Kurfürsten 172.
Kurhessen 172.
Kurverein 199.
Kutscher VII.
Kyrie eleison 105.

L.

de La Boulage 219.
Labyrinth 1.
Lachaise 236.
Laie 82. 157.
Lakai X.
Lakonische Weise und Redeweise 26.
Lambic 7.
Lamm 256.
Lamormain 236.
lancea 174.
Landfriede, ewige 234.
Landkonsekt 266.

Landsknecht 162.
Landstürzer 159. 163.
Langobarden 124.
Lanziers 163.
Lapisse 244.
Larifari 108.
Lassalleaner 270.
Lassen 174.
Latiner 48.
Latinus 48.
Lateran Mariae Messentag 116.
Laterne 31.
λατρεία 118.
Läten 174.
Lateran IV.
Latour d' Auvergne 215.
lautumiae 52.
League 202.
Leaina 28.
– leben 111.
leges regiae 55.
Lehen 175.
Lehmans V.
Leich 105.
leis 105.
λειτουργία 169.
Le Mans V.
Leo X. 94.
leoninische Verse 140.
Leprose 16.
lettres 250.
lettres de cachet 250.
lettres provinciales 249.
lettres spirituelles 250.
Letzte, der L. der Abencerragen 70.
– Grieche 70.
– Mohikaner 70.
– Ritter 70.
– Ritter der Romantik 70.
– Römer 70.
„Letzte Worte" 42.
Levante 43.
levée en masse 221.
Levellers 259.

Levitenmesse 119.
Levy 112.
libera nos, Domine 108.
liberi 58.
Lichtbrüder 110.
Lieb —, 111.
Liebfrauenmilch 107.
Liebgeld 169.
Lies 157.
Liguen 193.
Ligue der Sechzehn 218.
Ligueurs (Ligueuses) 218.
Linke 220.
„linke" Landgräfin 149.
Lis 264.
Lise-Lotte 110.
lit de justice 207.
Litanei 108.
Liten 174.
Loge 208.
Loggien 208.
Löhrgasse XIX.
Lola Montez 122.
Lollarden 118.
Lombard VIII.
Longjumeau 234.
Lord 254.
lordmajor 185.
Lorelei 52.
Lotto X.
Louis 157.
Louis A., 242.
Louis Philipp 240.
Louvois 241.
Louvre IX.
Low churchman 261.
Löwe 28.
Löwenherz, Richard — 256.
Löwengrube IV.
Lucanus 75.
St. Lucifer XVII.
Luder 143.
Ludwig XIV. von Frankreich
169. 251.
Ludwigs XIV. Maitressen 237.

Louis XV. 238.
Lukumo 8.
Lupa 19. 46.
Lupercus 19.
λύκος 18.
Luther 245.
Lutz 264.
Lützowsche Freischar 214.
Lykurgus 23.

M.

Maaß, Herzogtum XXI.
Maatjeshäring XII.
Mac-benac 109.
maccaronische Poesie 140.
Macchiavellus Gallicus 237.
Machulle 111.
Madame 237.
Magd, faule XIII.
Magdeburg X.
Mage 174.
Magnet 139.
Magnus (Magni) als Beiname
149.
Mantel, dänischer 241.
Manteuffel 247.
Marterjäule 243.
M. B. 109.
Maenia, columna 61.
Maeniana 61.
Magdeburger Hochzeit 232.
Mager 16.
Magog 14.
Mahdi 137.
Maifeld 178.
maillets 212.
maillotins 212.
Maiordomus 176.
Maire 185.
Makkabäer 133.
Malcontents 218.
mal de St. Fiacre 205.
Mal François (Franzosenkrank-
heit) 204.
Mal de St. François 205.

Mal de St. Genou 205.
Mal de St. Medard 205.
Mal de St. Zacharie 205.
Malberg 177.
Malcontenten 195.
Malheur 236.
Mallus 177.
Maloeis, Apollo 18.
Malventum 21. 66.
Mamelucken 137.
Mamsellen 165.
Manchester 226.
Männerheim 194.
Mantel 177.
Mantelkind 177.
marcheta 167.
Maria Theresia, Kaiserin 237.
maritagium 167.
Marlborough 224. 264.
Marodeurs 159.
Marschall 176.
Marsfeld 178.
St. Martin 145.
Martyrking 260.
Martyrion 97.
Marxisten 270.
Märzfeld 178.
Märzkämpfer 210.
Maßlieben XII.
Mathäi am Letzten 109.
Mattiaken 125.
Matzanaberg 20.
Maultasch 147.
mauscheln 111.
Mausoleum 4.
Mäuseturm 86.
mayor 185.
Maximilian I. 153. 239.
Maximilian, Kaiser von Mexiko 211.
Mazarin 218.
Mazarinade 218.
Mazarins 213.
Mechtild 157.
Medebor X.

Mediateur 203.
Mediationsakte 203.
Mediatisieren 242.
Meer, ehernes 15.
Meerrappen 216.
Meer, totes 14.
μεθόριον 47.
Mehlkrieg 223.
Mehlmonate 223.
Mehrer 143.
Meintür 101.
Meit 166.
Melac 99.
μέλισσαι 19.
Melon, Herkules 18.
Mengpoesie 108.
Merode 159.
Merovinger 131.
Mertes 145.
Messe 105.
Meßner 105.
Mestize 137.
métier de roi 240.
Mette 105. 115.
Metze, die faule 164.
Mignon 141.
miles (Ritter) 141.
juste milieu 224.
Militärläuse 165.
Millenarianism 104.
Minderbruder 143.
Minderer 143.
Ministerium des Auslandes 211.
Minne 141.
Minnehof 142.
Miquelets 160.
Mirabeau 209.
Mischmasch 109. 188.
Miselsucht 16.
Missionen, gestiefelte 241.
Mißvergnügte 218.
miter vrien 144.
Mithridates 65.
Mitraillades 242.
mitrailleuses 165.

Mob 263.
Mohrenland 43.
Molay 109.
Moloch, Meltarth 15.
Monceau 228.
Mönch VII.
Mondscheinler 269.
Moneta, Juno 54.
Monsieur 237.
Monstranz 119.
montagnards 220.
Montagne 220.
Montalte 249.
Montclas 99.
Mont St. Jean 196.
mont terrible 243.
morbleu 106.
Morganatisch XIII.
Morgenland 43.
morgue 53.
Morea 33.
Moritz von Sachsen 153.
Möris 5.
mortier 210.
Mortier 165. 244.
Moschee 137.
Moselbund 220.
Moslemin 136.
Mumie 5.
Momgötzen 6.
Most 182.
moutons d'or 166.
Muckerthaler 93.
Muff 261.
muli Mariani 163.
Mund 173.
Mundschenk 176.
Muscadins 222.
Muselman 136.
Museum Arlaud 228.
Muskeltier V.
Muttersprache 188.
Mütze 139.
Mützen 212.
Mütze, pommerische 241.

N.

Nab 264.
Nachtmahl 194.
Nachtmahlsbulle 88.
Nachtrat 219.
Naderer 219.
Nahmen 159.
Nancy, Blutbad 233.
Nantes, Edikt von — 236.
Napoleon I. 65. 80. 131. 215. 245.
Napoleonische Legende 243.
Napolium 245.
Narrenfest 120.
Nasenstüber 168.
Nationaleigentum XXII.
Nationalkirche 104.
Nationalverein 200.
Nativitas Mariae 117.
Nazarener 104.
Negus 103.
νεϰρομαντεία 138.
Nero 72.
Neroberg 21.
Nestor 148.
Neun XIV.
Neutralität, ewige 234.
Neuwieder 93.
Nibelung 129.
Nibelungen 128.
Michaelis VI.
niemiez 123.
Nieswurz, Botz 150.
Nigromanzie 138.
Nika 158.
Nikolaus (Cyriacus) von Bernau 90.
Nikolaus I. von Rußland 236.
Nikopolis 66.
nob 263.
Noll 264.
Nonconformisten 259
Nonne VII.
non plus ultra 224.
Nostitz, Karl von 203.

Numa 48.
Novellen 183.
Nohabes 242.
In numme dumme 106.
nu-pieds 212.
Nürnbergs Eroberung 232.

O.

Obeid Allah 137.
Obelisk 5.
Oberacht 180.
O' Connel 269.
Obeion 30.
Obermennig XI.
Odinsflamme 216.
Oeil de Boeuf 32.
Oelgötze 118.
Okelaugen 167.
Ofen 114.
Ohmgeld 169.
„Ohren" des Perserkönigs 32.
Ölberg 21.
Old-Noll 263.
olla potrida IX.
ὅμηρος 39.
Omnibus V. IX.
Onkelbus V.
Opferstock 119.
Ordal 161.
Orden VII.
ordnance 163.
Ordonnanz XV.
Oriflamme 216.
Orion XVI.
Orleans, Jungfrau von — 233.
l' Ormée 219.
Orphaniten 155.
Orthes, Vicomte de — 231.
Osanna 105.
Osmanen 137.
Osterflotte XI.
Osterluzei XI.
Ostern 115.
Ostrakismos 33.

Östreich 114.
Otho 77.
Ottermennig XI.
Otto III. 151.
Otto der Rote 134.

P.

Packthod 244.
Paganismus 21.
Page 140.
παιδίον 41.
la paille 213.
Pairs 175. 207.
paix malassise 234.
Palästina 13.
Palatium 51.
Palm 241.
palmen 241.
Palmerston 274.
Palmyra 17.
palsambleu 106.
Pam 264.
Pandekten 183.
Panikgras XII.
Pantheonsklub 221.
(la sédition du) papier 213.
Papirianum, ius 56.
Papst 8. 82.
Päpstin 84.
Paradies 12.
Parasceue 115.
Paratitla 183.
parbleu 106.
Paré, Ambrose 229.
pares 207.
große Pariser Hundswoche 224.
Parlament 204. 207.
parliament 209. 261.
Parsons 266.
Partei 162. 173.
Parteigänger 162.
Parthenos 29.
Partie 173.

Parvis XIX.
Pascal 249.
Pasquill IX.
Passah 115.
Passauer Kunst 165.
Passionssäule 243.
Pastor 194.
La Pastora 164.
Pastorels 211.
Pastorin 164.
pastoureau 211.
Pater noster 108.
Patrizier 57.
patricius 57. 133.
Patrouillotismus 226.
Paulisten 160.
Pedell XIII.
Peeler 219.
Peels Schwefel 223.
Pegen 109.
peinliche Gerichtsordnung 183.
Pelasger 21.
πέλειαι 19.
penny 169.
Pensionary Parliament 263.
père 236.
père des lettres 236.
Perikles 30. 33.
Permutationsvertrag 203.
Perser VIII.
Person VI.
Peter Baas 238.
Peter der Gr. 238.
Peterloo 227.
Petermännchen XI. 168.
Peterspfennig 169.
Petition of Right 261.
Petraea 43.
in petto 103.
Pfaffe 82. 84.
Pfaffenkönig 83. 240.
Pfaffenstraße 83.
Pfahlgraben 127.
Pfalz 177.
Pfalzgraf 176.

Pfarreisen XIX.
Pfarrer 194.
Pfennig 166.
Pfenniggras XII.
Pfifferling 168.
Pfingsten 116.
Pfinztag 116.
Pforte 7.
Pfründe 175.
Pharao 6.
Pharaon 171.
Pharo s. Faro 7.
Pharus 4.
Pheidias 30. 36.
Philaenen 59.
Philipp II. Augustus 256.
Philipp II. 94.
Philipp der Großmütige 190.
Philister 109.
Philopömen 70.
Philosoph 37.
phiz 264.
φόροι 169.
photo 264.
Phtheiriasis 66.
Pidgin English 264.
Pilatus 20.
Pippin 133.
Piso 151.
Pitt 264.
Pittakos 27.
Pius VII. 80.
Pius IX. 91.
la plaine 220.
plaits de la porte 210.
Platon 154.
Plautus 76.
plebs 58.
Du Plessis Mornay 227.
Plon=Plon 215.
Poeninus mons 135.
Politiker, die — 218.
politische Parteien 220.
Politische Verse 140.
Polizei=Spitzel 219.

Pombal 94.
Pompadour, Madame de — 237.
Pompeius 65.
pontifex 67.
Pope 82.
Poplicola 54.
Portici, Stumme von V.
Portoriko V.
Posámetier V.
Possibenten 198.
Potz 150.
Potz Element 106.
Praetextatus 54.
Prager 155.
Prager Artikel 156.
pragmatisch 198.
Pragons 218.
Praguerie 218.
Praktiken 187.
prandium XVIII.
Presbyterianer 259.
présidents à mortier 210.
Prides purge 262.
Priester 82. 194.
priestcraft 240.
Primate 258.
princeps 69.
Probabilismus 101.
Prociva, Johann von — 233.
Profession V.
Prokop 155.
Propaganda 101.
Proletarier 59.
Promachos 30.
Propyläen 4. 30.
Protektor 240.
Protokolle 204.
Protokollprinz 215.
Provokation 59.
Prüfungsakte 267.
Prussien VIII.
Prytane 24.
Pseudo-Agrippa 79.
la Pucelle 232.

Punktation von Ems 105.
Puritaner 259.
Putsch 204.
Pyramide 2.
Pyriten IV.

Q.

Quiriten 48.
Quirinal 7.
Quintillus 79.
Titus Quinctius 60.
querelle Allemande 224.
Quade 245.
Quadrupelallianz 196.
les quarante 208.
Quartier 161.
Quästor 62.
Quasimodogeniti 105.

R.

R. A. 255.
Raabe 151.
Rabenschlacht 128.
Rachinburgi 177.
Radtragen 184.
Rädel 184.
Rädelsführer 184.
Rädern 184.
Rafael (Sanzio) 208.
Ramses 7.
Rappe XI.
Rapta, curia 57.
Raspe 147.
Rastadter Gesandtenmord 65.
Räuber VIII.
rauhe Wurzel XIV.
Raugraf 134
Reaktion 203.
Rebellion 262. 269.
Receß 172.
Rechte 220.
Rechtsverdreher 182.
redende Künste 140.

Reep 177.
Reformation 186.
Reformverein 200.
re galantuomo 238.
Regenbogenschüsselchen 25.
Regnante 238.
Regulus 62.
Reichsapfel 53.
Reichsdeputations=Hauptschluß 203.
Reichslaterne 31.
Reichsregiment 173.
Reichstagsabschied 172. 183.
Reichstagsbeschluß 172.
Reinir dor Feweri 179.
Reise 162.
Reisläufer 162.
Reißausarmee 162.
Rekruten V.
Remedium 165.
remores 46.
Remus 46.
Rennstieg 127.
renovieren V.
Rense 199.
Repeal 269.
Reservatfälle XVII. 101.
reservatio mentalis 101.
Reservatum ecclesiasticum 101.
Retraditionsreceß 172.
Reuchlin 181. 187.
Réunionen 195.
Sir Reverence 255.
Revolte 235.
Revolution (engl.) 269.
Revolution, französische 235.
Rheinbund 200.
Rheumatismus V.
Rhingulf 123.
Richard Löwenherz 256.
Richelieu 211.
Ridicules 222.
Riebesel XII.
Rifpiraten 131. 160.
ring-leader 184.

Ripuarier 131.
Ritterbünde 148.
Robespierre 243.
Rodomontade 252.
roi des Français 240.
Roland 133.
Rom 46.
Romulus 46. 47.
Romulus Augustulus 81.
Römer VIII. 21.
Römlinge 21.
Rosenkreuzer 110.
Rosenobel 168.
rostra 61.
rostrata, columna 61.
Rot 134. 135. 213.
Rotar 135.
rotes Buch 217.
Rote Erde 134.
rote Freimaurerei 216.
Rotfeld 135.
rote Prinz 215.
rotwelsch 135.
Roundheads 261.
Rudolf von Schwaben 85.
Ruländer 135.
Rumina 46.
Ruminalis 46.
Rump 204. 262.
Rumpelmette 115.
Rumpfparlament 204. 262.
Rundhüte 261.
Rundköpfe 261.
Runen 2.

S.

Sabbath 111.
Sabinerinnen 57.
Sabletting Act 253.
saccarii 195.
Sachsenspiegel 181.
Sächsische Frist XIV.
Sackerlot 106.
Sackmann 156.
sacratissimus 143.

saeculares XVII.
Säcularifation 242.
sain foin XII.
Sakrament 106.
Salami V.
Sal 130.
Salbuch 130.
Salier 130. 131.
salische Gesetz 130.
Salem 111.
Salmagondi IX.
Salzsteuer 171.
Sam 264.
Samstag 117.
Sanbenito 94.
Sanguinarius 134.
Sanhedrin 17.
Sankt 105. 145.
Sanktion (pragmatische) 198.
Sanktus XVII. 105.
Sansculotte 212.
Santbrief 145.
Santen 129.
Sapperlot 106.
sapristi 106.
Saffenachtbrannen 269.
Saturday 117.
Sauerland 43.
Saufmette 108.
scabini 177. 207.
Scävola 54.
Schallatt 111.
Schambs 264.
Schaute (Schote) 111.
Schawwes 111.
Schemhamphoras 113.
Scherflein 168.
Schielkraut XII.
schilling 169.
Schlegler 148.
Schlimm=Mauer XIX.
Schlom 111.
Schlußakte 203.
Schlüssel des hl. Petrus 121.
Schlüsselfoldaten 162.

Schmus 111.
Schnäck 120.
Schach 8.
Schildkröte 25. 38.
Schnapphahn 159. 163.
Schneidewin 182.
Schnickschnack 109.
Schnippschnappschnorum 109.
Schöffe 177. 207.
σχολαστικός 111.
Schöllkraut XII.
Schönebund 196.
Schrot und Korn 165.
Schule 31.
Schultheiß XIII. 177.
Schüsselwurst VI.
Schützengroschen 167.
Schwaben VIII. 125.
Schwabenspiegel 181.
Schwager 236.
Schwanenjungfrau 19.
schwarz 213.
schwarze Prinz 215.
schwarze Brüder 220.
schwarz=rot=gold 213.
schwarze Schar 214.
Schwedentrank 241.
Schwefelbande 220.
„Der Schweif Robespierres" 221.
Schweitzer 270.
Schweizer 162.
Schwertleite 141.
Schürzenzins 167.
Schwertmagen 174.
Scropha 62.
Seemannskönig 240.
Seeräuber 159.
Seespinne 266.
Seil 177.
Sekel 16.
Sela 108.
Selbstentfagungsakte 261.
Self-denying Ordinance 261.
Semperfrei 144.
Send 144.

Sendboten XI. 145.
Seneka 74.
Seneschall 176.
Sent 145.
Sepp 264.
Septembrisade 242.
Septizonium 49.
Serail 7.
servi 58.
Servianus 78.
Servius 48.
Shakespeare 264 f.
Sheriff 177.
shopkeepers 266.
Σιατουτάνδα 44.
Sibentod 49.
Medina Sidonia 190.
Siebenbürgen 49.
sieben freie Künste 140.
Siebenhügelstadt 47.
Siegfried, der hörnerne 129.
Siemann 50.
Siebenzahl 47.
Sieben, böse — 49.
Silbergroschen 168.
silberne Handschrift 126.
Silvius 51.
Similis 78.
Simonie 87.
St. Simon 206.
St. Simonismus 206.
simplicitas 154.
Sined 123.
Singer, the sweet 265
Singrün 12.
Singsang 109.
Skarabaeus 6.
Sklave 22.
Skytalismus 223.
Slang 264.
Slaven 174.
Socialismus 270.
socialistische 270.
Sodomie 87.
Sokrates 31. 37.

So la mi V.
Solon 27.
Somali V.
sonderbar 144.
Sonderbund 20.
Sonne 221.
Sonntagskinder 116.
Sophist 37.
Sophokles 31. 36. 37. 38.
Sorbonne 209.
Sororium tigillum 59.
Souveränität 173. 192.
Sowship 260.
SPA 87.
Spanische Pocken 205.
SPE 87.
spec 264.
Speckrieg 225.
speculum doctrinale 180.
— iudiciale 180.
Spektakel V.
Spiegel 181.
Spießgeselle 163.
Spießrutenlaufen 163.
Spillmagen 174.
Spinholz 111.
Spinnerin am Kreuz 53.
Spinols 111.
Spirit, Sir — 238.
Spitz haben 221.
Springer 131.
Sprunkdaler 167.
SSGG 179.
St. 3—14 s 169.
Stadtmeisen 219.
Stamm Nimm 155.
ständig 163.
ständisch 163.
standing order 253.
Stanzen 208.
Stator, Jupiter 53.
Steber 179.
Stechgroschen 167.
Stedinger 92.
Steenie 260.

Steg 127.
Stegreif 159.
Stehende Heere 163.
Stein 139.
Steckbrief 180.
Stephania 151.
Sterling 168.
Sterner 148.
Sternkammer 95.
Steuern 169.
St. Huruge 236.
Stiefel, spanische 241.
Stift 194.
Stiftshütte 16.
Stillschweigen 205.
Stimulantien 110.
Stockfischschwänze 222.
Stockträger 223.
Strasbaiern 204.
Strafford 261.
Strauchritter 159.
Strohmann XV. -
Strohwitwe XV.
Stuart, Maria 250.
Stüblesbader XIII.
Stuhl, Lüneburger 241.
Stuhlkrieg 223.
suburbikarisch 103.
Succedenten 8. 198.
Successionen 198.
Sugambrer 125.
Sulfuristen 220.
Sulla 65.
Sulpicius Afer 75.
Sultan 8.
Sumpf= u. Rumpfkammer 262.
Sündentaxen 97.
Sündflut 12.
Suzeränität 192.
Syennesis 8.
Syllabus 91.
Synode 144.
Syssitien 25.

T.

Taboriten 154.
taille 170. 171.
Talassius 57.
Talent 16.
Talisman 136.
Tambour VII.
Tändstickor V.
tappedurs 222.
Tarnhut 238.
Tarnkappe 238.
Tarpeia 52.
Tartari 93.
Taube Gerste XII.
Tauben 19.
Taube Nessel XII.
Taufen, republikanische 242.
Taunus 123.
Tauris XX.
Tausend 106.
taxes permanentes 163.
teatotalers 253. Einl.
Te Deum nach der Bartholo=
  mäusnacht 299 f.
Teetotalismus IX.
Templer 109.
Terentius Varro 64.
test 267.
Testakte 267.
tête 267.
tête quarrée 261.
Tetzel 96.
Teufel 106.
Teut 122.
Teutoburg 123.
Teutonen 122.
Thadmor 17.
Thaler 167.
Theiding 177.
Themistokles 33.
Theokrit 79.
Theoris 39.
Thephilah 111.
Theramenes 40.

Thermidorianer 221.
Thonberg 244.
Thorgericht 210.
Thorwege, General der — 219.
Thribiflamme 216.
Thumelicus 124.
Tiberius 71.
tiers parti 224.
Tilly XVIII.
Ting 177.
Titianus 79.
Titier 48.
Titus Tatius 48. 60.
Tiu 117.
Tivoli 5.
Toleranz 165.
Toleranzedikt 267.
tolle Jahr 210.
Tolpatschen VII.
Tom, poor — 266.
Topfschnecke XII.
Torpedoboot 165.
Torquatus 54.
Tory 268.
Totensonntag 120.
Tournure 222.
Tower IX.
Traber 159.
Trades' Unions 270.
Traktate 198.
Trambahn V.
Trappelbahn V.
trente et un 171.
Trianon 4.
Tribunat 68.
tribun du peuple 222.
Tricolore 213.
Tripartit 202.
Tripleallianz 196.
Triumvirat 66.
Trocadero 4.
Troja 129.
Tronje 129.
Trompeterboot 165.
Trostung XIII.

Trottoir V.
Truchseß 175.
Trûsilêh 126.
Tuchins 212.
Tudun 8.
Tuesday 117.
Tuilories IX.
Tullianum 52.
Turba 115.
Turbo 77.
Türken VIII. 137.
Türkensteuer 169.
Turlupins IX.
Tuom 177.
Turm der Winde 31.
Turnier 141.
Tyrann 23. 44.
Tyrtaeus 33.

U.

Übelessen 243.
Überfahrung 159.
Ubier 125.
Ulfila 126.
Ultramontane 214.
Ultras 221. 224.
Umgeld 169.
Umstand 177.
Unbekannte, der große 265.
Uncle Sam 195.
Ungeld 169.
ungeschoren 174.
Ungnade 164.
Ungarische Krankheit 205.
Uniformitätsakte 259.
Unionen 193.
Union Jack 194. 266.
Union von Nimes 218.
Unionsedikt 218.
Unknown, the great 265.
unmögliches Ministerium 224.
Unmöglichkeit 170.
Unteracht 180.
untoward event 269.

Unwille 158.
Unzuchter XIII.
Upſtalsbom 173.
Urfehde 176.
Urgicht 179.
Uriasbrief 248.
Urſtände 115.
U. S. 194.
Uſipeter 124.
Utraquiſten 154.

B.

Mont Valerien 164.
Bandalismus 126.
Bandamme 244.
Bandenende XIX.
Barus 124.
vasistas, un 32.
Baſſallen 175.
Baſſen 175.
Baſſy 226.
Bater 236.
Batikan 7.
Behm 110.
St. Beit 145.
Beji 47.
Beme 178.
Bemenot 178.
Vendredi 117.
Benusbeulen 205.
Benusſtern 120.
verbotenes Gericht 178.
Berdict 256.
Bereine 193.
Bergiftungsſagen 151.
Verginia 55.
Bergobret 7.
Berbanſung 185.
veridicus 255.
verjus V.
verna 58.
vernacula, lingua 56.
Berona 128.
Berruf V.

Berſtändnis XIII.
verteidigen 177.
Beſpaſian 77.
Beſper 233.
vetida (iudicia) 179.
Beto 67. 236.
Bezier 8.
Bictualienbrüder 159.
vicus Cyprius 53.
— sceleratus 53.
Bidam 176.
„Bielgeliebt" als Beiname 149.
238.
Biermonatskiſſen 223.
Biktor Emanuel 238.
ville affranchie 242.
Bincenz von Beauvais 181.
vinum bonum 108.
Bitellius 77.
Bittoria 66.
Bitzdom (Bitztum) 176.
viz 264.
Vocativus 81.
Bölkerwanderung 128.
voll 221.
Voltaire 114.
Borhure 167.
Bormund 173.
Bride 185.

W.

W 267.
wager of battle 161.
Waiblingen 147.
Waiſen 155.
Waldenſer 93.
Waldus 93.
Wales, Prince of — 239.
Walküren 19.
Walſtatt 123.
Walther v. d. Vogelweide 34.
Wappen 141. 151.
Warleichnam 116.
Wartburg 151.
Waterloo 196.

Waverers 253.
Weckauf Östreich 164.
Wednesday 117.
Weesbontjes XI.
Weh, 3faches (W) 267.
Weichbild 90. 184.
Weichpfinztag 116.
Weishaupt 110.
Welf 147. 150.
Wenzelskapelle 143.
Welf 29.
Wellington 196.
Welsch 22.
Wenden 174.
Wer 173.
Wergeld XI. 173.
Werwolf 173.
Wesley 265.
Wette 177.
Wettebrief 180.
Whigs 268.
Whiteboys 225.
wich 184.
Wide 177.
Wiesbaden 125.
Wildeber 128.
St. Wilgefortis 106.
Wilhelm Duranti 181.
Wilhelm I., deutscher Kaiser 197.
Wilhelmshöhe 27.
Willebrief 173.
Willküren 173.
Winfrid 136.
Winterkönig 240.
Wissende 110.
Wolf 18. 148.
Wöllner 110.

Wollsack 207.
Worms 128.
Wormser Joch 21.
Würgerbanden 222.
wütendes Heer 117.
Wupperthaler 93.

X.

Xanten 129.
Xanthippe 37.
Xanthos 129.

Z.

Zabijejcie 153.
Zanktippe 37.
Zar 251.
Zehnte 145.
Zehntland 145.
Zeil Nr. 1. 241.
Zent 145.
Zentgraf 145.
Zilch 264.
Zint(er) 145.
Zipperlein 205.
Ziska 155.
zistig 117.
Ziu 117.
Zollverein 200.
Zorndorf 155.
Zotologie V.
Zugriffe 159.
Zuydersee 43.
Zwetschgenrummel 225.
Zwiebelkrieg 224.
Zwölf XIV.